面向21世纪课程教材学习辅导书

高等学校工商管理类专业核心课程教材

MANAGEMENT

管理学（第五版）

习题与案例

周三多　贾良定　主编

高等教育出版社·北京

内容简介

本书是“面向21世纪课程教材”《管理学》（第五版）配套的习题与案例集。作者在多年来的教学经验基础上，广泛征求同行的教学建议和意见，从方便学生学习和掌握管理学基本理论和方法的角度，精心编写了该本配套教材。

本书由三大部分构成。第一部分为各章习题，即填充、选择、判断、简答、问答五种类型的习题，并配以答案或指导性答案。第二部分为短小案例。我们紧扣每章内容编写了短小案例，帮助读者把每章内容与我国企业（或其他组织）的管理实践联系起来，进行拓展性思考。第三部分为综合案例。为帮助读者综合理解和运用管理学知识，我们编写了“苏宁”和“德隆”两个综合性案例，试图说明企业“做强、做大、做长”的道理，读者可以从案例中理解和领悟管理学的真谛。

本书既是教师教学的好帮手，也是学生学习管理学的好朋友。

图书在版编目（CIP）数据

管理学（第五版）习题与案例 / 周三多，贾良定主编. -- 北京 : 高等教育出版社，2018.9(2025.1重印)
ISBN 978-7-04-050505-4

Ⅰ. ①管… Ⅱ. ①周… ②贾… Ⅲ. ①管理学－高等学校－教学参考资料 Ⅳ. ①C93

中国版本图书馆CIP数据核字(2018)第203338号

Guanlixue Diwuban Xiti yu Anli

策划编辑 牛 杰　　责任编辑 牛 杰　　封面设计 王 洋　　版式设计 马 云
责任校对 张 薇　　责任印制 刁 毅

出版发行 高等教育出版社
社　　址 北京市西城区德外大街4号
邮政编码 100120
印　　刷 天津嘉恒印务有限公司
开　　本 787mm × 1092mm　1/16
印　　张 21
字　　数 500千字
购书热线 010-58581118
咨询电话 400-810-0598
网　　址 http://www.hep.edu.cn
http://www.hep.com.cn
网上订购 http://www.hepmall.com.cn
http://www.hepmall.com
http://www.hepmall.cn
版　　次 2018年9月第1版
印　　次 2025年1月第19次印刷
定　　价 45.00元

物 料 号 50505-00

前　言

这是专门为《管理学》(第五版)配套的习题与案例集。《管理学》作为“面向21世纪课程教材”于2000年8月出版以来，受到了全国许多高等学校管理类专业师生以及企业界的广泛好评。据出版机构不完全统计，全国有300多所高校选择本书作为本科生教学用书，有近100所院校将其指定为管理类专业硕士生入学考试的参考书，许多企业或专业培训机构也在管理培训中选用了本书，《管理学》的发行量累计已达几百万册。作为一本读者面如此之广、受社会各界关注程度如此之高的教材的作者，我们深感责任重大。这种责任感不仅仅促使我们全心全意把教材写好，同时也促使我们要写一本方便广大教师备课和读者自学的支持性教材，这正是本书写作的目的和由来。

本书基于《管理学》(第五版)的章节和内容，由三大部分构成：

第一部分，习题。根据每章的教学和学习要点，按章编写了填充、选择、判断、简答、问答五种类型的习题，并配以答案或指导性答案。我们试图通过填充、选择和判断题帮助广大读者准确地掌握主要概念和主要知识点，它强调的是准确；简答题意在帮助广大读者理解主要概念和知识点的基本内容，它强调的是简明扼要；问答题是多个概念和知识点的综合，意在帮助广大读者培养综合分析能力，它强调的是综合分析、理解概念和知识点之间的内在关系。

第二部分，短小案例。紧扣主教材每章内容按章编写1~4个中国企业的短小案例，每个短小案例后附2~3个思考题。读者可以在数分钟内读完案例，针对章节的知识点，就思考题对案例进行分析。短小案例旨在帮助读者把每章内容与我国企业(或其他组织)的管理实践联系起来，进行拓展性思考。

第三部分，综合案例。为帮助读者综合理解和运用管理学知识，我们特地编写了两个综合性案例。企业经营的目的是“做强、做大、做长”。“做强、做大、做长”需要企业经营者既要做正确的事，又要正确地做事。我们试图用“苏宁”和“德隆”的案例来说明企业“做强、做大、做长”的道理，读者可以从案例中理解和领悟管理学的真谛。如果读者再能够阅读一些世界百年长青企业(如西门子、通用电气等)的传记性资料，那么，对管理学的掌握和理解将更加深刻。

作者在多年教学经验基础上，广泛征求了许多同行的教学建议和意见，从方便教师备课和学生掌握管理学基本理论和方法的角度，精心编写了这本配套教材。由于水平和时间的局限，书中可能有许多不足之处，敬请读者不吝指教。

周三多　贾良定

2018 年春

于南京大学

目　录

第三部分 综合案例

第一部分　各章习题及参考答案

第一章

管理活动与管理理论

习题

一、填充题

1. 法国管理学家法约尔在其《工业管理与一般管理》中把管理的职能分为________、________、________、________和________。

2. 明茨伯格研究发现管理者扮演着十种角色，这十种角色可以被归入三类:________、________和________。

3. 管理者所扮演的人际角色包括________、________和________。

4. 管理者所扮演的信息角色包括________、________和________。

5. 管理者所扮演的决策角色包括________、________、________和________。

6. 正式组织存在和发展的三个条件是________、________和________。

7. 质量管理理论主要有________和________两项内容。

8. 管理的载体是________，本质是________，目的是________。

9. 管理的________职能通过方案的产生和选择表现出来，________职能通过计划的制定表现出来，________职能通过偏差的识别和纠正表现出来。

10. 人际技能包括________和________。

11. “把观点设想出来并加以处理以及将关系抽象化的精神能力”被称为________技能。

12. 组织内每一个人只能服从一个上级并接受他的命令，这就是法约尔提出的________原则。

13. 梅奥对其领导的霍桑试验进行总结，认为工人是________。

14. 梅奥认为提高生产率的主要途径是________。

15. 科学管理理论着重研究________。

16. ________职能是其他管理职能赖以有效发挥的基础。

17. ________被称为是“科学管理之父”。

18. ________技能对于高层管理最重要，对于中层管理较重要，对于基层管理较不重要。

19. 斯密认为人是________。

20. 保证企业中进行的一切活动符合所制定的计划和所下达的命令，这是管理的________职能。

21. 韦伯认为________、________和________是一切社会组织的基础。

22. 正式组织以________为主要标准，非正式组织以________为主要标准。

23. 巴纳德的理论为后来的________理论奠定了基础。

24. 系统理论认为企业是由六个要素构成的，即________、________、________、________、________和________。

25. “权变理论”的核心是研究________和________的联系。

26. 管理者的人际角色归因于管理者的________。

27. 根据罗伯特·卡茨的研究，管理者要具备________技能、________技能和________技能。

28. 孙膑帮助田忌在赛马中胜了齐王，运用的是________和________的思想。

29. 斯密的________观点促进了工业革命的发展，成为资本主义管理的一条基本原理。

30. ________被称为“人事管理之父”。

31. 亨利·汤尼于1889年提出采取________来克服由利润分享制度带来的不公平。

32. 甘特的两大贡献是________和________。

33. 采取再造的结果通常是________和________。

二、选择题

1. ________职能是其他管理职能赖以有效发挥的基础。

A. 决策　B. 信息
C. 控制　D. 创新

2. 管理者出席社区的集会或参加社会活动时，所行使的是________的角色。

A. 代表人　B. 联络者
C. 发言人　D. 谈判者

3. ________被称为“人事管理之父”。

A. 亚当·斯密　B. 泰罗
C. 罗伯特·欧文　D. 亨利·法约尔

4. ________被称为“科学管理之父”。

A. 亚当·斯密　B. 罗伯特·欧文
C. 亨利·法约尔　D. 泰罗

5. ________对于高层管理最重要，对于中层管理较重要，对于基层管理较不重要。

A. 技术技能　B. 人际技能
C. 概念技能

6. 越是处于高层的管理者，其对于概念技能、人际技能、技术技能的需要，就越是按________顺序排列。

A. 概念技能，技术技能，人际技能　　B. 技术技能，概念技能，人际技能
C. 概念技能，人际技能，技术技能　　D. 人际技能，技术技能，概念技能

7. 梅奥对其领导的霍桑试验进行总结，认为工人是________。

A. 经济人　　B. 社会人
C. 理性人　　D. 复杂人

8. 斯密认为人是________。

A. 理性人　　B. 社会人
C. 经济人

9. 保证企业中进行的一切活动符合所制定的计划和所下达的命令，这是管理的________职能。

A. 控制　　B. 组织
C. 领导　　D. 决策

10. 韦伯认为________权威是理想组织形式的基础。

A. 个人崇拜式　　B. 理性—合法式
C. 传统式

11. 通过方案的产生和选择表现出来的管理职能是________。

A. 计划　　B. 组织
C. 领导　　D. 决策

12. ________职能是各项管理职能的灵魂和生命。

A. 决策　　B. 领导
C. 创新　　D. 控制

13. 在________中，管理者处理信息并得出结论。

A. 人际角色　　B. 信息角色
C. 决策角色

14. 管理者向董事和股东说明组织的财务状况和战略方向时所扮演的是________。

A. 发言人角色　　B. 传播者角色
C. 联络者角色

15. 著名的霍桑研究就是采用________研究管理中人际关系的成功例子。

A. 归纳法　　B. 试验法
C. 演绎法

16. 属于人际关系学派的主要观点是________。

A. 企业的职工是社会人
B. 满足工人的社会欲望是提高生产效率的关键
C. 企业中实际存在着一种“非正式组织”
D. 人的行为都是由一定的动机引起的
E. 企业应采取新型的管理方法

17. 管理中的组织职能首先是对管理人员的________的管理。

A. 管理水平　　B. 管理方法
C. 管理质量　　D. 管理劳动

三、是非判断题

1. 管理的本质是协调。（ ）
2. 管理的有效性是指不仅做正确的事，而且正确地做事。（ ）
3. 管理是人类有意识、有目的的活动。（ ）
4. 计划、组织、领导、控制、调控这五种职能是一切管理活动最基本的职能。（ ）
5. 组织职能是根据工作的要求与人员的特点，设计岗位，通过授权和分工，将适当的人员安排在适当的岗位上。（ ）
6. 组织职能是管理活动的根本职能，是其他一切管理活动的保证和依托。（ ）
7. 计划职能是管理活动的根本职能，是其他一切管理活动的保证和依托。（ ）
8. 控制的实质是使实践活动符合计划，计划是控制的标准。（ ）
9. 创新职能是在与其他管理职能的结合中表现自身的存在与价值。（ ）
10. 管理者的角色包括人际角色、信息角色和决策角色。（ ）
11. 管理者的信息角色指管理者既是所在单位的信息传递中心，也是组织内其他工作小组的信息传递渠道。（ ）
12. 管理原理是对管理工作的实质内容进行科学分析总结而形成的基本原理，主要特征有客观性、概括性、稳定性、系统性。（ ）
13. 管理的计划职能通过目标的制定和行动的确定表现出来。（ ）
14. 管理的组织职能通过偏差的识别和纠正表现出来。（ ）
15. 管理的控制职能通过目标的制定和行动的确定表现出来。（ ）
16. 职工是经济人，只是追求高工资和良好的物质条件。（ ）
17. 梅奥等人以霍桑试验的成果为依据，提出了与经济人观点的不同社会人观点。（ ）
18. 霍桑试验表明生产效率的高低还受到工人的态度、积极性以及工人的家庭、社会生活、组织中人与人需求等影响。（ ）
19. 按 X 理论，管理者就要创造一个能多方面满足工人需要的环境。（ ）
20. ERP 的核心管理思想就是实现对整个供应链的有效管理。（ ）

四、简答题

1. 根据亨利·明茨伯格的理论，管理者应扮演哪些角色？
2. 根据罗伯特·卡茨的研究，管理者应该具备哪些技能？
3. 亚当·斯密为什么认为分工是增进劳动生产力的重要因素？
4. 泰罗的科学管理理论包括哪些方面？
5. 差别计件工资制与计件奖励工资制有什么不同？

6. 什么是等级链?
7. 什么是数量管理理论?
8. 简述系统管理理论。
9. 简述质量管理理论。
10. 什么是工作定额原理?
11. 韦伯的理想的行政组织体系和理想的组织形式具有哪些特点?
12. 巴纳德在其《经理人员的职能》一书中认为经理人员的主要职能有哪些?
13. 巴纳德认为对于正式组织来说，不论级别的高低或规模大小，其存在和发展都必须具备一些条件，这些条件是什么?
14. 什么是非正式组织?
15. 系统分析的一般步骤是哪些?
16. 何谓决策科学化?
17. 所有权与管理权分离对管理有何意义?
18. 巴贝奇在对报酬的研究中提出按照生产率贡献的大小来确定工人的报酬，他将工人的收入分为哪几部分?
19. 亨利·汤尼于 1889 年提出采取收益分享制度来克服由利润分享制度带来的不公平，收益分享制度的具体办法是什么?
20. 何谓再造?

五、问答题

1. 什么是管理?如何理解管理的具体含义?
2. 管理包括哪些职能?它们各自的表现形式是什么?它们的相互关系是怎样的?
3. 请阐述法约尔关于经营和管理的概念及其管理原则。
4. 梅奥的人际关系学说与泰罗的科学管理理论有何不同?
5. 西方管理理论出现哪些分支?每个理论分支的内容与特征各是什么?
6. 请综合分析斯密和巴贝奇关于劳动分工的研究。
7. 如何客观地评价泰罗制?

参考答案

一、填充题

1. 计划，组织，指挥，协调，控制
2. 人际角色，信息角色，决策角色
3. 代表人，领导者，联络者
4. 监督者，传播者，发言人

5. 企业家，干扰对付者，资源分配者，谈判者
6. 明确的目标，协作的意愿，良好的沟通
7. 不断完善，再造
8. 组织，合理分配和协调的过程，实现既定目标
9. 决策，计划，控制
10. 对下属的领导能力，处理各种关系的能力
11. 概念
12. 统一指挥
13. 社会人
14. 提高工人的满足度
15. 如何提高单个工人的生产率
16. 信息
17. 泰罗
18. 概念
19. 经济人
20. 控制
21. 等级，权威，行政制
22. 效率，情感
23. “社会系统学派”
24. 人，物资，设备，财，任务，信息
25. 组织，环境
26. 正式权力
27. 技术，人际，概念
28. 运筹学，对策论
29. 劳动分工
30. 罗伯特·欧文
31. 收益分享制度
32. 甘特图，计件奖励工资制
33. 公司规模缩小，外包业务增多

二、选择题

1. B 2. A 3. C 4. D 5. C 6. C 7. B 8. C 9. A 10. B 11. D 12. C 13. C 14. A 15. B 16. ABCE 17. D

三、是非判断题

1. 是 2. 是 3. 是 4. 否 5. 是 6. 否 7. 是 8. 是 9. 是 10. 是 11. 是 12. 是 13. 是 14. 否 15. 否 16. 否 17. 是 18. 是 19. 否 20. 否

四、简答题

1. 亨利·明茨伯格研究发现管理者扮演着十种角色，这十种角色可被归入三大类：人际角色、信息角色和决策角色。管理者所扮演的三种人际角色是代表人角色、领导者角色和联络者角色；管理者所扮演的三种信息角色是监督者角色、传播者角色和发言人角色；管理者所扮演的四种决策角色是企业家角色、冲突管理者、资源分配者角色和谈判者角色。

2. 根据罗伯特·卡茨的研究，管理者要具备三类技能：技术技能是指管理者"运用其所监督的专业领域中的过程、惯例、技术和工具的能力"；人际技能是指"成功地与别人打交道并与别人沟通的能力"，包括对下属的领导能力和处理各种关系的能力；概念技能是指"把观点设想出来并加以处理以及将关系抽象化的精神能力"。

3.（1）分工可以使劳动者专门从事一种单纯的操作，从而提高熟练程度、增进技能；（2）分工可以减少劳动者的工作转换，节约通常由一种工作转到另一种工作所损失的时间；（3）分工可以使劳动简化，使劳动者的注意力集中在一种特定的对象上，有利于发现比较方便的工作方法，促进工具的改良和机器的发明。

4. 泰罗的科学管理理论主要包括以下几方面：工作定额、标准化、能力与工作相适应、差别计件工资制、计划职能与执行职能相分离。

5. 差别计件工资制是指计件工资率随完成定额的程度而上下浮动。如果工人完成或超额完成定额，则定额内的部分连同超额部分都按比正常单价高 25% 计酬；如果工人完不成定额，则按比正常单价低 20% 计酬。计件奖励工资制是指超额完成定额的，除了支付日工资，超额部分以计件方式发给奖金；完不成定额的，只支付日工资。这种制度优于差别计件工资制，可使工人感到收入有保证，劳动积极性因而提高。

6. 等级链是指"从最高层的权威者到最底层管理人员的等级系列"。它表明权力等级的顺序和信息传递的途径。

7. 数量管理理论是指以现代自然科学和技术科学的成果（如先进的数学方法、电子计算机技术、系统论、信息论和控制论等）为手段，运用数学模型，对管理领域中的人、财、物和信息资源进行系统的定量分析，并做出最优规划和决策的理论。

8. 系统管理理论是指运用系统理论中的范畴、原理，对组织中的管理活动和管理过程，特别是组织结构和模式进行分析的理论。这一理论的要点如下：

（1）组织是一个系统，是由相互联系、相互依存的要素构成的。根据需要，可以把系统分解为子系统，子系统还可以再分解。这样，对系统的研究就可以从研究子系统与子系统之间的关系入手。

（2）系统在一定的环境下生存，与环境进行物质、能量和信息的交换。系统从环境输入资源，把资源转换为产出物，一部分产出物为系统自身所消耗，其余部分则输出到环境中。

（3）系统在投入—转换—产出的过程中不断进行自我调节，以获得自身的发展。

9. 质量被定义为产品或服务满足顾客目标或需要的能力。质量管理理论主要有两项内容：（1）不断完善：对质量采取不断完善的方法，是指个人或组织不能在成就面前止步。

不管事情做得多么好，个人或组织总可以做得更好。组织必须不断努力完善、学习和成长。（2）再造：对业务流程进行彻底的思考并在此基础上重新设计，以便在业绩衡量标准（如成本、质量、服务和速度等）上取得重大突破。再造中最关键的部分是在公司的核心竞争力和经验的基础上确定它应该做什么，即确定它能做得最好的是什么。

10. 把工人的操作分解为基本动作，再对尽可能多的工人测定完成这些基本动作所需的时间。同时选择最适用的工具、机器，确定最适当的操作程序，消除错误的和不必要的动作，得出最有效的操作方法作为标准。

最后，将完成这些基本动作的时间汇总，加上必要的休息时间和其他延误时间，就可以得到完成这些操作的标准时间，据此制定一个工人的“合理的日工作量”，这就是所谓的工作定额原理。

11.（1）存在明确的分工；（2）按等级原则对各种公职和职位进行法定安排，形成一个自上而下的指挥链和等级链体系；（3）根据经过正式考试或教育培训而获得的技术资格来选拔员工，并完全根据职务的要求来任用；（4）除个别需要通过选举产生的公职以外，所有担任公职的人都是任命的；（5）行政管理人员是“专职的”管理人员，领取固定的“薪金”，有明文规定的升迁制度；（6）行政管理人员不是其管辖的企业的所有者，只是其中的工作人员；（7）行政管理人员必须严格遵守组织中的规则、纪律和办事程序；（8）组织中成员之间的关系以理性准则为指导，不受个人情感的影响。

12.（1）建立并维护一个信息系统；（2）促使组织中每个人都能做出贡献；（3）明确组织的目的。

13. 明确的目标、协作的意愿和良好的沟通。

14. 企业成员在共同的工作过程中，相互之间必然产生共同的情感、态度和倾向，形成共同的行为准则和惯例，这就构成一个体系，被称为非正式组织。非正式组织以它独特的情感、规范和倾向，左右着成员的行为。

15.（1）确定系统的最终目标，同时明确每个特定阶段的目标和任务；（2）把研究对象视作一个整体、一个统一的系统，然后确定每个局部要解决的任务，研究它们之间以及它们与总体目标的相互关系和相互影响；（3）寻求完成总体目标以及各个局部任务的可供选择的方案；（4）对可供选择的方案进行分析和比较，选出最优方案；（5）实施组织所选的方案。

16. 决策科学化即指决策要以充足的事实为依据，按照事物的内在联系对大量的资料和数据进行分析和计算，遵循科学的程序，进行严密的逻辑推理，从而做出正确的决策。组织中电子计算机、管理信息系统、DDS、ERP 等的应用为决策科学化提供了可能。

17. 首先，独立的管理职能和专业的管理人员正式得到承认，管理不仅成为一种活动，还成为一种职业。其次，随着所有权和管理权的分离，横向的管理分工开始出现，这不仅提高了管理效率，也为企业组织形式的进一步发展奠定了基础。另外，具有管理才能的雇佣人员掌握了管理权，直接为科学管理理论的产生创造了条件。

18. 分为三部分：按照工作性质确定的固定工资；按照对生产率所做出的贡献而分得的利润；为增进生产率提出建议而应得的奖金。

19.（1）每个员工享有一种“保证工资”；（2）每个部门按科学方法制定工作标准，并确定生产成本，该部门超过定额时，由该部门职工和管理阶层各得一半；（3）定额应在

3~5 年内维持不变，以免降低工资。

20. 再造即“对业务流程进行彻底的思考并在此基础上重新设计，以便在业绩衡量标准（如成本、质量、服务和速度等）上取得重大突破”。再造首先确定公司必须做什么，然后确定如何去做。再造不把任何事情想当然，它对“是什么”有所忽视，而对“应该是什么”相当重视。

五、问答题

1. **答案要点**：管理是指组织为了达到个人无法实现的目标，通过各项职能活动，合理分配、协调相关资源的过程。对这一定义可作进一步解释：（1）管理的载体是组织。组织包括企事业单位、国家机关、政治党派、社会团体以及宗教组织等。管理不能脱离组织而存在，同样，组织中必定存在管理。（2）管理的本质是合理分配和协调的过程，而不是其他。（3）管理的对象是相关资源，即包括人力资源在内的一切可以调用的资源。在这些资源中，人员是最重要的。任何资源的分配、协调实际上都是以人为中心的。所以管理要以人为中心。（4）管理的职能活动包括信息、决策、计划、组织、领导、控制和创新。（5）管理的目的是为了实现既定的目标，而该目标仅凭单个人的力量是无法实现的，这也是建立组织的原因。

2. **答案要点**：管理职能有信息、决策、计划、组织、领导、控制和创新七种。

七种管理职能各有自己独特的表现形式。信息职能通过信息的采集、加工、存储、传播、利用和反馈表现出来；决策职能通过方案的产生和选择表现出来；计划职能通过计划的制定表现出来；组织职能通过组织结构的设计和人员的配备表现出来；领导职能通过领导者和被领导者的关系表现出来；控制职能通过偏差的识别和纠正表现出来；创新职能是通过组织所提供的服务或产品的更新和完善以及其他管理职能的变革和改进来表现其存在的。

相互关系：（1）信息职能是其他管理职能赖以有效发挥的基础；（2）决策既与其他管理职能有所交叉（管理者在行使其他管理职能的过程中总会面临决策问题），又是计划、组织、领导和控制的依据；（3）计划、组织、领导和控制旨在保证决策的顺利实施；（4）创新贯穿于各种管理职能和各个组织层次之中。

3. **答案要点**：法约尔指出，任何企业都存在着六种基本活动，管理只是其中的一种。这六种基本活动是技术活动、商业活动、财务活动、安全活动、会计活动、管理活动。所谓“经营”，就是努力确保六种固有活动的顺利运转，以便把组织拥有的资源变成最大的成果，从而实现组织的目标。管理活动是指计划、组织、指挥、协调和控制。

法约尔提出了一般管理的 14 条原则：分工、权力与责任、纪律、统一指挥、统一领导、个人利益服从集体利益、报酬合理、集权与分权、等级链与跳板、秩序、公平、人员稳定、首创精神、集体精神。

4. **答案要点**：（1）泰罗的科学管理理论认为金钱是刺激人们工作积极性的唯一动力，把人看作经济人。梅奥的人际关系学说认为，工人是社会人，除了物质需求外，还有社会、心理方面的需求，因此不能忽视社会和心理因素对积极性的影响。（2）科学管理理论仅注重正式组织的作用。而人际关系学说提出，企业成员在共同工作的过程中，相互间必然产生共同的感情、态度和倾向，形成共同的行为准则和惯例，要求个人服从。这就构成一个体系，被称为“非正式组织”。非正式组织不仅存在，而且与正式组织相互依存，对生产率有重大影响。（3）科学管理理论认为金钱是刺激人们工作积极性的唯一动力。梅奥认为提高生产率的主要途径是提高工人的满足度，即工人对社会因素特别是人际关系的满足程度。

5. **答案要点**：西方管理理论可被划分为古典管理理论、行为管理理论、数量管理理论、系统管理理论、权变管理理论和质量管理理论。

古典管理理论：形成于19世纪末和20世纪初的美欧，它可分为科学管理理论和组织管理理论。（1）科学管理理论着重研究如何提高单个工人的生产率。其代表人物主要有泰罗、吉尔布雷斯夫妇以及甘特等。泰罗的科学管理理论主要包括以下几方面：工作定额、标准化、能力与工作相适应、差别计件工资制、计划职能与执行职能相分离。吉尔布雷斯夫妇在动作研究和工作简化方面做出了突出贡献。甘特最重要的贡献是创造了“甘特图”，另一贡献是提出了“计件奖励工资制”。（2）组织管理理论着重研究管理职能和整个组织结构。其代表人物主要有亨利·法约尔、马克斯·韦伯和切斯特·Z.巴纳德等。法约尔把管理职能划分为计划、组织、指挥、协调和控制，并提出了一般管理的14条原则。韦伯对管理理论的主要贡献是提出了“理想的行政组织体系”理论。巴纳德对管理理论的贡献主要体现在《经理人员的职能》一书中，他认为在组织中，经理人员是最为重要的因素。

行为管理理论：形成于20世纪20年代。梅奥对其领导的霍桑试验进行了总结，阐述了与古典管理理论不同的观点——人际关系学说（主要内容略）。弗雷德里克·赫茨伯格、维克托·H.弗鲁姆和戴维·麦克利兰分别提出了双因素理论、期望理论和成就需要理论。

数量管理理论：产生于第二次世界大战期间，它是指以现代自然科学和技术科学的成果（如先进的数学方法、电子计算机技术、系统论、信息论和控制论等）为手段，运用数学模型，对管理领域中的人、财、物和信息资源进行系统的定量分析，并做出最优规划和决策的理论。内容主要包括运筹学、系统分析和决策科学化。

系统管理理论：是指运用系统理论中的范畴、原理，对组织中的管理活动和管理过程，特别是组织结构和模式进行分析的理论。组织是一个系统，可以把系统分解为子系统，子系统还可以再分解。系统在一定的环境下生存，与环境进行物质、能量和信息的交换。系统在投入—转换—产出的过程中不断进行自我调节，以获得自身的发展。

权变管理理论是20世纪70年代在美国形成的一种管理理论，这一理论的核心是力图研究组织与环境的联系，并确定各种变量的关系类型和结构类型。它强调管理要根据组织所处的环境随机应变，针对不同的环境寻求不同的管理模式。权变管理理论着重考查有关环境的变量与各种管理观念和技术之间的关系，以使采用的管理观念和技术有效地实现目标。环境变量与管理变量之间的函数关系就是权变关系，这是权变管理理论的核心内容。

质量管理理论：质量被定义为产品或服务满足顾客目标或需要的能力。质量管理理论主要有两项内容：不断完善和再造。

6. **答案要点**：（1）斯密：斯密分析增进劳动生产力的因素时强调分工的作用：首先分工可以使劳动者专门从事一种单纯的操作，从而提高熟练程度、增进技能；其次分工可以减少劳动者的工作转换，节约通常由一种工作转到另一种工作所损失的时间；另外，分工可以使得劳动简化，使劳动者的注意力集中在一种特定的对象上，有利于发现比较方便的工作方法，促进工具的改良和机器的发明。

（2）巴贝奇：赞同斯密的观点，但是他认为斯密忽略了分工可以减少支付工资这个好处。他提出了“边际熟练”原则。

7. **答案要点**：泰罗制冲破了多年沿袭下来的传统落后的经验管理方法，将科学引进管理领域，是管理理论上的创新。由于采用了科学的管理方法和科学的操作程序，使生产效率提高了二三倍，推动了生产的发展。泰罗制使管理理论的创立和发展有了实践基础。但其把工人视为会说话的机器，是资本家最大限度压榨工人血汗的手段，也是对人的片面的认识。

第二章

管理道德与企业社会责任

习题

一、填充题

1. 伦理最初的自然形态是________。

2. 现代管理道德的发展，使________成为当前管理界最紧迫、最重要的课题。

3. 伦理道德是现代社会的核心价值构建，具有特殊的管理意义和文明意义，而道德就是在一定风俗习惯下所形成的________和________。

4. 伦理用管理学家的话语说，就是单个人成为________的理性与原理。

5. 根据巴纳德的组织理论，组织的形成有三个要素:________、________和________。

6. 有效组织不仅要在客观上存在________，更重要的是要在主观上________，并由此产生________，从而使个人行为非个人化。

7. 科斯洛夫斯基已经指出，在人身上存在经济的________与伦理的________的矛盾，企业管理的深层难题之一就是将两者进行协调，在互动中建立合理的________或人文力体系。

8. 伦理道德的着力点，就在于生产者的________与管理者的________，韦伯所说的“天职”的劳动价值的意义就在于此。

9. 企业管理一方面通过伦理道德建立个体与组织相统一的________，另一方面借此建立企业与社会相统一的________，同时还通过伦理道德的有效合理运作，建立企业的人文力体系，从而形成企业的伦理精神，构筑作为企业灵魂的“________”。

10. ________道德观认为，能给行为影响所及的大多数人带来最大利益的行为才是善的。

11. ________道德观认为，那些按照同工同酬的原则和公平公正的标准向员工支付薪酬的行为是善的。

12. ________道德观认为，能尊重和保护个人基本权利的行为才是善的。

13. ________道德观认为，只要按照企业所在地区政府和员工都能接受的社会契约所进行的管理行为就是善的。

14. ________道德观是中国儒家道德观的高度概括。

15. 所谓公平公正主要是指支付薪酬的依据应当只是员工的________、________、________、________等因素，而不是其他各种似是而非的因素。

16. 合乎道德的管理不仅把遵守道德规范视作组织获取利益的一种手段，而且更把其视作组织的一项________。

17. 国外学者的研究表明，道德发展经历了________、________、________三个层次。

18. 在________层次，个人只有在其利益受到影响的情况下才会做出道德判断。

19. 在________层次，道德判断的标准是个人是否维持平常的秩序并满足他人的期望。

20. 在________层次，个人试图在组织或社会的权威之外建立道德准则。

21. 所谓________，是指该问题如果采取不道德的处理行为可能产生后果的严重程度。

22. 企业是现代社会的产物。现代社会基本上由四类组织所组成，即________、企业、________、________。企业以外三类组织的社会责任十分清晰，而企业的社会责任却比较模糊而备受争议。

23. 关于企业的社会责任一直存在两种针锋相对的观点，它们分别是________和________。

24. 价值观是关于价值的一定________、________、________和________的系统观点，是评价人或组织行为善恶的标准和原则。

25. 从历史的观点看，企业价值观经历了________、________、________和________四个阶段。

26. 企业价值观主要表现在全体成员对本企业________和________的高度认同。

二、选择题

1. 市场经济中要提倡“以义治商”和“以义取利”，这里的“义”指的是________。

A. 义气　　B. 法律

C. 和气　　D. 伦理道德

2. “不管白猫、黑猫，抓到耗子就是好猫”这句谚语描述的是________道德观。

A. 功利主义　　B. 权利至上

C. 公平公正　　D. 社会契约

3. 如果管理者认为解雇工厂中 20% 的工人是正当的，因为这将增强工厂的盈利能力，使余下的 80% 的工人工作更有保障，并且符合股东的利益，那么这位管理者接受的是________道德观。

A. 功利主义　　B. 权利至上

C. 公平公正　　D. 社会契约

4. 强烈反对一切残酷剥削工人的血汗工厂，过低的工资，过长的劳动时间，要求工作医疗保障权的道德观属于________。

A. 功利主义道德观 B. 权利至上道德观
C. 公平公止道德观 D. 社会契约道德观

5. 给同工不同酬现象以解释的道德观是________。
A. 功利主义道德观 B. 权利至上道德观
C. 公平公正道德观 D. 社会契约道德观

6. “己所不欲，勿施于人”“换位思考”“将心比心”“设身处地”等习语里所隐含的道德观是________。
A. 权利至上道德观 B. 公平公正道德观
C. 社会契约道德观 D. 推己及人道德观

7. 关于合乎道德的价值观下列说法错误的是________。
A. 把遵守道德规范视作组织的一项责任
B. 不仅把人看作手段，更把人看作目的
C. 超越了法律的要求，能让组织取得卓越的成就
D. 不再考虑公司的经济利益

8. 如果一个人只有在符合他的直接利益时才遵守规则，那么他处于道德发展阶段中的________。
A. 前惯例层次 B. 惯例层次
C. 原则层次

9. 如果一个人做周围人所期望的事，他正处于道德发展的________。
A. 前惯例层次 B. 惯例层次
C. 原则层次

10. 如果一个人遵守自己选择的道德准则，即使这些准则违背了法律，这说明他正处于道德发展的________。
A. 前惯例层次 B. 惯例层次
C. 原则层次

11. 下列关于道德发展阶段的说法错误的是________。
A. 人们一步一步地依次通过这六个阶段，而不能跨越
B. 道德发展可能中断，可能停留在任何一个阶段上，也可能倒退和堕落
C. 原则层次是道德发展的最高层次
D. 多数成年人的道德发展处于原则层次上

12. 关于个人特性与管理道德的影响，下列说法错误的是________。
A. 管理者的个人特性对组织的管理道德有着直接的影响
B. 这里所讲的个人特性主要是指管理者的个人价值观、自信心和自控力
C. 面对同样的管理问题，不同的管理者会采取不同的决策
D. 自信心和控制力强的管理者更容易遵守管理道德

13. 为了提升员工的道德修养，组织的高层管理者应特别重视________。
A. 新员工招聘 B. 建立明确可行的工作目标
C. 定期的道德教育 D. 以上都是

14. 以下________措施与提高组织的道德标准或提升员工的道德修养无关。

A. 对绩效进行全面的评价
B. 以市场占有率最高而不是利润最大化为经营目标
C. 确立道德准则
D. 建立正式的保护机制

15. 以下行为中不属于企业伦理表现的是________。
A. 治理污染　　B. 定期和不定期培训员工
C. 为顾客提供售后服务　　D. 开发新产品

三、是非判断题

1. 社会责任是企业管理道德的要求，完全是企业出于法律的行为。 (　　)
2. 价值观是由管理者创导、推行、实践形成的。 (　　)
3. 企业价值观主要表现在各管理者对本企业“应当是什么”和“应当做什么”的高度认同。 (　　)
4. 把企业做大、做强、做长、做好并不是企业履行社会责任的体现。 (　　)
5. 追求企业相关利益者价值最大化的企业目标是目前能够体现企业的最大社会责任的目标。 (　　)
6. 企业管理不需要伦理道德。 (　　)
7. 功利主义道德观认为，能给行为影响所及的所有人带来最大利益的行为才是最善的。 (　　)
8. 功利主义道德观中的“最大利益”是指最大的财富回报。 (　　)
9. 功利主义道德观的核心“有用性”仅指对象对主体或财富对个人或社会的有用性。 (　　)
10. 权利至上道德观认为，能尊重和保护个人基本权利的行为才是善的。 (　　)
11. 权利至上道德观认为，员工要无条件地尊重管理者。 (　　)
12. 公平公正道德观提倡，按照同工同酬的原则和公平公正的标准向员工支付薪酬。 (　　)
13. 公平公正的道德观认为，支付薪酬的依据应当是员工的技能、经验、绩效或职责因素。 (　　)
14. 某企业拒绝聘用女性员工、残疾人士符合公平公正道德观。 (　　)
15. 社会契约道德观认为，只要按照企业所在地区政府和员工都能接受的社会契约所进行的管理行为就是善的。 (　　)
16. 社会契约道德观与权利至上道德观和公平公正道德观的主要观点是一致的。 (　　)
17. 社会契约道德观实质上是功利主义道德观的变种。 (　　)
18. 社会契约道德观的基本原则，能大幅度降低企业人力资源的成本，增加企业的利润。 (　　)
19. 换位思考、将心比心、设身处地不符合推己及人道德观。 (　　)
20. 合乎道德的管理仅从组织自身角度的角度看问题。 (　　)

21. 合乎道德的管理善于处理利益相关者之间的关系。（ ）

22. 合乎道德的管理虽不把组织自身利益放在第一位，但常常会取得卓越的成就。（ ）

23. 合乎道德的管理以组织的价值观为行为导向，并且有时可以取代法律对组织的行为做出判断。（ ）

24. 道德的发展经历三个层次，每个层次又分为两个阶段。（ ）

25. 道德发展的前惯例层只受个人利益的影响。（ ）

26. 道德发展的惯例层只受他人期望的影响。（ ）

27. 道德发展的原则层受个人伦理准则的影响，而且这些准则可能与法律、社会规则不相同。（ ）

28. 影响道德管理的个人特性是指管理者的个人特性，与员工的个人特性无关。（ ）

29. 影响道德的管理仅受五个因素的影响：道德的发展阶段、个人特性、组织结构、组织文化和问题强度。（ ）

30. 只要为员工设立明确的目标就能帮助改善企业的道德行为。（ ）

31. 管理者可以通过奖惩机制来影响员工的道德行为。（ ）

32. 做正确的事比正确地做事更有助于改善企业的道德行为。（ ）

33. 关于道德观的运用，任何组织往往是根据具体事情和具体情况综合运用，不可能“从一而终”。（ ）

34. 道德发展的最高层次是惯例层次。（ ）

35. 企业价值观越向高级阶段发展会越重视企业的社会责任。（ ）

36. 从历史的观点来看，企业的价值观经历了三个阶段的发展。（ ）

37. 如果仅以经济成果衡量绩效，有可能产生不符合道德的行为。（ ）

38. 企业对待社会责任的态度，可以作为有效衡量企业价值观发展阶段的最好标志。（ ）

39. 注重绿色发展是企业履行社会责任的表现，而且绿色管理的最高方式是市场的方式。（ ）

40. 企业的价值观是一个不断发展变化的历史范畴。（ ）

41. 企业不仅是一个经济实体，而且是一个伦理实体。（ ）

四、简答题

1. 常见的道德观有哪些？
2. 合乎道德管理的特征有哪些？
3. 影响管理道德的因素有哪些？
4. 管理道德发展的三个层次六个阶段是什么？
5. 有关管理道德发展阶段的研究得出哪些结论？
6. 组织结构对管理道德的影响表现在哪些方面？
7. 高层管理者如何在道德方面领导员工？

8. 传统经济学观点与社会经济学观点分别包括哪些内容?
9. 企业的社会责任一般包括哪些方面?

五、问答题

1. 在经营活动中，企业伦理与管理道德的管理学意义表现在哪些方面?
2. 何为功利主义价值观，如何对它进行评价?
3. 何为社会契约道德观，如何对它进行评价?
4. 改善企业的道德行为有哪些途径?
5. 企业价值观的发展经历了哪几个阶段? 在每个阶段的表现怎样?
6. 在企业承担社会责任的问题上，你赞成怎样的观点?

参考答案

一、填充题

1. 风俗习惯
2. 社会责任
3. 个人品质，气质
4. 组织人
5. 共同目的，协作的愿望，信息的沟通
6. 共同目的，认同共同目的，协作的愿望
7. 最强的动力，最好的动力，冲动体系
8. 劳动价值观，经营价值观
9. 内部伦理关系，外部伦理关系，企业精神
10. 功利主义
11. 公正公平
12. 权利至上
13. 社会契约
14. 推己及人
15. 技能，经验，绩效，职责
16. 责任
17. 前惯例，惯例，原则
18. 前惯例
19. 惯例
20. 原则
21. 问题强度

22. 政府，非营利组织，家庭
23. 传统经济学观点，社会经济学观点
24. 信念，倾向，主张，态度
25. 工业化初期，工业化中期，工业化后期，后工业化时期
26. 应当是什么，应当做什么

二、选择题

1. D 2. A 3. A 4. B 5. D 6. D 7. D 8. A 9. B 10. C 11. D 12. D 13. D 14. B 15. D

三、是非判断题

1. 否 2. 否 3. 否 4. 否 5. 否 6. 否 7. 否 8. 否 9. 否 10. 是 11. 否 12. 是 13. 是 14. 否 15. 是 16. 否 17. 是 18. 是 19. 否 20. 否 21. 是 22. 是 23. 是 24. 是 25. 是 26. 否 27. 是 28. 否 29. 否 30. 否 31. 是 32. 是 33. 是 34. 否 35. 是 36. 否 37. 是 38. 是 39. 否 40. 是 41. 是

四、简答题

1.（1）功利主义道德观;（2）权利至上道德观;（3）公平公正道德观;（4）社会契约道德观;（5）推己及人道德观。

2.（1）把遵守道德规范视作组织获取利益的一种手段，而且更把其视作组织的一项责任;（2）不仅从组织自身角度更应从社会整体角度看问题;（3）尊重所有者以外的利益相关者的利益，善于处理组织与利益相关者的关系，也善于处理管理者与一般员工及一般员工内部的关系;（4）不仅把人看作手段，更把人看作目的;（5）超越了法律的要求，能让组织取得卓越的成就;（6）具有自律的特征;（7）以组织的价值观为行为导向。

3.（1）道德发展阶段;（2）个性特征;（3）组织结构;（4）组织文化;（5）问题强度。

4. 第一层次为前惯例阶段。它包括“遵守规则以避免受到物质惩罚”和“只在符合你的直接利益时才遵守规则”两个阶段。第二层次为惯例阶段。它包括“做你周围的人所期望的事”和“通过履行你允诺的义务来维持平常秩序”两个阶段。第三层次为原则阶段。它包括“尊重他人的权利，置多数人的意见于不顾，支持不相干的价值观和权利”和“遵守自己选择的伦理准则，即使这些准则违背了法律”两个阶段。

5.（1）人们一步一步地依次通过这六个阶段，而不能跨越;（2）道德发展可能中断，可能停留在任何一个阶段上，也可能倒退和堕落;（3）多数成年人的道德发展处在第四阶段上，也有少数人能始终坚持自己信奉的原则，出淤泥而不染。

6.（1）组织内部机构和职责分工有没有必要的权力制衡、监察、检查、审计机制，有没有外部群众和舆论监督。（2）组织内部有无明确的规章制度。（3）上级管理行为的示范作用。（4）绩效评估考核体系会起到指挥棒的作用。

7. 高层管理人员自己就应该是一个具有高尚道德的人，至少是一个以高尚道德标准要求自己的人，而不只是一架会赚钱的机器。(1) 高层管理人员在言行方面是员工的表率;(2) 高层管理人员可以通过奖惩机制来影响员工的道德行为;(3) 高层管理者要勇于承担责任。

8. 传统经济学的观点认为：为股东实现组织利润最大化是企业的天职，否则就不称其为企业，增进和保护社会福利是政府和非营利组织的责任；社会经济学的观点则认为：企业不只是对股东负责的独立实体，它们还要对社会负责，因此企业的责任不只是创造利润，还应包括保护和增进社会福利。

9. (1) 办好企业，把企业做强、做大、做久;(2) 企业一切经营管理行为应符合道德规范;(3) 社区福利投资;(4) 社会慈善事业;(5) 自觉保护自然环境。

五、问答题

1. **答案要点**:(1) 经济与经营活动的意义，尤其是对终极意义的追求。

(2) 企业组织。伦理道德对于企业组织的意义，不仅在于构建“人际关系”，更重要的在于造就真正合理有效的企业组织，因为“伦”本身就是个体性与实体性的统一。

(3) 人文力与企业精神。企业管理一方面通过伦理道德建立个体与组织相统一的内部伦理关系，另一方面借此建立企业与社会相统一的外部伦理关系，同时还通过伦理道德的有效合理运作，建立企业的人文力体系，从而形成企业的伦理精神，构筑作为企业灵魂的“企业精神”。

(4) 企业及其产品的价值观。企业活动与人们带进工作现场的价值观有关，伦理道德的着力点，就在于生产者的劳动价值观与管理者的经营价值观。

2. **答案要点**：功利主义价值观认为，能给行为影响所及的大多数人带来最大利益的行为才是善的。

功利主义道德观有其合理的一面，因为人类的行为一般都是基于动机，动机就是期望行为带来某些有利的结果。如果该行为能为行为影响所及的大多数人带来最大利益，当然就可以认为该行为是善的，必然得到大多数人支持。但也存在两个不可回避的问题:(1) 为了实现最大利益，可能采取了不公平、不道德甚至损害了他人或社会利益的手段。(2) 只是规定了对大多数人有利，而没有规定所得利益如何在相关人员中分配，所以很可能产生利益分配不公，一小部分人利用手中的职权或资本，获取了绝大部分的利益，而大部分人只得到了一小部分的利益，形成贫富两极分化的现象，这也是不道德的。

3. **答案要点**：社会契约道德观认为，只要按照企业所在地区政府和员工都能接受的社会契约所进行的管理行为就是善的。

这种道德观实质上是功利主义道德观的变种。既不符合权利至上的道德观，也不符合公平公正道德观的基本原则，但却能大幅度降低企业人力资源的成本，增加企业的利润。契约论的道德观有其深刻的局限性。因为契约具有很强的情境特征，在很多场合是相关各方利益博弈的结果，与合理性无关。而且，契约的对象必须严格限制，哲学家已经多次指出，许多东西，比如人格、道德、婚姻家庭是绝对不可以契约的。契约主义的泛滥，会导致严重的经济与社会后果。

4. **答案要点**：（1）挑选高道德素质的员工；（2）建立道德守则和决策规则；（3）在道德方面领导员工；（4）设定工作目标；（5）对员工进行道德教育；（6）对绩效进行全面评价；（7）进行独立的社会审计；（8）提供正式的保护机制。

5. **答案要点**：（1）工业化初期：股东利润最大化；（2）工业化中期：企业利润最大化兼顾员工利益；（3）工业化后期：追求企业相关利益者价值最大化；（4）后工业化时期：追求企业相关利益者价值最大化同时要保护和增进社会福利。

6. **答案要点**：（略）

第三章

全球化与管理

习题

一、填充题

1. 我们生活在一个日益________的世界里。

2. 全球化既是一个________，又是一个________。

3. 在世界层面上，全球化是指国家之间日益增长的________，反映在________、________、________和________等方面不断增长的跨国流通上。

4. 衡量某个国家或地区的经济全球化的一些关键性指标包括________、________和________等。

5. 那些只局限于一国或地区范围内的业务正在逐步地减少，如今的管理者都必须具有________。

6. 管理者需要理解与掌握一些全球化所必需的关键能力有________、________、________和________。

7. 在全球范围内，经济体制主要包括三大类型：________、________和________。

8. 文化因素是指企业所在国家或地区中人们的________、________、________、________、________等构成的环境因素。

9. 文化因素与政治因素不同，政治因素一般带有________，而文化因素则带有________。

10. 霍夫斯泰德把文化因素分为________、________、________、________和________等几个因素。

11. 一个国家或地区的全球化程度依赖于该国或地区的________、________、________、________和________等。

12. 为了成为有效的全球化管理者，必须具备四种关键知识与能力，即________、________、________和________。

13. 企业应该在________和________的基础上，首先考虑如何进行国际化经营。

14. 国际化经营的进入方式主要有________、________和________。

15. ________是一种与目标市场联系较为松散的进入方式，一般也是国际化经营的初级阶段。

16. ________是出口阶段的高级形式。

17. 非股权安排又被称为________。

18. 非股权安排的种类很多，主要包括________、________、________等。

19. 特许是当事人一方将其________、________或________转让给另一方，由后者按照合同规定使用的交易行为。

20. 国际直接投资是指以________为目的的国际资本流动，________的获得是通过________来实现的。

21. 国际直接投资进入主要包括________、________、________和________等多种方式。

22. ________是指隶属于同一产业部门、其产品属于同一产品市场的企业购并。

23. ________是指对与国际企业母子公司之间在产品生产经营中有着前后生产过程、销售与生产之间联系的企业的购并。

24. ________是指对与国际企业处于不同产业部门、不同市场且相互之间没有特别的生产技术联系的企业的收购。

25. ________、________、________和________分别体现了多国型、国际型、全球型和跨国型公司的典型组织结构。

二、选择题

1. 由跨国公司的国外资产占总资产的比率、国外销售额占总销售额的比率和国外雇员数占总雇员数的比率平均而得的是________。

A. 跨国化指数　　B. 国际化指数

C. 全球化指数

2. 由跨国公司的国外机构数占总机构数的比率而得的是________。

A. 跨国化指数　　B. 国际化指数

C. 全球化指数

3. 当事人一方将其技术、商标或专利的使用权转让给另一方，由后者按合同规定使用的交易行为是________。

A. 特许　　B. 合同制造

C. 管理合同

4. 介于许可贸易与直接投资之间的一种市场进入方式是________。

A. 特许　　B. 合同制造

C. 管理合同

5. 通过向目标市场国的某一企业提供管理技术，或负责该企业的经营管理等，借以进入海外市场的方式是________。

A. 特许　　B. 合同制造

C. 管理合同

6. 在国际化经营的高速发展阶段，________成为企业国际化经营的主导方式。

A. 进出口贸易　　B. 国际间接投资

C. 对外直接投资

7. 在国际化经营的初始发展阶段，活动方式主要以________为主。

A. 进出口贸易　　B. 国际间接投资

C. 对外直接投资

8. 当企业所面临的首要任务是正确地选择能对企业长远发展提供战略机会的海外市场，并采取相应的战略措施时，企业处于其国际化过程的________阶段。

A. 出口　　B. 非股权安排

C. 直接投资

9. 当企业开始考虑如何通过有关经营方式的选择来达到对海外市场渗透和扩展的目的时，企业处于其国际化过程的________阶段。

A. 出口　　B. 非股权安排

C. 直接投资

10. 当一个企业拥有所有权优势和内部化优势时，________将成为国际化经营的主要方式。

A. 出口　　B. 非股权安排

C. 直接投资

11. 当一个企业仅拥有所有权优势时，其国际化经营的主要方式是________。

A. 出口　　B. 非股权安排

C. 直接投资

12. 当一个企业同时拥有所有权优势、内部化优势和区位优势时，________成为可行的经营方式。

A. 出口　　B. 非股权安排

C. 直接投资

13. 获取关键性战略资源这一动机在以________为主要形式的国际化企业中尤为明显。

A. 出口　　B. 非股权安排

C. 直接投资

14. 当全球一体化的压力高、当地反应化的压力低时，跨国企业将采取________的竞争战略。

A. 多国模式　　B. 国际模式

C. 跨国模式　　D. 全球模式

15. 当全球一体化的压力低、当地反应化的压力高时，跨国企业将采取________的竞争战略。

A. 多国模式　　B. 国际模式

C. 跨国模式　　D. 全球模式

16. 当全球一体化的压力和当地反应化的压力都比较高时，跨国企业将采取________的竞争战略。

A. 多国模式　　B. 国际模式
C. 跨国模式　　D. 全球模式

17. 当全球一体化的压力和当地反应化的压力都比较低时，跨国企业将采取________的竞争战略。

A. 多国模式　　B. 国际模式
C. 跨国模式　　D. 全球模式

三、是非判断题

1. 全球化是一个事实，即世界各国及各国人员之间比以往任何时候都更加相互依赖，而且这种依赖程度越来越高。（　　）

2. 全球化是一个过程，其既是技术发展又是人类发展的过程。（　　）

3. 全球化既是一个事实，又是一个过程。（　　）

4. 全球化是通过公司单一层面进行定义和理解的，包括公司的某一部门或某一业务。（　　）

5. 在国家或地区层面上，全球化是指国家或地区之间日益增长的经济相互依赖性，反映在商品、服务、资本和信息等方面不断增长的跨国或跨地区流通上。（　　）

6. 在世界层面上，全球化是指一个国家或地区的经济与世界其他领域之间的联系程度。（　　）

7. 我们可以从一国或地区的进出口额和国际旅游收支占 GDP 的比例、国外直接投资等的一些指标看出该国或地区的全球化程度。（　　）

8. 在产业层面上，全球化是指某一产品在全球范围内的扩张和活动，以及在全球国家或地区间相互依赖的程度。（　　）

9. 我们可以从一个产业国际贸易额在世界总产值中所占的百分比、跨国兼并额和跨国新建投资额在该产业实现的投资总额中所占的百分比等指标，看出该产业全球化程度。（　　）

10. 在公司层面上，全球化是指公司在各国或地区的收入分布和资产扩展的程度，以及与各国或地区的资本、商品和信息的跨国 / 地区交流程度。（　　）

11. 全球化管理者主要关心的不是在不同文化之间的人员和思想的互动，而是关注在管理者的母国中的特定领导方式的有效性和对来自不同国家或地区的管理者的管理方式的比较。（　　）

12. 全球化环境是指政治环境和经济环境。（　　）

13. 一般来说，全球化中的政治环境主要考察国家政治体制、政治的稳定性、政府对外来经营者的态度等。（　　）

14. 一般来说，全球化中的经济和技术环境主要考察经济体制和经济政策、经济发展水平及其潜力、市场规模及其准入程度、科技发展水平、社会基础设施等。（　　）

15. 全球化进程也反映为全球化采购和全球化外包。（　　）

16. 有效的全球化管理者必须具备四种关键知识与能力，即国际商务知识、文化适应能力、视角转换能力和创新能力。（　　）

17. 一位管理者可以通过经历、工作任务以及关系培养全球化管理的关键能力。（ ）

18. 国际化经营的进入方式主要有出口、非股权安排和国际直接投资。（ ）

19. 出口既是一国企业实施国际化经营在初级阶段的表现形式，也是一个企业进入海外市场传统的、基本的方式。（ ）

20. 合同安排是国际化经营的一种表现形式，主要特征是不以股权控制为目标，并且所涉及的财务风险较小，主要包括特许、合同制造、管理合同等。（ ）

21. 国际直接投资是指以控制权为目的的国际资本流动，控制权的获得是通过股权的占有来实现的，主要包括合资进入和独资进入、新建进入和购并进入等多种方式。（ ）

22. 按照被购并对象所在行业部门划分，购并的方式有横向购并、纵向购并和混合购并，其中混合购并是指既有横向购并也有纵向购并。（ ）

23. 全球化的组织模式有多种，主要包括多国组织模式、国际组织模式、全球组织模式和跨国组织模式。（ ）

24. 在国际组织模式中，母公司虽然也行使最终控制权，但它赋予子公司很大的自主权，各子公司是一个自治的单位，可以根据当地的情况做出相应的改变，具备在当地市场运作所需要的所有职能。（ ）

四、简答题

1. 什么是国际化经营？
2. 从企业发展的角度来看，其国际化过程可分为哪几个阶段？各有什么特征？
3. 企业国际经营所面对的外部环境的多元性和复杂性体现在哪些方面？
4. 霍夫斯泰德关于文化的五个维度分别是什么？
5. 全球化管理的一般环境包括哪些？
6. 全球化管理的任务环境包括哪些？
7. 全球化的杰出领导有哪些普遍特征？

五、问答题

1. 试从不同层面论述全球化内涵。
2. 论述全球化管理者的关键能力，以及管理者如何才能培养全球化的关键能力。
3. 企业为什么要进行国际化经营？
4. 国际化经营要受到哪些环境要素的影响？
5. 国际化经营的进入方式主要有哪些？各自的优缺点是什么？
6. 试从适用条件、特点、优缺点等方面比较不同的全球战略。

参考答案

一、填充题

1. 全球化
2. 事实，过程
3. 经济相互依赖性，商品，服务，资本，信息
4. 进出口额占 GDP 的比例，国外直接投资，有价证券的进出流动额
5. 全球化视角
6. 国际商务知识，文化适应能力，换位思考能力，创新能力
7. 自由市场经济，命令经济，混合型经济
8. 处事态度，价值取向，道德行为准则，教育程度，风俗习惯
9. 强制性，习惯性
10. 权力距离，不确定性避免，个人主义或集体主义，男性化或女性化，长期导向或短期导向
11. 经济发展水平，开放程度，关税保护政策，习俗，惯例
12. 国际商务知识，文化适应能力，视角转换能力，创新能力
13. 外部环境评估，内部条件分析
14. 出口，非股权安排，国际直接投资
15. 间接出口
16. 直接出口
17. 合同安排
18. 特许，合同制造，管理合同
19. 技术，商标，专利的使用权
20. 控制权，控制权，股权的占有
21. 合资进入，独资进入，新建进入，购并进入
22. 横向购并
23. 纵向购并
24. 混合购并
25. 分权联盟，协同联盟，集权中心，一体化网络

二、选择题

1. A 2. B 3. A 4. B 5. C 6. C 7. A 8. A 9. B 10. A 11. B 12. C 13. C 14. D 15. A 16. C 17. B

三、是非判断题

1. 是　2. 是　3. 是　4. 否　5. 是　6. 否　7. 是　8. 否　9. 是　10. 是　11. 否　12. 否　13. 是　14. 是　15. 是　16. 是　17. 是　18. 是　19. 是　20. 是　21. 是　22. 否　23. 是　24. 否

四、简答题

1. 如果一个企业的资源转化活动超越了一国国界，即进行商品、劳务、资本、技术等形式的经济资源的跨国传递和转化，那么这个企业就是在开展国际化经营。

2.（1）出口阶段。出口贸易通常是一个企业“走向世界”的最初方式，也是企业尝试国际化经营的初始阶段。一般来说，企业的出口活动开始是偶尔的，然后才是主动和大规模的。如卡乌斯基尔就曾指出，企业出口活动的展开是由不规则的行为为起点，然后再逐步走向以间接出口方式为主的试验性阶段和以直接出口为主的积极出口阶段。在这一过程中，出口所面临的首要任务是正确地选择能对企业长远发展提供战略机会的海外市场，并采取相应的战略措施。

（2）非股权安排阶段。随着出口活动的推进，对国际市场了解的加深，企业开始尝试新的手段和方法。此时，特许经营、技术转移、合同制造等非股权安排成为企业国际化经营的新方式。在这一阶段，企业开始考虑如何通过有关经营方式的选择来达到对海外市场渗透和扩展的目的，以及如何调整和变革管理体制（如人力资源策略、营销体系与策略）、各种内部管理制度与组织结构等以应对企业国际化程度加深所带来的挑战。

（3）直接投资阶段。在这一阶段，企业的国际化经营活动不再仅仅以一般商业利益为目标，它还希望通过生产的国际化实现全球范围内的资源优化组合，并最终实现生产利益和商业利益等综合利益的最大化。很显然，这一时期企业所拥有的人、财、物、生产和经营管理的技术等条件亦已达到了一个新的阶段。企业面临的问题主要是，如何识别和判断目标市场出现的新机遇，如何对可供选择的投资机会进行有效的筛选，如何将新的扩张性行动与原有优势结合起来，以及如何推动企业所拥有的竞争优势向可持续化方向发展等。

3. 第一，各国政体和国体差异决定了国际经营活动所面临的政治和法律制度各不相同。第二，不同经济体制和经济发展水平决定了国际化经营企业面对的经济环境有别于国内。第三，各国拥有的价值观、生活方式、语言文化的差别又决定了国际经营者必须面对多种文化之间的冲突问题。这就要求国际企业的管理制度、组织结构、决策程序、人员的要求和配备等必须适应国际化的环境。

4. 第一，权力差距。在一个社会组织中，权力分配往往是不均等的，即存在着权力等级。有的国家或地区对权力距离的接受程度较高，可称之为“高权力差距”的社会；有的国家或地区对权力差距接受程度较低，可称之为“低权力差距”的社会。

第二，不确定性的避免。任何一个社会，对于不确定的、含糊的情境，都会感到一种威胁，从而总是试图加以防止。但是，不同的民族、不同的国家或地区，对于防止不确定性的迫切程度是不一样的。

第三，个人主义或集体主义。个人主义是指一种结合松散的社会组织结构，其中每一个人只关心自己，而且也只依靠个人的努力来为自己谋取利益。“集体主义”则指一种结合紧密的社会组织结构，其中所有的人往往以“在群体之内”和“在群体之外”来区分，他们期望得到“群体之内”的照顾，但同时也以对该群体绝对的忠诚作为报答。

第四，男性化或女性化。这个指标表示的是所谓“男子气概”价值观在社会中占统治地位的程度。“男子气概”是指自信武断、进取好胜、喜欢冒险。一般地说，一个社会对“男子气概”的评价越高，其对生活数量的追求越要超过对生活质量的追求。

第五，长期导向或短期导向。长期导向型价值观崇尚节俭和对目标执着的追求；而短期导向价值观比较注重个人的稳定和幸福，只为眼前的生活着想。该指标反映了人们对于工作和生活的态度。

5. 第一，政治与法律环境。包括如下几个要点：国家政治体制、政治的稳定性、政府对外来经营者的态度、法律环境等。

第二，经济与技术环境。包括如下方面：经济体制和经济政策、经济发展水平及其发展潜力、市场规模及其准入程度、科技发展水平和社会基础设施等。

第三，文化环境。包括如下方面：权力距离、不确定性的避免、个人主义或集体主义、男性化或女性化、长期导向或短期导向等。

6. 任务环境可以从以下几个方面来进行分析：供应商、销售商、顾客、竞争对手、劳动力市场及工会。

7. 全球化领导的普遍特征有如下22个：积极的，可靠的，具有管理技巧，公正，双赢的问题解决者，鼓励，聪明，果断，见多识广，有效的谈判者，远见，未雨绸缪，动机激发者，善于沟通，精益求精，信心建造者，诚实，充满活力，协调者，团队建设者，激励下属，可信赖的。

五、问答题

1. **答案要点**：（1）世界层面上的全球化内涵；（2）国家或地区层面上的全球化内涵；（3）产业层面上的全球化内涵；（4）企业层面上的全球化内涵。

2. **答案要点**：全球化管理者的关键能力包括：国际商务知识；文化适应能力；视角转换能力和创新能力。这些能力的培养有如下三点：从经历中学习；从工作任务中学习；从关系中学习。

3. **答案要点**：各个企业发展成为国际企业有着各自不同的动机。一般来说，这些动机主要包括以下五种：（1）利用优势能力：如果企业拥有较强的竞争优势，那么企业内部的张力就会要求它通过扩张规模和扩张市场来实现这些优势。（2）为了占领日益增长的世界商品和服务市场，特别是总部在国内市场较为狭小或日趋饱和的企业一般都有强烈的向外扩张的倾向。（3）获取关键性战略资源：由于资源在国家间和企业间的分布是不均衡的，企业为了获得对发展有利的关键性资源需要付出较高的代价，而利用国际化经营，企业可以更便利地获得这些资源，并降低获取时所必须支付的成本。这一点在以直接投资为主要形式的国际化企业中尤为明显。（4）抵御和分散风险：为了避免生产、销售、利润大幅度波动，企业可以选择国际性经营活动实现经营的多元化，或在不同的市场开展经营，以达到“东方不亮，西方亮”的效果。(5)对竞争对手进行反击：企业发展成为国际化企业的另外一个重要动机是对日趋激烈的国际竞争做出反应，并保护自己在世界市场中的份额。

4. **答案要点**：(1)政治与法律环境：具体包括国家政治体制；政治的稳定性；政府对外来经营者的态度；本国与东道国之间的政治和经济联系；法律环境。(2)经济和技术环境：具体包括经济体制和经济政策；经济发展水平及其发展潜力；市场规模及其准入程度；科技发展水平；社会基础设施。(3)文化环境：具体包括权力差距；不确定性的避免；个人主义或集体主义；男性化或女性化；长期导向或短期导向。

5. **答案要点**：(1)出口：是指企业将国内生产和加工的产品输往海外目标市场的活动。根据该企业与目标市场联系的紧密程度不同，可以将其区分为直接出口进入与间接出口进入两种类型。

出口方式并不需要企业拥有丰富的国际化经营的知识和经验。同时，出口方式的资源投入相对较少，风险也相对较小。在出口经营过程中，企业一方面无须投入大量的专项资本。另一方面，企业原有投入可以或已经在国内经营过程中得到了有效的分摊。非生产性成本支出较大是出口进入方式面临的最大问题。在出口进入方式下，企业往往会遇到东道国的关税与非关税壁垒，此外还需要支付高额的运输和保险费用支出。

控制程度低是出口方式的另外一个缺点。在出口进入方式下，本企业难以对其行为进行直接干预，企业对营销渠道及其运行效率的控制必然会被削弱，有关国际经营计划实施与发展所必需的稳定性也会受到影响。

(2)非股权安排：是国际化经营的第二阶段，该种方式的主要特征是不以股权控制为目标，并且所涉及的财务风险较小。非股权安排的种类很多，主要包括特许、合同制造、管理合同等。

相对于出口进入，非股权安排的资源投入增大，所面临的风险也在增大。从事非股权安排的企业在进入东道国时，可以绕开贸易壁垒，节省关税支出，还可以通过技术渗透实施对东道国企业的控制。由于不涉及股权，因此就大多数情况而言，非股权安排对东道国企业的控制是相当有限的。非股权安排的另外一个威胁在于，极易造成技术泄密，从而使企业丧失所有权优势。例如，东道国企业可以在特许的范围内，接触并使用许可技术、品牌或专利，很可能会掌握其中的诀窍。

(3)国际直接投资：是指以控制权为目的的国际资本流动，控制权的获得是通过股权的占有来实现的。国际直接投资进入主要包括合资进入和独资进入、新建进入和购并进入等多种方式。

合资：采取合资经营往往能够享受比较好的优惠待遇；与东道国投资者共同投资经营企业，也可以减小由于东道国政治环境因素变化而带来的政治风险；借助于东道国投资方熟悉当地情况的优势，有利于提高企业对东道国政治、经济、文化环境的适应能力。当然，合资经营也有不利的一面，主要表现在：一是由于合资企业是由投资各方共同管理，而投资者各方投资动机不尽相同，因而会造成合资企业在经营目标、经营战略和策略各方面难以协调统一，从而影响合资企业的生产经营活动；二是由于不能独立地掌握对企业完全的经营自主权，因此国际企业在整体经营战略的制定、调整和实现等方面会受到一定程度的制约；三是合资经营经常会受到跨文化冲突的困扰。

独资：独资企业在所有权和经营权上有着独特优势：一是不存在与其他投资者的利益冲突和调整问题，可以享有完全的经营自主权；二是有利于企业在跨国经营中整体战略的制定、调整和实现，有利于在资源和生产配置、利益实现方面进行最佳的调整；三是有利于母公司对子公司的控制，使母子公司之间协调统一，保证子公司的经营活动符合母公司全球战略利益的要求；四是可以保证母公司转移给子公司的技术资产不易扩散。但采用以独资方式投资进入的难度较大，一方面许多国家通常对独资企业与合资企业采取区别待遇，如有的国家不允许外资占有全部股权；有的国家对独资企业审批严格，要求承担高技术投入或产品出口义务，给予的优惠措施少于合资企业等。另一方面投资者在投资所在地独立经营，由于对东道国的政治、经济、文化环境的适应能力差，开展经营活动有较大难度。此外，企业独立承担全部投资费用，资本投入大，风险也大。

新建：企业通过新建从事对外直接投资的有利之处在于：一是有利于与国际企业整体战略更紧密地协调配合。新建形式可以不受已有企业的束缚，跨国公司可以按照自己所希望的规模筹建新的企业，在企业的选址、生产布局、生产规模、适用技术等方面完全按照自己的意愿做出安排；二是有利于母公司对子公司的控制和管理。与收购方式相比，创建企业没有固有管理模式的束缚，国际企业可以采用更适合自己的管理模式。创建的不利之处在于：首先，形成生产能力所需的投入大、周期长。由于新建企业需要大量的筹建工作，因而投入大、周期长，在国际市场情况变化很快的情况下，不利于企业迅速进入市场。其次，通过新建方式新增加的生产能力，将意味着对原有市场格局的重新整合，在市场竞争较激烈的行业，易导致竞争对手的剧烈反应，从而加大企业进入市场的难度。

购并：通过购并从事对外直接投资有其明显的优越性。一是有利于企业迅速进入目标市场，收购方式可以省掉建厂的时间，从而可以迅速建立起国外的产销体系；二是有利于节省企业的资金投入，在大多数情况下，收购投入要大大低于新建的投入；三是有利于充分利用被收购企业的现有资源，如迅速获得现有的管理人员、技术人员和生产设备，获得被购并企业的先进技术，利用被收购企业的分销渠道；四是有利于降低行业进入障碍，通过收购形式，一方面可以获得被购并企业在原行业内的市场份额，不至于使原来的市场格局发生巨大变化；另一方面购并也直接起到了减少竞争对手的作用。

购并进入的不利之处有以下几个方面。首先，实施购并的前提是对被收购企业资产价值的评估，但由于国家间的会计准则不同，国外市场信息收集的难度大，一些资产特别是无形资产的价值难以准确估价，因此对目标企业价值评估的难度往往较大。其次，被收购企业固有的管理模式与跨国公司的管理模式一般会有较大差异，国际企业与被购并企业需要进行全方位的磨合，因此国际企业对被收购企业的有效控制和管理通常是一个缓慢而充满风险的过程。

6. **答案要点**：（1）国际模式：全球一体化的压力和当地反应化的压力都比较低时适用这种模式。这是一种由母公司开发现有的核心能力并传递到子公司的战略模式。

在国际模式下，母公司向世界各地的子公司转移技术和知识。其突出的缺点是它不能为子公司提供最大限度的自由，以使它们能够根据当地的情况做出反应。此外，它通常不能以规模经济实现低成本。

（2）多国模式：全球一体化的压力低而当地反应化的压力高时适用这种模式。与国际模式相比，多国模式中母公司虽然也行使最终控制权，但它赋予子公司很大的自主权，以根据当地的情况做出相应的改变。

在多国模式下，每个子公司是一个自治的单位，具备在当地市场运作所需要的所有职能。多国模式的优点是允许子公司根据当地国家的情况做出反应，很少需要公司总部来进行协调和指导。

同时，由于子公司是自治单位，产品和服务很少在子公司之间相互转移。主要缺点是较高的制造成本和重复工作。尽管多国模式中核心技术也由母公司向各东道国传递，但不能通过实行集中制造和向全球市场提供标准产品的方式实现规模经济。而且由于多国模式倾向于将战略决策权分散，因此在许多情况下，它难以向竞争对手发起协调一致的全球性的进攻。

（3）全球模式：全球一体化的压力高而当地反应化的压力低时适用这种模式。全球模式的特点是由母公司集中决策，并对海外的大部分业务实行严格的控制。

那些采取低成本全球竞争战略的公司通常采用这种模式。采用全球模式的公司通常在成本最低和技术最好的地方进行生产，将标准化的产品向全球市场销售。

这些公司把全球作为一个单一的市场，认为不同国家的消费者的品位和喜好没有实质性的差别。使用全球模式的公司需要做大量的协调工作，而且，这类公司还必须为在不同国家的子公司之间进行的产品转移确定价格。

（4）跨国模式：全球一体化的压力和当地反应化的压力都比较高时适用这种模式。在当今全球经济中，要想获得竞争优势，经常需要同时从适应当地情况、转移技术和节约成本中追求利润，使得企业能够同时获得全球扩展的所有利益。这就产生了一个新的组织模式——跨国模式。其特点是：将某些职能集中在最能节约成本的地方，把其他一些职能交给子公司以便更多地适应当地的情况，促进子公司之间的交流以及技术的转移。在采用跨国组织模式的公司中，某些功能特别是研究倾向于集中在本国进行。

其他一些功能也集中，但不一定必须在本国。跨国模式需要子公司之间大量和广泛的沟通。子公司之间为了互利，相互转让技术和知识，同时集中化的加工厂与各地的组装厂相互协调，以便高效率地运行全球集成的生产体系。

第四章

互联网时代的管理

习题

一、填充题

1. 互联网的力量来源于________和________。

2. 互联网的基础设施“云”是指________、________等基础设施。

3. 互联网的基础设施“网”是指用________连接的各种________。

4. 通过互联网人们可以免费或用很低的成本进行远程的沟通、服务、消费、学习、娱乐和工作，包括________、________和________。

5. 互联网的基础设施“端”是指用户直接接触的________、________、________、________等，以及________。

6. 互联网的基础设施“端”既是________，也是________。

7. 互联网的基本特征是________、________、________、________、________、________。

8. 在互联网的发展过程中，移动互联网时代由原来的以________为基础正在逐渐进入以________为基础。

9. 移动互联网的各种分布式结构是________、________、________。

10. 互联网企业的本质就是为用户构建一个________、________、________的“平台”。

11. 使用互联网平台没有________，也没有________。

12. 在移动互联网的基本特征下，为了满足个性化需求，________、________等方式已广泛出现，这在大批量生产的工业化时代是不可想象的。

13. 数据化的核心理念就是________，________。

14. 大数据可以________，________，________，________。

15. 互联网思维模式的核心是________和________。

16. 互联网的发展趋势是________、________、________。

17. 由于互联网具有移动化、在线化、去中心化、平台化、个人化、数据化等特征，自然就包含________、________、________、________、________、________、________的精神，很容易被全社会的成员所接受。

18. 依托互联网的平台，就可以使社会________和________，让需要的人方便地共享。

19. 人与物、物与物、物与服务的连接，关键在于________。

20. 科层理论描述的组织结构是________，高层领导________地发布指令，基层________地反馈执行指令的信息。

21. 在互联网时代，用大数据技术很容易聚焦到需要研发创新的方向和项目，并据此建立起一个________、________、________相结合的创新体系。

22. 众创是指，免费吸引________和________为企业的研发创新服务。

23. ________，就是指在研制新产品时，可以不要求达到尽善尽美，可以容忍某些已知但一时还不能解决的缺陷，尽快投入生产，在1.0版新产品生产和销售的同时，加紧研究实施改进方案，很快又生产出新产品的2.0版，最终会生产出比较成熟和完善的新产品的终极版本。

24. 美国经济学家科斯的交易费用理论认为，企业规模边界取决于________和________的特点。

25. 在互联网时代，企业与企业之间，企业与用户之间，用户与企业之间借助互联网，可以轻松地实现全球“全连接和零距离”的________，因而大大降低了________。

26. “互联网 +”转型过程中要特别注意解决好三个问题:________、________、________。

27. 在互联网时代，情况复杂多变，有许多不确定因素，随时都可能产生颠覆性创新的“黑天鹅事件”。因此，战略目标要保持一定________，并适时进行________。

28. 健康的生态系统或生态圈一定要保持________和________。

29. 在线化不仅大大节约了消费者的时间，同时也大大提高了________和________，其创造的价值是难以估量的。

30. 互联网的本质是________、________、________、________。

二、选择题

1. 如果制造商拥有了3D打印或其他柔性化生产技术和完善的管理，就可以真正做到________，真正做到“以客户为中心”，个性化的“客户导向”，即所谓C2B，或B2B。

A. 小范围批量生产　　B. 小范围定制生产

C. 大范围批量生产　　D. 大范围定制生产

2. 在互联网时代，企业首先关注的是为本企业产品建立________，只有少数无法采购或外包定制不到的零部件，才自己组织力量攻关、创新。

A. 地域制造链　　B. 地域联盟

C. 全球制造链　　D. 全球联盟

3. 互联网时代，人与人、人与组织、组织与组织各节点之间可以互相连接，实现________。

A. 地域连接　　B. 全连接

C. 全连接和零距离　　D. 全球联盟

4. 马克斯·韦伯提出的科层理论描述的是________。

A. 网络化组织　　B. 金字塔组织

C. 扁平化组织　　D. 矩阵组织

5. 在移动互联网时代下，科层组织的改革的总体方向是：减少层级，下放权力，尽可能使组织结构更加________，并用网络加以补充和辅助，使组织更加灵活。

A. 网络化　　B. 扁平化

C. 层级化　　D. 灵活化

6. 只有________才能保持物种之间的相互支持、形成合力、融合创新，在危机来临时有更多的选择。

A. 物种的多样性　　B. 功能的冗余性

C. 广泛的中心性　　D. 互联的多维性

7. 只有________才能保证在转型探索创新中，对不可避免的失败容错、再创新直至成功。

A. 物种的多样性　　B. 功能的冗余性

C. 广泛的中心性　　D. 互联的多维性

8. 下列不属于互联网基础设施的是________。

A. 云　　B. 网

C. 端　　D. 面

9. 下列不属于互联网基础设施“端”的是________。

A. U 盘　　B. 计算机

C. 平板　　D. 手机

10. 下列不属于互联网基本特征的是________。

A. 移动化　　B. 中心化

C. 在线化　　D. 个性化

11. 下列不属于互联网的发展趋势的是________。

A. 社会化　　B. 智能化

C. 平台化　　D. 实时化

12. 在互联网时代，通过大数据技术建立起的创新体系的特征是________。

A. 专创　　B. 众创

C. 收购　　D. 专创、众创、收购相结合

13. 在互联网时代，由于流水线和加工中心所使用的设备都是________的，可以由软件来定义其用途，比较容易适应所加工产品的变化。

A. 社会化　　B. 智能化

C. 平台化　　D. 实时化

14. “互联网 +”的转型之路不需要关注的问题是________。

A. 大而全、小而全　　B. 跨界融合

C. 技术与管理创新　　D. 建立生态圈

15. 跨界融合所依托的基础设施不包括________。

A. 物流网　　B. 互联网
C. 大数据　　D. 云计算

16. "互联网 +"的转型过程的步骤是________。
A. 盈利模式与商业形态、战略选择、客户需求、生态圈
B. 战略选择、客户需求、盈利模式与商业形态、生态圈
C. 客户需求、战略选择、盈利模式与商业形态、生态圈
D. 战略选择、客户需求、生态圈、盈利模式与商业形态

17. 下列不属于技术与管理创新的内容是________。
A. 智能产品设计　　B. 产品工业流程
C. 产品生产模式　　D. 产品营销模式

18. 在互联网时代下，任何一种能满足客户需求的产品或服务，必然与本行业或其他行业的产品或服务形成相互________、相互________、相互________的生态结构。
A. 关联、依赖、平衡　　B. 联系、依存、平衡
C. 关联、独立、平衡　　D. 联系、对立、平衡

19. 在移动互联网中，每一个人、每一个终端都是________。
A. 独立实体　　B. 中心节点
C. 中心网点　　D. 独立网点

20. 下列不属于移动互联网的分布式结构体征的是________。
A. 民主　　B. 平衡
C. 开放　　D. 互动互赢

三、是非判断题

1. 互联网的力量来源于连接和融合。（　　）
2. 互联网通过云、网、端、面将万事万物连接和融合起来。（　　）
3. 互联网的基础设施是云、网、端。（　　）
4. "端"是指用户直接接触的个人计算机、移动设备、可穿戴设备、传感器等硬件。（　　）
5. 互联网的发展趋势是移动化、在线化、中心化、平台化、个性化和数据化。（　　）
6. 移动化是指由 PC 为基础的互联网时代进入以智能终端为基础的移动互联网时代。（　　）
7. 互联网思维模式的核心是全连接和零距离。（　　）
8. 互联网的发展趋势是平台化、实时化和智能化。（　　）
9. 在互联网时代，科层组织的原有特征可能会影响工作效率和基层创造力的发挥。（　　）
10. 在互联网时代，科层组织因其基本形式和核心特征的局限性会完全消亡。（　　）
11. 在互联网时代，应该让第一线的员工具有部分指挥权，需要建立网状组织结构。（　　）

12. 在互联网时代，企业要尽可能的自己组织力量进行自主研发创新。（　　）

13. 迭代进化是指在研制新产品时，尽可能达到尽善尽美，尽可能在解决已知存在的缺陷后再投入生产。（　　）

14. 在互联网时代，企业可以专注自己拥有核心能力和竞争优势的业务（类型或环节），而把自己不存在比较优势的业务或经营环节交由外部商业合作伙伴。（　　）

15. “互联网 +”就是要把互联网这一新技术推广应用到社会经济的各行业中去，推动各行业的技术进步、效率提升和组织变革。（　　）

16. 在互联网 + 的转型过程中要特别注意解决好三个问题：跨界融合、技术与管理创新、建立生态圈。（　　）

17. 互联网转型过程中的跨界融合、技术与管理创新、建立生态圈问题需要依序独立解决。（　　）

18. 互联网的本质是连接、开放、协作、分享。（　　）

19. 跨界是任何工业互联网产品的推出，都不是原来业界单纯技术的成果，其创意和模式都可能来自其他行业。（　　）

20. 跨界的核心，是整合资源，只有跨界整合才能创造新价值。（　　）

21. 在互联网时代，有无限发展的空间，经常会发生颠覆性的创新，甚至改变盈利模式和商业形态，需要重新定义行业边界。（　　）

22. 在互联网时代，产品工业流程创新是指在全国和全球范围内，适当处理自制与外包的分工协作。（　　）

23. 任何一种能满足客户需求的产品或服务，与本行业或其他行业的产品或服务都能形成相互联系、相互依存、相互平衡，结构合理、功能齐全、相对稳定的生态系统。（　　）

24. 在移动互联网中，每一个人、每一个终端都是中心节点，每个节点都可以自主地发布信息。（　　）

25. 互联网企业的本质就是为用户构建一个快速、安全、四通八达的“平台”。（　　）

26. 使用互联网平台也有行业的边界，也有地区的分割。（　　）

27. 为了满足客户的个性化需求，大规模订单销售、消费者参与设计等方式已广泛出现。（　　）

四、简答题

1. 简述互联网的力量之源。
2. 简述互联网的基础设施。
3. 简述互联网的基本特征。
4. 简述互联网的发展趋势。
5. 简述“互联网 +”的含义。
6. 简述“互联网 +”转型过程中需要解决的问题。
7. 简述跨界的含义。
8. 简述技术与管理创新的内容。

9. 简述互联网时代的生态圈的含义。
10. 简述互联网时代所带来的挑战。
11. 简述互联网时代企业创新体系的特点。
12. 简述迭代进化。

五、问答题

1. 互联网时代管理学面临的挑战有哪些?
2. 互联网时代对科层组织带来什么样的变革?
3. 移动互联网时代技术与管理创新的内容有哪些?
4. 企业如何“去边界”?
5. 互联网时代对产品服务生态系统有什么样的影响?
6. 企业构建自己的生态圈时,必须注意哪些问题?
7. 互联网的基本特征是什么?
8. 互联网的发展趋势是什么?

参考答案

一、填充题

1. 连接,融合
2. 云计算,大数据
3. 宽带,互联网
4. 指挥,控制物流,机器设备的运营
5. 个人计算机(PC 机),移动设备(手机、平板等),可穿戴设备,传感器,以软件形式存在的各种应用 APP
6. 用户获得各种服务的界面,产生各种信息数据的来源
7. 移动化,在线化,去中心化,平台化,个性化,数据化
8. PC 机,智能端
9. 民主的,开放的,互动互赢的
10. 快速,安全,四通八达
11. 行业的边界,地区的分割
12. 大规模订单预售,消费者参与设计
13. 一切都被记录,一切都被数字化
14. 驱动市场营销,驱动产品和服务创新,驱动成本控制,驱动商业模式的创新
15. 全连接,零距离
16. 社会化,智能化,实时化

17. 自由，民主，平等，参与，合作，协同，分享
18. 有限的资源，冗余的服务
19. 物的智能化
20. 金字塔式，自上而下，自下而上
21. 专创，众创，收购
22. 消费者，全球资源
23. 迭代进化
24. 交易费用，资产专用性
25. 信息沟通，市场交易费用
26. 跨界融合，技术与管理创新，建立生态圈
27. 弹性，动态微调
28. 物种的多样性，功能的冗余性
29. 网络的利用率，社会的活动效率
30. 连接，开放，协作，分享

二、选择题

1. D 2. C 3. C 4. B 5. B 6. A 7. B 8. D 9. A 10. B 11. C 12. D 13. B 14. A 15. A 16. C 17. D 18. B 19. B 20. B

三、是非判断题

1. 是 2. 否 3. 是 4. 否 5. 否 6. 是 7. 是 8. 否 9. 是 10. 否 11. 是 12. 否 13. 否 14. 是 15. 是 16. 是 17. 否 18. 是 19. 是 20. 否 21. 是 22. 否 23. 是 24. 是 25. 是 26. 否 27. 否

四、简答题

1. 互联网的力量来源于连接和融合。互联网通过其基础设施——云、网、端把万事万物连接和融合起来，在融合中产生的大数据，即成为重要的生产要素，为人类创造出前所未有的价值和财富。

2. 互联网的基础设施是指云、网、端。其中，“云”是指云计算、大数据等基础设施；“网”是指用宽带连接的各种互联网，包括社交互联网、服务互联网、消费互联网及工业互联网等；“端”是指用户直接接触的个人计算机（PC 机）、移动设备（手机、平板等）、可穿戴设备、传感器等，以及以软件形式存在的各种应用 APP。“端”既是用户获得各种服务的界面，也是产生各种信息数据的来源。

3. 移动化，在线化，去中心化，平台化，个性化，数据化。

4. 社会化，智能化，实时化。

5. “互联网 +”就是要把互联网这一新技术推广应用到社会经济的各行业中去，推动

各行业的技术进步、效率提升和组织变革。

6. 跨界融合，技术与管理创新，建立生态圈。

7. 跨界是互联网时代的常态。所谓跨界就是任何工业互联网产品的推出，都不是原来业界单纯技术的成果，其创意和模式都可能来自其他行业。跨界的核心，是融合，只有跨界融合才能创造新价值。

8. 智能产品设计创新，产品工业流程创新，产品生产模式创新，产品服务模式创新。

9. 任何一种能满足客户需求的产品或服务，都是有生命的，并且它绝不是孤立存在的，而是必然与本行业或其他行业的产品或服务形成相互联系、相互依存、相互平衡，结构合理、功能齐全、相对稳定的生态系统。

10. "科层理论"受到"全连接和零距离"的挑战，传统的创新机制受到消费者和创客参与、迭代进化的挑战，"企业边界"受到交易费用趋零的挑战。

11. 在互联网时代，用大数据技术很容易聚焦到需要研发创新的方向和项目，并据此建立起一个专创、众创、收购相结合的创新体系。一方面许多企业都加大了新产品研发投资力度，组织专门团队对新产品进行攻关、研发、创新；另一方面，利用企业的研发平台，向全球发包，不管企业内外、上下，只要对该项目有兴趣，即可投入研发、创新。在创新成功被企业采用之前，都是免费的。这就是所谓的众创，免费吸引消费者和全球资源为企业的研发创新服务。在互联网时代，企业首先关注的是为本企业产品建立全球制造链，只有少数无法采购或外包定制不到的零部件，才自己组织力量攻关、创新。有些关键零部件也可能外购与自主研发平行进行，一般不再迷恋于全部自主研发的虚荣。

12. 迭代进化，就是指在研制新产品时，可以不要求达到尽善尽美，可以容忍某些已知但一时还不能解决的缺陷，尽快投入生产，在 1.0 版新产品生产和销售的同时，加紧研究实施改进方案，很快又生产出新产品的 2.0 版，就这样快速迭代研发新产品，最终会生产出比较成熟和完善的新产品的终极版本。

五、问答题

1. **答案要点：**（1）组织结构的变革。科层理论受到互联网时代的全连接和零距离的挑战，对传统的科层组织进行扁平化改革。

（2）创新机制。传统的从上而下的封闭式创新机制受到消费者和创客参与、迭代进化的挑战，在互联网时代，用大数据技术很容易聚焦到需要研发创新的方向和项目，并据此建立起一个专创、众创、收购相结合的创新体系。

（3）企业边界。企业的内部和外部边界受到交易费用趋零的挑战，对企业边界的打破进行变革。

2. **答案要点：**（1）互联网时代的特征。人与人、人与组织、组织与组织各节点之间可以互相连接，实现"全连接和零距离"。

（2）科层组织的特征及局限性。高层领导自上而下地发布指令，基层自下而上地反馈执行指令的信息可能会影响工作效率和基层创造力的发挥。

（3）科层组织需要与时俱进，按实际需要不断改革进化。当然，科层组织的基本形式和核心特征会依然存在并发挥作用，不可能完全消亡。改革的总体方向是：减少层级，下放权力，尽可能使组织结构更加扁平化，并用网络加以补充和辅助，使组织更加灵活。

3. **答案要点**：根据客户导向确定战略目标后，在实施过程中必须围绕战略目标，全力以赴地进行技术与管理创新。

（1）智能产品设计创新。智能产品不仅能自动监督和检测产品的运营状况，预见发生故障的可能，及时向使用者提醒和报警，同时还要能通过工业互联网把数据传递给信息中心或其他设备，并能接受管理者的信息，实现远程控制。

（2）产品工业流程创新。在工业互联网时代，必须充分考虑到物与物之间数据的连接和协调，考虑到智能机器人的介入，使整个产品工业流程在精益生产基础上，实现更精确的全流程无缝对接，大大提高生产效率。

（3）产品生产模式创新。在工业互联网时代，要充分考虑"全连接，零距离"的特点，在充分满足客户个性化需求、采用个别或大规模定制的前提下，在全国和全球范围内，适当处理自制与外包的分工协作，最大限度地降低成本，提高生产的经济性。

（4）产品服务模式创新。在互联网时代，有无限发展的空间，经常会发生颠覆性的创新，甚至改变盈利模式和商业形态，重新定义行业边界。

4. **答案要点**：（1）企业边界的含义。企业边界是指企业在生产运营过程中所形成的天然壁垒，有与企业外部利益相关者之间的外部边界以及在企业内部由于部门划分和层级结构所形成的横向边界和纵向边界。

（2）去边界。在企业外部与竞争对手及其他行业进行战略联盟或跨界合作，加强与外部利益相关者的关系；在企业内部，通过矩阵组织、跨部门合作减少横向边界，通过扁平化、网络化减少纵向边界。

5. **答案要点**：（1）互联网对企业边界的影响。在工业化时代，由于行业的隔阂和企业边界的限制，各企业只是经营自己的产品。在互联网时代，"全连接，零距离"彻底打破了这种阻隔与限制，企业可以找出产品或服务的上下游关系，建立互相关联的生态圈。

（2）建立生态圈。健康的生态系统或生态圈一定要保持物种的多样性和功能的冗余性。只有多样性才能保证物种之间相互支持、形成合力、融合创新，在危机来临时有更多的选择。只有冗余性才能保证在转型探索创新中，对不可避免的失败容错、再创新直至成功。

6. **答案要点**：（1）生态圈内各个物种要互相适应，形成合理的功能结构。生态圈内物种是多样性的，用户的需求也是多种多样的，企业应当努力发现和发掘用户的需求，开发相应的产品和服务，最大限度地满足用户的需求。但在同一生态圈内的物种应是互相依存，互相支持，具有内在的有机联系。

（2）生态圈内要保持各物种之间合理的能量传递与物质循环，企业的能量要有一定冗余，不能过度负债。如果某物种进入生态圈后，大量消耗能量而生成的能量又对其他物种补益甚微，就会对整个生态系统或生态圈造成损害。

7. **答案要点**：（1）移动化。原来以PC为基础的互联网正在逐渐进入以智能终端为基础的移动互联网时代。

（2）在线化。移动互联网时代的消费者，除了睡觉以外，几乎全天候不分地点、不分场合都守护着自己的智能手机。虽然时间是碎片化的，地点是分散的，但总是有很多人在线。

（3）去中心化。在移动互联网中，每一个人、每一个终端都是中心节点，每个节点都可以自主地发布信息，信息的聚合变得无处不在。移动互联网各种分布式结构是民主的、开放的、互动互赢的。每一个节点的增加都可以让已有的节点和网络增加能量。

（4）平台化。互联网企业的本质就是为用户构建一个快速、安全、四通八达的“平台”。“平台”的价值是通过用户来体现的，用户越多，价值越大。然而使用互联网平台没有行业的边界，也没有地区的分割。

（5）个性化。人们能够很容易寻找到文化、兴趣、目标、情感等相近的人，因而形成一个又一个的社群。社群越大，议价能力就越强，对卖家和生产者决策的影响就越大。为了满足个性化需求，大规模订单预售、消费者参与设计等方式已广泛出现，这在大批量生产的工业化时代是不可想象的。

（6）数据化。所有互联网商业模式都将围绕大数据展开，未来所有的企业都是由大数据驱动的企业。因为只有通过大数据，企业才能清晰地掌握用户的喜好和行为特点，了解用户的真实需求和潜在需求，才能更好地为用户服务，企业也才能得到更快更好的发展。

8. **答案要点**:（1）社会化。由于互联网具有移动化、在线化、去中心化、平台化、个人化、数据化等特征，自然就包含着自由、民主、平等、参与、合作、协同和分享的精神，很容易被全社会的成员所接受。因此向全社会渗透，满足社会全体成员的不同需求，解决他们的困惑，帮助他们相互沟通、共享资源，整合全社会资源彼此协同合作，使我们的社会变得更美好，这既是互联网的伟大使命，也是互联网必然的发展趋势。依托互联网的平台，就可以使社会有限的资源和冗余的服务为需要的人方便地共享。

（2）智能化。在互联网中，人与人的连接已经有了智能手机作为互联网的智能终端。人与物、物与物、物与服务的连接，关键在于物的智能化。解决的方式可通过智能可穿戴设备、智能家居、智能工业、智能农业等硬件的创新发展，实现互联互通的“万物互联”。

（3）实时化。未来，随着智能手机功能的进一步丰富，互联网基础设施进一步加强，人们无论在何时何地，都有可能通过手中的移动终端，实时地去办理他想办理的一切。随着科学技术的发展，新事物将源源不断地被发明出来，给人们带来新的欲望、新的向往、新的需求……科技总是推动人们去求“新”，而“新”总是转瞬即逝，很快被更新的事物所取代。所以，人们将永远迫不及待地、希望尽快地，最好是实时地实现自己的愿望。

第五章

决策与决策方法

习题

一、填充题

1. 决策被定义为管理者________的过程，或者管理者________的过程。
2. 决策的主体是________。
3. 管理者既可以单独做出决策，这样的决策被称为________；也可以和其他的管理者一道共同做出决策，这样的决策被称为________。
4. 决策的目的是________或________。
5. 决策遵循的是________原则，而不是________原则。
6. ________是决策的依据。
7. 古典决策理论是基于________假设提出的。
8. 西蒙在《管理行为》一书中提出________标准和________原则。
9. 行为决策理论认为人的理性介于________和________之间。
10. 决策过程的第一步是________或________。
11. 在执行方案的过程中，管理者要明白，方案的有效执行需要足够数量和种类的________作保障。
12. 在环境比较稳定的情况下，决策一般由组织的________进行；而在环境剧烈变化的情况下，决策一般由组织的________进行。
13. 垄断程度高容易使组织形成以________为导向的经营思想。
14. 激烈的竞争容易使组织形成以________为导向的经营思想。
15. 在卖方市场条件下，组织所做的各种决策的出发点是________。
16. 在买方市场条件下，组织所做的各种决策的出发点是________。
17. 信息化程度对决策的影响主要体现在其对________的影响上。
18. 如果决策涉及的问题对组织来说非常紧迫，则这样的决策被称为________决策。
19. 如果决策涉及的问题对组织来说不紧迫，组织有足够的时间从容应对，则这样的决策可被称为________决策。

20. 人们对待风险的态度有三种类型：________、________和________。

21. 组织中的任何决策既有________成分，也有________成分。

22. 个人价值观通过影响决策中的________来影响决策。

23. 决策的本质是一个________。

24. 在保守型组织文化中，人们倾向于________。

25. 在进取性组织文化中，人们倾向于________。

26. 决策问题的性质包括________和________。

27. 程序化决策涉及________，非程序化决策涉及________。

28. 从环境的可控制程度看，可把决策分为________、________、________。

29. 收集信息时要进行________分析。

30. 根据决策者风险偏好特征，可以把决策者分成________、________和________三种类型。

31. 在计算机广泛应用之前，人们常用定性与定量相结合并以________分析为主的决策方法。

32. 头脑风暴法的特点是倡导________。时间一般在________小时，参加者________人为宜。

33. 在集体决策中，如果大家对问题的性质了解程度有很大差异，或意见有较大分歧，直接开会讨论效果并不好时，可以采取________。

34. 集体决策方法主要有________、________和________三种。

35. 管理者有时需对企业某部门的经营活动方向进行选择，可采用________和________两种方法。

36. 经营单位组合分析法认为，在确定某个单位经营活动方向时，应该考虑它的________和________两个维度。

37. 对于“瘦狗”型的经营单位，企业应该采取________的战略。

38. 政策指导矩阵法从________和________两个维度分析企业经营单位的现状和特征。

39. ________是最基本也是最常用的一种数学规划。

40. 线性规划的模型包含________和________两大部分。

41. 常用的解决不确定型决策问题的方法有________、________和________。

42. 解决风险型决策的方法主要有________、________和________。

43. 解决风险型决策常用的一个目标是________。

44. 在面对多阶段的风险决策问题时，人们经常采用________方法。

二、选择题

1. 决策过程的第一步是________。

A. 明确目标　　B. 诊断问题

C. 拟订方案

2. 通常用来指导组织战略决策的目标是________。
A. 长期目标　　B. 中期目标
C. 短期目标

3. 通常用来指导组织战术决策的目标是________。
A. 长期目标　　B. 中期目标
C. 短期目标

4. 通常用来指导组织业务决策的目标是________。
A. 长期目标　　B. 中期目标
C. 短期目标

5. 如果组织面对的是垄断程度较高的市场，那么下列通常不是其决策重点的是________。
A. 如何改善生产条件　　B. 如何完善营销网络
C. 如何扩大生产规模　　D. 如何降低生产成本

6. 如果组织面对的是竞争程度较高的市场，那么下列通常不是其决策重点的是________。
A. 如何密切关注竞争对手的动向
B. 如何对竞争对手的行为做出快速反应
C. 如何才能不断向市场推出新产品
D. 如何降低生产成本

7. 在卖方市场条件下，组织所做的各种决策的出发点是________。
A. 组织自身的生产条件和生产能力
B. 市场需求情况
C. 消费者的偏好

8. 在买方市场条件下，组织所做的各种决策的出发点是________。
A. 组织自身的生产条件　　B. 组织自身的生产能力
C. 市场需求情况

9. 组织中的大多数决策均属于________决策。
A. 时间敏感型　　B. 知识敏感型

10. 下列不属于决策者只寻求满意结果的原因的是________。
A. 只能满足于在现有方案中寻找
B. 决策者能力的缺乏
C. 选择最佳方案需要花大量的时间和金钱
D. 决策者只需要有满意的结果

11. 关于政策指导矩阵法，下列说法不正确的是________。
A. 是定性决策方法
B. 采用严格意义的 3×3 矩阵来分析
C. 对于竞争能力较强但市场前景不容乐观的经营业务，不应继续发展，但也不要马上放弃

12. 下列关于企业竞争模拟的说法，不正确的是________。

A. 在竞争模拟中，各公司不能获得其他公司的任何信息

B. 企业竞争模拟中的企业包含一般企业的主要机构和功能

C. 管理层分工负责和团队合作是竞争中取胜的重要因素

13. 针对解决的问题，相关专家或人员聚在一起，在宽松的氛围中，敞开思路，畅所欲言，寻求多种决策思路，这种方法是________。

A. 名义小组技术　　B. 头脑风暴法

C. 德尔菲技术

14. 下列方法中的________是用来解决不确定型决策问题的。

A. 大中取大法　　B. 数学规划

C. 网络优化

15. 喜好风险的人往往会选择风险程度________而收益________的行动方案。

A. 较高，较高　　B. 较高，较低

C. 较低，较低　　D. 不确定

16. 知识敏感型决策是指那些对时间要求________，而对质量要求________的决策。

A. 不高，较高　　B. 较高，也较高

C. 较高，不高　　D. 不高，也不高

17. ________是日常工作中为提高生产效率、工作效率而做出的决策，牵涉范围较窄。

A. 战略决策　　B. 战术决策

C. 管理决策　　D. 业务决策

18. 非程序化决策的决策者主要是________。

A. 高层管理者　　B. 中层管理者

C. 基层管理者　　D. 技术专家

19. 下列关于头脑风暴法的说法，不正确的是________。

A. 相关专家或人员各自发表自己的意见，对别人的建议不作评论

B. 所发表的建议必须要深思熟虑

C. 鼓励独立思考、奇思妙想

D. 可以补充完善已有的建议

20. 在集体决策中，如果大家对问题的性质了解程度有很大差异，或意见有较大分歧，直接开会讨论效果并不好时，可以采取________。

A. 名义小组技术　　B. 头脑风暴法

C. 德尔菲技术

21. 关于经营单位组合分析法，下列说法不正确的是________。

A. 经营单位组合分析法是由波士顿咨询公司提出来的

B. 业务增长率反映业务增长的速度，影响投资的回收期限

C. “明星”型经营单位需要较少的资金投资

22. 下列________是由波士顿咨询公司提出来的。

A. 经营单位组合分析法　　B. 头脑风暴法

C. 政策指导矩阵法

23. 下列不属于企业短期决策的是________。

A. 投资方向选择　　B. 人力资源开发
C. 组织规模确定　　D. 企业日常营销

24. 集体决策的优点是________。

A. 能够最大范围地汇总信息　　B. 拟订更多的备选方案
C. 能得到更多的认同　　D. 更好地沟通
E. 做出更好的决策

25. 当决策问题与人们的主观意愿关系密切时，比如定量分析的目标函数如何确定，特别是当多个决策者意见有分歧时，可以采用________的决策方法。

A. 定性　　B. 定量
C. 以定性为主

26. 决策的特点有________。

A. 目标性　　B. 可行性
C. 不可选择性　　D. 满意性
E. 最优性

27. 经营单位组合分析法中所用的两个维度是________和________。

A. 销售额　　B. 相对竞争地位
C. 业务增长率　　D. 投资回收期

28. 下列属于例外问题的有________。

A. 组织结构变化　　B. 重大投资
C. 重要人事任免　　D. 重大政策制定

三、是非判断题

1. 决策的目的是解决问题或利用机会。（ ）
2. 决策者在决策过程中要遵循“最优原则”。（ ）
3. 直接影响决策者决策水平的因素是信息的数量。（ ）
4. 决策者在决策过程中获取信息时要进行成本—收益分析。（ ）
5. 长期决策与短期决策的划分只与决策涉及的时间相关。（ ）
6. 战略决策对组织而言最为重要，具有长期性和方向性。（ ）
7. 业务决策牵涉的范围较窄，只对组织产生局部影响。（ ）
8. 战术决策旨在实现组织中各环节的高度协调和资源的合理利用。（ ）
9. 集体决策会产生群体思维以及责任不明等问题，最好尽量不使用集体决策。（ ）
10. 初始决策是在有关活动尚未进行从而环境未受到影响的情况下进行的。（ ）
11. 例外问题是指那些重复出现的、日常的管理问题。（ ）
12. 程序性决策和非程序性决策分别对应组织中的例行问题和例外问题。（ ）
13. 从环境因素的可控程度看，可把决策分为确定型决策与不确定型决策。（ ）
14. 决策是动态的，没有真正的起点，也没有真正的终点。（ ）

15. 古典决策理论是基于“社会人”假设提出来的。 (　　)

16. 古典决策理论认为，应该从经济的角度来看待决策问题，即决策的目的在于为组织获取最大的经济利益。 (　　)

17. 古典决策理论认为作为决策者的管理者是完全理性的。 (　　)

18. 古典决策理论忽视了非经济因素在决策中的作用。 (　　)

19. 赫伯特·A. 西蒙认为理性的和经济的标准都无法确切地说明管理的决策过程，进而提出“有限理性”标准和“满意度”原则。 (　　)

20. 行为决策理论认为影响决策者进行决策的不仅有经济因素，还有其个人的行为表现，如态度、情感、经验和动机等。 (　　)

21. 决策者在决策中往往只求满意的结果，而不愿费力寻求最佳方案。 (　　)

22. 目标能够指导决策者选择合适的行动路线，因此决策过程的第一步就是识别目标。 (　　)

23. 对环境的习惯反应模式也影响着组织的活动选择。 (　　)

24. 在决策过程中，任何方案的选择都意味着对过去某种程度的否定。 (　　)

25. 组织中的战略决策大多属于知识敏感型决策。 (　　)

26. 头脑风暴法是常用的集体决策方法，它能够最大限度地提高成员间的相互讨论程度。 (　　)

27. 在名义小组技术中，管理者最终将采用最后赞成人数最多的备选方案。 (　　)

28. 为了更好地集思广益，德尔菲技术中的专家数量越多越好。 (　　)

29. 波士顿矩阵根据相对竞争地位和业务增长率两个标准，把企业的经营单位分成四大类。 (　　)

30. “明星”经营单位代表着最高利润增长率和最佳投资机会，因此企业应投入必要的资金，增加它的生产规模。 (　　)

31. “幼童”经营单位的业务增长率较高，因此企业应投入大量资金支持该类业务增长。 (　　)

32. 相对竞争地位取决于经营单位在市场上的地位、生产能力、产品研究和开发等因素。 (　　)

33. 根据未来情况的可控程度，可把有关活动方案的决策方法分为两大类：确定型决策方法和非确定型决策方法。 (　　)

34. 量本利分析法是通过考察产量、成本和利润的关系以及盈亏变化的规律来为决策提供依据的方法。 (　　)

35. 常用的不确定型决策方法有小中取小法、大中取大法和最小最大后悔值法。 (　　)

四、简答题

1. 什么是决策？如何理解其含义？
2. 集体决策有哪些优点？
3. 简述古典决策理论。

4. 简述行为决策理论。
5. 为了使方案顺利有效实施，如何调动广大员工的积极性？
6. 组织文化是如何影响决策的？
7. 决策问题的性质是如何影响决策的？
8. 如何防止随意决策？
9. 决策者如何避免“安于现状”心态的出现？
10. 什么叫“决策近视症”？
11. 决策者如何走出“自我为中心”的误区？
12. 什么是风险型决策？
13. 简述头脑风暴法的特点及原则。
14. 什么是“名义小组技术”？
15. 简述运用德尔菲技术的步骤。
16. 简述“小中取大法”。
17. 简述最大期望效用准则与最大期望收益准则的区别。

五、问答题

1. 迄今为止，有关决策的理论经历了哪些发展？
2. 决策的过程包括哪些步骤？每一步骤需要注意哪些问题？
3. 决策的影响因素有哪些？
4. 组织中常见的决策陷阱有哪些？组织如何避免这些陷阱？
5. 决策遵循的原则是什么？为什么？
6. 根据经营单位组合分析法，企业经营业务的状况可以被分成哪四种类型？各自具有什么特点？
7. 什么是“最小最大后悔值”决策方法？其步骤是怎样的？
8. 在计算机已经普及的今天，为什么定性决策方法仍有用武之地？

参考答案

一、填充题

1. 识别并解决问题，利用机会
2. 管理者
3. 个体决策，群体决策
4. 解决问题，利用机会
5. 满意，最优
6. 适量的信息

7. 经济人
8. 有限理性，满意度
9. 完全理性，非理性
10. 诊断问题，识别机会
11. 资源
12. 中低层管理者，高层管理者
13. 生产
14. 市场
15. 组织自身的生产条件与生产能力
16. 市场需求情况
17. 决策效率
18. 时间敏感型
19. 知识敏感型
20. 风险厌恶型，风险中立型，风险爱好型
21. 事实，价值
22. 价值成分
23. 过程
24. 维持现状
25. 勇于创新、宽容对待失败
26. 问题的紧迫性，问题的重要性
27. 例行问题，例外问题
28. 确定型决策，风险型决策，不确定型决策
29. 成本—收益
30. 风险规避，风险中性，风险偏好
31. 定性
32. 创新思维，1～2，5～6
33. 名义小组技术
34. 头脑风暴法，名义小组技术，德尔菲技术
35. 经营单位组合分析法，政策指导矩阵法
36. 相对竞争地位，业务增长率
37. 收缩甚至放弃
38. 市场前景，相对竞争能力
39. 线性规划
40. 目标函数，约束条件
41. 小中取大法，大中取大法，最小最大后悔值法
42. 最大期望收益准则，最大期望效用准则，多阶段决策问题与决策树
43. 使期望收益最大化
44. 决策树

二、选择题

1. B 2. A 3. B 4. C 5. B 6. D 7. A 8. C 9. B 10. D 11. B 12. A 13. B 14. A 15. A 16. A 17. D 18. A 19. B 20. A 21. C 22. A 23. ABC 24. ABCDE 25. AC 26. ABD 27. BC 28. ABCD

三、是非判断题

1. 是 2. 否 3. 否 4. 是 5. 否 6. 是 7. 是 8. 是 9. 否 10. 否 11. 否 12. 是 13. 否 14. 是 15. 否 16. 是 17. 是 18. 是 19. 是 20. 是 21. 是 22. 否 23. 是 24. 是 25. 是 26. 否 27. 否 28. 否 29. 是 30. 是 31. 否 32. 是 33. 否 34. 是 35. 否

四、简答题

1. 决策定义为“管理者识别并解决问题的过程，或者管理者利用机会的过程”。对于这一定义，可作如下理解：

（1）决策的主体是管理者，因为决策是管理的一项职能。管理者既可以单独做出决策，这样的决策被称为个体决策；也可以和其他的管理者一道共同做出决策，这样的决策被称为群体决策。

（2）决策的本质是一个过程，这一过程由多个步骤组成。

（3）决策的目的是解决问题或利用机会，这就是说，决策不仅仅是为了解决问题，有时也是为了利用机会。

2. 能够最大范围地汇总信息；拟订更多的备选方案；能得到更多的认同；更好地沟通；做出更好的决策。

3. 古典决策理论是基于“经济人”假设提出的。古典决策理论认为，应该从经济的角度来看待决策问题，即决策的目的在于为组织获取最大的经济利益。

古典决策理论的主要内容是：（1）决策者必须全面掌握有关决策环境的信息情报；（2）决策者要充分了解有关备选方案的情况；（3）决策者应建立一个合理的层级结构，以确保命令的有效执行；（4）决策者进行决策的目的始终都在于使本组织获取最大的经济利益。

古典决策理论假设，决策者是完全理性的，在决策者充分了解有关信息情报的情况下，是完全可以做出完成组织目标的最佳决策的。古典决策理论忽视了非经济因素在决策中的作用，这种理论不可能正确指导实际的决策活动。

4. 西蒙在《管理行为》一书中指出，理性的和经济的标准都无法确切地说明管理的决策过程，进而提出“有限理性”标准和“满意度”原则。其他学者对决策者行为做了进一步的研究，他们在研究中也发现，影响决策的不仅有经济因素，还有决策者的心理与行为特征，如态度、情感、经验和动机等。行为决策理论的主要内容是：（1）人是有限理性的;（2）决策者在识别和发现问题中容易受知觉上的偏差的影响，而在对未来的状况做出判断时，直觉的运用往往多于逻辑分析方法的运用;（3）由于受决策时间和可利用资源的限制，决策者即使充分了解和掌握有关决策环境的信息情报，也只能做到尽量了解各种备选方案的情况，而不可能做到全部了解;（4）在风险型决策中，与经济利益的考虑相比，决策者对待风险的态度起着更为重要的作用，决策者往往厌恶风险，倾向于接受风险较小的方案;（5）决策者在决策中往往只求满意的结果，而不愿费力寻求最佳方案。行为决策理论抨击了把决策视为定量方法和固定步骤的片面性，主张把决策视为一种文化现象。除了西蒙的“有限理性”模式，林德布洛姆的“渐进决策”模式也对“完全理性”模式提出了挑战，他认为决策过程应是一个渐进过程。决策不能只遵守一种固定的程序，而应根据组织外部环境与内部条件的变化进行适时的调整和补充。

5. 需要做以下三方面的工作:（1）将决策的目标分解到各个部门与个人，实行目标责任制，让他们树立起责任心，感受到组织赋予他们的压力;（2）管理者要善于授权，做到责权对等，相关主体拥有必要的权利，便于其完成相应的目标;（3）设计合理的报酬制度，根据目标的完成情况对相关主体实施奖惩，以充分调动他们的工作积极性。通过以上三方面的工作，能够实现责、权、利三者的有效结合，确保方案朝着管理者所期望的路线演进。

6. 在保守型组织文化中生存的人们受这种文化的影响，倾向于维持现状，害怕变化，更害怕失败。对任何带来变化（特别是重大变化）的行动方案会产生抵触情绪，并以实际行动抵制。在这种文化氛围中，决策者会在决策之前预见到，带来变化的行动方案在实施中将遇到很大阻力，很有可能招致失败，而在保守型文化中的人们不会轻易容忍失败，他就会产生顾虑，从而将有关行动方案从自己的视野中剔除出去。其结果是，那些旨在维持现状的行动方案被最终选出并付诸实施，进一步强化了文化的保守性。

在进取型组织文化中生存的人们欢迎变化，勇于创新，宽容对待失败。在这样的组织中，容易进入决策者视野的是给组织带来变革的行动方案。有时候，他们进行决策的目的就是制造变化。

此外，组织文化是否具有伦理精神也会对决策产生影响。具有伦理精神的组织文化会引导决策者采取符合伦理的行动方案，而没有伦理精神的组织文化可能会导致决策者为了达到目的而不择手段。

7.（1）问题的紧迫性：如果决策涉及的问题对组织来说非常紧迫，急需处理，则这样的决策被称为时间敏感型决策。对于此类决策，快速行动要比如何行动更重要，也就是说，对决策速度的要求高于对决策质量的要求。组织在发生重大安全事故、面临稍纵即逝的重大机会时以及在生死存亡的紧急关头所面临的决策属于此类。需要说明的是，时间敏感型决策在组织中不常出现，但每次出现都给组织带来重大影响。相反，如果决策涉及的问题对组织来说不紧迫，组织有足够的时间从容应对，则这样的决策可被称为知识敏感型决策，因为在时间宽裕的情况下对决策质量的要求必然提高，而高质量的决策依赖于决策者掌握足够的知识。组织中的大多数决策均属于此类。

（2）问题的重要性：问题的重要性对决策的影响是多方面的：① 重要的问题可能引起高层领导的重视，有些重要问题甚至必须由高层领导亲自决策，从而决策可得到更多力量的支持；② 越重要的问题越有可能由群体决策，因为与个体决策相比，在群体决策时，问题被认识得更全面，决策的质量可能更高；③ 越重要的问题越需要决策者慎重决策，越需要决策者避开各类决策陷阱。

8. 防止决策随意的办法主要有：(1) 树立和坚持科学发展观，任何决策都要尊重科学，按科学规律决策；对于重大决策，在拿出最终方案前，要对每个可供选择的方案进行科学论证，必要时可组织内外部专家进行详细论证，防止少数人的偏见主导整个决策过程；(2) 树立并强化决策者的责任意识，对事后证明为失误的决策，要对有关责任人严惩不贷；(3) 在条件许可的情况下，对组织结构进行重新设计，适当分权，防止决策者独揽大权、专断行事；(4) 加强组织的信息化建设，借助科学的手段辅助决策。

9. (1) 牢记自己所确立的目标，了解在目前情况下哪些是成功的障碍，努力克服这些障碍。

(2) 不要把维持现状当作你的选择，应当去发现其他的可能性。在竞争日益激烈，变化无时不在、无处不在的现代社会，维持现状等于自取灭亡。

(3) 不要夸大自己的成本和努力。有的人想维持现状，是因为他已经付出相当多的努力与心血，改变现状对他而言意味着前功尽弃。但是，没有舍弃便没有收获，弃旧才能扬新。

(4) 要相信明天会更美好，将来的“现状”是今日的“现状”不可比拟的。

(5) 如果你有比“维持现状”更好的选择，不要害怕付出努力，要逼迫自己去实现它。

10. 患了“决策近视症”的决策者只看到眼前的利益，而看不到和不重视长远的利益。这种情况的出现可能和决策者个人因素有关，也可能和决策者所在的组织的制度（尤其是激励制度）有关。没有远大理想的人通常会被眼前的利益所迷惑，为一时之得而乐，为一时之失而悲。另外如果一个决策者在一个组织中的任期不长，而且其报酬主要取决于任期内的组织的绩效，那么他在决策过程中也倾向于“近视”。

11. (1) 采取行动之前设立成功的标准。(2) 必须事先明确自己的选择在多大程度上影响结果。(3) 行动结果出来前后，向与决策无关的人询问。(4) 对一些重复决策尽量用统计方法判断：在决策决定因素方面，自己的选择占多大比重。(5) 定期列出遭遇的失败，并积极寻找原因。(6) 积极从过去的决策中获取有用的信息。

12. 如果决策问题涉及的条件中有些是随机因素，它虽然不是确定型的，但我们知道它们的概率分布，这类决策被称为风险型决策。

13. 头脑风暴法的特点是：针对解决的问题，相关专家或人员聚在一起，在宽松的氛围中，敞开思路，畅所欲言，寻求多种决策思路，倡导创新思维。

原则：(1) 各自发表自己的意见，对别人的建议不作评论；(2) 建议不必深思熟虑，越多越好；(3) 鼓励独立思考、奇思妙想；(4) 可以补充完善已有的建议。

14. 在集体决策中，如果大家对问题的性质了解程度有很大差异，或意见有较大分歧，直接开会讨论效果并不好，可能出现争执不下、权威人士发言后大家随声附和的情况。这时，可以采取“名义小组技术”。

管理者先选择一些对要解决的问题有研究或有经验的人作为小组成员，并向他们提供与决策问题相关的信息。小组成员各自先不通气，独立地思考，提出决策建议，并尽可能详细地将自己提出的备选方案写成文字资料。然后召集会议，让小组成员一一陈述自己的方案。在此基础上，小组成员对全部备选方案投票，产生大家最赞同的方案，并形成对其他方案的意见，提交管理者作为决策参考。

15.（1）根据问题的特点，选择和邀请做过相关研究或有相关经验的专家。（2）将与问题有关的信息分别提供给专家，请他们独立发表自己的意见，并写成书面材料。（3）管理者收集并综合专家们的意见后，将综合意见反馈给各位专家，请他们再次发表意见。如果分歧很大，可以开会集中讨论；或者管理者分头与专家联络。（4）如此反复多次，最后形成代表专家组意见的方案。

16. 决策者对未来持悲观态度，认为未来会出现最差的情况。决策时，对各种方案都按它带来的最低收益考虑，然后比较哪种方案的最低收益最高，简称小中取大法。

17. 计算期望时，用收益的效用乘相应的概率，再求和。除了风险中性的理性人，人们的效用函数一般是非线性的，用期望效用更能体现决策者的风险偏好。最大期望收益准则可以看作最大期望效用准则的特例，即效用函数是一种特殊的线性函数。

五、问答题

1. **答案要点**:（1）古典决策理论：古典决策理论是基于“经济人”假设提出的。古典决策理论认为，应该从经济的角度来看待决策问题，即决策的目的在于为组织获取最大的经济利益。

古典决策理论的主要内容是：① 决策者必须全面掌握有关决策环境的信息情报；② 决策者要充分了解有关备选方案的情况；③ 决策者应建立一个合理的层级结构，以确保命令的有效执行；④ 决策者进行决策的目的始终都在于使本组织获取最大的经济利益。

古典决策理论假设，决策者是完全理性的，在决策者充分了解有关信息情报的情况下，是完全可以做出完成组织目标的最佳决策的。古典决策理论忽视了非经济因素在决策中的作用，这种理论不可能正确指导实际的决策活动。

（2）行为决策理论：西蒙在《管理行为》一书中指出，理性的和经济的标准都无法确切地说明管理的决策过程，进而提出“有限理性”标准和“满意度”原则。

其他学者对决策者行为做了进一步的研究，他们在研究中也发现，影响决策的不仅有经济因素，还有决策者的心理与行为特征，如态度、情感、经验和动机等。

行为决策理论的主要内容是：① 人是有限理性的。② 决策者在识别和发现问题中容易受知觉上的偏差的影响，而在对未来的状况做出判断时，直觉的运用往往多于逻辑分析方法的运用。③ 由于受决策时间和可利用资源的限制，决策者即使充分了解和掌握有关决策环境的信息情报，也只能做到尽量了解各种备选方案的情况，而不可能做到全部了解。④ 在风险型决策中，与经济利益的考虑相比，决策者对待风险的态度起着更为重要的作用。决策者往往厌恶风险，倾向于接受风险较小的方案。⑤ 决策者在决策中往往只求满意的结果，而不愿费力寻求最佳方案。

行为决策理论抨击了把决策视为定量方法和固定步骤的片面性，主张把决策视为一种文化现象。除了西蒙的“有限理性”模式，林德布洛姆的“渐进决策”模式也对“完全理性”模式提出了挑战，他认为决策过程应是一个渐进过程。决策不能只遵守一种固定的程序，而应根据组织外部环境与内部条件的变化进行适时的调整和补充。

（3）新发展的决策理论：继古典决策理论和行为决策理论之后，决策理论有了进一步的发展。新发展的决策理论认为，决策贯穿于整个管理过程，决策程序就是整个管理过程。

组织是由决策者及其下属、同事组成的系统。整个决策过程从研究组织的内部条件和外部环境开始，继而确定组织目标、设计可实现该目标的各种可行方案、比较和评估这些方案进而进行方案选择（即做出择优决策），最后实施决策方案，并进行追踪检查和控制，以确保预定目标的实现。最新的决策理论对决策的过程、决策的原则、程序化决策和非程序化决策、组织机构的建立同决策过程的联系等都做了精辟的论述。

当今的决策者应在决策过程中广泛运用现代化的手段和规范化的程序，应以系统理论、运筹学和电子计算机为工具，并辅之以行为科学的有关理论。这就是说，最新决策理论把古典决策理论和行为决策理论有机结合起来，它所概括的一套科学行为准则和工作程序，既重视科学的理论、方法和手段的应用，又重视人的积极作用。

2. **答案要点**：（1）诊断问题或识别机会：在这一步骤中，管理者必须特别注意：要尽可能精确地评估问题和机会；要尽力获取精确的、可信赖的信息，并正确地解释它；同时，需要注意处在控制之外的因素也会对机会和问题的识别产生影响。

（2）明确目标：所要结果的数量和质量都要明确，因为目标的这两个方面都最终指导决策者选择合适的行动路线。

（3）拟订方案：这一步骤需要创造力和想象力，在提出备选方案时，管理者必须把其试图实现的目标铭记在心，而且要提出尽量多的方案。为了提出更多、更好的方案，需要从多种角度审视问题，这意味着管理者要善于征询他人的意见。

（4）筛选方案：管理者起码要具备评价每种方案的价值或相对优势 / 劣势的能力。在评估过程中，要使用预定的决策标准（如所要的质量）并仔细考虑每种方案的预期成本、收益、不确定性和风险。

最后对各种方案进行排序。另外，管理者必须仔细考察所掌握的全部事实，并确信自己已获得足够的信息。

（5）执行方案：管理者要明白，方案的有效执行需要足够数量和种类的资源作保障。管理者还要明白，方案的执行将不可避免地会给有关各方带来变化，一些人的既得利益可能会受到损害。在这种情况下，需要管理者善于做思想工作，帮助他们认识这种损害只是暂时的，或者说是为了组织全局的利益而不得不付出的代价，在可能的情况下，管理者还可以拿出相应的补偿方案以消除他们的顾虑，化解方案在执行过程中遇到的阻力。管理者更应当明白，方案的实施需要得到广大员工的支持，需要调动他们的积极性。

（6）评估效果：用方案实际的执行效果与管理者当初所设立的目标进行比较，看是否出现偏差，如果存在偏差，则要找出偏差产生的原因，并采取相应的措施。

如果偏差的发生与决策过程中的前四个步骤有关，那么管理者就应该重新回到前面四个步骤，对方案进行适应性调整，以使调整后的方案更加符合组织的实际和变化的环境。

如果发现偏差是由方案在执行过程中某种人为或非人为的因素造成的，那么管理者就应该加强对方案执行的监控并采取切实有效的措施，确保已经出现的偏差不扩大甚至有所缩小，从而使方案取得预期的效果。

3. **答案要点**：（1）环境因素：包括环境的稳定性、市场结构、买卖双方在市场的地位。

（2）组织自身的因素：包括组织文化、组织的信息化程度、组织对环境的应变模式。

（3）决策问题的性质：包括问题的紧迫性、问题的重要性。

（4）决策主体的因素：包括个人对待风险的态度、个人能力、个人价值观、决策群体的关系融洽程度。

4. **答案要点**：（1）“近视症”。这种情况的出现可能跟决策者个人因素有关，也可能跟决策者所在组织的制度（特别是激励制度）设计有关。因此需要有远大理想的决策者，以及设计合适的组织制度。

（2）方案评价随意。防止决策随意的办法主要有：① 树立和坚持科学发展观，任何决策都要尊重科学，按科学规律决策；对于重大决策，在拿出最终方案前，要对每个可供选择的方案进行科学论证，必要时可组织内外部专家进行详细论证，防止少数人的偏见主导整个决策过程。② 树立并强化决策者的责任意识，对事后证明为失误的决策，要对有关责任人严惩不贷。③ 在条件许可的情况下，对组织结构进行重新设计，适当分权，防止决策者独揽大权、专断行事。④ 加强组织的信息化建设，借助科学的手段辅助决策。

（3）过分依赖直觉。防止的方法有：① 在做出决定前，多做一些基础性工作，如深入实际调查了解情况、对未来可能的情况变化进行充分预测；② 在决策过程中，要主动倾听不同方面的意见，尤其要认真对待反面意见；③ 扩大自己的社交圈，通过各种不同的渠道搜集对组织有用的信息，提高决策能力。

（4）以自我为中心，偏信个人经验与能力。为了走出“以自我为中心”这一误区，管理者一方面要正确对待自我，客观认识自我，要承认人是不可能不犯错的，关键是要认识错误并知错就改，不断提升自己。管理者另一方面要加强学习。

（5）被问题的形式所迷惑。避免的方法：① 不要机械地接受问题，要从不同的角度看问题。② 尽量由本人提出一个辩证的、客观陈述事实的问题。③ 在决策过程中，要不断地怀疑问题。改变一下问法也许会使决策趋于完善。④ 当别人向你提出建设性意见时，想一想他看问题的角度与动机。

（6）安于现状。决策者要尽力避免“安于现状”心态的出现，可考虑的办法有：① 牢记自己所确立的目标，了解在目前情况下哪些是你成功的障碍，努力克服这些障碍。② 不要把维持现状当作你的选择，应当去发现其他的可能性。在竞争日益激烈，变化无时不在、无处不在的现代社会，维持现状等于自取灭亡。③ 不要夸大自己的成本和努力，有的人想维持现状，是因为他已经付出相当多的努力与心血，改变现状对他而言意味着前功尽弃。但是，没有舍弃便没有收获，弃旧才能扬新。④ 要相信明天会更美好，将来的“现状”与今日的“现状”是不可比拟的。⑤ 如果你有比“维持现状”更好的选择，不要害怕付出努力，要逼迫自己去实现它。

（7）浪漫主义者。克服浪漫主义情绪对决策的影响的办法主要有：① 丢掉幻想，无论是作为一个人，还是作为一个企业，其在社会中的作用都是有限的。② 在一时的成功面前，保持头脑冷静，要听听逆耳的忠言。③ 通常，在组织超常发展的背后潜藏着危机。作为领导人，要居安思危，采取措施，预防危机发生。④ 要认识利润对于企业就像健康对于人一样。企业存在的目的主要是追求利润，而不是其他。讲利而不唯利是图，讲义而不把企业办成“小社会”。⑤ 要客观认识社会效益对一个企业的作用。

很多时候，社会影响带来的没有经济效益支撑的表面上的辉煌，恰恰是企业衰败的前奏。

5. **答案要点**：决策遵循的是满意原则，而不是最优原则。在现实中：(1) 组织内外的很多因素都会对组织的运行产生不同程度的影响，但决策者很难收集到反映这些因素的一切信息；(2) 对于收集到的有限信息，决策者的利用能力也是有限的，从而决策者只能拟订数量有限的方案；(3) 任何方案都要在未来实施，而未来是不确定的，人们对未来的认识和影响十分有限，从而决策时所预测的未来状况可能与实际的未来状况不一致。现实中的上述状况决定了决策者难以做出最优决策，只能做出相对满意的决策。

6. **答案要点**：(1)“瘦狗”型：市场份额和业务增长率都较低，只能带来很少的现金和利润，甚至可能亏损。(2)“幼童”型：业务增长率较高，目前市场占有率较低。高增长的速度需要大量资金，而仅通过该业务自身难以筹措。(3)“金牛”型：市场占有率较高，而业务增长率较低，从而为企业带来较多的利润，同时需要较少的资金投资。这种业务产生的大量现金可以满足企业经营的需要。(4)“明星”型：市场占有率和业务增长率都较高，代表着最高利润增长率和最佳投资机会。

7. **答案要点**：决策者在选择了某方案后，若事后发现客观情况并未按自己预想的发生，会为自己事前的决策而后悔。由此，产生了最小最大后悔值决策方法，其步骤是：(1) 计算每个方案在每种情况下的后悔值，定义为：后悔值 = 该情况下的各方案中的最大收益 − 该方案在该情况下的收益。(2) 找出各方案的最大后悔值。(3) 选择最大后悔值中最小的方案。

8. **答案要点**：(1) 人们面对信息不完全的决策问题时，比如面对新的环境里出现的新问题，难以使用对数据依赖程度很高的定量方法；(2) 当决策问题与人们的主观意愿关系密切时，比如定量分析的目标函数如何确定，特别是当多个决策者意见有分歧时，需要采用定性方法或以定性为主的决策方法；(3) 当决策问题十分复杂，现有的定量分析方法和计算工具难以胜任时，人们也不得不进行粗略的估计和定性分析。

第六章

计划与计划工作

习题

一、填充题

1. ________过程是决策的组织落实过程。

2. ________是计划的前提，计划是________的逻辑延续。

3. 从名词意义上说，计划是指用________等形式所表述的，组织以及组织内不同部门和不同成员在未来一定时期内，关于行动________、________和________安排的管理文件。

4. 我们有时用________表示动词意义上的计划内涵。

5. 计划工作是对决策工作在________和________两个维度上进一步地展开和细化。

6. 计划工作具有秩序性，其最主要的秩序表现为计划工作的________和________。

7. 可以用计划对________的贡献来衡量一个计划的效率。

8. 计划工作必须追求________、________和________等方面的平衡。

9. 根据计划的程序化程度，可以把计划分为________和________。

10. 从职能空间分类，可以将计划分为________、________及________，这其中，________是组织的主要计划。

11. 根据涉及时间长短及范围广狭的综合性程度标准，可以将计划分为________与________。

12. 战略性计划显著的两个特点是________与________。

13. 根据计划内容的明确性标准，可以将计划分类为________和________。

14. ________和________是计划的两大显著特征。

15. ________决定组织的性质，是决定此组织区别于彼组织的标志。

16. 预算是一份用________表示预期结果的报表。

17. 组织的目标结构包括目标的________和________。

18. 目标结构描述了组织中各层次目标间的________。

19. 从过去发生的事件中探求事物发展的一般规律，其基本方法有________和________。

20. 将某一大前提应用到个别情况，并从中引出结论的方法是________。

21. 从个别情况发现结论，并推论出具有普遍原则意义的大前提的方法是________。

22. 企业内部的物料可分为________和________两种类型。

23. MRP 的基本内容是编制零件的________和________。

24. 开环的 MRP 能根据有关数据计算出相关物料需求的准确时间与数量，但没有考虑到生产企业现有的________和________的有关约束条件。

25. 计划工作具有普遍性和________。

26. 组织需要将抽象的目的和使命细化为________。

27. ________是指导或沟通决策思想的陈述书。

28. 战略性计划是战术性计划的________。

29. 计划工作的目的是________，促进组织目标的实现。

30. 目标结构描述了组织中各个层次目标间的________。

31. 衡量代价时不仅要衡量时间、金钱或者生产等，而且还要衡量________。

32. 计划的编制过程就是决策的________。

33. 战术性计划是战略性计划的________。

34. 流程再造是指对企业的现有流程进行________、________和________，然后重新构建新的流程的过程。

35. 流程再造应该围绕________进行。

二、选择题

1. 下列属于相关需求的是________。
   A. 原材料的需求　　B. 客户订购的产品
   C. 售后维修需要的备品备件
2. 下列属于独立需求的是________。
   A. 半成品的需求　　B. 零部件的需求
   C. 科研试制需要的样品
3. 描述产品的零件结构，把主生产计划展开成零件计划的是________。
   A. 物料需求计划　　B. 物料清单
   C. 生产作业计划
4. 落实最终产品的出产进度的计划是________。
   A. 资源需求计划　　B. 主生产计划
   C. 物料需求计划
5. ________的计划是有效率的。
   A. 能得到最大的剩余　　B. 成本等于收益
   C. 详细
6. 下列不属于基本 MRP 的依据的是________。

A. 主生产计划　　B. 物料清单

C. 库存信息　　D. 人员配置

7. 采购管理不确定________。

A. 合理的定货量　　B. 促销人员

C. 优秀的供应商　　D. 最佳的安全储备

8. 根据计划的明确性，可以把计划分类为________。

A. 长期计划和短期计划　　B. 战略性计划和战术性计划

C. 具体性计划和指导性计划　　D. 程序性计划和非程序性计划

9. 下列关于财务计划、人事计划与业务计划的关系描述不正确的是________。

A. 业务计划与人事计划是为财务计划服务的

B. 财务计划研究如何从资本的提供和利用上促进业务活动的有效进行

C. 人事计划分析如何为业务规模的维持或扩大提供人力资源的保证

10. 拟订和选择可行性行动计划不包括________。

A. 拟订可行性行动计划　　B. 评估计划

C. 修改计划　　D. 选定计划

11. 最常见的对重要前提条件预测的方法是________。

A. 德尔菲法　　B. 头脑风暴法

C. 提喻法

12. 闭环 MRP 的组成中不包括________。

A. 能力需求计划　　B. 营销计划

C. 采购作业计划

13. 计划是________。

A. 面向未来的　　B. 过去的总结

C. 现状的描述　　D. 面向行动的

14. 在经营计划调整方法中，________适用于品种比较稳定的情况下生产计划和销售计划的调整。

A. 滚动计划法　　B. 启用备用计划法

C. 时间序列分析法　　D. 综合评价法

三、是非判断题

1. 从动词意义上说，计划是指为了实现决策所确定的目标，预先进行的行动安排。（　）

2. 所有计划的内容都包括“5W1H”。（　）

3. 决策过程是计划的组织落实过程，计划是决策的前提，决策是计划的逻辑延续。（　）

4. 决策为计划的任务安排提供了依据，计划则为决策所选择的目标活动的实施提供了组织保证。（　）

5. 计划的编制过程，既是决策的组织落实过程，也是决策的更为详细的检查和修订

的过程。 ( )

6. 计划工作是组织、领导、控制和创新等管理活动的基础。 ( )

7. 计划工作是对决策工作在时间和空间两个维度上进一步地展开和细化。 ( )

8. 计划工作的目的就是使所有的行动保持同一方向，促使组织目标实现。 ( )

9. 只有最高层的管理人员才需要做计划工作。 ( )

10. 计划工作的普遍性中蕴含着一定的秩序。这种秩序随着不同组织的性质不同而有所不同。 ( )

11. 可以用计划对组织目标的贡献来衡量一个计划的效率。 ( )

12. 如果计划能按合理的代价实现目标，那么这样的计划是有效率的。 ( )

13. 计划工作强调协调、强调节约，其重大安排都经过经济和技术的可行性分析，可以使付出的代价尽可能合算。 ( )

14. 决策理论学派认为决策不仅包括了计划，而且包容了整个管理，甚至就是管理本身。 ( )

15. 可以根据计划的程序化程度将计划分类为具体性计划和指导性计划。 ( )

16. 战略性计划是指规定总体目标如何实现的细节的计划。 ( )

17. 战略性计划是战术性计划的依据，战术性计划是在战略性计划指导下制定的，是战略性计划的落实。 ( )

18. 战术性计划显著的两个特点是长期性与整体性。 ( )

19. 财务计划与人事计划是为业务计划服务的，也是围绕着业务计划而展开的。( )

20. 具体性计划更易于计划的执行、考核及其控制，因此优于指导性计划。 ( )

21. 指导性计划只规定某些一般的方针和行动原则，给予行动者较大自由处置权，因此优于具体性计划。 ( )

22. 例行活动，指一些重复出现的工作，对应程序性决策与程序性计划。 ( )

23. 计划与未来有关，是面向未来的，而不是过去的总结，也不是现状的描述。( )

24. 组织的目的或使命往往太抽象、太原则化，它需要进一步具体为组织一定时期的目标和各部门的目标。 ( )

25. 战略是为了达到组织总目标而采取的行动和利用资源的总计划，详尽地描述了组织未来的执行细节。 ( )

26. 研究过去仅仅是为了从过去发生的事件中得到借鉴和启示。 ( )

27. 最常见的对重要前提条件预测的方法是德尔菲法。 ( )

28. 创新过程一般包括浸润、审思、潜化、突现和调节。 ( )

29. 确定目标是决策工作的主要任务。 ( )

30. 要尽可能多地拟订可行性行动计划，可供选择的行动计划数量越多，被选计划的相对满意程度就越高，行动就越有效。 ( )

四、简答题

1. 什么是计划？

2. 简述计划与决策的区别与联系。

3. 计划具有哪些性质?
4. 规则与程序、规则与政策有什么区别?
5. 简述开环 MRP。
6. 什么是闭环 MRP？它与开环 MRP 有什么区别?
7. 与 MRP 相比，MRP Ⅱ有何改进?
8. 什么是战略性计划? 试描述战略性计划的特点。
9. 生产控制模块包括哪些方面?

五、问答题

1. 计划可以分为哪些类型?
2. 解释孔茨与韦里克的计划层次体系的基本内容。
3. 计划的编制包括哪些工作步骤?

参考答案

一、填充题

1. 计划
2. 决策，决策
3. 文字和指标，方向，内容，方式
4. 计划工作
5. 时间，空间
6. 纵向层次性，横向协作性
7. 组织目标
8. 时间与空间，明确性，程序化程度
9. 程序性计划，非程序性计划
10. 业务计划，财务计划，人事计划，业务计划
11. 战略性计划，战术性计划
12. 长期性，整体性
13. 具体性计划，指导性计划
14. 面向未来，面向行动
15. 目的或使命
16. 数字
17. 时间结构，空间结构
18. 协作关系
19. 演绎法，归纳法

20. 演绎法
21. 归纳法
22. 独立需求，相关需求
23. 生产计划，采购计划
24. 生产能力，采购能力
25. 秩序性
26. 组织的目标
27. 政策
28. 依据
29. 所有行动保持同一方向
30. 协作关系
31. 个人和集体的满意程度
32. 落实过程
33. 落实
34. 调研分析，诊断，再设计
35. 结果而不是任务

二、选择题

1. A 2. C 3. B 4. B 5. A 6. D 7. B 8. C 9. A 10. C 11. A 12. B 13. AD 14. A

三、是非判断题

1. 是 2. 是 3. 否 4. 是 5. 是 6. 是 7. 是 8. 是 9. 否 10. 是 11. 是 12. 否 13. 是 14. 是 15. 否 16. 否 17. 是 18. 否 19. 是 20. 否 21. 否 22. 是 23. 是 24. 是 25. 否 26. 否 27. 是 28. 是 29. 是 30. 是

四、简答题

1. 从名词意义上说，计划是指用文字和指标等形式所表述的，组织以及组织内不同部门和不同成员在未来一定时期内，关于行动方向、内容和方式安排的管理文件。

计划既是决策所确定的组织在未来一定时期内的行动目标和方式在时间和空间的进一步展开，又是组织、领导、控制和创新等管理活动的基础。

从动词意义上说，计划是指为了实现决策所确定的目标，预先进行的行动安排。这项行动安排工作包括：在时间和空间两个维度上进一步分解任务和目标，选择任务和目标实现方式、进度规定、行动结果的检查与控制等。我们有时用“计划工作”表示动词意义上的计划内涵。因此，计划工作是对决策所确定的任务和目标提供一种合理的实现方法。

2. 决策与计划是两个既相互区别又相互联系的概念。说它们是相互区别的，因为这两项工作需要解决的问题不同。决策是关于组织活动方向、内容以及方式的选择。我们是从“管理的首要工作”这个意义上来把握决策的内涵的。任何组织在任何时期为了表现其社会存在，必须从事某种为社会所需要的活动。在从事这项活动之前，组织当然必须首先对活动的方向和方式进行选择；计划则是对组织内部不同部门和不同成员在一定时期内行动任务的具体安排，它详细规定了不同部门和成员在该时期内从事活动的具体内容和要求。

但计划与决策又是相互联系的，这是因为：

（1）决策是计划的前提，计划是决策的逻辑延续。决策为计划的任务安排提供了依据，计划则为决策所选择的目标活动的实施提供了组织保证。

（2）在实际工作中，决策与计划是相互渗透，有时甚至是不可分割地交织在一起的。

决策制定过程中，不论是对内部能力优势或劣势的分析，还是在方案选择时关于各方案执行效果或要求的评价，实际上都已经开始孕育着决策的实施计划。

反过来，计划的编制过程，既是决策的组织落实过程，也是决策的更为详细的检查和修订的过程。无法落实的决策，或者说决策选择的活动中某些任务的无法安排，必然导致决策一定程度的调整。

3. 可以从以下四个方面来考查计划的性质：计划工作是为实现组织目标服务；计划工作是管理活动的桥梁，是组织、领导和控制等管理活动的基础；计划工作具有普遍性和秩序性；计划工作要追求效率。

4. 规则不同于程序。其一，规则指导行动但不说明时间顺序；其二，可以把程序看作是一系列的规则，但是一条规则可能是或可能不是程序的组成部分。

规则也不同于政策。政策的目的是要指导行动，并给执行人员留有酌情处理的余地；而规则虽然也起指导行动的作用，但是在运用规则时，执行人员没有自行处理之权。

5. MRP 的基本任务是：（1）从最终产品的生产计划（独立需求）导出相关物料（原材料、零部件等）的需求量和需求时间（相关需求）；（2）根据物料的需求时间和生产（订货）周期来确定其开始生产（订货）的时间。

MRP 的基本内容是编制零件的生产计划和采购计划。然而，要正确编制零件计划，首先必须落实最终产品（在 MRP 中称为成品）的出产进度计划，即主生产计划，这是 MRP 展开的依据。

其次需要知道产品的零件结构，即物料清单，把主生产计划展开成零件计划；同时需要知道库存数量才能准确计算出零件的采购数量。因此，基本 MRP 的依据是：（1）主生产计划（MPS）；（2）物料清单（BOM）；（3）库存信息。

6. 闭环 MRP 系统除了物料需求计划外，还将生产能力需求计划、车间作业计划和采购作业计划纳入 MRP，形成一个封闭的系统。

MRP 系统的正常运行，需要有一个现实可行的主生产计划。它除了要反映市场需求和合同订单外，还必须满足企业的生产能力约束条件。因此，除了要编制资源需求计划外，还要制定能力需求计划，同各个工作中心的能力进行平衡。只有做到能力与资源均满足负荷需求时，才能开始执行计划。在能力需求计划中，生产通知单是按照它们对设备产生的负荷而进行评估的，采购通知单的过程与之类似，检查它们对分包商和经销商所产生的工作量。执行 MRP 时要用生产通知单来控制加工的优先级，用采购通知单来控制采购的优先级。这样，基本 MRP 系统进一步发展，把能力需求计划和执行及控制计划的功能也包括进来，形成一个环形回路，称为闭环 MRP。

7. 在 20 世纪 80 年代，人们把销售、采购、生产、财务、工程技术、信息等各个子系统进行集成，并称该集成系统为制造资源计划，记为 MRP Ⅱ。MRP Ⅱ最大的成就在于把企业经营的主要信息进行集成。(1) 在物料需求计划的基础上向物料管理延伸，实施对物料的采购管理，包括采购计划、进货计划、供应商账务和档案管理、库存账务管理，等等;(2) 由于系统已经记录了大量的制造信息，包括物料消耗、加工工时等，在此基础上扩展到产品成本核算、成本分析;(3) 主要生产计划和生产计划大纲的依据是客户订单，因此向前又可以扩展到销售管理业务。

8. 战略性计划指应用于整体组织的，为组织未来较长时期（通常 5 年以上）设立总体目标和寻求组织在环境中的地位的计划。其特点有：长期性、整体性。

长期性指战略性计划涉及未来较长时期；整体性指战略性计划是基于组织整体而制定的，强调组织整体的协调。

9. 主生产计划、物料需求计划、能力需求计划、车间控制和制造标准。

五、问答题

1. **答案要点**:(1) 根据时间的长短，可以把计划分为长期计划和短期计划。

(2) 从职能空间分类，可以将计划分为业务计划、财务计划及人事计划。

(3) 根据涉及时间长短及其范围广狭的综合性程度标准，可以将计划分为战略性计划与战术性计划。

(4) 根据计划内容的明确性标准，可以将计划分为具体性计划和指导性计划。

(5) 根据计划的程序化程度，可以将计划分为程序性计划和非程序性计划。

2. **答案要点**:(1) 目的或使命：指明一定的组织机构在社会上应起的作用和所处的地位。它决定组织的性质，决定此组织区别于彼组织的标志。

(2) 目标：组织的目的或使命往往太抽象、太原则化，它需要进一步具体化为组织一定时期的目标和各部门的目标。

(3) 战略：战略是为了实现组织总目标而采取的行动和利用资源的总计划，其目的是通过一系列的主要目标和政策去决定和传达对想要成为什么样组织的预期。

(4) 政策：政策是指导或沟通决策思想的全面的陈述书或理解书。但不是所有政策都是陈述书，政策也常常会从主管人员的行动中含蓄地反映出来。

(5) 程序：程序是制定处理未来活动的一种必需方法的计划。它详细列出必须完成某类活动的切实方式，并按时间顺序对必要的活动进行排列。

(6) 规则：规则没有酌情处理的余地。它详细地阐明必需行动或非必需的行动，其本质是反映了一种必须或无须采取某种行动的管理决策。

(7) 方案：方案是一个综合性的计划，它包括目标、政策、程序、规则、任务分配、要采取的步骤、要使用的资源以及为完成既定行动方针所需的其他因素。

(8) 预算：预算是一份用数字表示预期结果的报表。

3. **答案要点**:(1) 确定目标：确定目标是决策工作的主要任务。目标是指期望的成果。目标为组织整体、各部门和各成员指明了方向，描绘了组织未来的状况，并且作为标准可用来衡量实际的绩效。

计划工作主要任务是将决策所确立的目标进行分解，以便落实到各个部门、各个活动环节，并将长期目标分解为各个阶段的目标。

（2）认清现在：认识现在的目的在于寻求合理有效的通向对岸的路径，也即实现目标的途径。认清现在不仅需要有开放的精神，将组织、部门置于更大的系统中，而且要有动态的精神，考查环境、对手与组织自身的随时间的变化与相互间的动态反应。

（3）研究过去：研究过去不仅是从过去发生过的事件中得到启示和借鉴，更重要的是探讨过去通向现在的一些规律。

（4）预测并有效地确定计划的重要前提条件：其重要性不仅在于，对前提条件认识越清楚、越深刻，计划工作越有效，而且在于，组织成员越彻底地理解和同意使用一致的计划前提条件，企业计划工作就越加协调。

（5）拟订和选择可行性行动计划：包括三个内容，即拟订可行性行动计划、评估计划和选定计划。

（6）制定主要计划：制定主要计划就是将所选择的计划用文字形式正式地表达出来，作为一项管理文件。拟写计划要清楚地确定和描述 5W1H 的内容。

（7）制定派生计划：基本计划几乎肯定需要派生计划的支持。

（8）制定预算，用预算使计划数字化：编制预算，一方面是为了计划的指标体系更加明确，另一方面是企业更易于对计划执行进行控制。

第七章 战略性计划与计划实施

习题

一、填充题

1. 战略性计划是应用于________的。
2. 战略性计划主要由________、________和________三阶段构成。
3. 公司环境的最关键部分是________。
4. 某一行业被入侵的威胁大小主要取决于行业________。
5. 根据价值链分析法，企业的各种价值活动分为两类：________和________。
6. 企业成长的基础是________。
7. 常采用的防御性战略有________、________和________等方式。
8. 一项能力能否成为企业的核心能力必须通过三项检验：________、________和________。
9. 加强型战略包括________、________和________。
10. 实践中计划组织实施有效的方法主要有________、________和________等方法。
11. 根据美国管理心理学家维克多·弗鲁姆的期望理论，人们在工作中的积极性或努力程度（激发力量）是________和________的乘积。
12. 滚动计划法是一种________的方法。
13. ________是网络计划技术的基础。
14. 网络图由________、________和________构成。
15. 有一些工序既不占用时间，也不消耗资源，它们叫作________。
16. 比较各路线的路长，可以找出一条或几条最长的路线，这种路线被称为________。
17. 韦尔奇提出，公司的第一步，也是最重要的一步，是用概括性的、明确的语言确定________。
18. 波特认为，一个行业内部的竞争状态取决于五种基本竞争作用力，它们是________、________、________、________和________。

19. 战略性计划的首要内容是________。
20. ________是企业存在的理由和目的。
21. 外部一般环境大致可以分为________、________、________、________和________五个部分。
22. 一体化战略包括________、________和________。
23. 多元化战略包括________、________和________。
24. 基本战略包括________、________和________。
25. 根据期望理论，效价指一个人对________的评价。
26. 企业竞争的最终目标是________。

二、选择题

1. 根据价值链分析法，下列不属于基本活动的是________。
   A. 内部后勤　　B. 技术开发
   C. 生产作业　　D. 服务
2. 根据价值链分析法，下列属于辅助活动的是________。
   A. 采购　　B. 市场营销和销售
   C. 外部后勤
3. 企业增加新的、但与原有业务相关的产品与服务，这一战略是________。
   A. 混合多元化　　B. 横向多元化
   C. 同心多元化
4. 企业向现有顾客提供新的、与原有业务不相关的产品或服务，这一战略是________。
   A. 混合多元化　　B. 横向多元化
   C. 同心多元化
5. 企业增加新的、与原有业务不相关的产品或服务，这一战略是________。
   A. 混合多元化　　B. 横向多元化
   C. 同心多元化
6. 企业通过加强市场营销，提高现有产品或服务在现有市场上的市场份额，这是________。
   A. 市场开发　　B. 产品开发
   C. 市场渗透
7. 企业将现有产品或服务打入新的区域市场，这是________。
   A. 市场开发　　B. 产品开发
   C. 市场渗透
8. 企业通过改进或改变产品或服务而提高销售，这是________。
   A. 市场开发　　B. 产品开发
   C. 市场渗透
9. 对于目标管理，下列描述不正确的是________。
   A. 管理人员和工人都由其上级来指挥和控制

B. 目标管理是一种程序

C. 管理人员和工人进行自我指挥、自我控制

10. 在“天、地、彼、此”中，“地”是指________。

A. 企业竞争所处的行业环境　　B. 企业竞争对手

C. 企业自身条件　　D. 外部一般环境

11. 下列________不是实践中计划组织实施行之有效的主要方法。

A. 滚动计划法　　B. 决策树法

C. 网络计划技术　　D. 目标管理

12. 战略性计划的首要内容是________。

A. 战略选择　　B. 战略环境分析

C. 远景和使命陈述

13. ________是网络计划技术的基础。

A. 作业明细表　　B. 网络图

C. 关键路线

14. 下列________属于加强型战略。

A. 产品开发　　B. 成本领先

C. 战略联盟

15. 下列不属于基本战略的是________。

A. 成本领先　　B. 多元化

C. 特色优势

16. 某品牌电视机因在电视机上加装 U 盘接口而大受欢迎，这属于________。

A. 差异化策略　　B. 无差异化策略

C. 集中策略　　D. 成本领先策略

17. 用户潜在需求分析属于外部环境分析中的________。

A. 市场需求分析　　B. 经济环境分析

C. 政治环境分析　　D. 竞争状况分析

三、是非判断题

1. 实践中计划组织实施行之有效的方法主要有目标管理、滚动计划、网络计划技术和企业业务流程再造等方法。（　）

2. 社会文化环境包括一个国家或地区居民的教育程度和文化水平、宗教信仰、风俗习惯、价值观念、审美观点等。（　）

3. 技术环境只需要考察与企业所处领域的活动直接相关的技术手段的发展变化。（　）

4. 某一行业被入侵的威胁的大小主要取决于行业的进入障碍。（　）

5. 市场细分就是将一个总体市场划分为若干个具有不同特点的顾客群，每个顾客群需要相应的产品或市场组合。（　）

6. 后向一体化战略是企业获得分销商或零售商的所有权或加强对他们的控制。（　）

7. 同心多元化是企业向现有顾客提供新的，与原有业务不相关的产品或服务。(　　)

8. 市场开发是企业通过加强市场营销，提高现有产品或服务在现有市场上的市场份额。(　　)

9. 常采用的防御性战略有收缩、剥离和清算等方式。(　　)

10. 目标考核的途径是将目标量化。(　　)

11. 只要有可能，我们就规定明确的、可考核的目标。(　　)

12. 虚拟运作是企业将价值活动集中于自己少数优势方面，产出产品或服务，并将产品或服务通过市场交易出售给其他生产者做进一步的生产加工。(　　)

13. 对一个目标完成者来说，目标超过其能力所及的范围越大，目标的激励作用越大。(　　)

14. 战略联盟是企业与其他企业在研究开发、生产运作、市场销售等价值活动进行合作，相互利用对方资源。(　　)

15. 多元化战略既可以实现成本领先的战略，又可以实现特色优势的战略。(　　)

16. 目标的可接受性和挑战性是对立的关系，在实际工作中，我们必须把它们区分开来。(　　)

17. 设置目标一般要求目标的数量尽可能地多。(　　)

18. 目标管理的过程是一个由下至上的过程。(　　)

19. 目标管理的第一步就是制定目标，包括确定组织的总体目标和各部门的分目标。(　　)

20. 目标管理的成果评价是指上级对下级评价。(　　)

21. 组织对不同成员的奖惩可以是物质的，也可以是精神的。(　　)

22. 滚动计划法能够使短期计划、中期计划有机地结合起来。(　　)

23. 滚动计划法的具体做法是用近细远粗的办法制定计划。(　　)

24. 滚动计划法是一种定期修订未来计划的方法。(　　)

25. 关键路线上各工序完工时间提前或推迟直接影响整个活动能否按时完工。(　　)

26. 滚动计划方法加强了计划的弹性，大大提高了组织的应变能力。(　　)

27. 网络图是网络计划技术的基础。(　　)

28. 网络计划技术可对工程的时间进度与资源利用实施优化。(　　)

29. 网络计划技术易于操作，并具有广泛的应用范围，适用于各行各业以及各种任务。(　　)

30. 网络计划技术最突出的优点是计划更加切合实际，并且使战略性计划的实施也更加切合实际。(　　)

四、简答题

1. 什么是战略性计划？其主要内容有哪些？

2. 影响行业进入障碍的因素主要有哪些？

3. 买方讨价还价能力的影响因素主要有哪些？

4. 供应商讨价还价能力的影响因素主要有哪些？

5. 企业目标市场研究的主要内容是什么?
6. 良好的细分市场应具有哪些特征?
7. 一项能力能否成为企业的核心能力必须通过哪三项检验?
8. 在目标管理中，作为任务分配、自我管理、业绩考核和奖惩实施的目标应具有什么特征?
9. 简述目标网络的内涵。
10. 网络图是什么? 它由哪些内容构成?
11. 企业进行环境分析和战略选择的实质是什么?

五、问答题

1. 试分析行业竞争的五种力量。
2. 如何理解各种战略类型?
3. 目标管理的基本思想是什么? 它要经过哪些过程?
4. 试分析滚动计划法的基本思想，并对其加以评价。
5. 论述网络计划技术的原理及其优点。

参考答案

一、填充题

1. 整体组织
2. 远景和使命陈述，战略环境分析，战略选择
3. 公司所投入竞争的一个或几个行业
4. 进入障碍
5. 基本活动，辅助活动
6. 核心能力
7. 收缩，剥离，清算
8. 用户价值，独特性，延展性
9. 市场渗透，市场开发，产品开发
10. 目标管理，滚动计划法，网络计划技术
11. 效价，期望值
12. 定期修订未来计划
13. 网络图
14. 工序，事项，路线
15. 虚工序
16. 关键路线

17. 公司的目标

18. 现有企业间的竞争，新进入者的威胁，替代产品的威胁，买方的讨价还价能力，供方的讨价还价能力

19. 远景和使命陈述

20. 核心目标

21. 政治，社会，经济，技术，自然

22. 前向一体化，后向一体化，横向一体化

23. 同心多元化，横向多元化，混合多元化

24. 成本领先，特色优势，目标集聚

25. 工作目标有用性

26. 为顾客创造价值并创造和获取顾客

二、选择题

1. B　2. A　3. C　4. B　5. A　6. C　7. A　8. B　9. A　10. A　11. B　12. C　13. B　14. A　15. B　16. A　17. A

三、是非判断题

1. 是　2. 是　3. 否　4. 是　5. 是　6. 否　7. 否　8. 否　9. 是　10. 是　11. 是　12. 否　13. 否　14. 是　15. 是　16. 否　17. 否　18. 否　19. 是　20. 否　21. 是　22. 是　23. 是　24. 是　25. 是　26. 是　27. 是　28. 是　29. 是　30. 否

四、简答题

1. 战略性计划是指应用于整体组织的，为组织未来较长时期（通常为5年以上）设立总体目标和寻求组织在环境中的地位的计划。战略性计划的首要内容是远景和使命陈述。战略性计划的第二项内容是战略环境分析，即分析外部环境和内部条件。战略性计划的第三项内容是战略选择，选择企业合适的发展途径。

2.（1）规模经济；（2）产品差别化；（3）转移购买成本；（4）资本需求；（5）在位优势；（6）政府政策。

3.（1）买方是否大批量或集中购买；（2）买方这一业务在其购买额中的份额大小；（3）产品或服务是否具有价格合理的替代品；（4）买方面临的购买转移成本大小；（5）本企业的产品、服务是否是买方在生产经营过程中的一项重要投入；（6）买方是否有“后向一体化”的威胁；（7）买方行业获利状况；（8）买方对产品是否拥有充分的信息。

4.（1）要素供应方行业的集中化程度；（2）要素替代品行业的发展状况；（3）本行业是否是供方集团的主要客户；（4）要素是否是该企业的主要投入资源；（5）要素是否存在差别化或转移成本是否低；（6）要素供应者是否有“前向一体化”的威胁。

5.（1）总体市场分析。包括市场容量分析、市场交易便利程度分析。（2）市场细分。

包括确定细分变量并细分市场、细分结果描述。(3)目标市场确定。包括评价各细分市场、选择目标市场。(4)产品定位。包括为各细分市场确定可能的定位概念、产品定位选择。

6.(1)可测量性，即市场规模、容量和购买力可以测量。(2)丰富性，即市场规模足够大且有利可图。(3)可接近性，即市场可以有效地接近且能为顾客服务。(4)可实现性，即企业有能力满足该市场的需求。如果细分市场对企业具有吸引力，但市场容量过大，企业过小，从而无法满足该市场需求，则应该对该市场进一步细分。

7.(1)用户价值。核心能力必须能够使企业创造顾客可以识别的和看重的，而且在顾客价值创造中处于关键地位的价值。(2)独特性。与竞争对手相比，核心能力必须是企业所独具的，如果不是独具的，其必须是比任何竞争对手胜出一筹的能力。(3)延展性。核心能力必须是企业向新市场延展的基础，企业可以通过核心能力的延展而创造出丰富多彩的产品。

8.(1)层次性;(2)网络性;(3)多样性;(4)可考核性;(5)可接受性;(6)富有挑战性;(7)伴随信息反馈性。

9. 目标网络的内涵表现为以下四点:(1)目标和计划很少是线性的，即并非当一个目标实现后接着去实现另一个目标，如此等等。目标和规划形成一个互相联系着的网络。(2)主管人员必须确保目标网络中的每个组成部分要相互协调。不仅执行各种规划要协调，而且完成这些规划在时间上也要协调。(3)组织中的各个部门在制定自己部门的目标时，必须要与其他部门相协调。有人研究得出结论，一家公司的一个部门似乎很容易制定完全适合于它的目标，但这个目标却在经营上与另一个部门的目标相矛盾。(4)组织制定各种目标时，必须要与许多约束因素相协调。

10. 网络图是网络计划技术的基础。任何一项任务都可分解成许多步骤的工作，根据这些工作在时间上的衔接关系，用箭线表示它们的先后顺序，画出一个由各项工作相互联系、并注明所需时间的箭线图，这个箭线图就称作网络图。它包括工序、事项和路线。

11. 战略环境分析使得企业认识自己所面临的机遇和威胁，了解自身的实力与不足，以及能为何种顾客进行服务。战略选择的实质是企业选择恰当的战略，从而扬长避短，趋利避害和满足顾客。

五、问答题

1. **答案要点**:(1)现有企业间的竞争研究，包括影响竞争状态的因素;(2)入侵者研究，包括影响行业进入障碍的因素分析;(3)替代品生产商研究，包括：判断哪些产品是替代品，判断哪些替代品可能对本企业经营构成威胁;(4)买方的讨价还价能力研究，研究影响买方讨价还价能力的因素;(5)供应商的讨价还价能力研究，及其影响因素研究。

2. **答案要点**:(1)基本战略姿态：企业基本战略揭示企业如何为顾客创造价值。一种基本战略姿态可以有多种实现形式，比如，多元化和一体化战略都可以是成本领先或特色优势战略姿态。

同样，一种战略形式可以为多种基本姿态服务，比如，多元化战略既可以实现成本领先的战略姿态，又可以实现特色优势的战略姿态。

（2）企业核心能力与成长战略：企业成长的基础是核心能力。一种方式是核心能力通过一体化、多角化和加强型战略等战略形式在企业内扩张，另一种方式是核心能力通过出售核心产品、非核心能力的虚拟运作和战略联盟等战略形式在企业间扩张。

（3）防御性战略：在企业成长的道路上，经常采取一些防御性战略。以退为进，以迂为直，以使企业更加健康地成长。常采用的防御性战略有收缩、剥离和清算等方式。

3. **答案要点**：（1）基本思想：① 企业的任务必须转化为目标，企业管理人员必须通过这些目标对下级进行领导并以此来保证企业总目标的实现。凡是在工作成就和成果直接地、严重地影响企业的生存和繁荣的每个部门中，目标都是必需的，并且期望于经理取得的成就必须是从企业的目标中引申出来的，他的成果必须用他对企业的成就有多大的贡献来衡量。② 目标管理是一种程序，是一个组织中的上下各级管理人员会同到一起来制定共同的目标，确定彼此的成果责任，并以此项责任来作为指导业务和衡量各自贡献的准则。一个管理人员的职务应该以达到公司目标所要完成的工作为依据；如果没有方向一致的分目标来指导每个人的工作，则企业的规模越大、人员越多时，发生冲突和浪费的可能性就越大。③ 每个企业管理人员或工人的分目标就是企业总目标对他的要求，同时也是这个企业管理人员或工人对企业总目标的贡献。只有每个人的分目标都完成了，企业的总目标才有完成的希望。④ 管理人员和工人是靠目标来管理，以所要达到的目标为依据，进行自我指挥、自我控制，而不是由他的上级来指挥和控制。⑤ 企业管理人员对下级进行考核和奖惩也是依据这些分目标。

（2）过程：① 制定目标；② 明确组织的作用；③ 执行目标；④ 评价成果；⑤ 实行奖惩；⑥ 制定新目标并开始新的目标管理循环。

4. **答案要点**：这种方法根据计划的执行情况和环境变化情况定期修订未来的计划，并逐期向前推移，使短期计划、中期计划有机地结合起来。具体做法是，使用近细远粗的办法制定计划。在计划期的第一阶段结束时，要根据该阶段计划的实际执行情况和外部与内部有关因素的变化情况，对原计划进行修订，并根据同样的原则逐期滚动。每次修订都使整个计划向前滚动一个阶段。

评价：滚动计划方法虽然使得计划编制和实施工作的任务量加大，但在计算机普遍应用的今天，其优点十分明显。首先，其最突出的优点是计划更加切合实际，并且使战略性计划的实施也更加切合实际。由于人们无法对未来的环境变化做出准确的估计和判断，所以计划针对的时期越长，不准确性就越大，其实施难度也越大。滚动计划相对来说缩短了计划时期，加大了计划的准确和可操作性，从而是战略性计划实施的有效方法。其次，滚动计划方法使长期计划、中期计划与短期计划相互衔接，短期计划内部各阶段相互衔接。这就保证了即使由于环境变化出现某些不平衡时也能及时地进行调节，使各期计划基本保持一致。最后，滚动计划方法大大加强了计划的弹性，这对环境剧烈变化的时代尤为重要，它可以提高组织的应变能力。

5. **答案要点**：网络计划技术的原理，是把一项工作或项目分成各种作业，然后根据作业顺序进行排列，通过网络图对整个工作或项目进行统筹规划和控制，以便用最少的人力、物力、财力资源，用最快的速度完成工作。

优点：（1）该技术能清晰地表明整个工程的各个项目的时间顺序和相互关系，并指出了完成任务的关键环节和路线。因此，管理者在制定计划时可以统筹安排，全面考虑，又不失重点。在实施过程中，管理者可以进行重点管理。

（2）可对工程的时间进度与资源利用实施优化。在计划实施过程中，管理者调动非关键路线上的人力、物力和财力从事关键作业，进行综合平衡。这既可节省资源又能加快工程进度。

（3）可事先评价达到目标的可能性。该技术指出了计划实施过程中可能发生的困难点以及这些困难点对整个任务产生的影响，准备好应急措施，从而减少完不成任务的风险。

（4）便于组织与控制。管理者可以将工程，特别是复杂的大项目，分成许多支持系统来分别组织实施与控制，这种既化整为零又聚零为整的管理方法，可以达到局部和整体的协调一致。

（5）易于操作，并具有广泛的应用范围，适用于各行各业以及各种任务。

第八章
组织设计

习题

一、填充题

1. 组织设计涉及两方面的内容，在________的基础上进行________和________。

2. 组织设计就是对组织的结构和活动进行________、________和________。

3. 随着外部环境条件的日趋复杂，必须以________、________的观点来理解和重新设计新的组织。

4. 组织设计的任务是设计清晰的________，规划和设计组织中各部门的________，确定组织中________、________、________的活动范围并编制________。

5. 组织结构可以用________、________和________三种特性来描述。

6. 组织纵向结构设计的结果是________，横向结构设计的结果是________。

7. 组织设计的原则有________、________、________、________和________。

8. ________是组织设计的基本原则。

9. 部门设计根据的是________标准，层级设计则是根据________的原则。

10. 组织的结构应保持一定的________以减少组织变革所造成的冲击和震荡。

11. 影响组织设计的主要因素有以下五个：________、________、________、________和________。

12. 组织面临的环境包括________、________。

13. 外部环境较为稳定时，组织结构设计可以采用________的层级结构形式。

14. 在环境较为不确定时，内部组织比较松散，组织结构设计可以采用柔性灵活的________形式。

15. 伍德沃德等根据制造业技术复杂程度把技术分为________、________和________。

16. 技术受到两个方面的影响，即工作的________与________。

17. 奎因和卡梅隆把组织的生命周期划为四个阶段：________、________、________和________。

18. 劳动分工要求组织活动保持高度的协调一致性，协调的有效方法是________。

19. 在品种单一、规模较小的企业，按________进行组织分工是理想的部门化划分形式。

20. 当组织面临较高的环境不确定性，组织目标需要反映技术和产品双重要求时，________应该是一种理想的组织形式。

21. 动态网络型结构是以________为中心的，动态网络型组织有时也被称为________。

22. 有效的________是决定组织中层级数目的最基本因素。

23. 管理幅度是指________。

24. 由于组织任务存在递减性，从最高的直接主管到最低的基层具体工作人员之间就形成了一定的层次，这种层次便被称为________。

25. 组织层级与管理幅度的互动关系决定了两种基本的组织结构形态：一种是________的组织结构形态；另一种是________的组织结构形态。

26. 职权跟组织层级化设计中的________紧密相关，跟________无关。

27. 管理层次受到________和________的影响。它与组织规模成________比，在组织规模已定的条件下，它与管理幅度成________比。

28. 组织层级化设计的核心任务是________。

29. 组织部门化的基本原则是________、________、________。

30. 组织部门化的基本形式有________、________、________、________和________。

31. 组织中的职权分为________、________和________。

32. 职权是组织内部授予的指导下属活动及其行为的________。

33. ________和________是组织层级化设计中的两种相反的权力分配方式。

34. 授权的一般过程：________、________和________。

35. 授权的原则有________、________、________和________。

36. 组织设计的实质是对管理人员的管理劳动进行________和________分工。

37. 管理中的组织职能就是在________的基础上，设计出组织所需的________及其之间的关系。

38. 矩阵组织是由纵横两套系统交叉形成的复合结构组织。纵向的是________；横向的是为了完成某项专门任务而组成的________。

二、选择题

1. 下列属于常规型技术的是________。
   A. 战略计划的制定　　B. 会计做账技术
   C. 服装业的设计技术　　D. 汽车装配部门的装配技术

2. 下列属于工程型技术的是________。
   A. 战略计划的制定　　B. 会计做账技术
   C. 服装业的设计技术　　D. 汽车装配部门的装配技术

3. 下列不属于工艺型技术的是________。

A. 工程设计技术　　B. 烹饪师的烹调技术

C. 服装业的设计技术

4. 下列属于非常规型技术的是________。

A. 服装业的设计技术　　B. 银行出纳部门的出纳技术

C. 战略计划的制定

5. ________是按照工作的过程标准来划分的。

A. 职能部门化　　B. 产品部门化

C. 地域部门化

6. ________是按照工作的结果标准来划分的。

A. 职能部门化　　B. 流程部门化

C. 顾客部门化

7. 以下说法不正确的是________。

A. 职权跟组织层级化设计中的职位紧密相关

B. 职权跟个人特质紧密相关

C. 职权是指组织内部授予的指导下属活动及其行为的决定权

8. 由直线管理者向自己辖属以外的个人或职能部门授权，允许他们按照一定的程序和制度，在一定的职能范围内行使的某种职权，是________。

A. 职能职权　　B. 直线职权

C. 参谋职权

9. 影响有效管理幅度的因素不包括________。

A. 管理者和被管理者的工作内容

B. 管理者和被管理者的工作能力

C. 管理者和被管理者的工作报酬

10. 下列因素中有助于管理幅度扩大的因素是________。

A. 主管所处的管理层次较高

B. 计划制定得详尽周到

C. 下属的工作地点在地理上比较分散

11. 规模的扩大对组织结构的影响不包括________。

A. 分权化　　B. 集权化

C. 规范化　　D. 复杂性提高

12. 下列因素中对分权没有促进作用的是________。

A. 组织的规模　　B. 政策的统一性

C. 培训管理人员的需要　　D. 活动的分散性

13. 下列________不是扁平结构的组织所具有的优点。

A. 信息传递速度快

B. 每位主管能够对下属进行详尽的指导

C. 有利于下属发挥积极性和创造性

D. 信息失真的可能性小

14. 矩阵式组织的主要缺点是________。

A. 分权不充分　　B. 多头领导
C. 对项目经理要求高　　D. 组织稳定性差

15. 一家产品单一的跨国公司在世界许多地区拥有客户和分支机构，该公司的组织结构应考虑按________因素来划分部门。

A. 职能　　B. 产品
C. 地区　　D. 矩阵结构

16. 企业中管理干部的管理幅度，是指他________。

A. 直接管理的下属数量　　B. 所管理的部门数量
C. 所管理的全部下属数量　　D. B 和 C

17. 某总经理把产品销售的责任委派给一位市场经营的副总经理，由其负责所有地区的经销办事处，但同时总经理又要求各地区经销办事处的经理们直接向总会计师汇报每天的销售数字，而总会计师也可以直接向各经销办事处经理们下指令。总经理的这种做法违反了________原则。

A. 权责对等　　B. 命令统一
C. 集权化　　D. 职务提高、职能分散

18. 在下述________情况下，管理幅度可以适当加大。

A. 所处管理层次较高的主管人员
B. 工作环境不稳定
C. 计划完善
D. 不同下属工作岗位的分布比较分散

19. 组织设计的任务是________。

A. 研究与开发　　B. 提供组织结构系统图
C. 分析财务构成　　D. 编制职务说明书

20. 在各组织中，管理层次要受到________的影响。

A. 组织成员　　B. 组织规模
C. 管理幅度　　D. 组织层次

21. 管理层次与管理幅度的反比关系决定了两种基本的________管理组织结构形态。

A. 梯形　　B. 方形
C. 扁平　　D. 锥形

22. 组织的设计必须考虑到人的因素，即________。

A. 有利于人的能力的提高　　B. 有利于人的发展
C. 有利于个性的发挥　　D. 有利于个人潜能的发挥

23. 过分集权的弊端包括________。

A. 降低决策的质量　　B. 降低决策的频率
C. 降低组织的适应能力　　D. 降低组织成员的热情

三、是非判断题

1. 组织是两个以上的人在一起为实现某个共同目标而协同行动的集合体。　　(　　)

2. 组织设计涉及两个方面的工作内容：在职务设计的基础上进行横向的管理部门设计和纵向的管理层级设计。 ( )

3. 组织结构具有复杂性、规范性、集权性。 ( )

4. 层级设计是根据相关性或相似性的标准对不同部门的管理人员的管理劳动进行横向分工。 ( )

5. 部门设计则是根据相对集权或相对分权的原则把与资源配置方向或方式选择相关的权力在不同层级的管理机构或岗位间进行纵向的安排。 ( )

6. 在数量扩大阶段的组织结构最为简单。 ( )

7. 防御者战略型组织必须依靠建构更为柔性、分权化的组织结构，使各类人才和各个部门都有充分的决策自主权，最终能够对市场的最新需求做出灵活的反应。 ( )

8. 为了保证组织目标的实现，必须将组织活动落实到每一个具体的部门和岗位上去，确保“事事有人做”。 ( )

9. 组织中的每一项活动终归要由人去完成，组织部门设计就必须考虑人员的配置情况，使得“人尽其能”“人尽其用”。 ( )

10. 产品部门化就是按照基本活动相似或技能相似的要求，分类设立专门的管理部门，如生产、财务、营销、人事、研发等部门。 ( )

11. 产品部门化能够突出业务活动的重点，确保高层主管的权威性并使之能有效地管理组织的基本活动；符合活动专业化的分工要求，能够充分有效地发挥员工的才能，调动员工学习的积极性。 ( )

12. 职能部门化有助于区分企业各类产品的贡献。 ( )

13. 组织层级，是指组织中上级主管能够直接有效地指挥和领导下属的数量。 ( )

14. 组织层级受到组织规模和组织幅度的影响，它与组织规模呈正比，在组织规模已确定的条件下，组织层级与组织幅度呈反比。 ( )

15. 锥形组织结构传递信息的速度快且准确。 ( )

16. 管理幅度设计需要考虑的因素有：工作能力，工作的内容和性质，工作条件以及工作环境。 ( )

17. 职权是指组织内部授予的指导下属活动及其行为的决定权，这些决定一旦下达，下属必须服从。职权跟组织层级化设计中的职位紧密相关，跟个人特质也有关。 ( )

18. 职权分为三种形式：直线职权、参谋职权和职能职权。 ( )

19. 组织中存在绝对的集权或绝对的分权。 ( )

20. 较低的管理层次所做的决策审核越少，分权程度就越小。 ( )

21. 如果组织内部各个方面的政策是统一的，集权最容易达到管理目标的一致性。 ( )

22. 授权就是分权。 ( )

23. 组织有时可以越级授权。 ( )

24. 地域部门化的主要缺点是：企业所需的能够派赴各个区域的地区主管比较稀缺，且比较难控制；另外，各地区可能会因存在职能机构设置重叠而导致管理成本过高。 ( )

25. 顾客部门化就是根据目标顾客的不同利益需求来划分组织的业务活动。 ( )

26. 流程部门化有利于培养“多面手”管理人才。 ( )

27. 矩阵型结构打破了统一指挥的传统原则，它有多重指挥线，因此，是一种不宜采纳的组织结构。 ( )

28. 组织设计的实质是对管理人员的管理劳动进行横向和纵向的分工。 ( )

29. 管理劳动分工的必要性缘于管理者有效管理幅度是有限的。 ( )

30. 管理幅度决定了组织中的管理层次，从而决定了组织结构的基本形态。 ( )

31. 个体劳动者和手工作坊也存在组织结构问题。 ( )

32. 组织结构的必要性和重要性随着组织活动内容的复杂和参与活动的人员数量的增加而不断降低。 ( )

33. 主管委托一定数量的人分担其管理工作，委托的结果是减少了他必须直接从事的业务工作量，因此，主管可以委托无数人为其分担工作，委托的人越多，主管越轻松。( )

34. 在扁平化组织结构中，主管不能对每位下属进行充分、有效的指导和监督。( )

35. 在锥形组织结构中，可能使各层主管感到自己在组织中的地位相对渺小，从而影响积极性的发挥。 ( )

36. 存在放之四海而皆准的有效管理幅度。 ( )

37. 高层管理者的管理幅度比中低层管理者的管理幅度大。 ( )

38. 下属从事的工作内容和性质越相似，主管管理的人越少。 ( )

39. 计划越明确完善，管理幅度越大。 ( )

40. 环境越不稳定，管理幅度越大。 ( )

41. 组织设计的任务是提供组织结构系统图和编制职务说明书。 ( )

42. 组织设计往往并不是为全新的、迄今为止还不存在的组织设计职务和机构。( )

43. 任何组织，首先是人的集合，而不是事和物的集合。 ( )

44. 组织的任务环境主要是指对组织实现其目标的能力具有直接影响的部门。( )

45. 一般环境指那些对企业的日常经营没有直接影响，但对企业和企业的任务环境产生影响的经济、技术、政治、法律、社会、文化和自然资源等要素。 ( )

四、简答题

1. 组织设计的目的是什么？
2. 用哪些指标可以描述组织结构？
3. 大型组织与小型组织在组织结构上的区别主要体现在哪几个方面？
4. 组织生命周期各个阶段中的特点是什么？
5. 组织部门化的基本原则是什么？
6. 什么是职能部门化？其优缺点是什么？
7. 简述矩阵型结构的优缺点。
8. 什么是组织的层级化？
9. 试比较扁平式组织结构与锥形式组织结构的优缺点。
10. 管理中的职权来源于哪几个方面？
11. 法兰西和雷温把权力分成哪几种类型？
12. 何为授权？它与分权有何不同？

13. 要想使授权具有充分而理想的效果，组织必须提供哪些要素条件？
14. 有效的授权必须掌握哪些原则？

五、问答题

1. 组织设计要遵循哪些原则？
2. 组织设计的影响因素有哪些？
3. 组织设计者应如何提高组织对环境的应变性？
4. 梅尔斯和斯诺是如何总结四种战略类型以及相关的组织结构类型的？
5. 有效的管理幅度受到哪些因素的影响？
6. 在组织层级化设计中，影响组织分权程度的主要因素有哪些？

参考答案

一、填充题

1. 职务设计，横向的管理部门设计，纵向的管理层级设计
2. 创构，变革，再设计
3. 系统，动态权变式
4. 组织结构，职能和职权，职能职权，参谋职权，直线职权，职务说明书
5. 复杂性，规范性，集权性
6. 决策的层级化，组织的部门化
7. 专业化分工的原则，统一指挥原则，控制幅度原则，权责对等原则，柔性经济原则
8. 专业化分工
9. 相关性或相似性，相对集权或相对分权
10. 柔性
11. 环境，战略，技术，规模，生命周期
12. 一般环境，特定环境
13. 机械式
14. 有机结构
15. 单件小批量生产技术，大批量生产技术，流程生产技术
16. 多变性，可分析性
17. 创业阶段，集合阶段，规范化阶段，精细阶段
18. 组织的部门化
19. 职能
20. 矩阵型结构

21. 项目，虚拟组织
22. 管理幅度
23. 组织中上级主管能够直接有效地指挥和领导下属的数量
24. 组织层级
25. 扁平式，锥形式
26. 职位，个人特质
27. 组织规模，管理幅度，正，反
28. 确定完成任务需要设定的层级数目
29. 因事设职和因人设职相结合，分工与协作相结合，精简高效
30. 职能部门化，产品部门化，地域部门化，顾客部门化，流程部门化
31. 职能职权，参谋职权，直线职权
32. 决定权
33. 集权，分权
34. 授权诊断，授权实施，授权反馈
35. 重要性原则，适度原则，权责一致原则，级差授权原则
36. 横向，纵向
37. 管理劳动分工，管理职务
38. 职能系统，项目系统

二、选择题

1. D 2. B 3. A 4. C 5. A 6. C 7. B 8. A 9. C 10. B 11. B 12. B 13. B 14. B 15. C 16. A 17. B 18. C 19. BD 20. BC 21. CD 22. AB 23. ACD

三、是非判断题

1. 是 2. 是 3. 是 4. 否 5. 否 6. 是 7. 否 8. 是 9. 否 10. 否 11. 否 12. 否 13. 否 14. 是 15. 否 16. 是 17. 否 18. 是 19. 否 20. 否 21. 否 22. 否 23. 否 24. 是 25. 是 26. 否 27. 否 28. 是 29. 是 30. 是 31. 否 32. 否 33. 否 34. 是 35. 是 36. 否 37. 否 38. 否 39. 是 40. 否 41. 是 42. 是 43. 是 44. 是 45. 是

四、简答题

1. 组织设计的目的就是要通过创构柔性灵活的组织，动态地反映外在环境变化的要求，并且能够在组织演化成长的过程中，有效积聚新的组织资源，同时协调好组织中部门与部门之间、人员与任务之间的关系，使员工明确自己在组织中应有的权力和应担负的责任，有效地保证组织活动的开展，最终保证组织目标的实现。

2. 组织结构可以用复杂性、规范性和集权性三种特性来描述。

复杂性是指每一个组织内部的专业化分工程度、组织层级、管理幅度以及人员之间、部门之间关系所存在着的巨大差别性。分工越细、组织层级越多、管理幅度越大，组织的复杂性就越高；组织的人员部门越多、分布越散，人员与事物之间的协调也就越难。

规范性是指组织需要靠制定规章制度以及程序化、标准化的工作，规范性地引导员工的行为。规范的内容既包括了以文字形式表述的规章制度、工作程序、各项指令，也包括了以非文字形式表达的组织文化、管理伦理以及行为准则等。组织中的规章条例越多，组织结构也就越正式化。

集权性是指组织在决策时正式权力在管理层级中分布与集中的程度。当组织的权力高度集中在上层，问题要由下至上反映，并最终要由最高层决策时，组织的集权化程度就较高；反之，一些组织授予下层人员更多决策权力时，组织的集权化程度较低，这种授权方式被称为分权。

3.（1）规范化程度。大型组织可以通过制定和实施严格的规章制度，并按照一定的工作程序来控制和实现标准化作业，员工和部门的业绩也容易考核，因而组织的规范化程度也比较高；相反，小型组织可以凭借管理者的能力来对组织进行控制，组织显得比较松散而富有活力，因而规范化程度也比较低。

（2）集权化程度。在大型官僚或层级组织中，决策往往是由那些具有完全控制权的高层主管做出的，因而组织的集权化程度也比较高；事实上，为了快速响应日趋复杂的环境变化，组织规模越大就越是需要分权化；而在分权化程度较高的组织中，决策更多的是在较低的层级上做出的，决策速度越快，信息反馈也就越及时。

（3）复杂化程度。大型组织的高度复杂性是显而易见的，由于横向和纵向关系的复杂性，大型组织经常需要建构新的部门来应对由于规模扩大所带来的新问题；同时，随着组织中部门规模的扩大，部门管理者控制力也会不断减弱，部门又会产生新的再细分压力，结果造成部门林立的臃肿格局；另外，随着员工数量的增加，在一定控制幅度条件下，管理的层级数也必然增多，这都会大大增加管理的成本，减低管理的效率。

（4）人员结构比率。“帕金森定律”认为，由于各种原因，受到激励的管理者往往会增加更多的管理者，包括建构自己的帝国大厦以巩固他们的地位。研究表明，在迅速成长的组织中，管理人员的增幅要比其他人员的增幅大得多，在组织衰退过程中，管理人员要比其他人员减幅小得多，这说明，管理人员最先被聘用而最后被解聘。也有研究表明，随着组织规模的扩大，管理人员的比率是下降的而其他人员的比率则是上升的。总体而言，高层管理人员与一般员工之间的结构比率应当是均衡配置的，任何不一致都应当通过积极主动的变革来加以调整。

4.（1）创业阶段。起初，组织是小规模的、非官僚制的和非规范化的。高层管理者制定组织结构框架并控制整个运行系统，组织的精力放在生存和单一产品的生产和服务上。随着组织的成长，组织需要及时调整产品的结构，这就必然会产生调整组织结构和调换更具能力的高层管理者的压力。

（2）集合阶段。这是组织发展的成长期。一般情况下，组织在调换了高层主管之后便会明确新的目标和方向，此时便进入了迅速成长期，员工受到不断激励之后也开始与组织的使命保持一致，尽管某些职能部门已经建立或调整，可能也已开始程序化工作，但组织结构可能仍然欠规范合理。一个突出的矛盾是，高层主管往往居功自傲，迟迟不愿放权，组织面临的任务是如何使基层的管理者更好地开展工作，如何在放权之后协调和控制好各部门的工作。

（3）规范化阶段。组织进入成熟期之后就会出现官僚制特征。组织可能会大量增加人员，并通过建构清晰的层级制和专业化劳动分工进行规范化、程序化工作。组织的主要目标是提高内部的稳定性和扩大市场。组织往往会通过建立独立的研究和开发部门来实现创新，这又使得创新的范围受到了限制。因此，高层管理者不仅要懂得如何通过授权调动各个层级管理者的积极性，还要能够不失控制。

（4）精细阶段。成熟的组织往往显得规模巨大和官僚化，继续演化可能会使组织步入僵化的衰退期。这时，组织管理者可能会尝试跨越部门界限组建团队来提高组织的效率，阻止进一步的官僚化。如果绩效仍不明显，必须考虑更换高层管理者并进行组织重构以重塑组织的形象，否则，组织的发展将会受到很大的限制。

5.（1）因事设职和因人设职相结合的原则；（2）分工与协作相结合的原则；（3）精简高效的部门设计原则。

6. 职能部门化就是按照生产、财务管理、营销、人事、研发等基本活动相似或技能相似的要求，分类设立专门的管理部门。

职能部门化的优点主要是：能够突出业务活动的重点，确保高层主管的权威性并使之能有效地管理组织的基本活动；符合活动专业化的分工要求，能够充分有效地发挥员工的才能，调动员工学习的积极性，并且简化了培训，强化了控制，避免了重叠，最终有利于管理目标的实现。

职能部门化的缺点主要是：由于人、财、物等资源的过分集中，不利于开拓远区市场或按照目标顾客的需求组织分工。同时，这种分法也可能会助长部门主义风气，使得部门之间难以协调配合。部门利益高于企业整体利益的后果可能会影响到组织总目标的实现。另外，由于职权的过分集中，部门主管虽容易得到锻炼，却不利于高级管理人员的全面培养和提高，也不利于“多面手”式的人才成长。

7. 矩阵型结构的优点是：由不同背景、不同技能、不同专业知识所组成的项目人员为某个特定项目共同工作，一方面可以取得专业化分工的好处，另一方面可以跨越各职能部门获取他们所需要的各种支持活动，资源可以在不同产品之间灵活分配；通过加强不同部门之间的配合和信息交流，可以有效地克服职能部门之间相互脱节的弱点，同时易于发挥事业单位机构灵活的特点，增强职能人员直接参与项目管理的积极性，增强矩阵主管和项目人员共同组织项目实施的责任感和工作热情。

矩阵型结构的缺点是：组织中的信息和权力等资源一旦不能共享，项目经理与职能经理之间势必会为争取有限的资源或权力不平衡而发生矛盾，这反而会产生适得其反的后果，协调处理这些矛盾必然要牵扯管理者更多的精力，并付出更多的组织成本。另外，一些项目成员需要接受双重领导，他们要具备较好的人际沟通能力和平衡协调矛盾的技能；成员之间还可能会存在任务分配不明确、权责不统一问题，这同样会影响到组织效率的发挥。如何客观公正地评价其绩效，并在成本、时间、质量方面进行有效的控制将是此类组织机构正常运行的关键。

8. 组织的层级化是指组织在纵向结构设计中需要确定层级数目和有效的管理幅度，

需要根据组织集权化的程度，规定纵向各层级之间的权责关系，最终形成一个能够对内外环境要求做出动态反应的有效组织结构形式。

9. 扁平式组织结构的优点是：由于管理的层级比较少，信息的沟通和传递速度比较快，因而信息的失真度也比较低；同时，上级主管对下属的控制也不会太呆板，这有利于发挥下属人员的积极性和创造性。其缺点是：过大的管理幅度增加了主管对下属的监督和协调控制难度，同时，下属也缺少了更多的提升机会。

锥形式组织结构的优点是：由于管理的层级比较多，管理幅度比较小，每一管理层级上的主管都能对下属进行及时的指导和控制；另外，层级之间的关系也比较紧密，这有利于工作任务的衔接，同时也为下属提供了更多的提升机会。其缺点是：过多的管理层级往往会影响信息的传递速度，因而信息的失真度可能会比较大，这又会增加高层主管与基层之间的沟通和协调成本，增加管理工作的复杂性。

10.（1）在层级组织中居于某一特殊职位所拥有的命令指挥权；（2）由于个人具备某些核心专长或高级技术知识而拥有的技术能力职权；（3）由于个人能够有效地激励、领导和影响他人而拥有的管理能力职权。

11.（1）强制权力是一种通过恐吓、威胁等生理上或安全上的压力控制手段对他人施加的一种权力，如肉体上的制裁、精神上的磨难等。

（2）奖励权力是一种通过报酬、晋升、工作表彰、提供满意的工作环境等奖赏手段对他人施加的一种权力。

（3）合法权力是指一个人在正式层级组织中由于占据某一职位所相应得到的一种权力。这种权力具有命令权和指挥权，要比上述两种权力的影响范围广得多。

（4）专家权力是指通过个人专长、特殊技能或知识获取的一种影响力。随着知识经济的到来，专家权力越来越成为组织中一种有效权力。当组织中的工作变得更加专门化、知识化、复杂化之后，管理部门越来越需要更多职能专家来实现组织目标。

（5）感召权力是指一个人所拥有的独特智谋或个人品质对他人产生的一种独特影响力，它能够使他人产生一种深刻的倾慕和认同心理。拥有这种权力的人往往被称为具有领袖魅力的人，他们的一举一动都可能会对他人产生很大的影响力，特别是对其上级、同事及下级的工作会产生直接的影响。

12. 所谓授权就是组织为了共享内部权力，激励员工努力工作，而把某些权力或职权授予下级。这些权力或职权委派给了下级之后，下级可以在其职权范围内自由决断，灵活处置问题，但同时也负有完成任务并报告上级的责任，上级仍然保留着对下级的指挥与监督权。授权与分权有所不同。孔茨认为，分权是授权的一个基本方面。授权的含义略大于分权，授权是上级把权力授予下级，分权是上级把决策权力分配给下级机构和部门负责人。

13.（1）共享的信息。组织中的信息作为一种资源具有共享性，组织如果能够使员工充分地获取必要的信息资料，就会大大提高员工的积极性和工作的主动性。

（2）知识与技能。组织必须对员工进行及时、有效的培训，以帮助他们获取必需的知识和技能。这种培训能够有效地帮助员工进行自主的决策，提高他们参与组织活动的能力，并为组织的团队合作和组织目标的实现打下扎实的基础。

（3）权力。组织若要充分发挥团队的作用，就必须真正地放权给团队中的各个专家和基层人员，使每个成员都能根据工作过程实际进行适当的安排，这样，各种类型的权力才能够得到充分发挥。

（4）对绩效的奖励。组织应该制定合理的绩效评估和奖励系统，对组织成员的绩效贡献给予奖励。这种奖励系统应该既包括工资和利润提成，也包括一定的股权比例，如职工持股计划（ESOPs）等。

14.（1）重要性原则。组织授权必须建立在相互信任的基础上，所授权限不能是一些无关紧要的部分，要敢于把一些重要的权力或职权放下去，使下级充分认识到上级的信任和管理工作的重要性，把具体任务落到实处。

（2）适度原则。组织授权还必须建立在效率基础上。授权过少往往造成主管工作量过大，授权过多又会造成工作杂乱无序，甚至失控，所以不能无原则放权。

（3）权责一致原则。组织在授权的同时，必须向被托付人明确所授任务的目标、责任及权力范围，权责必须一致，否则，被托付人要么可能会滥用职权导致形式主义，要么会对任务无所适从，造成工作失误。

（4）级差授权原则。组织只能在工作关系紧密的层级上进行级差授权。越层授权可能会造成中间层次在工作上的混乱和被动，伤害他们的负责精神，并导致管理机构的失衡，进而破坏管理的秩序。

五、问答题

1. **答案要点**：（1）专业化分工的原则。管理劳动的专业化分工不仅有助于提高管理者的管理劳动生产率，而且有助于对需要履行不同职能的专职管理人员的培养。从某种意义上来说，企业组织设计，就是对管理人员的管理劳动进行分工：部门设计是根据相关性或相似性的标准对不同部门的管理人员的管理劳动进行横向分工，层级设计则是根据相对集权或相对分权的原则把与资源配置方向或方式选择相关的权力在不同层级的管理机构或岗位间进行纵向的安排。

（2）统一指挥原则。统一指挥原则就是要求每位下属应该有一个并且仅有一个上级，要求在上下级之间形成一条清晰的指挥链。如果下属有多个上级，就会因为上级可能存有彼此不同甚至相互冲突的命令而无所适从。虽然有时在例外场合必须打破统一指挥原则，但是，为了避免多头领导和多头指挥，组织的各项活动应该有明确的区分，并且应该明确上下级的职权、职责以及沟通联系的具体方式。

（3）控制幅度原则。控制幅度原则是指一个上级直接领导与指挥下属的人数应该有一定的控制限度，并且应该是有效的。

（4）权责对等原则。组织中的每个部门和部门中的每个人员都有责任按照工作目标的要求保质保量地完成工作任务，同时，组织也必须委之以自主完成任务所必需的权力。职权与职责要对等。如果有责无权，或者权力范围过于狭小，责任方就有可能会因缺乏主动性、积极性而导致无法履行责任，甚至无法完成任务；如果有权无责，或者权力不明确，权力人就有可能不负责任地滥用权力，甚至助长官僚主义的习气，这势必会影响到整个组织系统的健康运行。

（5）柔性经济原则。所谓组织的柔性，是指组织的各个部门、各个人员都是可以根据组织内外环境的变化而进行灵活调整和变动的。组织的结构应当保持一定的柔性以减小组织变革所造成的冲击和震荡。组织的经济是指组织的管理层次与幅度、人员结构以及部门工作流程必须要设计合理，以达到管理的高效率。组织的柔性与经济是相辅相成的，一个柔性的组织必须符合经济的原则，而一个经济的组织又必须使组织保持柔性。

2. **答案要点**：影响组织设计的主要因素有以下五个：环境、战略、技术、规模和生命周期。

（1）环境：环境包括一般环境和特定环境两部分。一般环境包括对组织管理目标产生间接影响的诸如经济、政治、社会文化以及技术等环境条件，这些条件最终会影响到组织现行的管理实践。特定环境包括对组织管理目标产生直接影响的诸如政府、顾客、竞争对手、供应商等具体环境条件，这些条件对每个组织而言都是不同的，并且会随一般环境条件的变化而变化，两者具有互动性。

（2）战略：战略是指决定和影响组织活动性质及根本方向的总目标，以及实现这一总目标的路径和方法。钱德勒的研究认为，新的组织结构如不因战略而异，就将毫无效果。具体来讲，战略发展有四个不同阶段，每个阶段应有与之相适应的组织结构：数量扩大阶段、地区开拓阶段、纵向联合发展阶段、产品多样化阶段。

（3）技术：任何组织都需要通过技术将投入转换为产出，那么，组织的设计就需要因技术的变化而变化，特别是技术范式的重大转变，往往要求组织结构做出相应的改变和调整。

（4）规模：布劳等人曾对组织规模与组织设计之间的关系做了大量研究，认为组织规模是影响组织结构的最重要的因素，即大规模会提高组织复杂性程度，并连带提高专业化和规范化的程度。

（5）生命周期：组织的演化成长呈现出明显的生命周期特征，因此，组织结构、内部控制系统以及管理目标在各个阶段都可能是不相同的。

3. **答案要点**：（1）对传统的职位和职能部门进行相应的调整；（2）根据外部环境的不确定程度设计不同类型的组织结构；（3）根据组织的差别性、整合性程度设计不同的组织结构；（4）通过加强计划和对环境的预测减少不确定性；（5）通过组织间合作尽量减小组织自身要素资源对环境的过度依赖性。

4. **答案要点**：（1）防御者型。采用这种战略类型的组织一般都是处于比较稳定的环境之中，决策者通过高度的集权和专业化分工以及程序化、标准化作业活动使组织稳固地发展，并据此防御竞争对手。这类组织由于具有严密的层级控制系统和高度的部门分工差异性，组织的目标稳定而富有效率。

（2）探险者型。采用这种战略类型的组织一般都处于动荡变化的环境之中，决策者需要不断地开发新产品，寻找新市场，组织的目标可以灵活地加以调整，这必然要冒更大的市场风险。组织必须依靠建构更为柔性、分权化的组织结构，使各类人才和各个部门都有充分的决策自主权，最终能够对市场的最新需求做出灵活的反应。

（3）分析者型。采用这种战略类型的组织所处的环境也是动荡不定的，但决策者的目标比较灵活，尽可能使风险最小而收益最大。这类组织一方面要稳定现有产品的市场份额，即需要实行规范化、标准化、程序化的作业保证市场供给；另一方面，组织又需要跟踪分析更富有市场竞争力的新产品，及时跟进，这时，需要通过建构柔性灵活、分权化的组织结构，随时对外在环境的变化做出反应。

（4）反应者型。采用这种战略类型的组织一般也是处于动荡变化的环境之中，但限于决策者的市场判断能力、内部管理能力、主动应变能力，组织者很难及时对外在环境变化做出反应，只好采用被动反应的战略以应付环境的不确定性。这种战略很明显是低效率的，组织往往面临强大的变革压力。

5. **答案要点**：（1）工作能力。主管的综合能力、理解能力、表达能力强，则可以迅速地把握问题的关键，就下属的请示提出适当的指导建议，并使下属明确地理解，从而可以缩短与每一位下属在接触中占用的时间。同样，如果下属具备所需要的能力，受过良好的系统培训，则可以在很多问题上根据自己符合组织要求的主见去解决，从而可以减少向上司请示的频率。这样，管理的幅度便可以适当宽些。

（2）工作内容和性质。这又可以从主管所处的管理层次、下属工作的相似性、计划的完善程度及非管理事务多少这几个方面来分析。主管人员的管理幅度要较中层和基层管理人员小。下属从事的工作内容和性质相近，则管理幅度可以大一些。如果计划不完善，也会减少有效管理幅度。非管理事务对管理幅度也会产生消极的影响。

（3）工作条件。可以从助手的配备情况、信息手段的配备情况、工作地点的相近性来分析。

（4）工作环境。组织环境稳定与否会影响组织活动内容和政策的调整频度与幅度。环境越不稳定，各层主管人员的管理幅度越受到限制。

6. **答案要点**：（1）组织规模的大小。组织规模增大，管理的层级和部门数量就会增多，信息的传递速度和准确性就会减低。因此，当组织规模扩大之后，组织需要及时分权，以减缓决策层的工作压力，使其能够集中精力于最重要的事务。

（2）政策的统一性。如果组织内部各个方面的政策是统一的，集权最容易达到管理目标的一致性。然而，一个组织所面临的环境是复杂多变的，为了灵活应对这种局面，组织往往会在不同的阶段、不同的场合采取不同的政策，这虽然会破坏组织政策的统一性，却可能有利于激发下属的工作热情和创新精神。

（3）员工的数量和基本素质。如果员工的数量和基本素质能够保证组织任务的完成，组织可以更多地分权；组织如果缺乏足够的受过良好训练的管理人员，其基本素质不能符合分权式管理的基本要求，分权将会受到很大的限制。

（4）组织的可控性。组织中各个部门的工作性质大多不同，有些关键的职能部门，如财务会计等部门往往需要相对地集权，而有些业务部门，如研发、市场营销等部门，或者是区域性部门却需要相对地分权。组织需要考虑的是围绕任务目标的实现，如何对分散的各类活动进行有效的控制。

（5）组织所处的成长阶段。在组织成长的初始阶段，为了有效管理和控制组织的运行，组织往往采取集权的管理方式；随着组织的成长，管理的复杂性逐渐增强，组织分权的压力也就比较大，管理者对权力的偏好就会减弱。

第九章

人力资源管理

习题

一、填充题

1. ________是人力资源管理程序中的第一步。

2. 依据招聘的内外环境不同，组织大致可以通过________和________两种方式来选择和填补员工的空缺。

3. 测试和评估候选人分析问题和解决问题的能力，可借助________或称________的方法。

4. 选聘工作的基础是________。

5. 选聘工作的有效性要求被选用的凭证具有________、________和________。

6. ________和________是两种典型的绩效模拟测验，前者适用于________，后者适用于________。

7. 依据所在职位的不同，员工培训可以分为________、________和________三种形式。

8. ________和________是两种最常见的在职培训。

9. 实际工作报酬必须与员工的________相结合，这是组织分配制度的一条基本原则。

10. 现代绩效评估更多采用________。

11. 员工培训的目标有________、________、________和________。

12. 高层次管理人才的选拔应首先考虑________招聘方式。

13. 员工选聘时所选用的凭证有________、________、________、________、________和________等。

14. 应聘者一旦决定被录用之后，组织中的人事部门应该对他将要从事的工作和组织的情况给予必要的介绍和引导，西方国家称之为________。

15. 人力资源的需求量主要是根据组织中________和________来确定的。

16. 人力资源计划的整个过程可以分为________、________、________、________、

________和________六个步骤。

17. 人力资源计划中最为关键的一项任务是________。

18. 在成长后期与成熟期的企业，________的招聘方式可能更为恰当。

19. ________的设计思想是先设计出一种小型的工作样本，然后让应聘者实际去做，看其是否具备必需的才能。

20. 最常见的离职培训方式包括________、________，以及________等。

21. 书面测试包括________、________和________等。

22. 对管理人员的培训方法有________、________和________。

23. 绩效评估能起到________、________、________、________和________的作用。

24. 选择招聘方式时应注意________、________、________和________方面的影响因素。

25. 解聘的方式有________、________、________、________、________和________。

二、选择题

1. 工作说明书的内容中不包括________。
   A. 员工应做哪些工作
   B. 工作环境以及工作条件
   C. 某种特定工作最低需要具备哪些知识和技能
2. 下列情况下，宜采用内部提升的是________。
   A. 高层次管理人员的选拔
   B. 外部环境剧烈变化时
   C. 处于成长期的企业
3. 下列________不是外部招聘所具有的优点。
   A. 被聘者具有“外部竞争优势”
   B. 能够为组织输送新鲜血液
   C. 有利于使被聘者迅速开展工作
   D. 有利于平息和缓和内部竞争者之间的紧张关系
4. 下列关于工作轮换的说法不正确的是________。
   A. 工作轮换包括管理工作轮换与非管理工作轮换
   B. 工作轮换能培养员工的协作精神和系统观念
   C. 工作轮换的主要目的是更新知识
   D. 为了有效地实现工作轮换的目的，要对受轮换训练的管理人员提出明确的要求
5. 管理人员选聘时不需要作为主要考虑标准的是________。
   A. 管理的愿望　　B. 勇于创新的精神
   C. 强健的体魄　　D. 较高的决策能力
6. 内部招聘的主要弊端是________。
   A. 可能会引起同事之间的矛盾
   B. 要花很长时间重新了解企业状况

C. 知识水平可能不够高

7. ________是人力资源管理程序中的第一步。

A. 招聘员工　　B. 编制人力资源计划

C. 选用员工

8. 工作规范说明了________。

A. 工作的内容　　B. 工作环境以及工作条件

C. 某种特定工作需要具备的最低的知识和技能

9. 通过________发布用人信息是最常用的招聘方式。

A. 职业介绍机构　　B. 员工或关联人员

C. 广播、报纸、电视等传媒渠道

10. 下列关于内部招聘的说法，不正确的是________。

A. 有利于调动员工的工作积极性　　B. 不利于吸引外部人才

C. 可能会导致组织内部“近亲繁殖”现象的发生

11. ________是常见的在职培训。

A. 影片教学　　B. 教室教学

C. 工作轮换

12. 关于设立助理职务，下列说法不正确的是________。

A. 会加重主要负责人的负担

B. 可以使助理开始接触较高层次的管理事务

C. 可以使助理学习主管处理问题的方法

13. 下列说法不正确的是________。

A. 检验某个管理人员是否具备担任较高职务的条件的一种可行方法，是安排他担任某个临时性的“代理”职务

B. 在较低层次上表现优异、能力突出的管理者一定能胜任较高层次的管理工作

C. “彼得现象”产生的重要原因是提拔管理人员往往依据他们过去的工作成绩和能力

14. 下列关于绩效评估的说法不正确的是________。

A. 绩效评估是组织与员工之间的一种互动关系

B. 绩效评估的结果为确定员工的实际工作报酬提供了决策依据

C. 员工能力的大小与其绩效存在着严格的一一对应的关系

15. 关于绩效评估的方法，下列说法不正确的是________。

A. 传统的绩效评估往往把员工的个人品质作为主要的业绩评判标准

B. 目标管理法把评估的重点放在员工的贡献上

C. 在目标管理法中，管理者是评判人，而员工只是消极的旁观者

16. 从外部招聘的缺点主要是________。

A. 难以在质与量两方面均满足对管理人员的需要

B. 难以深入了解应聘者的情况及实际工作能力

C. 有可能打击未被提升者的积极性

D. 容易造成“近亲繁殖”的现象

17. 面谈的不足之处在于________。

A. 间接反馈　　B. 无法对表达能力做评估

C. 提供的情况有限　　D. 容易受表面现象的影响

18. 内部提升和外部招聘都是非常重要的选拔人才的方式，但是二者各有利弊。你认为在________的情况下应优先采用内部提升的方式。

A. 选拔高层次管理人才　　B. 需要对公司战略进行重大修改

C. 组织有一个持续发展的既定战略　　D. 外部环境变化剧烈

19. 管理者需要就绩效评估做出一连串策略性决定，其包括________。

A. 绩效评估的目标　　B. 确定考评责任者

C. 绩效评估的环境分析　　D. 根据特定考评目的进行正确考评

20. 绩效评估的作用有________。

A. 为决策提供依据

B. 检验企业或员工是否具有强烈的竞争意识

C. 为组织发展提供支持

D. 为员工潜能评估以及相关人事调整提供依据

21. 传统的绩效评估方法有________。

A. 个人自我评价法　　B. 小组评议法

C. 目标管理法　　D. 平行对比评估法

三、是非判断题

1. 编制和实施人力资源计划的目标，就是要通过规划人力资源管理的各项活动，使组织的需求与人力资源的基本状况相匹配，确保组织总目标的实现。（　　）

2. 人力资源的需求量主要是根据组织中职务的数量和类型来确定的。（　　）

3. 培训既是为了适应组织内部变革和发展的要求，也是为了提高员工素质、实现员工个人生涯发展的要求。（　　）

4. 工作规范说明了员工应做哪些工作、如何做以及为什么这样做，反映出工作的内容、工作环境以及工作条件等；工作说明书说明了某种特定工作至少需要具备哪些知识和技能。（　　）

5. 人力资源计划的编制既要保证企业短期自下而上的需要，也要能促进企业的长期发展。（　　）

6. 人力资源计划的编制既要能促进员工现有人力资源价值的实现，又要能为员工的长期发展提供机会。（　　）

7. 人才流动可能给企业带来“输入新鲜血液”的好处，因此其没有破坏性。（　　）

8. 员工招聘是指组织及时寻找、吸引并鼓励符合要求的人到本组织中任职和工作的过程。（　　）

9. 企业进行员工招聘只是为了弥补职位空缺。（　　）

10. 由于招聘后还可以进行解雇，所以员工招聘不合理对组织也没有什么影响。（　　）

11. 通常对管理人员的招聘要求有：管理的意愿、良好的品德、勇于创新的精神、较

高的决策能力。（　　）

12. 人力资源的来源渠道有：广告应聘、员工或者关联人员推荐、职业介绍机构推荐等。（　　）

13. 由于管理人员的重要作用，企业都从内部选拔管理人员，以便开展工作。（　　）

14. 内部招聘是提拔企业内部的人员，因此，有利于平息并缓和内部竞争者之间的紧张关系。（　　）

15. 外部招聘是根据组织制定的标准和程序从组织外部选拔符合空缺职位要求的员工。如果招聘的管理人员能力很强，也会激励内部员工奋发向上。（　　）

16. 外部招聘是根据组织制定的标准和程序从组织外部选拔符合空缺职位要求的员工，若企业倾向于采取外部招聘，会吸引更多优秀的外部人才。（　　）

17. 内部招聘有利于：调动员工的工作积极性；吸引外部人才；保证选聘工作的正确性；被聘者迅速展开工作，内部招聘是一种很完美的招聘管理人员的方式。（　　）

18. 高层次管理人才选拔应内部优先。（　　）

19. 外部环境变化剧烈时，企业宜从内部选聘适合的人才。（　　）

20. 在企业成长后期与成熟期，外部选聘可能更为恰当。（　　）

21. 处于成长期的企业，应该侧重从内部选拔人才。（　　）

22. 企业战略调整时，也应该侧重于从内部提拔管理人员。（　　）

23. 如果人力资源规划过程中存在冗员，组织面临结构性收缩要求或者员工存在违反组织政策的行为时，组织应当裁减一定的员工，这种变动叫作解聘。（　　）

24. 解聘只有开除一种方案。（　　）

25. 进行员工培训的目标就是补充员工的知识。（　　）

26. 对员工进行在职培训是为了使员工通过不断学习掌握新技术和新方法，从而达到新的工作目标要求所进行的不脱产培训。（　　）

27. 工作轮换和实习是两种在职培训方式。（　　）

28. 离岗培训是针对将要离开的员工进行的培训。（　　）

29. 培训管理人员的方法包括：工作轮换、设置助理职务、担任临时职务等。（　　）

30. 管理工作轮换是在提拔某个管理人员担任较高层次的职务以前，让他先在一些较低层次的部门工作，以积累不同部门的管理经验，了解各管理部门在整个公司中的地位、作用及其相互关系。（　　）

31. 彼得现象很容易解决，只需要及时撤换不称职的管理人员即可。（　　）

32. 设置“代理”职务可以减少彼得现象的产生。（　　）

33. 绩效评估是指组织定期对个人或群体小组的工作行为及业绩进行考察、评估和测度的一种正式制度。（　　）

34. 绩效评估是组织与员工之间的一种互动关系。（　　）

35. 绩效评估只是为了确定员工的工作绩效，为发工资做准备。（　　）

四、简答题

1. 人力资源计划的任务包括哪几个部分？

2. 人力资源计划的编制要遵循哪些原则?
3. 根据职位的不同，组织对员工的培训可以分为哪几类?
4. 简述员工培训的目标。
5. 对管理人员的培训可以采用哪些方法?
6. 什么是彼得原理?
7. 简述绩效评估的步骤。
8. 目标管理法与传统的绩效评估方法有什么不同?
9. 编制人力资源计划要经过哪些步骤?
10. 员工招聘要经过哪些程序?

五、问答题

1. 外部招聘的优势和局限性表现在哪些方面?
2. 内部提升的优势和局限性表现在哪些方面?
3. 在人力资源管理中，绩效评估的作用体现在哪几个方面?
4. 彼得原理描述的是什么事实? 如何才能防止彼得现象的产生?
5. 企业在选择招聘方式时应注意哪些因素?

参考答案

一、填充题

1. 编制人力资源计划
2. 外部招聘，内部提升
3. 情景模拟，案例分析
4. 有效性
5. 规范性，客观性，可靠性
6. 工作抽样法，评估中心法，一般工作职位，管理阶层
7. 对新职工的培训，在职培训，离职培训
8. 工作轮换，实习
9. 实际能力和贡献
10. 目标管理法
11. 补充知识，发展能力，转变观念，交流信息
12. 内部提升
13. 招聘表，书面测试，绩效模拟测验，面谈记录，背景调查，体检表
14. 职前引导
15. 职务的数量，类型

16. 编制人力资源计划，招聘员工，选用，职前引导，培训，职业生涯发展
17. 能够招到并留住有才能的员工
18. 内部提升
19. 工作抽样法
20. 教室教学，影片教学，模拟演练
21. 智力测验，性格测验，能力测验
22. 工作轮换，设置助理职务，临时职务
23. 为最佳决策提供依据，为组织发展提供支持，为员工提供一面有益的镜子，为确定员工工作报酬提供依据，为员工潜能评估以及相关人事调整提供依据
24. 选聘人才的层次，企业经营特点，企业所处发展阶段，企业战略以及文化调整的需要
25. 解雇，临时解雇，自然减员，调换岗位，缩短工期，提前退休

二、选择题

1. C　2. A　3. C　4. C　5. C　6. A　7. B　8. C　9. C　10. B　11. C　12. A　13. B　14. C　15. C　16. B　17. D　18. AC　19. ABD　20. ACD　21. ABD

三、是非判断题

1. 是　2. 是　3. 是　4. 否　5. 是　6. 是　7. 否　8. 是　9. 否　10. 否　11. 是　12. 是　13. 否　14. 否　15. 否　16. 否　17. 否　18. 是　19. 否　20. 否　21. 否　22. 否　23. 是　24. 否　25. 否　26. 是　27. 是　28. 否　29. 是　30. 是　31. 否　32. 是　33. 是　34. 是　35. 否

四、简答题

1.（1）系统评价组织中人力资源的需求量;（2）选配合适的人员;（3）制定和实施人员培训计划。

2.（1）既要保证企业短期自下而上的需要，也要能促进企业的长期发展;（2）既要能促进员工现期人力资源价值的实现，又要能为员工的长期发展提供机会。

3.（1）导入培训。应聘者一旦决定被录用，组织中的人事部门应该对他将要从事的工作和组织的情况给予必要的介绍和引导，西方国家称之为职前引导。

（2）在职培训。对员工在职培训是为了使员工通过不断学习掌握新技术和新方法，从而实现新的工作目标，并且要求进行不脱产培训。工作轮换和实习是两种最常见的在职培训。

（3）离职培训。离职培训是指为使员工能够适应新的工作岗位要求而让员工离开工作岗位一段时间，专心致志于一些职外培训。最常见的离职培训方式包括教室教学、影片教学以及模拟演练等。

4.（1）补充新知识，提炼新技能；（2）全面发展能力，提高竞争力；（3）转变观念，提高素质；（4）交流信息，加强协作。

5.（1）工作轮换，包括管理工作轮换与非管理工作轮换；（2）设置助理职务，在一些较高的管理层次设立助理职务，不仅可以减轻主要负责人的负担，使之从繁忙的日常管理中脱出身来，专心致力于重要问题的考虑和处理，而且具有培训待提拔管理人员的好处；（3）临时职务，当组织中某个主管由于出差、生病或度假等原因而使某个职务在一定时期内空缺时（当然组织也可有意识地安排这种空缺），则可考虑让受培训者临时担任这项工作。

6. 彼得原理描述的实际上是这样一种事实：某人被提拔担任管理工作后，任职初期由于缺乏经验，只能表现平平，甚至有点不自在。但随着工作时间的延长，管理经验不断丰富，能力不断提高，从而政绩不断改善。如果说初期他的能力与成绩只能勉强符合职务要求的话，那么现在可能远远超过了职务要求的水平。这时，组织便可能考虑将其提升。提升后可能经历与前阶段类似的过程，即逐渐从“表现平平”到“超越职务需要”，这样便可再度获得晋升的机会。这样一直延续下去，直至有一天，他被晋升到某个高层次的职务以后，能力不能继续提高，政绩不能继续改善，甚至不符合职务的要求，工作表现在职务要求的“水平”以下，即彼得的所谓“爬到了能力所不逮的阶层”。出现这种情况，对个人来说，失去了继续晋升的机会，对组织来说，则会引起效率的下降，甚至滑坡。

7.（1）确定特定的绩效评估目标；（2）确定考评责任者；（3）评价业绩；（4）公布考评结果，交流考评意见；（5）根据考评结论，将绩效评估的结论备案。

8. 在传统的绩效评估方法中，组织往往更多地把员工的个人品质作为主要的业绩评判标准，同时也过多地掺杂了考评者的个人偏好和主观意见。而目标管理法则把评估的重点放在员工的贡献上，通过管理者与员工共同建立目标的方式，实现了双方工作态度的彻底转变。共同的目标使管理者由评判人转化为工作顾问，而员工也由消极的旁观者变为过程的积极参与者，双方将始终保持密切的合作和联系。这样，在绩效评估的每一个阶段，双方都会努力解决存在的问题，并为下一个评价期建立更为积极的目标。

9. 三个具体的步骤：（1）评估现有的人力资源；（2）评估未来所需的人力资源；（3）制定一套相适应的方案计划，以确保未来的人力资源供需的匹配。

10.（1）制定并落实招聘计划；（2）对应聘者进行初选；（3）对初选合格者进行知识与能力的考核；（4）选定录用员工；（5）评价和反馈招聘效果。

五、问答题

1. **答案要点**：（1）外部招聘具有以下的优势：① 具备难得的“外部竞争优势”。所谓“外部竞争优势”是指被聘者没有太多顾虑，可以放手工作，具有“外来和尚会念经”的外来优势。组织内部成员往往只知外聘员工目前的工作能力和实绩，而对其历史、特别是对职业生涯中的负面信息知之甚少。因此，如果他确有工作能力，那么就可能迅速地打开局面。相反，如果从内部提升，部下可能对新上司在成长过程中的失败教训有着非常深刻的印象，这反而会影响后者的权威性和指挥力。② 有利于平息并缓和内部竞争者之间的紧张关系。组织中某些管理职位的空缺可能会引发内部若干竞争者的较量。如果员工发现处在同一层级上、能力相差无几的同事得到提升而自己未果时，就可能产生不满情绪，这种情绪可能会带到工作上，从而影响组织任务的完成，这反而会给组织造成负面的影响。而从外部选聘则可能会使这些竞争者得到某种心理上的平衡，有利于缓和他们之间的紧张关系。③ 能够为组织输送新鲜血液。来自外部的候选人可以为组织带来新的管理方法与经验。他们没有太多的框框程序束缚，工作起来可以放开手脚，从而给组织带来更多的创新机会。此外，由于他们新近加入组织，没有与上级或下属过去的个人恩怨关系，从而在工作中可以很少顾忌复杂的人情网络。

（2）外部招聘也有许多局限性，主要表现在：① 外聘者对组织缺乏深入了解。外聘者一般不熟悉组织内部复杂的情况，同时也缺乏一定的人事基础，很难一下进入工作角色。因此，外聘者需要相当一段时期的磨合才能与组织现有的文化相适应，也才能真正有效地开展工作。② 组织对外聘者缺乏深入了解。在选聘时虽然可以借鉴一定的测试和评估方法，但一个人的能力是很难通过几次短暂的会晤或测试就得到确认的。被聘者的实际工作能力与选聘时的评估能力可能存在很大差距，因此组织可能会聘用到一些不符合要求的员工。这种错误的选聘可能会给组织造成一定的危害。③ 外聘行为对内部员工积极性造成打击。大多数员工都希望在组织中能有不断升迁和发展的机会，都希望能够担任越来越重要的工作。如果组织过于注重从外部招聘管理人员，就会挫伤他们的工作积极性，影响他们的士气。同时，有才华、有发展潜力的外部人才在了解到这种情况后也不敢轻易应聘，因为一旦定位，虽然在组织中已有很高的起点，但今后升迁和发展的路径却很狭小。

2. **答案要点**：（1）内部提升制度具有以下优点：① 有利于调动员工的工作积极性。内部提升制度给每个人带来希望和机会，且会带来示范效应。如果每个组织成员都知道，只要在工作实践中不断学习，努力提高业务能力，就有可能被分配担任更重要的工作，这常常可以鼓舞士气、提高员工的工作热情。因此，内部提升制度还能更好地维持成员对组织的忠诚，鼓励那些有发展潜力的员工更加自觉、积极地工作，以促进组织的发展，同时也为自己创造更多的职务提升机会。② 有利于吸引外部人才。真正有能力和发展潜力的人知道，加入这种组织中，尽管担任管理或技术职务的起点比较低，可能有时还会从头做起，但是凭借自己的知识和能力，可以在较短的时间内熟悉基层的业务，从而能有条件提升到较高的管理或技术层次上。由于内部提升制度也为新来者提供了美好的发展前景，因此外部的人才也会乐意应聘到这样的组织中工作。③ 有利于保证选聘工作的正确性。已经在组织中工作若干时间的候选人，组织对其了解程度必然要高于外聘者。候选人在组织中工作的经历越长，组织越有可能对其工作能力、业绩以及基本素质作全面深入的考察、跟踪和评估，从而保障选聘工作的正确性。④ 有利于被聘者迅速展开工作。被聘者能力的有效发挥取决于他们对组织文化的融合程度以及对组织本身及其运行特点的了解。由内部成长提升上来的被聘者，由于熟悉组织中错综复杂的机构、组织政策和人事关系，了解组织运行的特点，所以可以迅速地适应新的工作，工作起来要比外聘者显得更加得心应手，从而能迅速打开局面。

（2）内部提升制度也可能会带来如下一些弊端：① 可能会导致组织内部“近亲繁殖”现象的发生。从内部提升的人员往往喜欢模仿上级的管理方法。这虽然可使过去的经验和优良作风得到继承，但也有可能使不良作风得以发展，这极不利于组织的管理创新和管理水平的提高。② 可能会引起同事之间的矛盾。在若干个候选人中提升其中一名员工时，虽可能提高员工的士气，但也可能使其他落选者产生不满情绪。这种情绪可能出于嫉妒，也可能出于“欠公平的感觉”，无论哪一种情况都不利于被提拔者展开工作，不利于组织中人员的团结与合作。

3. **答案要点**：（1）绩效评估为最佳决策提供了重要的参考依据；（2）绩效评估为组织发展提供了重要的支持；（3）绩效评估为员工提供了一面有益的“镜子”；（4）绩效评估为确定员工的工作报酬提供依据；（5）绩效评估为员工潜能的评价以及相关人事调整提供了依据。

4. **答案要点**：彼得原理描述的实际上是这样一种事实：某个人被提拔担任管理工作后，任职初期由于缺乏经验，只能表现平平，甚至有点不自在。但随着工作时间的延长，管理经验不断丰富，能力不断提高，从而政绩不断改善。如果说初期他的能力与成绩只能勉强符合职务要求的话，那么现在可能远远超过了职务要求的水平。这时，组织便可能考虑将其提升。提升后可能经历与前阶段类似的过程，即逐渐从“表现平平”到“超越职务需要”，这样便可再度获得晋升的机会。这样一直延续下去，直至有一天，他被晋升到某个高层次的职务以后，能力不能继续提高，政绩不能继续改善，甚至不符合职务的要求，工作表现在职务要求的“水平以下”，即彼得的所谓“爬到了能力所不逮的阶层”。出现这种情况，对个人来说，失去了继续晋升的机会，对组织来说，则会引起效率的下降，甚至滑坡。

防止彼得现象的积极方法应通过分析彼得现象产生的原因去寻找。这种现象能够产生的一种重要的原因是：我们提拔管理人员往往主要依据他们过去的工作成绩和能力。在较低层次上表现优异、能力突出的管理者能否胜任较高层次的管理工作？答案是不肯定的。只有当这些人担任高层次的管理工作的能力得到某种程度的证实后，组织才应考虑晋升的问题。检验某个管理人员是否具备担任较高职务的条件的一种可行的方法，是安排他担任某个临时性的“代理”职务。

通过对代理者的考察，组织可以更好地了解他的独立工作的能力。如果在代理以前，该管理人员表现突出，部门内的人际关系很好，在执行工作中也表现出一定的创新精神，而在代理过程中，遇事不敢做主，甚至惊慌失措，每天向出差、休假的主管打多次电话请示汇报工作，那么将“代理”转为“正式”显然是不恰当的。

由于“代理”只是一个临时性的职务，因此，取消“代理”，使其从事原先的工作，对代理者本人也不会造成任何打击，但这样可以帮助组织避免一次错误的提拔。

5. **答案要点**：（1）所需选聘人才的层次。一般来说，高层次管理人才选拔应内部优先。

（2）企业经营环境的特点。外部环境剧烈变化时，企业宜从外部选聘适合的人才。

（3）企业所处的发展阶段。处于成长期的企业，由于发展速度较快，仅仅依靠内部选拔与培养无法跟上企业的发展。在成长后期与成熟期，通过长期的培养，企业已经积累了一定的优秀人力资源，这时内部选聘可能更为恰当。

（4）企业战略以及与之相关的企业文化调整的需要。企业战略不变，需要原先文化的支持，这时内部晋升可以保证企业文化的传承。

第十章

组织变革与组织文化

习题

一、填充题

1. 哈默和钱皮曾在《公司再造》一书中把“3C”力量即________、________、________看成是影响市场竞争最重要的三种力量，并认为三种力量中尤以________最为重要。

2. 组织变革就是组织根据________的变化，及时对组织中的要素进行________，以适应未来组织发展的要求。

3. 按照变革的程度与速度不同，可以分为________变革和________变革。

4. 按照工作对象不同，可分为以________为重点的变革、以________为重点的变革和以________为重点的变革。

5. 战略性变革是指组织对其长期发展战略或使命所做的变革。如果组织决定进行业务收缩，就必须考虑________；如果组织决定进行战略扩张，就必须考虑________，以及________等问题。

6. 人员的变革是指员工在________、________、________、________和________上的改变。

7. 结构的变革包括________、________、________、________等其他结构参数的变化。

8. 组织变革的阻力来自个人阻力和团队阻力，其中个人阻力包括________的影响和________的影响；团队阻力包括________的影响和________的影响。

9. 组织要想在动荡的环境中生存并得以发展，就必须顺势变革自己的________、________、________、________、________等，只有如此，组织才能有效地把握各种机会，识别并应对各种威胁，使组织更具环境适应性。

10. ________是导致团体内部和团体之间发生冲突的最直接因素，组织变革的主要目标是要________________。

11. 变革中主要的压力因素有________和________。

12. 人员变革的主要任务是组织成员之间在________的重新分配。

13. 组织变革的过程包括________—________—________三个阶段。

14. 变革中________的目的是要能通过对变革驱动力和约束力的平衡，使新的组织状态保持相对的稳定。

15. 组织存在两种能够产生不同结果的冲突，分别是________和________。

16. 组织中只有当目标结果具有________和________时，潜在的压力才会变为真实的压力。

17. 常见的组织冲突来源于________、________、________，以及________等。

18. ________是指组织成员从组织利益角度出发，对组织中存在的不合理之处提出意见等。________是指由于认识上的不一致，组织资源和利益分配方面的矛盾，员工发生相互抵触、争执甚至攻击等行为，从而导致组织效率下降，并最终影响组织的发展。

19. 组织中的管理人员是以直线主管或参谋两类不同身份出现的，直线关系是一种________和________的关系，而参谋关系则应当是一种________和________的关系。

20. 广义的文化是指人类在社会历史实践过程中所创造的________和________的总和。

21. 狭义的文化是指社会的________，以及与之相适应的________、________、________等物化的精神。

22. 文化具有________、________、________、________、________和________的特点。

23. 组织文化是组织在长期的实践活动中所形成的并且为组织成员普遍认可和遵循的具有本组织特色的________、________、________、________和________的总和。

24. 组织文化包括________、________、________，以及________等。

25. 一般认为，组织文化有三个层次结构，即________、________和________三层。

26. 组织文化具有以下几个主要特征：________、________、________、________。

27. 组织精神是指组织经过共同努力奋斗和长期培养所逐步形成的，认识和看待事物的共同________、________和________。

28. ________是一个组织的精神支柱，是组织文化的核心。

29. 组织文化作为一种组织系统具有很多特定的功能。主要功能有________、________、________、________和________。

30. 选择组织价值观要发挥员工的创造精神，认真听取员工的各种意见，并经过________和________的多次反复，审慎地筛选出既符合本组织特点又反映员工心态的组织价值观和组织文化模式。

31. 选择正确的________是塑造组织文化的首要战略问题。

32. 组织通过培养、塑造组织文化，来影响成员的________和________引导实现组织目标。

33. 社会化是指组织通过一定形式不断向员工灌输某种特定的________。

二、选择题

1. 哈默和钱皮在《公司再造》一书中所指的“3C”力量是________。

A. 顾客　　B. 竞争
C. 变革　　D. 文化

2. 组织变革按照________可以分为主动性变革和被动性变革。
A. 工作的对象不同
B. 变革的程度与速度不同
C. 组织所处的经营环境状况不同

3. ________指组织需要根据环境的变化适时对组织的结构进行变革，并重新在组织中进行权力和责任的分配，使组织变得更为柔性灵活、易于合作。
A. 战略性变革　　B. 结构性变革
C. 流程主导性变革　　D. 以人为中心的变革

4. 战略性变革是指________。
A. 组织需要根据环境的变化适时对组织的结构进行的变革
B. 组织对其长期发展战略或使命所做的变革
C. 充分应用现代信息技术对业务流程进行重新构造
D. 组织对员工的培训、教育等引导

5. 组织变革的目标应该是________。
A. 使组织更具环境适应性　　B. 使管理者更具环境适应性
C. 使员工更具环境适应性　　D. 使董事会更具环境适应性

6. 对________的改变包括对作业流程与方法的重新设计、修正和组合，包括更换机器设备，采用新工艺、新技术和新方法等。
A. 人员　　B. 结构
C. 技术与任务

7. 对人员的变革，叙述正确的是________。
A. 指员工在态度、技能、期望、认知和行为上的改变
B. 变革的主要任务是组织成员之间在权力和利益等资源方面的重新分配
C. 必须注重员工的参与
D. 注重改善人际关系并提高实际沟通的质量

8. 组织变革的第一步是________。
A. 通过组织诊断，发现变革征兆　　B. 分析变革因素，制定改革方案
C. 选择正确方案，实施变革计划　　D. 评价变革效果，及时进行反馈

9. 改变员工原有的观念和态度是组织在________的中心任务。
A. 解冻期间　　B. 变革阶段
C. 再冻结阶段

10. 根据冰山理论，下面选项中________不是水面上的冰山。
A. 规章制度　　B. 组织结构
C. 组织行为体系　　D. 生产发展
E. 任务技术

11. 组织变革中，团队的阻力包括________。
A. 利益上的影响　　B. 心理上的影响

C. 组织结构变动的影响　　D. 人际关系调整的影响

12. 属于组织变革中来自于个人因素的压力是________。

A. 员工的工作变动　　B. 组织中的结构变动

C. 家庭法律纠纷

13. 消除组织变革阻力的管理对策有________。

A. 客观分析变革的推力和阻力的强弱

B. 创新组织文化

C. 创新策略方法和手段

D. 加强流程改造

14. ________是集体工作的一种形式，它起到了汇聚各种信息、加强人员交流、协调部门关系等重要作用。

A. 委员会　　B. 团队

C. 组织

15. 关于压力的解释不正确的是________。

A. 并非所有的压力都是不良的

B. 改善组织沟通也会使沟通不畅所产生的压力减至最小

C. 由于个人压力来自个人因素，建构组织文化是没用的

D. 不确定性增大，变革中的压力成本有上升的趋势

16. 下列选项中________不是组织文化的特征。

A. 超个体的独特性　　B. 不稳定性

C. 融合继承性　　D. 发展性

17. 一般认为，组织文化有三个层次结构，其中属于组织文化核心层与显现层的中间层的是________。

A. 精神层　　B. 制度层

C. 物质层

18. 组织文化的三个层次结构中，最直观、人们最易感知的部分是________。

A. 精神层　　B. 制度层

C. 物质层

19. 组织文化是一种软性的理智约束，通过组织的共同价值观不断地向个人价值观渗透和内化，使组织自动生成一套自我调控机制。这句话描述了组织文化的________。

A. 持续功能　　B. 发展功能

C. 导向功能　　D. 适应功能

E. 整合功能

20. 组织文化具有某种程度的强制性和改造性，其效用是帮助组织指导员工的日常活动，使其能快速地适应外部环境因素的变化。这句话描述了组织文化的________。

A. 持续功能　　B. 发展功能

C. 导向功能　　D. 适应功能

E. 整合功能

21. 文化的特性不包括________。

A. 民族性　　B. 多样性

C. 整体性　　D. 绝对性

22. 组织文化具有________。

A. 较强的创新性，打破传统观念和价值体系

B. 独立于环境，始终保持高雅性和纯洁性

C. 在内外条件发生变化时，淘汰旧文化，发展新文化

D. 以不变应万变，始终保持稳定性

23. 下列关于组织文化的说法中不正确的是________。

A. 一般的文化都是在非自觉的状态下形成的，组织文化则可以是在组织努力的情况下形成

B. 文化组织具有自我延续性，不会因为领导层的人事变更而立即消失

C. 仁者见仁，智者见智，组织文化应该使组织成员面对某些伦理问题时产生多角度的认识

D. 组织文化的内容和力量会对组织员工的行为产生影响

24. 关于组织变革，下列________是正确的。

A. 组织冲突是不可避免的

B. 应当反对组织冲突

C. 组织变革中存在压力是不利的

25. 塑造组织文化，应该注意________。

A. 主要考虑社会要求和行业特点，和本组织的具体情况无关

B. 组织领导者的模范行为在组织文化的塑造中起到号召和导向作用

C. 组织文化主要靠自律，所以不需要建立制度

D. 组织文化一旦形成，就无须改变

26. 关于组织精神的表述，不正确的是________。

A. 一般是在组织的发展历程中自发形成的

B. 反映了组织成员对组织的特征、形象、地位等的理解和认同

C. 折射出一个组织的整体素质和精神风格

D. 是组织文化的核心

27. 下列组织冲突中，最典型的三种是________。

A. 正式组织与非正式组织之间的冲突

B. 直线与参谋之间的冲突

C. 委员会内部之间的冲突

D. 个体内部的心理冲突

28. 关于组织冲突的避免，说法不正确的是________。

A. 对于非正式组织来讲，首先要认识到非正式组织存在的必要性和客观性

B. 对于直线与参谋应该首先明确必要的职权关系

C. 对于委员会，应注意委员会人选的理论和实践背景

D. 冲突是组织内部的事，信息反馈会浪费时间

三、是非判断题

1. 组织变革就是组织根据内外环境的变化，及时明确组织活动的内容或重点，并据此对组织中的岗位、机构（岗位的组合）以及结构（机构间的权力配置）进行调整，以适应组织发展的要求。（ ）

2. 任何一个组织，无论过去如何成功，都必须随着环境的变化而不断地调整自我并与之相适应。（ ）

3. 组织变革的根本目的是为了提高组织的效能。（ ）

4. 推动组织变革的因素可以分为外部环境因素和内部环境因素两个部分。（ ）

5. 组织机构的设置必须与组织的阶段性战略目标相一致，组织一旦需要根据环境的变化调整机构，新的组织职能必须得以充分的保障和体现。（ ）

6. 按照组织所处的经营环境状况不同，可以分为主动性变革和被动性变革。（ ）

7. 按照工作的对象不同，可以分为以组织为重点的变革、以人为重点的变革和以技术为重点的变革。（ ）

8. 组织中人的因素最为重要，组织如若不能改变人的观念和态度，组织变革就无从谈起。（ ）

9. 组织要想在动荡的环境中生存并得以发展，就必须顺势变革自己的任务目标、组织结构、决策程序、人员配备、管理制度等。（ ）

10. 技术与任务的改变包括对作业流程与方法的重新设计、修正和组合，包括更换机器设备，采用新工艺、新技术和新方法等。（ ）

11. 组织变革的过程包括解冻—变革两个阶段。（ ）

12. 组织在变革期间的中心任务是改变员工原有的观念和态度，组织必须通过积极的引导，激励员工更新观念、接受改革并参与其中。（ ）

13. 再冻结是变革后的行为强化阶段，其目的是要通过对变革驱动力和约束力的平衡，使新的组织状态保持相对的稳定。（ ）

14. 组织中的结构变动和员工的工作变动是产生压力的主要因素。（ ）

15. 所有的压力都是不良的。（ ）

16. 所谓冲突是指组织内部成员之间、不同部门之间、个人与组织之间由于在工作方式、利益、性格、文化价值观等方面的不一致性所导致的彼此相抵触、争执甚至攻击等行为。（ ）

17. 利益是导致团体内部或团体之间发生冲突的最直接因素。（ ）

18. 冲突是指由于认识上的不一致以及组织资源和利益分配方面的矛盾，员工发生相互抵触、争执甚至攻击等行为。（ ）

19. 非正式组织对正式组织的影响总是不好的。（ ）

20. 组织中的直线关系应当是一种服务和协调的关系，具有思考、筹划和建议的权力。（ ）

21. 组织冲突是组织进步的表现，它会使组织保持一定的活力和创造力。（ ）

22. 组织文化具有相对稳定性，因此，组织文化一旦形成，就不会再改变。（ ）

23. 组织文化包括组织的价值观、组织精神、伦理规范。（　　）

24. 企业文化是由管理者倡导形成的。（　　）

25. 预社会化是指组织通过一定形式不断向员工灌输某种特定的价值观念，比如通过组织培训、宣传和介绍反映特定价值观的英雄人物的事迹，借助正式或非正式渠道传颂体现特定价值观的企业内部的各种“神话”以及企业家在各种场所的言传身教，从而使组织成员逐渐接受这些价值观和行为准则。（　　）

26. 变革的主要任务是组织成员之间在权力和利益等资源方面的重新分配。（　　）

27. 组织变革一次就能完成。（　　）

28. 组织变革的第一步就是要对现有的组织进行全面的诊断。（　　）

29. 完美的变革计划能保证完美的组织变革。（　　）

30. 组织变革面临的个人阻力包括个人利益上的影响以及个人心理上的影响。（　　）

31. 压力是在动态的环境条件下，个人面对种种机遇、规定以及追求的不确定性所造成的一种心理负担。（　　）

32. 一般而言，压力往往与各种规定、对目标的追求相关联。（　　）

33. 组织中的结构变动和员工的工作变动是产生压力的主要因素。（　　）

34. 组织文化具有整合、适应、导向和发展功能。（　　）

35. 组织文化具有某种程度的强制性和改造性，其效用是帮助组织指导员工的日常活动，使其能快速地适应外部环境因素的变化。（　　）

36. 任何一种组织文化都是特定历史的产物，当组织的内外部条件发生变化时，组织必须不失时机地丰富、完善和发展组织文化。（　　）

四、简答题

1. 什么是组织变革？组织变革的目标是什么？
2. 按照组织变革的不同侧重，可以将组织变革分成几种类型？
3. 组织变革程序包括几个步骤，分别是什么？
4. 阻碍组织变革的因素有哪些？
5. 组织变革成功的关键是什么？
6. 消除组织变革阻力的管理对策有哪些？
7. 什么是压力？产生压力的因素有哪些？
8. 什么是组织冲突？
9. 如何促进和保护有益的建设性冲突？
10. 什么是组织的价值观和组织精神？
11. 描述组织文化的塑造过程。
12. 简要叙述组织文化的功能。
13. 如何提炼定格？
14. 什么是预社会化？
15. 常见的组织冲突有哪些？

五、问答题

1. 试分析推动组织变革的因素。
2. 试分析组织变革过程的内容。
3. 为什么组织变革会遇到阻力？管理者可以采用哪些方法来克服变革的阻力？
4. 组织冲突一定都是有害的吗？竞争胜利对组织会造成什么样的影响？
5. 请详细说明存在于正式组织与非正式组织间，直线与参谋间以及委员会内部间的冲突为什么会发生，怎样避免这些冲突？
6. 描述企业文化的形成。
7. 如何选择合适的组织价值观标准。
8. 请讨论：在大学里，你认为哪一种力量是组织变革的主要原因？在医药公司呢？

参考答案

一、填充题

1. 顾客，竞争，变革，变革
2. 内外环境，结构性变革
3. 渐进式，激进式
4. 组织，人，技术
5. 如何剥离非关联业务，购并的对象和方式，组织文化重构
6. 态度，技能，期望，认知，行为
7. 权力关系，协调机制，集权程度，职务与工作再设计
8. 利益，心理，组织结构变动，人际关系调整
9. 任务目标，组织结构，决策程序，人员配备，管理制度
10. 竞争，在效率目标的前提下通过有效的竞争来降低组织的交易成本
11. 组织因素，个人因素
12. 权力和利益等资源方面
13. 解冻，变革，再冻结
14. 再冻结
15. 建设性冲突，破坏性冲突
16. 不确定性，重要性
17. 组织目标的不相容，资源的相对稀缺，层级结构关系的差异，信息沟通上的失真
18. 建设性冲突，破坏性冲突
19. 指挥，命令，服务，协调
20. 物质财富，精神财富

21. 意识形态，礼仪制度，组织机构，行为方式
22. 民族性，多样性，相对性，沉淀性，延续性，整体性
23. 价值观念，团体意识，工作作风，行为规范，思维方式
24. 组织价值观，组织精神，伦理规范，组织素养
25. 潜层次，表层，显现层
26. 超个体的独特性，相对稳定性，融合继承性，发展性
27. 心理趋势，价值取向，主导意识
28. 组织精神
29. 整合功能，适应功能，导向功能，发展功能，持续功能
30. 自上而下，自下而上
31. 组织价值观
32. 工作态度，工作中的行为方式
33. 价值观念

二、选择题

1. ABC　2. C　3. B　4. B　5. ABC　6. C　7. ABCD　8. A　9. A　10. C　11. CD　12. C　13. ABC　14. A　15. C　16. B　17. B　18. C　19. C　20. D　21. D　22. C　23. C　24. A　25. B　26. A　27. ABC　28. D

三、是非判断题

1. 是　2. 是　3. 是　4. 是　5. 是　6. 是　7. 是　8. 是　9. 是　10. 是　11. 否　12. 否　13. 是　14. 是　15. 否　16. 是　17. 否　18. 否　19. 否　20. 否　21. 否　22. 否　23. 是　24. 否　25. 否　26. 是　27. 否　28. 是　29. 否　30. 是　31. 是　32. 是　33. 是　34. 是　35. 是　36. 是

四、简答题

1. 组织变革就是组织根据内外环境的变化，及时对组织中的要素进行结构性变革，以适应未来组织发展的要求。

组织变革应该有其基本的目标，总的来看，应包括以下三个方面：

（1）使组织更具环境适应性。

（2）使管理者更具环境适应性。

（3）使员工更具环境适应性。

2. 按照组织变革的不同侧重，将其分为以下四种类型：

（1）战略性变革，是指组织对其长期发展战略或使命所做的变革。

（2）结构性变革，是指组织需要根据环境的变化适时对组织的结构进行变革，并重新在组织中进行权力和责任的分配，使组织变得更为柔性灵活、易于合作。

（3）流程主导性变革，是指组织紧密围绕其关键目标和核心能力，充分应用现代信息技术对业务流程进行重新构造。

（4）以人为中心的变革，是指组织必须通过对员工的培训、教育等引导，使他们能够在观念、态度和行为方面与组织保持一致。组织中人的因素最为重要，组织如若不能改变人的观念和态度，组织变革就无从谈起。

3.（1）通过组织诊断，发现变革征兆。

（2）分析变革因素，制定改革方案。

（3）选择正确方案，实施变革计划。

（4）评价变革效果，及时进行反馈。

4. 集中表现为来自个人的阻力和来自团体的阻力两种。

个人的阻力包括：（1）利益上的影响；（2）心理上的影响。

团体对变革的阻力包括：（1）组织结构变动的影响；（2）人际关系调整的影响。

5. 变革成功的关键在于尽可能消除阻碍变革的各种因素，缩小反对变革的力量，使变革的阻力尽可能降低，必要时还应该运用行政的力量保证组织变革的顺利进行。

6. 具体的管理对策有：（1）客观分析变革的推力和阻力的强弱；（2）创新组织文化；（3）创新策略方法和手段。

7. 所谓压力是指在动态环境条件下，个人面对种种机遇、规定以及追求的不确定性所造成的一种心理负担。产生压力的因素有：（1）组织因素；（2）个人因素。

8. 所谓组织冲突是指组织内部成员之间、不同部门之间、个人与组织之间由于在工作方式、利益、性格、文化价值观等方面的不一致性所导致的彼此相抵触、争执甚至攻击等行为。

9. 为了促进和保护这种有益的建设性冲突，首先应当创造一种组织气氛，使成员敢于发表不同意见。其次，要保持信息的完整性和畅通性，把组织冲突控制在一定的范围之内，同时要避免和改正组织中压制民主、束缚成员创新的机械式的规章制度，以保持组织旺盛的活力。

10. 组织的价值观就是组织内部管理层和全体员工对该组织的生产、经营、服务等活动以及指导这些活动的一般看法或基本观点。

组织精神是指组织经过共同努力奋斗和长期培养所逐步形成的，认识和看待事物的共同心理趋势、价值取向和主导意识。

11. 组织文化的塑造是个长期的过程，同时也是组织发展过程中的一项艰巨、细致的系统工程。从路径上讲，组织文化的塑造需要经过以下几个过程：

（1）选择合适的组织价值观标准；（2）强化员工的认同感；（3）提炼定格；（4）巩固落实；（5）在发展中不断丰富和完善。

12. 组织文化作为一种组织系统具有很多特定的功能。主要功能有以下几点：（1）整合功能；（2）适应功能；（3）导向功能；（4）发展功能；（5）持续功能。

13.（1）精心分析。在经过群众性的初步认同实践之后，应当将反馈回来的意见加以剖析和评价，详细分析和比较实践结果与规划方案的差距，必要时可吸收有关专家和员工的合理意见。

（2）全面归纳。在系统分析的基础上，进行综合化的整理、归纳、总结和反思，去除那些落后或不适宜的内容与形式，保留积极进步的形式与内容。

（3）提炼定格。把经过科学论证的和实践检验的组织精神、组织价值观、组织伦理与行为，予以条理化、完善化、格式化，再经过必要的理论加工和文字处理，用精练的语言表述出来。

14. 预社会化是企业在招募新员工时不仅提出相应的技能和素质要求，而且注意分析应聘者的行为特征，判断影响应聘者外显行为的内在价值观念与企业文化是否一致，从而保证新聘员工接受组织文化并迅速融入组织特定的文化氛围中。

15. 正式组织与非正式组织间的冲突，直线与参谋之间的冲突，委员会成员之间的冲突。

五、问答题

1. **答案要点**：推动组织变革的因素可以分为外部环境因素和内部环境因素两个部分。

（1）外部环境因素主要有：① 整个宏观社会经济环境的变化；② 科技进步的影响；③ 资源变化的影响；④ 竞争观念的改变。

（2）内部环境因素主要有：① 组织机构适时调整的要求；② 保障信息畅通的要求；③ 克服组织低效率的要求；④ 快速决策的要求；⑤ 提高组织整体管理水平的要求。

2. **答案要点**：组织变革具有互动性和系统性，综合而言，组织变革过程的主要变量因素包括人员、结构、任务和技术。

（1）人员的变革。人员的变革是指员工在态度、技能、期望、认知和行为上的改变。

（2）结构的变革。结构的变革包括权力关系、协调机制、集权程度、职务与工作再设计等其他结构参数的变化。

（3）技术与任务的变革。技术与任务的改变包括对作业流程与方法的重新设计、修正和组合，包括更换机器设备，采用新工艺、新技术和新方法等。

3. **答案要点**：组织变革是一种对现有状况进行改变的努力，任何变革都常常会遇到来自各种变革对象的阻力和反抗。产生这种阻力的原因可能是传统的价值观念和组织惯性，也有一部分来自于对变革不确定后果的担忧，这集中表现为来自个人的阻力和来自团体的阻力两种。

为了减少组织变革的阻力，管理者需要做到以下几点：（1）客观分析变革的推动力和阻力的强弱；（2）创新组织文化；（3）创新策略方法和手段。

4. **答案要点**：组织冲突不一定都是有害的。竞争胜利对组织的影响是：

（1）组织内部更加团结，成员对团体更加忠诚，这有利于加强和保持团体的凝聚力。

（2）组织内部气氛更为轻松，紧张的情绪有所消除，同时也容易失去继续奋斗的意志，容易滋生骄傲和得意忘形的情绪。

（3）强化了组织内部的协作，组织更为关心成员的心理需求，但对于完成工作及任务的关心则有减少的趋势。

（4）组织成员容易感到满足和舒畅，认为竞争胜利证实了自己的长处和对方的弱点，因此，反而不愿对其自身的不足重做估计和弥补，也不想重新反思团体是否还需要根据环境的变化做进一步的改善。

5. **答案要点**：（1）正式组织与非正式组织之间的冲突。主要因为正式组织与非正式组织之间成员是交叉混合的，而且由于人们心理上存在的感性、非理性因素的作用而产生的冲突。

在冲突的避免上，首先要认识到非正式组织存在的必要性和客观性，积极引导非正式组织的积极贡献，使其目标与正式组织目标相一致，同时要建立良好的组织文化，规范非正式组织的行为。

（2）直线与参谋之间的冲突。主要因为组织中的管理人员是以直线主管或参谋两类不同身份出现的，直线关系是一种指挥和命令的关系，具有决策和行动的权力，而参谋关系则应当是一种服务和协调的关系，具有思考、筹划和建议的权力。对于直线与参谋间的冲突解决，应该首先明确必要的职权关系，既要充分认识到参谋的积极作用，也要认识到协作和改善直线工作的重要性；其次，为了确保参谋人员的作用，应当授予他们必要的职能权力，这种权力应当更多的是一种监督权，同时，给予参谋人员必要的工作条件，使其能够及时了解直线部门的活动进展情况，并提出更具有实际价值的建议。

（3）委员会成员之间的冲突。委员会是集体工作的一种形式，每个成员都有发言的权力，而这些成员既代表了不同的利益集团、利益部门，也代表了个人的行为目标。

在资源一定的条件下，成员之间的利益很难取得一致，从而产生冲突。对于委员会冲突的解决，应该选择勇于承担责任的合格的成员加入委员会，并注意委员会人选的理论和实践背景，力争使之成为一个有效的决策机构和专家智囊团，同时，要对委员会的规模提出限制。

6. **答案要点**：企业文化首先是在企业中的主要管理者（或称企业家）的倡导下形成的。同时，只有当企业家倡导的价值观念和行为准则为企业员工广泛认同、普遍接受，并自觉地作为自己行为的选择依据时，企业文化才能在真正意义上形成。

企业家倡导某种价值观念和行为准则体系主要借助两种途径：其一，在日常工作中，不仅言传，而且身教，不仅提出并促使企业员工接受某种价值观念，而且身体力行，自觉表现出与其倡导的价值观和行为准则相应的行为选择，以求通过身边的人对企业组织中其他成员的行为产生潜移默化的影响。其二，借助重大事件的成功处理，促进企业成员对重要价值观和行为准则的认同。

组织成员的接受可以称为“社会化”与“预社会化”。社会化是指组织通过一定形式不断向员工灌输某种特殊的价值观念；预社会化是企业在招募新员工时不仅提出相应的技能和素质要求，而且注意分析应聘者的行为特征，判断影响应聘者外显行为的内在价值观念与企业文化是否一致，从而保证新聘员工接受组织文化、迅速融入组织特定的文化氛围中。

7. **答案要点**：组织价值观是整个组织文化的核心，选择正确的组织价值观是塑造良好组织文化的首要战略问题。选择组织价值观要立足于本组织的具体特点，根据自己的目的、环境要求和组成方式等特点选择适合自身发展的组织文化模式。其次要把握住组织价值观与组织文化各要素之间的相互协调，因为各要素只有经过科学的组合与匹配才能实现系统整体优化。

在此基础上，选择正确的组织价值标准要注意以下四点：

（1）组织价值标准要正确、明晰、科学，具有鲜明特点。

（2）组织价值观和组织文化要体现组织的宗旨、管理战略和发展方向。

（3）要切实调查本组织员工的认可程度和接纳程度，使之与本组织员工的基本素质相和谐，过高或过低的标准都很难奏效。

（4）选择组织价值观要发挥员工的创造精神，认真听取员工的各种意见，并经过自上而下和自下而上的多次反复，审慎地筛选出既符合本组织特点又反映员工心态的组织价值观和组织文化模式。

8. **答案要点：**（略）

第十一章

领导概论

习题

一、填充题

1. 领导的作用包括________、________和________。
2. 领导是指________、________、________和________部下为实现目标而努力的过程。
3. 领导的核心在________。
4. 按照领导者权力运用方式，可以将领导风格分为两类：________和________。
5. 按领导者在领导过程中进行制度创新的方式，可以把领导风格分为________和________。
6. 按领导者在领导过程中的思维方式，可以将领导者分为两类：________和________。
7. 战略的基本特征是行动的________、________和________。
8. 战略型领导行为系指拥有________、________、________并________，以创造所必需的战略变革能力。
9. 布莱克和穆顿在提出管理方格时，列举了五种典型的领导方式：________、________、________、________和________。
10. 按照权变理论，领导方式是领导者的________、________、________的函数。
11. 权变理论中的领导者特征主要指的是领导者的________、________和________。
12. 菲德勒模型认为在环境较好和较差的情况下，采用________LPC 领导方式比较有效，在环境中等的情况下，采用________LPC 领导方式比较有效。
13. 在权变理论中，低 LPC 型领导比较重视________的完成，高 LPC 型领导比较重视________。
14. 李克特及其同事的研究结果发现了两种不同的领导方式：________和________。
15. 密歇根大学领导行为方式研究的结论是，________与高的群体生产率和高满意度相关，而________则与低的群体生产率和低满意度相关。

16. 美国俄亥俄州立大学的研究人员弗莱西（E. A. Fleishman）和他的同事们的研究则把发现的十种类型的领导方式分为两个维度，即________和________。

17. 布莱克和穆顿提出的管理方格论，把管理人员按他们的________和________进行评估。

18. 菲德勒将权变理论具体化为三个方面，即________、________和________。

19. 路径—目标理论提出了两类情景变量作为领导行为—结果关系的中间变量，即________和________。

20. 根据赫塞和布兰查德对成熟度的定义，可以把成熟度分为________和________。

21. 领导的权力通常就是指________，在组织中就是指________。

22. 领导权力的五种来源有________、________、________、________、________。

23. 管理方格论中，领导者只重视任务效果而不重视下属的发展和士气的类型是________。

24. LPC 评价是询问领导者对________的评价。

25. 在领导生命周期理论中，保罗·赫塞补充了一个因素，表示领导行为在确定是任务绩效还是维持行为更重要之前应当考虑的因素，即________。

26. 领导生命周期理论的高任务—高关系与________的成熟度相匹配。

27. 对低成熟下属而言，应选择________的领导方式。

二、选择题

1. 将领导者分为事务型领导者与战略型领导者是以________为标准来分的。
   A. 领导者权力运用方式
   B. 领导者在领导过程中进行制度创新的方式
   C. 领导者在领导过程中的思维方式

2. 俄亥俄州立大学对领导方式的研究发现，________的领导者一般更能使下属达到高绩效和高满意度。
   A. 高关怀—高定规　　B. 高关怀—低定规
   C. 低关怀—高定规　　D. 低关怀—低定规

3. 下列理论中________不属于领导情景论。
   A. 权变理论　　B. 路径—目标理论
   C. 领导生命周期理论　　D. 管理方格论

4. ________认为各种领导方式都可能在一定环境内有效，这种环境是多种外部与内部因素的综合作用体。
   A. 权变理论　　B. 路径—目标理论
   C. 领导生命周期理论　　D. 管理方格论

5. 管理方格论中，表示领导者只重视任务效果而不重视下属的发展和士气的是________。
   A. 乡村俱乐部型　　B. 贫乏型
   C. 中庸之道　　D. 团队型

E. 任务型

6. 乡村俱乐部型的领导方式位于管理方格图的________格。

A. 9.1　　B. 1.9

C. 5.5　　D. 9.9

E. 1.1

7. 根据权变理论，在环境较差的情况下，采用________的方式比较有效。

A. 高 LPC 型领导方式　　B. 低 LPC 型领导方式

8. 如果追随者的独立性较强，工作水平高，那么采取________的领导方式是不适宜的。

A. 专权型领导　　B. 民主型领导

C. 魅力型领导

9. 在菲德勒模型中，下列哪种情况属于较好的领导环境？________。

A. 人际关系差，工作结构复杂，职位权力强

B. 人际关系差，工作结构简单，职位权力强

C. 人际关系好，工作结构复杂，职位权力弱

D. 人际关系好，工作结构复杂，职位权力强

10. 下列理论中属于领导行为论的是________。

A. 权变理论　　B. 路径—目标理论

C. 领导生命周期理论　　D. 管理方格论

11. 下列选项中属于管理者的关注点的是________。

A. 维护　　B. 挑战现状

C. 长期视角　　D. 做正确的事

12. 下列选项中属于领导者的关注点的是________。

A. 开发　　B. 执行

C. 控制和结果　　D. 正确地做事

13. 下列选项中________不是领导权力的来源。

A. 法定权　　B. 奖赏权

C. 模范权　　D. 任免权

14. ________领导者关心每个下属的日常生活和发展需要，帮助下属用新观念分析老问题，进而改变他们对问题的看法，能够激励、唤醒和鼓舞下属为达到组织或群体目标而付出加倍的努力。

A. 民主型　　B. 魅力型

C. 变革型　　D. 事务型

15. ________领导认为下属是实现目标或任务绩效的工具，群体任务的完成情况是领导行为的中心。

A. 集权型　　B. 专制型

C. 工作导向型

16. 关于领导者必须具备的要素，不正确的有________。

A. 有部下或追随者

B. 拥有影响追随者的能力或力量

C. 具有明确的目的

D. 没有上级

17. 关于领导者的作用，下列叙述中不正确的是________。

A. 帮助组织成员认清所处的环境和形势

B. 协调组织成员之间的关系和活动

C. 帮助员工解决家庭困难问题

D. 为组织成员主动创造能力发展空间和职业生涯发展

18. 领导者的权力来源有________。

A. 法定权 B. 奖赏权

C. 惩罚权 D. 模范权

19. 下列能使领导拥有模范权的领导特质是________。

A. 无私工作、刚正不阿 B. 开拓创新、不畏艰险

C. 关心群众疾苦 D. 保护下属利益

20. 相对于民主式领导者，对集权式领导者的优点叙述不正确的是________。

A. 控制的力度较大

B. 管理的组织成本在其他条件不变的情况下，要低于在组织边界以外的交易成本

C. 纪律严格，管理规范，赏罚分明

D. 员工关系融洽，工作积极主动，富有创造性

21. 张教授到某企业进行管理咨询，该企业总经理热情地接待了张教授，并介绍公司的具体情况，才说了 15 分钟，就被人叫了出去，10 分钟后回来继续，不到 15 分钟，又被叫出去。这样，整个下午 3 个小时总经理一共被叫出去 10 次之多，使得企业情况介绍时断时续。这说明________。

A. 总经理不重视管理咨询

B. 该企业可能这几天遇到了紧急情况

C. 总经理可能过度集权

D. 总经理重视民主管理

22. 领导行为论的代表研究包括________。

A. 管理方格理论 B. 密歇根大学的研究

C. 俄亥俄州立大学的研究 D. 激励强化理论

23. 某企业多年来任务完成得都比较好，职工经济收入也很高，但领导和职工的关系却很差，该领导很可能是管理方格中所说的________。

A. 贫乏型 B. 乡村俱乐部型

C. 任务型 D. 中庸之道型

24. 在路径—目标理论中，对下属十分友善，表现出对下属的关怀的是________。

A. 指导型 B. 支持型

C. 参与型 D. 成就导向型

25. 美国管理大师彼得·德鲁克说过，如果你理解管理理论，但不具备管理技术和管理工具的运用能力，你还不是一个有效的管理者；反过来，如果你具备管理技巧和能力，

而不掌握管理理论，那么充其量你只是一个技术员。这句话说明________。

A. 有效的管理者应该既掌握管理理论，又具备管理技巧与管理工具的运用能力

B. 是否掌握管理理论对管理者工作的有效性来说无足轻重

C. 如果理解管理理论，就能成为一名有效的管理者

D. 有效的管理者应该注重管理技术与工具的运用能力，而不必注意管理理论

26. 卡尔森以前只有宾馆管理经验而无航运业管理经验，但被聘为美国泛美航空公司的总裁后，短短三年，就使这家亏本企业成为高利润企业。你认为下述四种说法中有明显错误的是________。

A. 最高管理者不需要专业知识，人要善于学习、勤于思考就够了

B. 成功的管理经验具有一定的普适性，所以可以成功移植

C. 成功管理的关键是人，只要搞好人的管理，就可取得成功

D. 这仅仅是一种巧合，只说明卡尔森有特别强的环境适应能力

27. 某技术专家，原来从事专业工作，业务精湛，绩效显著，近来被提拔到所在科室负责人的岗位。随着工作性质的转变，他今后应当注意把自己的工作重点调整到________。

A. 放弃技术工作，全力以赴，抓好管理和领导工作

B. 重点仍以技术工作为主，以自身为榜样带动下级

C. 以抓管理工作为主，同时参与部分技术工作，以增强与下级的沟通和理解

D. 在抓好技术工作的同时，做好管理工作

三、是非判断题

1. 领导的本质就是指挥部下。 (　　)
2. 领导者依靠组织赋予的权力对下属产生影响。 (　　)
3. 一个人是管理者，那他必定是领导者。 (　　)
4. 领导者不一定是管理者。 (　　)
5. 领导作用包括指挥作用、协调作用和激励作用。 (　　)
6. 领导者的奖赏性权力和惩罚性权力主要由组织赋予。 (　　)
7. 因为领导者的主要作用是协调和指挥，所以领导者不需要过多掌握生产相关的知识。 (　　)
8. 与领导者的权力来源相同，被领导者也拥有抵制领导的权力。 (　　)
9. 因为惩罚性权力可能会导致下属通过罢工等方式进行对抗，所以尽量不要使用。 (　　)
10. 建立愿景、事业导向、有效沟通、快速学习都是经济全球化对我国领导提出的新要求。 (　　)
11. 领导者个人决策并要求下属执行的领导方式被称为专权型领导。 (　　)
12. 放任型领导要求领导者与下属共同决策，协调一致完成工作。 (　　)
13. 魅力型领导与变革型领导的区分依据在于是依靠领导本人还是下属进行变革。 (　　)
14. 事务型领导立足当下，重视任务的完成，缺乏对人的关怀。 (　　)

15. 俄亥俄州立大学的研究表明，高关怀—高定规型风格往往能够取得成功，但也存在例外。（　　）

16. 管理方格理论中，任务型领导因为重视任务的完成，因此一定会提高企业的生产率。（　　）

17. 中庸之道型领导兼顾员工与任务，是最好的领导方式。（　　）

18. 乡村俱乐部型领导过于重视人的因素，会导致企业生产能力下降。（　　）

19. 领导者向下授权一定会激发员工工作热情，从而使企业取得成功。（　　）

20. 权变理论认为，没有一种普遍适用的领导方式，因此，一些成功企业的领导方式不具有任何参考价值。（　　）

21. 信奉 Y 理论的领导者很可能采取参与式领导。（　　）

22. 权变理论认为，领导方式是领导者与追随者共同形成的。（　　）

23. 任务结构比较简单时，采用专制的领导方式有利于工作完成。（　　）

24. 权变理论指出，在领导环境较好或较差时，采用低 LPC 领导方式会比较有效。（　　）

25. 费德勒权变理论为领导者在环境变化时及时调整领导方式提供了参考。（　　）

26. 根据目标—路径理论，当员工拥有足够的能力和经验时，更适合支持型领导。（　　）

27. 金字塔结构的组织更适用指导型领导方式。（　　）

28. 领导生命周期理论属于领导行为理论的成果。（　　）

29. 领导生命周期理论认为，随着下属成熟度的提高，领导方式依次为授权型、参与型、推销型、指导型。（　　）

30. 领导的职责包括决策、用人、指挥、协调和激励，其重要程度相同。（　　）

31. 领导者要获得下属的追随，必须依靠自身的魅力及特长。（　　）

32. 人际关系好、工作结构简单、职位权力弱的情况属于较好的领导环境，适用高 LPC 领导方式。（　　）

33. 为下属安排工作是领导的职责。（　　）

34. 经理“销售”决策的重点在于说服下属接受自己的决策，总体来说接近于专制型领导。（　　）

四、简答题

1. 领导的定义说明领导必须具备哪些要素？

2. 什么是领导权力？其来源有哪些？

3. 什么是事务型领导？

4. 路径—目标理论中“路径—目标”的含义及该理论的主要观点是什么？

5. 权变理论认为领导方式由哪三个因素决定？

6. 根据密歇根大学李克特及其同事（1974）的研究，什么是员工导向型的领导行为？

7. 领导者在带领、引导和鼓舞部下为实现组织目标而努力的过程中，应该起到什么样的作用?

8. 什么是模范性权力？其对组织的影响是如何的?
9. 领导和管理是一回事吗？如果不是，区别在哪里?
10. 专长权是什么权力？请简要说明领导者的专长权与领导工作的关系。
11. 传统的领导特性论认为有效的领导应该有共同的特性，这种特性是什么?
12. 管理方格论的缺陷是什么?
13. 请简要地说明菲德勒权变模型所阐述的环境与领导的关系。
14. 成熟度的定义是什么？包括几个方面?

五、问答题

1. 集权式领导与民主式领导的优势各在什么地方?
2. 解释赫塞和布兰查德的生命周期理论对领导方式的分类。
3. 简述管理方格论的观点并加以评论。
4. 领导行为论中的“三个代表”理论分别是怎样划分领导方式的？共同点是什么？请比较说明。
5. 权变理论认为领导方式和环境是相关的，请你谈谈菲德勒的权变模型和路径—目标理论对环境因素的解释方法。
6. 怎样认识领导者、管理者、追随者的关系?
7. 领导者是天生的吗？从本章所阐述的领导理论里，你对领导的认识有哪些新体会?
8. 试说明学生会领导者的权力来源。为了进行有效的管理，学生会的学生干部应该采用什么样的领导方式比较好?

参考答案

一、填充题

1. 指挥，协调，激励
2. 指挥，带领，引导，鼓励
3. 权力
4. 集权式领导者，民主式领导者
5. 魅力型领导者，变革型领导者
6. 事务型领导者，战略型领导者
7. 长期性，整体性，前瞻性
8. 预见，洞察，保持灵活性，向他人授权
9. 任务型，乡村俱乐部型，中庸之道型，贫乏型，团队型

10. 领导者特征，追随者特征，环境
11. 个人品质，价值观，工作经历
12. 低，高
13. 工作任务，人际关系
14. 工作（生产）导向型，员工导向型
15. 员工导向的领导者，生产导向的领导者
16. 关怀维度，定规维度
17. 绩效导向行为，维护导向行为
18. 职位权力，任务结构，上下级关系
19. 环境因素，下属的个人特点
20. 工作成熟度，心理成熟度
21. 影响他人的能力，排除各种障碍完成任务达到目标的能力
22. 法定权，奖赏权，惩罚权，模范权，专长权
23. 任务型
24. 最不与自己合作的同事
25. 成熟度
26. 中度
27. 高任务—低关系

二、选择题

1. C　2. A　3. D　4. A　5.E　6. B　7. B　8. A　9. D　10. D　11. A　12. A　13. D　14. C　15. C　16. D　17. C　18. ABCD　19. ABCD　20. D　21. C　22. ABC　23. C　24. B　25. A　26. C　27. D

三、是非判断题

1. 否　2. 否　3. 否　4. 是　5. 是　6. 是　7. 否　8. 是　9. 否　10. 是　11. 是　12. 否　13. 否　14. 否　15. 是　16. 否　17. 否　18. 是　19. 否　20. 否　21. 是　22. 否　23. 否　24. 是　25. 否　26. 是　27. 否　28. 否　29. 是　30. 否　31. 是　32. 否　33. 是　34. 是

四、简答题

1. 领导的定义包括下列三要素：

（1）领导者必须有部下或追随者。没有部下的领导者谈不上领导。

（2）领导者拥有影响追随者的能力或力量。这些能力或力量包括由组织赋予领导者的职位和权力，也包括领导者个人所具有的影响力。

（3）领导的目的是通过影响部下来达到企业的目标。

2. 领导权力通常就是指影响他人的能力，在组织中就是指排除各种障碍完成任务达到目标的能力。其来源有：法定权、奖赏权、惩罚权、模范权和专长权。

3. 事务型领导者也可称为维持型领导者（transactional leader）。这种领导者通过明确角色和任务要求，激励下属向着既定的目标活动，并且尽量考虑和满足下属的社会需要，通过协作活动提高下属的生产率水平。他们对组织的管理职能和程序推崇备至，勤奋、谦和而且公正；重视非人格的绩效内容，如计划、日程和预算，对组织有使命感，并且严格遵守组织的规范和价值观。

4. 所谓“路径—目标”是指有效的领导者既要帮助下属充分理解工作目标，又要指明实现目标所应遵循的路径。该理论认为，领导者的工作是帮助下属达到他们的目标，并提供必要的指导和支持，以确保各自的目标与群体或组织的总体目标一致。

5. 权变理论认为：领导方式是领导者特征、追随者特征和环境的函数。领导者的特征主要指领导者的个人品质、价值观和工作经历。追随者的特征主要指追随者的个人品质、工作能力、价值观等。

环境主要指工作特征、组织特征、社会状况、文化影响、心理因素等。工作是具有创造性还是简单重复，组织的规章制度是比较严密还是宽松，社会时尚是倾向于追随服从还是推崇个人能力等，都会对领导方式产生强烈的影响。

6. 员工导向型领导行为表现为关心员工，并有意识地培养与高绩效的工作群体相关的人文因素，即重视人际关系。员工导向型领导者把他们的行为集中在对人员的监督，而不是对生产的提高上。他们关心员工的需要、晋级和职业生涯的发展。

7. 领导者在带领、引导和鼓舞员工为实现组织目标而努力的过程中，要具有指挥、协调和激励三个方面的作用。

（1）指挥作用，系指在组织活动中，需要有头脑清醒、胸怀全局，能高瞻远瞩、运筹帷幄的领导者帮助组织成员认清所处的环境和形势，指明活动的目标和达到目标的路径。

（2）协调作用，系指组织在内外因素的干扰下，需要领导者来协调组织成员之间的关系和活动，朝着共同的目标前进。

（3）激励作用，系指领导者为组织成员主动创造能力发展空间和职业生涯发展的行为。

8. 模范性权力是由于领导者拥有吸引别人的个性、品德、作风而引起人们的认同、赞赏、钦佩、羡慕而自愿地追随和服从他。

模范性权力的大小与职位高低无关，只取决于个人的行为。具有高职位的人，其模范行为会有一种放大的乘数效应，可以产生巨大的模范权力。

模范性权力对领导者也有某些负面作用，当正式的领导者过于“爱民”与一些群众建立了十分密切的关系后，有时也会反过来影响领导者做出正确的决策和公正地处理问题。

9. 不是。领导和管理两者分离的原因在于，管理者的本质是依赖被上级任命而拥有某种职位所赋予的合法权力而进行管理。被管理者往往因追求奖励或害怕处罚而服从管理。

而领导者的本质就是被领导者的追随和服从，它完全取决于追随者的意愿，而并不完全取决于领导者的职位与合法权力。

10. 专长性权力是知识的权力，是指有人因为他在某一领域所特有的专长而影响他人。任何领导者绝对不可能在所有领域内都具有专长权，所以对组织中正式职位的领导者而言只要在他的工作职责范围内具有一定的专长权就可，而不必要求一定是某一领域的专家。

11.（1）努力进取，渴望成功；（2）强烈的权力欲望；（3）正直诚信，言行一致；（4）充满自信；（5）追求知识和信息。

12. 管理者方格仅仅讨论一种直观、而且是最佳的领导行为。而且，它并未对如何培养管理者提供答案，只是为领导方式的概念化提供了框架。另外，也没有实质性证据支持在所有情况下，（9，9）领导方式都是最有效的方式。

13. 低 LPC（对最不与自己合作的同事评价用较多的敌意词语）型领导比较重视工作任务的完成。如果环境较差，他将首先保证完成任务；当环境较好时，任务能够完成，这时他的目标将是搞好人际关系。高 LPC（对最不与自己合作的同事评价用较多善意词语）型领导比较重视人际关系。如果环境较差，他将首先将人际关系放在首位；如果环境较好时，人际关系也比较融洽，这时他将追求完成工作任务。

14. 成熟度定义为：个体对自己的直接行为负责任的能力和意愿。它包括工作成熟度和心理成熟度。

五、问答题

1. **答案要点**：所谓集权式领导者，就是把管理的制度权力相对牢固地进行控制的领导者。这种领导者的优势在于，通过完全的行政命令，管理的组织成本在其他条件不变的情况下，要低于在组织边界以外的交易成本。可能获得较高的管理效率和良好的绩效，这对于组织在发展初期和组织面临复杂突变的变量时，是有益处的。

民主式领导者的特征是向被领导者授权，鼓励下属的参与，并且主要依赖于其个人专长权和模范权影响下属。其优势在于通过激励下属的需要，组织发展所需的知识，尤其是意会性或隐性知识，能够充分地积累和进化，员工能力结构也会得到长足提高。因此，相对于集权式领导者，这种领导者更能为组织培育 21 世纪越来越需要的智力资本。

2. **答案要点**：赫塞和布兰查德补充了成熟度这一因素，即个体对自己的直接行为负责任的能力和意愿。它包括工作成熟度（job maturity）和心理成熟度（psychological maturity），工作成熟度是下属完成任务时具有的相关技能和技术知识水平。心理成熟度是下属的自信心和自尊心。高成熟度的下属既有能力又有信心做好某件工作。

他们提出任务行为和关系行为这两种领导维度，并且将每种维度进行了细化，从而组合成四种具体的领导方式：

（1）指导型（telling）领导（高任务—低关系）。领导者定义角色，告诉下属应该做什么、怎样做以及在何时何地做。

（2）推销型（selling）领导（高任务—高关系）。领导者同时提供指导行为与支持行为。

（3）参与型（participating）领导（低任务—高关系）。领导者与下属共同决策，领导者的主要角色是提供便利条件和沟通。

（4）授权型（delegating）领导（低任务—低关系）。领导者提供不多的指导或支持。

3. **答案要点**：布莱克和穆顿在提出管理方格论时，首先把管理人员按他们的绩效导向行为（称为对生产的关心）和维护导向行为（称为对人员的关心）进行评估，给出等级分值。然后以此为基础，把分值标注在两个维度坐标界面上，并在这两个维度坐标轴上分别划出 9 个等级，从而生成 81 种不同的领导类型。有代表性的领导行为为（1，9）型，又称为乡村俱乐部型管理，表示领导者只注重支持和关怀下属而不关心任务和效率；（1，1）型，又称为贫乏型管理，表示领导者不愿努力工作，对工作绩效和对人员的关心都很少，很难维持组织成员的关系，也很难有良好的工作绩效；（5，5）型，又称为中庸之道型管理，表示领导者维持足够的任务效率和令人满意的士气；（9，1）型，又称为任务型管理，表示领导者只重视任务效果而不重视下属的发展和士气；以及（9，9）型，又称为团队型管理，表示领导者通过协调和综合工作相关活动而提高任务效率与士气。他们认为，（9，9）方式的管理者工作是最佳的领导方式，并提出，原则上达不到（9，9）等级的管理人员，要接受如何成为一个（9，9）领导人的培训。该理论仅仅讨论一种直观、而且是最佳的领导行为。而且，管理方格论并未对如何培养管理者提供答案，只是为领导方式的概念化提供了框架。另外，也没有实质性证据支持在所有情况下，（9，9）领导方式都是最有效的方式。例如，在不同的社会、经济、文化和政治背景中，管理者领导方式的优劣，并不是简单地通过中性或平衡的（9，9）分布能够陈述的。

4. **答案要点**：（1）密歇根大学的研究：工作（生产）导向型的领导行为和员工导向型领导行为。前者关心工作的过程和结果，并用密切监督和施加压力的办法来获得良好绩效、满意的工作期限和结果评估。后者表现为关心员工，并有意识地培养与高绩效的工作群体相关的人文因素，重视人际关系。员工导向型领导者把他们的行为集中在对人员的监督，而不是生产的提高上。他们关心员工的需要、晋级和职业生涯的发展。

（2）俄亥俄州立大学的研究：以关怀维度和定规维度划分领导方式。关怀维度代表领导者对员工以及领导者与追随者之间的关系，对相互信任、尊重和友谊的关心，即领导者信任和尊重下属的观念程度。定规维度代表领导者构建任务、明察群体之间的关系和明晰沟通渠道的倾向，或者说，为了达到组织目标，领导者界定和构造自己与下属的角色的倾向程度。共分为四种类型：高关怀—高定规、高关怀—低定规、低关怀—高定规和低关怀—低定规。

（3）管理方格论：充分概括了上述两项研究所提炼的员工导向和生产导向维度。首先把管理人员按其绩效导向行为（称为对生产的关心）和维护导向行为（称为对人员的关心）进行评估，给出等级分值。然后以此为基础，把分值标注在两个维度坐标界面上，并在这两个维度坐标轴上分别划出 9 个等级，从而生成 81 种不同的领导类型。

三者的共同点都是从领导行为出发，且可以近似认为维度是根据领导者的绩效任务和领导者与下属的关系，对下属的关心而划分的。

5. **答案要点**：菲德勒的领导权变理论认为各种领导方式都可能在一定环境内有效。领导环境决定了领导的方式。环境的划分以人际关系的好坏、工作结构的简单与负责、职位权力的强与弱为标准。

路径—目标理论也提出了环境因素影响领导方式的选择。以任务结构、正式权力系统和工作群体三个维度来划分环境的好坏。并认为环境因素与领导行为相比重复时，领导效果不佳。

6. **答案要点**：真正有效的领导者，必须清醒地认识到领导者与追随者、领导者与管理者的正确关系。没有追随者就没有领导者，没有埋头苦干的管理者，领导者也难以获得成功。

一个组织的成功必须依靠领导者、追随者、管理者的共同努力，不仅领导者要成为有效的领导者，追随者也要成为有效的追随者，而不是一味地盲从，管理者也要成为有效的管理者，而不能只满足于循规蹈矩地工作。

在现实生活中，处于层级组织各级职位的领导者在不同情况下，往往要扮演多种角色。在上级领导者面前，他是顺从的追随者、精明的管理者，在下层面前，他又是令人敬畏的领导者。

所以，领导者要以环境变化而做出合适的定位，才能成为真正有效的领导者。

7. **答案要点**:（略）

8. **答案要点**:（略）

第十二章

激励

习题

一、填充题

1. 无论是激励还是动机，都包含三个关键要素：________、________和________。激励是由动机推动的一种________。

2. ________是产生激励的起点，进而导致某种行为。

3. 要通过激励促成组织中人的行为的产生，取决于某一行动的________和________。

4. 马斯洛认为，每个人其实都有五个层次的需要：________、________、________、________、________。

5. 双因素理论的研究重点，是________。

6. 根据赫兹伯格的双因素理论，________是那些与人们的不满情绪有关的因素，________是指那些与人们的满意情绪有关的因素。

7. 根据道格拉斯·麦格雷戈的理论，管理者对人性的假设有两种对立的基本观点：一种是________；另一种是________。

8. 公平理论中，员工选择的与自己进行比较的参照类型有三种，分别是________、________和________。

9. 期望理论的核心是________，________，________。

10. 期望理论的假说是________。

11. 期望理论的关键是，正确识别个人目标和判断三种联系，即________、________、________。

12. 根据强化的________和________，强化可以分为两大类型：正强化和负强化。

13. 常用的主要有四种激励方式：________、________、________以及________。

14. 绩效工资实际上是激励的________和________的逻辑结果。

15. 德鲁克的目标管理理论和卢克的目标设定理论都有一个共同基础：________，________。

16. 当目标________并具有________时，能更有效地激励个体或团队行动。

17. 目标管理理论将目标的________、________、________、________作为目标激励的四个组成部分。

18. 根据目标管理理论，绩效目标要根据________来设定。

19. 激励计划的一个最明显的优势是企业增强了对熟练员工的________，最终有效降低了对这种员工的________和________。

20. 公平理论认为人们将通过两个方面的比较来判断其所获报酬的公平性，即________比较和________比较。

21. 激励通常是和________连在一起的，主要指人类活动的一种________。

22. 激励的对象主要是________，或者准确地说是组织范围中的________。

23. 激励基础上人的行为可看成是________及其________的函数。

24. 激励理论一般分为激励的________、激励的________和激励的________。

25. 尊重的需要可以分为两类，即________和________。

26. 需要具有________、________、________、________的特征。

27. 成就需要论中有三种需要研究较多，即________、________、________。

28. 强化理论认为人的行为是对其________的函数。

29. 要使激励能产生预期的效果，就必须考虑到________、________、________、________、________等一系列的综合因素，并注重个人满意程度在努力中的反馈。

30. 目标管理理论将目标的________、________、________、________作为目标激励的四个组成部分。

二、选择题

1. ________主张对激励进行针对性的刺激，只看员工的行为及其结果之间的关系，而不是突出激励的内容和过程。

A. 激励的强化理论　　B. 激励的过程理论
C. 期望理论

2. 处于需要最高层次的是________。

A. 生理的需要　　B. 安全的需要
C. 感情的需要　　D. 尊重的需要
E. 自我实现的需要

3. 下列不属于激励的过程理论的是________。

A. 强化理论　　B. 需要层次理论
C. 期望理论　　D. 公平理论

4. 提出期望理论的是________。

A. 马斯洛　　B. 卢因
C. 弗鲁姆　　D. 亚当斯

5. 提出公平理论的是________。

A. 马斯洛　　B. 卢因

C. 弗鲁姆　　D. 亚当斯

6. 某公司对其员工的工作条件进行了改善，这是为了更好地满足员工的________。

A. 生理的需要　　B. 安全的需要

C. 感情的需要　　D. 尊重的需要

E. 自我实现的需要

7. 从期望理论中，我们得到的最重要的启示是________。

A. 目标效价的高低是激励是否有效的关键

B. 期望概率的高低是激励是否有效的关键

C. 存在着负效价，应引起领导者注意

D. 应把目标效价和期望概率进行优化组合

8. 期望理论的关键是，正确识别个人目标和判断三种联系，下列选项不属于这三种联系的是________。

A. 努力与绩效的联系　　B. 奖励与个人目标的联系

C. 努力与个人目标的联系　　D. 绩效与奖励的联系

9. 根据双因素理论，下列选项中________不属于激励因素。

A. 成就　　B. 地位

C. 责任　　D. 承认

10. 下列关于强化理论的说法正确的是________。

A. 强化理论是美国心理学家马斯洛首先提出的

B. 所谓正强化就是惩罚那些不符合组织目标的行为，以使这些行为削弱直至消失

C. 连续的、固定的正强化能够使每一次强化都起到较大的效果

D. 实施负强化，应以连续负强化为主

11. 为了激发员工内在的积极性，一项工作最好授予________。

A. 能力远远高于任务要求的人　　B. 能力远远低于要求的人

C. 能力略高于任务要求的人　　D. 能力略低于任务要求的人

12. 需要层次理论认为，人的行为决定于________。

A. 需求层次　　B. 激励程度

C. 精神状态　　D. 主导需求

13. A、B 两人都是同一个企业的职工，两人横向比较结果是 $Q_A/I_A < Q_B/I_B$，则 B 可能的表现是________。

A. 要求增加报酬

B. 自动减少投入以达到心理上的平衡

C. 离职

D. 没有任何改变

14. 中国企业引入奖金机制的目的是发挥奖金的激励作用，但目前，许多企业的奖金已经成为工资的一部分，奖金变成了保健因素。这说明________。

A. 双因素理论在中国不怎么适用

B. 保健和激励因素的具体内容在不同国家是不一样的

C. 防止激励因素向保健因素转化是管理者的重要责任

D. 将奖金设计成为激励因素本身就是错误的

15. 企业中，常常见到员工之间在贡献和报酬上会相互参照攀比，你认为员工最可能将哪一类人作为自己的攀比对象？________。

A. 企业的高层管理人员　　B. 员工们的顶头上司

C. 企业中其他部门的领导　　D. 与自己处于相近层次的人

16. 关于激励的对象，叙述不正确的是________。

A. 主要对象是人

B. 正确认识激励的对象，有助于体现领导的管理学职能

C. 激励的对象不受影响

D. 通过认识激励的对象，可以明白需要是人类行为的基础

17. 关于激励与行为之间的关系，叙述正确的是________。

A. 未得到的需要是产生激励的起点，进而导致某种行为

B. 激励是组织中人的行为的动力

C. 无激励的行为，是盲目而无意识的行为

D. 有激励而无效果的行为，说明激励的机理出现了问题

18. 要通过激励促成组织中人的行为的产生，取决于某一行动的________。

A. 效价　　B. 期望值

C. 效率　　D. 持续时间

19. 以下对需要的叙述不正确的是________。

A. 是能否发挥管理作用并影响组织成员完成组织目标的前提

B. 需要是领导者指挥下属和鼓励下属的行为基础

C. 对员工的激励能否有效，很大程度上取决于组织中领导者对下属的未满足需要的识别

D. 下属的行为是一种通过采取行动来满足未实现的需要的过程，而领导者的行为不是

20. 需要层次论试图回答________问题。

A. 决定人的行为的尚未得到满足的需要是些什么内容

B. 个人对工作的态度

C. 人性的假设

D. 报酬公平对员工积极性的影响

21. 处于需要较低层次的是________。

A. 生理的需要　　B. 安全的需要

C. 自我实现的需要　　D. 尊重的需要

22. 安全的需要包括两种：________。

A. 现在的安全　　B. 未来的安全

C. 别人的安全　　D. 生活的安全

23. 需求的层次性是指________。

A. 一个人在不同时期可有多种不同的需要

B. 需求相对排列，而不是绝对由低到高排列的

C. 以潜在的形式存在的需求

D. 需要的迫切性，需求的层次结构是可变的

24. 在双因素激励理论中，满意的对立面是________。

A. 不满意　　B. 没有满意

25. 渴望结成紧密的个人关系、回避冲突以及建立亲切的友谊属于________的需要。

A. 成就　　B. 依附

C. 权力　　D. 尊重

26. 期望理论认为，人们对工作的态度取决于对下述________三种联系的判断。

A. 努力—绩效　　B. 努力—奖赏

C. 奖赏—个人目标　　D. 绩效—奖赏

27. 从期望理论中，我们得到的最重要的启示是________。

A. 目标效价的高低是激励是否有效的关键

B. 期望概率的高低是激励是否有效的关键

C. 应把目标效价和期望概率进行优化组合

D. 效价比期望更重要

28. 一位父亲为了鼓励小孩用功学习，向小孩提出：如果在下学期每门功课都考试 95 分以上，就给物质奖励。小孩会因受到激励而用功学习的情况有________。

A. 平时成绩较好，有可能各门功课都考 95 分以上

B. 奖励的东西是小孩最想要的

C. 父亲说话向来都是算数的

D. 上述三种情况同时存在

三、是非判断题

1. 期望决定动机，动机引起激励。（　　）

2. 外部环境对人的行为起着至关重要的作用。（　　）

3. 马斯洛认为，已经得到满足的需要将暂时不再发挥激励作用。（　　）

4. 安全需要包括人身安全和财产安全。（　　）

5. 尊重包括自尊与他人尊重。（　　）

6. 自我实现需求的主要满足方式在于完成具有挑战性的工作。（　　）

7. 人们只有实现了生理需要，才会产生安全需要。（　　）

8. 需要的层次性是指不同层次的需要同时存在，只有低级别的需要满足后，高一级的需要才会发挥激励作用。（　　）

9. “士为知己者死”是指这些人将自我实现需要放在首位，并不违背需要层次理论。（　　）

10. 需要层次理论没有为领导者指出激励的具体途径。（　　）

11. 赫茨伯格认为，满意的对立面是没有满意，而不是不满意；不满意的对立面是没有不满意。（　　）

12. 人际关系的改善属于激励因素。（　　）

13. 成就感、责任感、对获取奖赏的期望均属于激励因素。（　　）

14. 当员工意识到通过努力很难达到绩效时，便不会受到激励；因此，领导者在设置任务时，应避免难度过高。（　　）

15. 一般来说，领导者通常具有高成就需要、高权力需要和低依附需要。（　　）

16. X 理论在现实中不存在。（　　）

17. 根据期望理论，管理者应设置足够丰富的奖赏以激励员工完成富有挑战性的工作。（　　）

18. 期权激励是期望理论的实际应用。（　　）

19. 根据公平理论，最合理的分配方式为平均分配。（　　）

20. 公平理论强调个人主观判断，较难把握，因此企业在考虑公平性时主要以领导的推断为依据。（　　）

21. 公平理论的应用不仅要考虑员工的付出，还要结合其所处职位的重要程度、个人专长及特殊技能等方面进行考虑。（　　）

22. 连续的正强化会使员工习以为常，因此企业应主要依靠间断性的正强化激励员工。（　　）

23. “杀鸡儆猴”不符合强化理论的要求。（　　）

24. 负强化的主要手段是罚款和批评。（　　）

25. 管理者对员工行为进行强化时，要注意奖惩结合，且不能过度使用负强化以防损伤员工积极性。（　　）

26. 如果员工曾经未完成某项任务而没有获得奖励，那么他往往不愿意为此再次付出，管理者也要避免为其安排相同的工作。（　　）

27. 正强化一定要建立在员工的绩效基础上。（　　）

28. 领导分配工作时要考虑到员工的爱好，即使他并不擅长此项工作。（　　）

29. 分红强调团队协作，属于期望理论的应用。（　　）

30. 奖惩制度应当公开并严格执行，但在必要时应通过精神激励等方式予以缓和，避免打击员工积极性。（　　）

31. 目标设置要考虑员工实际能力，不能高于其能力范围。（　　）

32. 增加绩效工资的比重主要是针对熟练工人，以降低企业培训成本。（　　）

33. 在负强化中，物质手段效果要好于精神手段。（　　）

34. 培训激励要以思想道德培训为主，技能培训为辅。（　　）

35. 培养员工的自我激励有助于其自我实现需求的满足。（　　）

36. 员工持股计划主要为了满足员工的生理需求。（　　）

37. 提升绩效工资比重会导致员工收入差距拉大，不符合公平理论。（　　）

四、简答题

1. 马斯洛需要层次理论的两个基本出发点是什么？
2. 激励过程的期望理论对管理者有何启示？
3. 克里斯托夫·埃利和克莱斯门·沙利描述的个体目标设定过程推理有哪四个

阶段?

4. 人类需要有何特征?
5. 领导者根据激励理论处理激励实务时，有哪些方法?
6. 简述强化理论的主要内容。
7. 什么是正强化? 什么是负强化?
8. 薪酬管理应注意哪几个方面?
9. 什么是 ESOPs ?
10. 简述目标管理理论的内容。
11. 请解释激励、动机。
12. 请解释效价、期望值。
13. 何谓激励的内容理论? 其代表理论有哪些?
14. 何谓激励的过程理论? 其代表理论有哪些?
15. 什么是保健因素? 什么是激励因素?
16. 请简要叙述 X 理论和 Y 理论的主要内容。
17. 请写出公平理论中的“贡献率”公式，并简要说明其表达内容。

五、问答题

1. 说明激励的过程及动因。
2. 说明期望理论的主要内容。
3. 说明公平理论的主要内容。
4. 解释赫兹伯格的双因素理论。
5. 试用身边的实例来说明现实工作生活中应当如何运用好工作激励、成果激励和培训教育激励这三种常用的激励方法。
6. 请比较分析需要层次论和双因素理论的优点、缺点。
7. 公平理论对管理者的启示是什么? 实际应用中应注意哪些问题?
8. 请分析目标管理是如何对个人激励产生作用的以及该怎么做。
9. 一家小公司为了表彰某位员工，特地把前门靠近公司总裁停车位的地方给了该员工。应该用哪种激励理论来解释该公司的激励措施?
10. 请讨论：有三位管理者，他们的特点分别是：高度的成就感、人际关系导向明显、权力欲望强烈，请问你愿意为谁工作? 他们三人的特点是什么?

参考答案

一、填充题

1. 努力，组织目标，需要，精神状态

2. 未得到的需要
3. 效价，期望值
4. 生理的需要，安全的需要，社交或情感的需要，尊重的需要，自我实现的需要
5. 组织中个人与工作的关系问题
6. 保健因素，激励因素
7. 消极的 X 理论，积极的 Y 理论
8. 其他人，制度，自我
9. 双向期望，管理者期望员工的行为，员工期望管埋者的奖赏
10. 管理者知道什么对员工最有吸引力
11. 努力与绩效的联系，绩效与奖励的联系，奖励与个人目标的联系
12. 性质，目的
13. 工作激励，成果激励，批评激励，培训教育激励
14. 期望理论，强化理论
15. 一个为员工所接受的清楚的目标，可以使员工受到激励
16. 明确，挑战性
17. 具体性，参与决策，明确时间规定，绩效反馈
18. 群体的需要
19. 组织吸引力，市场搜寻成本，培训成本
20. 横向，纵向
21. 动机，内心状态
22. 人，员工或领导对象
23. 人自身特点，所处环境
24. 内容理论，过程理论，强化理论
25. 内部尊重，外部尊重
26. 多样性，层次性，潜在性，可变性
27. 成就的需要，依附的需要，权力的需要
28. 所获刺激
29. 奖励内容，奖励制度，组织分工，目标设置，公平考核
30. 具体性，参与决策，明确时间规定，绩效反馈

二、选择题

1. A 2.E 3. AB 4. C 5. D 6. B 7. D 8. C 9. B 10. D 11. D 12. D 13. D 14. C 15. D 16. C 17. ABCD 18. AB 19. D 20. A 21. AB 22. AB 23. B 24. B 25. B 26. ACD 27. C 28. D

三、是非判断题

1. 否 2. 否 3. 是 4. 否 5. 是 6. 否 7. 否 8. 否 9. 是 10. 是 11. 是

12. 否　13. 是　14. 是　15. 否　16. 否　17. 否　18. 是　19. 否　20. 否　21. 是
22. 否　23. 是　24. 否　25. 是　26. 否　27. 是　28. 否　29. 是　30. 是　31. 否
32. 否　33. 否　34. 否　35. 是　36. 否　37. 否

四、简答题

1. 马斯洛的需要层次论有两个基本出发点。一个基本论点是，人是有需要的动物，其需要取决于他已经得到了什么，还缺少什么，只有尚未满足的需要能够影响行为。换言之，已经得到满足的需要不再起激励作用。

另一个基本论点是：人的需要都有轻重层次，某一层需要得到满足后，另一层需要才出现。

2. 激励过程的期望理论对管理者的启示是，管理人员的责任是帮助员工满足需要，同时实现组织目标。管理者必须尽力发现员工在技能和能力方面与工作需求之间的对称性。

为了提高激励，管理者可以明确员工个体的需要，界定组织提供的结果，并确保每个员工有能力和条件（时间和设备）得到这些结果。通常，要达到使工作的分配出现所希望的激励效果，根据期望理论，应使工作的能力要求略高于执行者的实际能力，即执行者的实际能力略低于（既不太低、又不太高）工作的要求。

3. 克里斯托夫·埃利和克莱斯门·沙利描述了个体目标设定过程推理的四个阶段：（1）确定要达到的标准；（2）判断这个标准能否达到；（3）判断这个标准与个体目标是否相匹配；（4）接受标准，目标随之确定，开始为实现目标采取行动。

4. 一般认为人类需要实际上具有多样性、层次性、潜在性和可变性等特征。需要的多样性，是指一个人在不同时期可有多种不同的需要，即使在同一时期，也可存在着若干程度不同、作用不同的需要。

需要的层次性，应是相对排列，而不是绝对由低到高排列的，需要的层次应该由其迫切性来决定。对于不同的人在不同时期，感受到最强烈的需要类型是不一样的。因此，有多少种类型的需要，就有多少种层次不同的需要结构。需要的潜在性，是决定需要是否迫切的原因之一。人的一生中可能存在多种需要，而且许多是以潜在的形式存在的。只是到了一定时刻，由于客观环境和主观条件发生了变化，人们才发现、感觉到这些需要。需要的可变性，是指需要的迫切性随着阶段与环境变化而发生改变，从而需要的层次结构是可以改变的。

5. 领导者根据激励理论处理激励实务时，必须针对部下的不同特点采用不同的方法。其中常用的主要有四种：工作激励、成果激励、批评激励以及培训教育激励。（1）工作激励是指通过分配恰当的工作来激发职工内在的工作热情；（2）成果激励是指在正确评估工作成果的基础上给职工以合理奖惩，以保证职工行为的良性循环；（3）批评激励是指通过批评来激发职工改正错误行为的信心和决心；（4）培训教育激励则是指通过思想、文化教育和技术知识培训，通过提高职工的素质，来增强其进取精神、激发其工作热情。

6. 强化理论是由美国心理学家斯金纳（B. P. Skinner）首先提出的。该理论认为人的行为是其所获刺激的函数。如果这种刺激对他有利，这种行为会重复出现；若对他不利，这种行为会减弱直至消失。因此管理者要采取各种强化方式，以使人们的行为符合组织的目标。根据强化的性质和目的，可以分为两大类型：正强化和负强化。

7. 所谓正强化，就是奖励那些符合组织目标的行为，以便使这些行为得到进一步加强，从而有利于组织目标的实现。正强化的刺激物不仅包含奖金等物质奖励，还包含表扬、提升、改善工作关系等精神奖励。

所谓负强化，就是惩罚那些不符合组织目标的行为，以使这些行为削弱甚至消失，从而保证组织目标的实现不受干扰。实际上，不进行正强化也是一种负强化。同样，负强化也包含着减少奖酬或罚款、批评、降级等。

8. 薪酬管理应注意基本工资、绩效工资、分红、总奖金和知识工资的分配和安排。

9. ESOPs 即员工持股计划（Employee Stock Ownership Plans）。实施员工持股计划是给予员工部分企业的股权，允许他们分享改进的利润绩效。员工持股计划实际上是公司以放弃股权的代价来提高生产率水平；它使得员工们更加努力工作，因为他们是所有者，要分担企业的盈亏；但要使这种激励计划有效进行，管理人员必须向员工提供全面的公司财务资料，赋予他们参加主要决策的权利，以及给予他们包括选举董事会成员在内的投票权。

10. 目标管理理论有一个共同基础：一个为员工所接受的清楚的目标，可以使员工受到激励。所以，目标激励是至关重要的、有效的激励手段。认为当目标明确并具有挑战性时，能更有效地激励个体或团队行动。

目标管理理论将目标的具体性、参与决策、明确时间规定、绩效反馈作为目标激励的四个组成部分。

11. 激励是由动机推动的一种精神状态。它对人的行动起激发、推动和加强的作用。一般而言，动机指的是为达到任何目标而付出的努力。

12. 所谓效价，是指个人对达到某种预期成果的偏爱程度，或某种预期成果可能给行为者带来的满足程度；期望值则是某一具体行动可带来某种预期成果的概率，即行为者采取某种行动，获得某种成果，从而带来某种心理上或生理上满足的可能性。

13. 激励的内容理论是根据对人性的理解，着重突出激励对象的未满足的需要类型的激励理论。代表理论有需求层次论、双因素理论、后天需要论。

14. 激励的过程理论试图说明员工面对激励措施，如何选择行为方式去满足他们的需要，以及确定其行为方式的选择是否成功。过程理论有两种代表类型：公平理论和期望理论。

15. 保健因素是那些与人们的不满情绪有关的因素，激励因素是指那些与人们的满意情绪有关的因素。

16.（1）X 理论的主要内容：① 员工天性好逸恶劳，只要可能，就会躲避工作；② 以自我为中心，漠视组织要求；③ 员工只要有可能就会逃避责任，安于现状，缺乏创造性；④ 不喜欢工作，需要对他们采取强制措施或惩罚办法，迫使他们实现组织目标。

（2）Y 理论的主要内容：① 员工并非好逸恶劳，而是自觉勤奋，喜欢工作；② 员工有很强的自我控制能力，在工作中执行完成任务的承诺；③ 一般而言，每个人不仅能够承担责任，而且还主动寻求承担责任；④ 绝大多数人都具备做出正确决策的能力。

17. 公式：$Q_p/I_p=Q_x/I_x$（Q_p：自己对所获报酬的感觉；Q_x：自己对他人所获报酬的

感觉；I_p：自己对付出的感觉；I_x：自己对他人的付出的感觉）。等式成立则员工感觉比较公平；$Q_p/I_p>Q_x/I_x$ 则说明员工得到了过高的报酬或付出的努力较少；$Q_p/I_p<Q_x/I_x$，则说明员工对组织的激励措施感到不公平。

五、问答题

1. **答案要点**：心理学家一般认为，人的一切行动都是由某种动机引起的。动机是人类的一种精神状态，它对人的行动起激发、推动、加强的作用，因此称之为激励。人类的有目的的行为都是出于对某种需要的追求。

未得到满足的需要是产生激励的起点，进而导致某种行为。行为的结果，可能是需要得到满足，之后再发生对新需要的追求；行为的结果也可能是遭受挫折，追求的需求未得到满足，由此而产生消极的或积极的行为。

激励产生的根本原因，可分为内因和外因。内因由人的认知知识构成，外因则是人所处的环境，从而在激励基础上人的行为可看成是人自身特点及其所处环境的函数。

激励的有效性在于对内因和外因的深刻理解，并达成一致性。

2. **答案要点**：V. 弗鲁姆的期望理论认为：只有当人们预期到某一行为能给个人带来有吸引力的结果时，个人才会采取这一特定行为。根据这一理论，人们对待工作的态度取决于对下述三种联系的判断：（1）努力—绩效的联系。需要付出多大努力才能达到某一绩效水平？我是否真能达到这一绩效水平？概率有多大？（2）绩效—奖赏的联系。当我达到这一绩效水平后，会得到什么奖赏？（3）奖赏—个人目标的联系。这一奖赏能否满足个人的目标？吸引力有多大？

期望理论的基础是自我利益，它认为每一员工都在寻求获得最大的自我满足。期望理论的核心是双向期望，管理者期望员工的行为，员工期望管理者的奖赏。期望理论的假设是管理者知道什么对员工最有吸引力。

期望理论的员工判断依据是员工个人的知觉，而与实际情况不相关。不管实际情况如何，只要员工以自己的知觉确认自己经过努力工作就能达到所要求的绩效，达到绩效后能得到具有吸引力的奖赏，他就会努力工作。

3. **答案要点**：公平理论是美国心理学家亚当斯（J. S. Adams）在 1965 年首先提出来的，也称为社会比较理论。这种理论的基础在于：员工不是在真空中工作的，他们总是在进行比较，比较的结果对于他们在工作中的努力程度有影响。这种理论主要讨论报酬的公平性对人们工作积极性的影响。它指出，人们将通过横向和纵向两个方面的比较来判断其所获报酬的公平性。

员工选择的与自己进行比较的参照类型有三种，分别是“其他人”、“制度”和“自我”。亚当斯提出“贡献率”的公式（$Q_p/I_p=Q_x/I_x$），描述员工在横向和纵向两方面对所获报酬的比较以及对工作态度的影响。

公平理论认为组织中员工不仅关心从自己的工作努力中所得的绝对报酬，而且还关心自己的报酬与他人报酬之间的关系。他们对自己的付出与所得和别人的付出与所得之间的关系进行比较，做出判断。如果发现这种比率和其他人相比不平衡，就会感到紧张，这样的心理进一步驱使员工追求公平和平等的动机基础。

4. **答案要点**：赫兹伯格的双因素理论也叫“保健—激励理论”，该理论的研究重点是组织中个人与工作的关系问题。赫兹伯格试图证明，个人对工作的态度在很大程度上决定着任务的成功与失败。

赫兹伯格提出，影响人们行为的因素主要有两类：保健因素和激励因素。

（1）保健因素是那些与人们的不满情绪有关的因素，保健因素处理不好，会引发对工作不满情绪的产生；处理得好，可以预防或消除这种不满。但这类因素并不能对员工起激励的作用，只能起到保持人的积极性、维持工作现状的作用。

（2）激励因素是指那些与人们的满意情绪有关的因素。与激励因素有关的工作处理得好，能够使人们产生满意情绪；如果处理不当，其不利效果顶多只是没有满意情绪，而不会导致不满。

这种理论对企业管理的基本启示是：要调动和维持员工的积极性，首先要注意保健因素，以防止不满情绪的产生。但更重要的是要利用激励因素去激发员工的工作热情，努力工作，创造奋发向上的局面，因为只有激励因素才会增加员工的工作满意感。

5. **答案要点**：（略）

6. **答案要点**：需要层次论简单明了、易于理解、具有内在的逻辑性。但是，正是由于这种简洁性，也提出了一些问题，如这样的分类方法是否科学等。其中一个突出的问题，就是这种需要层次是绝对的高低还是相对的高低？马斯洛理论在逻辑上没有对此回答。

而高低的需要被满足是一种相对的过程。人类需要实际上具有多样性、层次性、潜在性和可变性等特征。

赫兹伯格双因素激励理论的重要意义在于它把传统的满意—不满意（认为满意的对立面是不满意）的观点进行了拆解，认为传统的观点中存在双重的连续体：满意的对立面是没有满意，而不是不满意；同样，不满意的对立面是没有不满意，而不是满意。这种理论对企业管理的基本启示是：要调动和维持员工的积极性，首先要注意保健因素，以防止不满情绪的产生。

但更重要的是要利用激励因素去激发员工的工作热情，努力工作，创造奋发向上的局面，因为只有激励因素才会增加员工的工作满意感。但是，其理论也有欠完善之处，像研究方法本身、研究方法的可靠性以及满意度的评价标准这些方面，赫兹伯格这一理论都存在不足。另外，赫兹伯格讨论的是员工满意度与劳动生产率之间存在的一定关系，但他所用的研究方法只考察了满意度，并没有涉及劳动生产率。

7. **答案要点**：公平理论对企业管理的启示是：员工对工作任务以及公司的管理制度，都有可能产生某种关于公平性的影响作用。而这种作用对仅仅起维持组织稳定性的管理人员来说，是不容易觉察到的。

员工对工资提出增加的要求，说明组织对他至少还有一定的吸引力，但当员工的离职率普遍上升时，说明企业组织已经对员工产生了强烈的不公平感，这需要管理人员引起高度重视，因为它意味着除了组织的激励措施不当以外，更重要的是，企业的现行管理制度有缺陷。公平理论的不足之处，在于员工本身对公平的判断是极其主观的，这种行为对管理者施加了比较大的压力。

因为人们总是倾向于过高估计自我的付出，而过低估计自己所得到的报酬，而对他人的估计则刚好相反。因此管理者在应用该理论时，应当注意实际工作绩效与报酬之间的合理性，并注意留心对组织的知识吸收和积累有特别贡献的个别员工的心理平衡。

8. **答案要点**：当目标明确并具有挑战性时，能更有效地激励个体或团队行动。目标管理理论将目标的具体性、参与决策、明确时间规定、绩效反馈作为目标激励的四个组成部分。

当员工们亲自参加的目标确定时，士气会更高，也会产生更大的责任感来完成目标。对员工的行动做出准确的反馈，可以帮助他们调整工作方法，鼓舞他们为实现目标做坚持不懈的努力。目标设定需要相当的管理技术。更具体的、有挑战性的、可实现的目标问题总是在某些具体条件下更有效；在群体之中，成员之间的相互协作对群体的绩效至关重要时，则个体的绩效目标就可能是无效的。

因为追求个体绩效目标可能会降低合作，所以绩效目标要根据群体的需要来设定；管理者不断延伸目标会进一步激发员工产生更大的积极性和更高的绩效。

9. **答案要点**：双因素激励理论，强化理论。（后略）

10. **答案要点**：有强烈成就感需要的人，倾向于成为企业家的人，他们喜欢比竞争者把事情做得更好，并且敢冒商业风险。有强烈依附感需要的人，是成功的“整合者”，他们的工作是协调组织中几个部门的工作，有过人的人际关系技能，能够与他人建立积极的工作关系。有强烈权力需要的人，则经常有较多的机会晋升到组织的高级管理层。（后略）

第十三章

沟通

习题

一、填充题

1. 沟通是借助一定手段把可理解的________、________和________在两个或两个以上的个人或群体中________或________的过程。

2. 从表面上看，沟通就是________的过程；实际上，管理学意义上的沟通是一个复杂的过程，它包含了________、________、________、________和________这五个要素。

3. 按照功能划分，沟通可以分为________和________。

4. 按照行为主体来划分，沟通可分为________和________。

5. 组织中的________是指组织中的个体成员间相互传递相关信息以促成行为与目标相互协调并与组织目标相一致的过程。

6. 对团队沟通的研究集中在________和________两个方面。

7. 有效沟通，简单地说就是传递和交流信息的________和________，实际上还表示组织对________的抵抗能力。

8. 信息来源的可靠性由________、________、________和________四个因素所决定。

9. 无论是组织中沟通还是组织间沟通，有效沟通的实现取决于对沟通技能的________和________。

10. 沟通是为了降低组织的________，进而降低组织之间的________。

11. ________是双方或多方为实现某种目标就有关条件达成协议的过程。

12. 谈判有两种基本方法，________和________。

13. 影响沟通的人际因素主要包括沟通双方的________、信息来源的________和发送者与接受者之间的________。

14. 影响有效沟通的个人因素包括________和________。

15. 影响沟通效果的结构因素主要包括________、________、________和________。

16. 影响沟通效果的技术因素主要包括________、________、________和________。

17. 按照是否进行反馈，沟通可分为________和________。

18. 团队是两个或两个以上的个体________和________以便完成组织预制的某项特别目标的单位。

19. ________对简单问题能够较快解决；但对复杂问题而言，________的解决速度就较快。

20. 企业经营战略观念的核心特征是________，即对企业的市场力量分析主要从企业的环境出发。

21. 沟通的目的是通过相互间的________与________来使个人和/或群体间的________以及________相适应。

22. 在现代社会，沟通不仅是________的基础，而且是个人________的基本前提。

23. 按照组织系统，沟通可分为________沟通和________沟通。

24. ________指没有反馈的信息传递，________指有反馈的信息传递，是发送者和接受者相互之间进行信息交流的沟通。

25. 非正式沟通指的是企业________或________为渠道的信息传递。

26. 组织间沟通的重要基础，一般不是建立市场交易关系基础上的________关系，而是建立相互信任的________关系。

27. 引起冲突的原因有________、________和________。

28. 鼓励管理者维持一种冲突的最低水平，以便使组织保持创新的激发状态的观点是冲突的________。

29. 通常的冲突处理办法有五种：________、________、________、________和________。

二、选择题

1. 将沟通分为工具式沟通和感情式沟通是按照沟通的________来分类的。
   A. 功能　　B. 行为主体
   C. 组织系统　　D. 借助中介和手段

2. 在组织中，________构成组织沟通最基本的内容，是最基本的协调工作。
   A. 群体间沟通　　B. 个体间沟通
   C. 组织间沟通　　D. 单向沟通

3. 组织间沟通的重要基础，是建立________。
   A. 相互的全面了解　　B. 市场交易基础上的契约关系
   C. 相互信任的互惠关系

4. 下列选项中________不是优秀的管理者实现有效的谈判一般的原则。
   A. 理性分析谈判的事件　　B. 抱着诚意开始谈判
   C. 坚定与灵活相结合　　D. 妥善地选择处理办法
   E. 理解你的谈判对手

5. 将沟通分为个体间沟通和群体间沟通是按照沟通的________来分类的。
   A. 功能　　B. 行为主体
   C. 组织系统　　D. 借助的中介和手段

6. 下列情况下，适合使用单向沟通的是________。

A. 时间比较充裕，但问题比较棘手

B. 下属对解决方案的接受程度至关重要

C. 上级缺乏处理负反馈的能力，容易感情用事

D. 下属能对解决问题提供有价值的信息和建议

7. 下列选项中________不支持企业的战略首先起始于企业对内部资源的整合的观点。

A. 迈克·波特　　B. 普拉哈拉德

C. 哈梅尔

8. 各种沟通方式中，快速传递，快速反馈，信息量很大，但传递中经过层次越多信息失真越严重，核实越困难的沟通方式是________。

A. 电子媒介　　B. 非语言

C. 书面　　D. 口头

9. 各种沟通方式中，具有快速传递，信息容量大，远程传递一份信息同时传递多人，廉价等优点，但属于单向传递的沟通方式是________。

A. 电子媒介　　B. 非语言

C. 书面　　D. 口头

10. 各种沟通方式中，具有持久、有形、可以核实等优点，但效率低，缺乏反馈的沟通方式是________。

A. 电子媒介　　B. 非语言

C. 书面　　D. 口头

11. 各种沟通方式中，具有信息意义十分明确，内涵丰富，含义隐含灵活等特点，但传递距离有限，界限模糊，只能意会，不能言传的沟通方式是________。

A. 电子媒介　　B. 非语言

C. 书面　　D. 口头

12. 组织中以工作团队为基础单位对象进行信息交流和传递的方式是________。

A. 个体间沟通　　B. 团队沟通

C. 组织间沟通

13. 组织中的个体成员间相互传递相关信息以促成行为与目标相互协调并与组织目标相一致的过程是________。

A. 个体间沟通　　B. 团队沟通

C. 组织间沟通

14. 组织之间如何加强有利于实现各自组织目标的信息交流和传递的过程是________。

A. 个体间沟通　　B. 团队沟通

C. 组织间沟通

15. 下列选项中________不是决定信息来源可靠性的因素。

A. 诚实　　B. 能力

C. 客观　　D. 权威

16. 沟通在管理中的作用是________。

A. 协调各个体、各要素，使企业成为一个整体的凝聚剂

B. 领导者激励下属、实现领导职能的基本途径

C. 企业与外部环境之间建立联系的桥梁

D. 组织文化

17. 沟通的目的有________。

A. 给交往对象提供行为建议

B. 以积极或消极的方式激励或约束他人行为

C. 向上司、下属或合作单位提供与决策制定或执行有关的各种信息

D. 获得选择或组织进行与自己的活动相关的各种信息

18. 关于沟通的过程，下列说法不正确的是________。

A. 至少存在着一个发送者和一个接受者

B. 发送者将信息译成接受者能够理解的一系列符号

C. 接受者将接受的符号译为具有特定含义的信息

D. 信息传递的有效性和接受者的翻译能力无关，只与发送者的翻译能力有关

19. 有反馈的信息传递的沟通是________。

A. 单向沟通　　B. 双向沟通

C. 上行沟通　　D. 非正式沟通

20. 关于口头沟通正确的说法是________。

A. 常常用于传递篇幅较长、内容详细的信息

B. 易于远距离传递，易于储存

C. 适合于需要翻译或精心编制的信息

D. 可在做决策时提取信息

21. 选择何种沟通工具，在很大程度上取决于________。

A. 信息的种类　　B. 目的

C. 外界环境　　D. 沟通双方

22. 冲突管理实际上包括________。

A. 管理者要设法消除冲突产生的负面效应

B. 制造平等团结的环境

C. 保持适度的冲突

D. 要求管理者激发冲突，利用和扩大冲突对组织产生的正面效应

23. 当冲突无关紧要的时候，或当冲突双方情绪极为激动，需要时间慢慢恢复平静时，可采用________策略。

A. 回避　　B. 迁就

C. 强制　　D. 妥协

E. 合作

24. 当必须对重大事件或紧急事件进行迅速处理时，可采用________策略。

A. 回避　　B. 迁就

C. 强制　　D. 妥协

E. 合作

25. 当维持稳定和谐关系十分重要时，可以采用________策略。

A. 回避　　B. 迁就
C. 强制　　D. 妥协
E. 合作

26. 当冲突双方势均力敌、争执不下需采取权宜之计时，可以采用________策略。

A. 回避　　B. 迁就
C. 强制　　D. 妥协
E. 合作

27. 当冲突双方势均力敌，争执不下，同时事件重大，双方不可能妥协时，可以采用________策略。

A. 回避　　B. 迁就
C. 强制　　D. 妥协
E. 合作

28. 如果发现一个组织中小道消息很多，而正式渠道的消息很少，这意味着该组织________。

A. 非正式沟通渠道中信息传递很通畅，运作良好
B. 正式沟通渠道中消息传递存在问题，需要调整
C. 其中有部分人特别喜欢在背后乱发议论，传递小道消息
D. 充分运用了非正式沟通渠道的作用，促进了信息的传递

三、是非判断题

1. 沟通是领导者激励下属、实现领导职能的基本途径。（　）
2. 在沟通过程中，发送者与接受者对信息的翻译是最容易导致信息失真的步骤。（　）
3. 口头沟通具有快速传递、信息量大、准确性强等特点。（　）
4. 电子媒介沟通因具有迅速、即时等特点，故而易减弱噪声干扰。（　）
5. 现代组织的沟通主要为下行沟通。（　）
6. 双向沟通的主要目的是检验信息传递的准确性。（　）
7. 在下属缺乏对问题的了解时，应通过双向沟通使其加深认识，以便工作开展。（　）
8. 对日常标准化工作的处理适用单向沟通。（　）
9. 非正式沟通的信息容易被曲解、夸大，从而变成谣言，需谨慎对待。（　）
10. 团队沟通较为复杂，是组织沟通中最基本的内容。（　）
11. 对于复杂问题，分权沟通能够更快速解决。（　）
12. 管理者应承认非正式沟通的必要性，并参与非正式沟通使其为自己服务，必要时对非正式渠道加以管理。（　）
13. 在沟通网络中，最为集权化的是轮型和 Y 型。（　）
14. 根据 X 理论，员工比较满意集权化网络。（　）
15. 选择性接受的原因是个人知识结构、专业素养的差别。（　）

16. 平行沟通的最大问题在于部门间的选择性接受。 ( )
17. 上下级间的不信任往往导致下级对信息的选择性接受。 ( )
18. 信息来源的可靠性由接受者主观决定，与信息本身无关。 ( )
19. 人们一般愿意与地位高的人沟通以获取赏识，但这种风气往往导致信息传递的不准确。 ( )
20. 一般来说，扁平化组织结构比金字塔形组织更有利于沟通。 ( )
21. 沟通渠道的增加意味着沟通的顺畅。 ( )
22. 非语言暗示具有丰富的含义，常单独使用以传递沟通双方的情感。 ( )
23. 书面沟通适合传递信息量大、时效要求不强的信息。 ( )
24. 正式的组织命令必须通过正式渠道进行传递。 ( )
25. 领导者可通过提高开会频率的方式加强内部沟通。 ( )
26. 互联网沟通应成为企业主要沟通方式。 ( )
27. 沟通差异是组织间冲突的主要原因。 ( )
28. 冲突是指由于某种差异而引起的抵触、争执或争斗的对立状态。 ( )
29. 冲突的根源在于组织结构的差异。 ( )
30. 因为适度的冲突有利于激发组织创造力，所以管理者应保持适当冲突，在没有冲突时要主动创造冲突。 ( )
31. 对于那些影响深远，但处理难度大、耗费精力的冲突，管理者可以暂且搁置，先处理较为容易的冲突。 ( )
32. 当冲突无关紧要时，可采取强制手段迅速解决。 ( )
33. 在冲突双方势均力敌时，为维持人际关系和谐，可采取迁就的方法。 ( )
34. 谈判往往用于处理组织内部的重大事件。 ( )
35. 当谈判陷入僵局时，应迅速结束谈判并搁置问题。 ( )
36. 管理者应创造一个有利于沟通的小环境，关键在于取得下级的信任。 ( )

四、简答题

1. 简述沟通在管理中的重要作用。
2. 简述一次沟通的过程。
3. 什么是工具式沟通和感情式沟通？什么是正式沟通和非正式沟通？
4. 简单比较单向沟通和双向沟通的优缺点。
5. 什么是团队？这一概念包含了哪些要素？
6. 团队沟通集权程度的特征给了组织什么样的意义？
7. 什么是战略联盟？
8. 克服沟通中的障碍有哪些准则？
9. 造成组织内差异的原因大概有哪三类？
10. 冲突管理包含哪两个方面？
11. 集权网络和分权网络的区别是什么？
12. 对冲突的看法有哪三种？其主要思想是什么？

13. 什么是零和谈判和双赢谈判？其基础分别是什么？

五、问答题

1. 分析阻碍组织有效沟通的障碍有哪些？
2. 对组织冲突的看法有哪些？
3. 管理者应当如何进行冲突管理？
4. 分析关于企业经营战略来源的两种思想。
5. 为什么说在组织中，个体间沟通构成组织沟通最基本的内容？
6. 什么是沟通？个体间沟通、团队沟通、组织间沟通的具体内涵是什么？对组织的意义分别是什么？
7. 什么是谈判？要想实现有效的谈判，应遵循哪些原则？
8. 电子邮件、微信、QQ 等电子媒介是如何改进当代组织的沟通效果的？又是如何造成较差的沟通效果的？
9. 有些高级主管认为，应该依靠书面信息和计算机报告，因为这些会比面对面沟通所带来的信息更准确，你同意吗？为什么？

参考答案

一、填充题

1. 信息，思想，情感，传递，交换
2. 传递信息；发送者，接受者，载体，编码，解码
3. 工具式沟通，感情式沟通
4. 个体间沟通，群体间（或团队间）沟通
5. 个体间沟通
6. 团队沟通集权的程度，团队任务的性质
7. 可靠性，准确性，内外噪声
8. 诚实，能力，热情，客观
9. 开发，改进
10. 管理成本，交易成本
11. 谈判
12. 零和谈判，双赢谈判
13. 相互信任，可靠程度，相似程度
14. 接受的有选择性，沟通技巧的差异
15. 地位差别，信息传递链，团体规模，空间约束
16. 语言，非语言暗示，媒介的有效性，信息过量

17. 单向沟通，双向沟通
18. 相互作用，协作
19. 集权沟通网络，分权沟通网络
20. 企业分析的外在性
21. 理解，认同，认知，行为
22. 人际交流，社会成功
23. 正式，非正式
24. 单向沟通，双向沟通
25. 非正式组织系统，个人
26. 契约，互惠
27. 沟通差异，结构差异，个体差异
28. 相互作用观点
29. 回避，迁就，强制，妥协，合作

二、选择题

1. A　2. B　3. C　4. D　5. B　6. C　7. A　8. D　9. A　10. C　11. B　12. B　13. A　14. C　15. D　16. ABC　17. ABCD　18. D　19. B　20. C　21. ABCD　22. AD　23. A　24. C　25. B　26. D　27. E　28. B

三、是非判断题

1. 是　2. 否　3. 否　4. 否　5. 否　6. 否　7. 否　8. 是　9. 否　10. 否　11. 是　12. 否　13. 是　14. 是　15. 否　16. 是　17. 是　18. 否　19. 是　20. 是　21. 否　22. 否　23. 是　24. 否　25. 否　26. 否　27. 是　28. 是　29. 否　30. 是　31. 否　32. 否　33. 否　34. 是　35. 否　36. 否

四、简答题

1. 沟通在管理中具有以下几方面的重要作用：首先，沟通是协调各个体、各要素，使企业成为一个整体的凝聚剂；其次，沟通是领导者激励下属、实现领导职能的基本途径；再次，沟通是企业与外部环境之间建立联系的桥梁。企业客观的社会存在性使得企业不得不和外部环境进行有效的沟通。

2. 一次沟通中，信息在发送者与接受者之间的传递是通过下述几个方面进行的：发送者需要向接受者传送信息或者需要接受者提供信息，发送者将这些信息译成接受者能够理解的一系列符号，将上述符号传递给接受者，接受者接受这些符号，接受者将这些符号译为具有特定含义的信息，接受者理解信息的内容，发送者通过反馈来了解他想传递的信息是否被对方准确无误地接受。反馈构成了信息的双向沟通。

3. 按照功能划分，沟通可分为工具式沟通和感情式沟通。工具式沟通指发送者将信息、知识、想法、要求传达给接受者，目的是影响和改变接受者的行为。感情式沟通指沟通双方表达情感，获得对方精神上的同情和谅解，最终改善相互之间的人际关系。

按照组织系统，沟通可分为正式沟通和非正式沟通。一般来说，正式沟通指以企业正式组织系统为渠道的信息传递。非正式沟通指的是企业非正式组织系统或个人为渠道的信息传递。

4. 一般来说，单向沟通指没有反馈的信息传递。双向沟通指有反馈的信息传递，是发送者和接受者相互之间进行信息交流的沟通。在时间上，双向沟通比单向沟通需要更多的时间；在信息和理解的准确程度上，在双向沟通中，接受者理解信息和发送者意图的准确程度大大提高；在接受者和发送者的置信程度上，在双向沟通中，接受者和发送者都比较相信自己对信息的理解；在满意度上，接受者比较满意双向沟通，发送者比较满意单向沟通；在噪声方面，由于与问题无关的信息较易进入沟通过程，双向沟通的噪声比单向沟通要大得多。

5. 团队是两个或两个以上的相互作用或协作以便完成组织预制的某项特别目标的单位。团队的概念包含三个要素。第一，需要两个或两个以上的人员。团队的规模可大可小，但一般的团队规模都低于 15 人。第二，团队人员有规律地相互接触，彼此间不打交道的人不能组成一个团队。第三，团队人员共享绩效目标。团队概念意味着一种崇高的使命感和竞争感。

6. 其意义在于：在高度竞争的全球环境中，组织应用群体或团队解决复杂问题。当团队活动复杂而且难度大时，所有成员都应该在一种分权的结构中共享信息，以便解决问题。团队需要在各个方向上自由沟通。应该鼓励团队成员彼此间讨论问题，员工的大量时间应该投放于信息加工。但是，执行常规任务的团队沟通可以是集权式的，在处理信息上的时间不宜太多。

7. 战略联盟是合作竞争战略的形式之一，是一种具有清楚明确的“积聚性理念”的多边合作伙伴关系。它以松散的组织方式为特征，在自愿加盟的基础上，以共同的方式，拓展未来的竞争空间，实现“双赢”或“全赢”的市场目的。战略联盟的成功与否，在一定程度上取决于战略联盟存在过程中的沟通效果。管理这种战略，通常是要建立特别的联络委员会，这一机构一般是向各联盟企业的最高层管理负责的。它的主要职责是协调联盟的运行并且监督合作伙伴共同领域中的新动向，加强组织间沟通，以使联盟切实为各成员企业在创造价值。

8. 克服沟通中的障碍一般有以下准则：明了沟通的重要性，正确对待沟通；培养“听”的艺术；创造一个相互信任、有利于沟通的小环境；缩短信息传递链，拓宽沟通渠道，保证信息的畅通无阻和完整性；建立特别委员会，定期加强上下级的沟通；非管理工作组；加强平行沟通，促进横向交流。

9. 造成组织内差异的原因大体上可以归纳为三类：沟通差异是由于文化和历史背景不同、语义困难、误解及沟通过程中的噪声的干扰造成人们之间意见不一致；结构差异是由于分工造成组织结构中垂直方向和水平方向各系统、各层次、各部门、各单位、各不同岗位的分化造成的组织结构的差异；个体差异是人们之间因社会背景、教育程度、阅历、修养，乃至性格、价值观和作风的差异，这些差异造成的合作和沟通的困难导致了冲突的产生。

10. 冲突管理包括两个方面。一是管理者要设法消除冲突产生的负面效应。这些冲突阻碍了组织实现目标，属于功能失调的冲突，它们对组织具有破坏性作用。二是要求管理者激发冲突，利用和扩大冲突对组织产生的正面效应，因为这些冲突支持组织的目标，属于建设性的、功能正常的冲突。

11. 集权沟通网络对简单问题能够较快解决，分权沟通则显得迟缓些，因为信息在个体中间要等到有人最终获得信息并解决问题时才会传递。但对复杂问题而言，分权沟通网络的解决速度就较快。由于所有的必需信息并不局限在一个人那儿，通过广泛的沟通而产生的信息汇总就为决策提供了更多的产出。同样，解决问题的精度和问题的难度是连在一起的。

12. 冲突的传统观点：认为组织应该避免冲突，冲突本身表明组织内部的机能失调，换句话说，这种观点的中心是认为冲突对组织无益，是有害的。

冲突的人际关系观点：冲突是任何组织无可避免的产物，但它同时指出，冲突并不一定会导致对组织的危害。甚至可能是有利于组织的积极动力。这一观点认为冲突客观存在，主张接纳冲突，使冲突的存在合理化，并希望将冲突转化为有利于组织的程序。

冲突的相互作用观点：明确认为冲突不仅可以成为组织中的积极动力，而且其中有些冲突对于组织或组织单元的有效运作是必要的。换言之，冲突是组织保持活力的一种有效手段。

因而，这种观点鼓励管理者维持一种冲突的最低水平，以便使组织保持创新的激发状态。

13. 零和谈判就是有输有赢的谈判，一方所得就是另一方所失。零和谈判能够成功，在于双方的目标都有弹性并有重叠区存在，重叠区就是双方和解达成协议的基础。

双赢谈判就是谈判要找到一种双方都赢的方案。这种谈判要求双方对另一方的需求十分敏感，各自都比较开放和灵活，双方都对另一方有足够的了解和信任。在此基础上通过开诚布公的谈判，就可能找到双赢的方案，从而建立起牢固的长期的合作关系。

五、问答题

1. **答案要点**：所谓有效沟通，简单地说就是传递和交流信息的可靠性和准确性高，实际上还表示组织对内外噪声的抵抗能力强。

影响有效沟通的障碍包括下列因素：

（1）个人因素。个人因素主要包括两大类。一是有选择地接受；另一是沟通技巧的差异。

（2）人际因素。人际因素主要包括沟通双方的相互信任、信息来源的可靠度和发送者与接受者之间的相似程度。

（3）结构因素。结构因素包括地位差别、信息传递链、团体规模和空间约束四个方面。

（4）技术因素。技术因素主要包括语言、非语言暗示、媒介的有效性和信息过量。

2. **答案要点**：多年来，对组织冲突的看法，一般有如下三种观点：

第一种观点存在于19世纪末到20世纪40年代，认为组织应该避免冲突，冲突本身表明组织内部的机能失调，换句话说，这种观点的中心是认为冲突对组织是无益的，是有害的。这种观点一般被称为冲突的传统观点。

第二种观点认为冲突是任何组织无可避免的产物，但它同时指出，冲突并不一定会导致对组织的危害，甚至可能有利于组织中的积极动力。显然，这一观点因为冲突的客观存在，主张接纳冲突，使冲突的存在合理化，并希望将冲突转化为有利于组织的程序。自20世纪40年代到70年代中期，这一观点在冲突理论中占主导地位。因为强调冲突的必然性，有时这种观点又被称为冲突的人际关系观点。

第三种观点是当今的冲突管理观点，明确认为冲突不仅可以成为组织中的积极动力，而且其中有些冲突对于组织或组织单元的有效运作是必要的。换言之，冲突是组织保持活力的一种有效手段。因而，这种观点鼓励管理者维持一种冲突的最低水平，以便使组织保持创新的激发状态。由于突出冲突对于组织的运作效率，这种观点又被称为冲突的相互作用观点。

3. **答案要点**：（1）冲突管理实际上包括两个方面。一是管理者要设法消除冲突产生的负面效应。这是因为，这些冲突阻碍了组织实现目标，属于功能失调的冲突，它们对组织具有破坏性作用。二是要求管理者激发冲突，利用和扩大冲突对组织产生的正面效应，因为这些冲突支持组织的目标，属于建设性的、功能正常的冲突。

（2）优秀的管理者一般按下列方式管理冲突：谨慎地选择你想处理的冲突；仔细研究冲突双方的代表人物；深入了解冲突的根源；妥善地选择处理办法。

4. **答案要点**：关于企业的经营战略问题，总的来看，有两种思想。

一种是从产业组织角度入手。这种思想主要是分析企业所处的产业结构位置，将企业的这种产业定位和企业的竞争绩效联系起来。根据这种分析，企业的盈利能力取决于企业对比产业结构的数种作用力，它们最终形成企业是否进入该产业的吸引力。而要将这种吸引力变现，企业需要采用通用的三种竞争战略，以获取在低成本和差别性方面的一般性竞争优势，这类优势就是企业的市场力量所在。所以，企业的经营战略就是用竞争定位进行的决策行为。

另外一种观念则认为，企业的战略首先起始于企业对内部资源的整合，企业的市场力量是企业资源禀赋，尤其是核心资源在企业内部配置的结果。企业拥有的资源和产业中其他企业的不同，决定着企业在产业中具有强大的获取异质资源的租金。企业的资源由有形资源、无形资源和能力组成。其中，能力是资源整合的结果，一般认为有能力（capabilities）和竞争能力（competencies），主要通过核心竞争能力（core competencies），企业获得从经营生产环节到核心产品，到企业组织结构，到最终市场上的超过竞争对手的力量或竞争优势。因而，战略在这种框架中是潜在的能力和竞争能力的产物。

5. **答案要点**：在组织中，个体间沟通构成组织沟通最基本的内容。在一般意义上，组织中的个体间沟通是指组织中的个体成员间相互传递相关信息以促成行为与目标相互协调并与组织目标相一致的过程。

（1）每个企业都由数人、数十人、数百人甚至成千上万人组成，企业每天的活动也由许许多多的具体工作所构成。由于个体的地位、利益和能力的不同，他们对企业目标的理解、所感受的信息也不同，这就需要相互交流意见，统一思想认识，自觉地协调各个体的工作活动，以保证组织目标的实现。因而，个体间沟通在组织中是最基本的协调工作，认识不到这一点，就不可能完全实现企业的目标。

（2）个体间沟通也是由人的自利行为的客观性和多样性决定的。管理学中的人性理论，以及各种类别的激励理论，都是以协调人在组织中的行为为出发点的。

（3）个体间沟通对组织的重要意义，还在于组织中的人的管理。企业员工日益成为企业经营流程中专有知识的载体，成为产生企业竞争力的核心竞争能力源泉。

员工之间的交流及其效率，在一定程度上是企业组织的知识在内部传递的表现。

6. **答案要点**：沟通是借助一定手段把可理解的信息、思想和情感在两个或两个以上的个人或群体中传递或交换的过程，目的是通过相互间的理解与认同来使个人和 / 或群体间的认知以及行为相互适应。

组织中的个体间沟通是指组织中的个体成员间相互传递相关信息以促成行为与目标相互协调并与组织目标相一致的过程。个体间沟通在组织中是最基本的协调工作，对组织的重要意义还在于组织中的人的管理。

新形势下，企业员工日益成为企业经营流程中专有知识的载体，成为产生企业竞争力的核心竞争能力源泉。员工之间的交流及其效率，在一定程度上是企业组织的知识在内部传递的表现。

团队沟通是指组织中以工作团队为基础单位对象进行的信息交流和传递的方式。团队的沟通结构既影响团队绩效又影响员工的满意度。对团队沟通的研究集中在两个方面：团队沟通集权的程度和团队任务的性质。团队沟通对组织的意义在于，在高度竞争的全球环境中，组织应用群体或团队解决复杂问题。当团队活动复杂而且难度大时，所有成员都应该在一种分权的结构中共享信息，以便解决问题。团队需要在各个方向上自由沟通。

应该鼓励团队成员彼此间讨论问题，员工的大量时间应该投放于信息加工。但是，执行常规任务的团队沟通可以是集权式的，在处理信息上的时间不宜太多。

组织间沟通，简单地说就是组织之间如何加强有利于实现各自组织目标的信息交流和传递的过程。在知识经济条件下，企业要试图控制伴随竞争环境的变化而增加的各种知识是相当困难的，因此要进行有效的合作，企业必须走向合作，选择合作的竞争战略。

7. **答案要点**：谈判是双方或多方为实现某种目标就有关条件达成协议的过程。

实现有效的谈判，一般有如下的原则：（1）理性分析谈判的事件；（2）理解你的谈判对手；（3）抱着诚意开始谈判；（4）坚定与灵活相结合。

8. **答案要点**：电子邮件具有快速传递、信息容量大的特点，远程传递一份信息并可同时传递多人且廉价；但是，电子邮件属于单向传递，可以交流，但却看不见表情，不利于隐含信息的领会。（略）

9. **答案要点**：（略）

第十四章

控制与控制过程

习题

一、填充题

1. 任何系统都是由________联结在一起的元素的集合，元素之间的这种关系就叫耦合。

2. 财务分析的目的是通过分析反映资金运动过程的各种财务资料，了解本期资金占用和利用的结果，弄清企业的________、________、________以及________，以指导企业在下期活动中调整产品结构和生产方向，决定缩小或扩大某种产品的生产。

3. 公开报酬的前提是________，这种评价要求以________与________为依据。

4. 控制的过程包括三个基本环节的工作：________；________；________。

5. ________是进行控制的基础。

6. ________是指对企业产品在市场上占有份额的要求。

7. 产品领导地位通常指________。

8. 企业的存续是以________为前提的。

9. ________是任何企业从事经营的直接动因之一，也是衡量企业经营成败的综合标志。

10. ________是以分析反映企业经营在历史上各个时期状况的数据为基础来为未来活动建立的标准。

11. 机器的产出标准是其设计者计算的在正常情况下被使用的________。

12. ________是确定适宜的衡量频度所需考虑的主要因素。

13. ________使得控制过程得以完整，并将控制与管理的其他职能相互联结。

14. 纠正措施的制定是以________为依据的。

15. 由于对客观环境的认识能力提高，或者由于客观环境本身发生了重要变化而引起的纠偏需要，可能会导致原先计划与决策的局部甚至全局的否定，从而要求企业活动的方向和内容进行重大的调整，这种调整有时被称为________。

16. 有效地控制应具有下述特征：________、________、________、________。

17. 纠正偏差的最理想方法应该是在________，就注意到偏差产的________，从而________，________。

18. 预测偏差的产生，可以通过建立________来实现。

19. 适度控制是指控制的________、________和________要恰到好处。

20. 过多的控制并不总能带来较高的收益，企业应根据活动的________和________确定控制的范围和频度，建立有效的控制系统。

21. 控制是为了保证________与________动态适应的管理职能。

22. 根据确定控制标准Z值的方法，可以将控制过程分成________、________、________、________。

23. 自适应控制的特点是没有明确的________。

24. 根据时机、对象和目的的不同，可以将控制分为________、________、________。

25. 前馈控制的目的是防止________而不是当问题出现时再补救。

26. 成果控制主要包括________、________、________以及________等内容。

27. 判断控制程度或额度是否适当的标准，通常要随________、________以及下属________等因素而变化。

28. 客观的控制源于对企业________及其变化的客观了解和评价。

29. 质量控制图的纵轴表示的是________。

30. 控制费用基本上随着 ________的提高而增加，控制收益的变化则比较复杂。

31. 弹性控制要求企业制定弹性的________和弹性的________。

32. 危机是在企业生产经营过程中由于企业内外部的________而引发的可能危及企业发展甚至危及________的严重问题。

33. ________是企业在某一时空的状态严重偏离了预定的要求。

34. 最有效的危机防范在于完善________，加强________。

35. 危机管理的关键是________。

二、选择题

1. 测定员工态度的标准有多个方面，可以通过________来测定员工态度的变化。

A. 分析离职率、缺勤率

B. 统计改进作业方法或管理方法的合理化建议的数量

C. 对定期调查的评价分析

2. 劳动时间定额是利用秒表测定的受过训练的普通工人以正常速度按照标准操作方法对产品或零部件进行某个（些）工序的加工所需的________。

A. 最小时间　　　　B. 平均必要时间

C. 最大时间

3. 对产品的质量控制常常需要以小时或以日为单位进行；而对新产品开发的控制则可能需以________为单位进行。

A. 月　　　　B. 天

C. 周　　D. 季

4. ________使得控制过程得以完整，并将控制与管理的其他职能相互联结。

A. 确立标准　　B. 衡量成效

C. 纠正偏差

5. 质量控制图中，反映产品某个质量特征或某项工作质量完善程度的数值是________。

A. 纵轴　　B. 横轴

C. 中心线

6. 控制过程中采用的检查、测量的技术与手段必须能正确地反映企业经营在时空上的变化程度与分布状况，这是为了满足________的原则。

A. 适时控制　　B. 适度控制

C. 客观控制　　D. 弹性控制

7. 考虑到企业在生产经营过程中可能经常遇到某种突发的、无力抗拒的变化，控制应当是________。

A. 适时控制　　B. 适度控制

C. 客观控制　　D. 弹性控制

8. 企业经营过程开始以后，对活动中的人和事进行指导和监督的控制是________。

A. 前馈控制　　B. 过程控制

C. 成果控制　　D. 反馈控制

9. 各个控制类型中，________的控制标准Z值由某一目标函数的最大值或最小值构成。

A. 程序控制　　B. 跟踪控制

C. 自适应控制　　D. 最佳控制

10. 在企业生产经营活动中，税金的缴纳，利润、工资、奖金的分配，资金、材料的供应等都属于________性质。

A. 程序控制　　B. 跟踪控制

C. 自适应控制　　D. 最佳控制

11. 可以使管理者随时发现下属在活动中与计划要求相偏离的现象，从而可以将经营问题消失在萌芽状态的是________。

A. 前馈控制　　B. 过程控制

C. 成果控制　　D. 反馈控制

12. 下列选项中，________不能反映企业对某段时期内投资应获利润的要求。

A. 利润与资金占用量的比率　　B. 利润与销售额的比率

C. 利润与市场份额的比率

13. 可以达到有效控制的目的的是________。

A. 衡量推销人员的工作绩效来检查他们的销售额是否比上年或平均水平高出一定数量

B. 衡量职工出勤率是否达到了正常水平，来评价劳动者的工作热情

C. 分析产品数量是否达到计划目标，来判定企业的盈利程度

14. ________是指企业内部生产组织因管理疏漏而造成的重大事故或因决策严重失误

而使企业经营陷入困境。

A. 外源危机　　B. 内源危机

C. 战略危机　　D. 职能危机

15. 关于控制与分权的关系，叙述正确的是________。

A. 分权越高，控制越不必要　　B. 分权越高，控制越必要

C. 分权越低，控制越必要　　D. 分权与控制没联系

16. 程序控制的特点是________。

A. 控制标准 Z 值是控制对象所跟踪的先行量的函数

B. 控制标准 Z 值是过去时刻（或时期）已达状态 K_t 的函数

C. 控制标准 Z 值由某一目标函数的最大值或最小值构成

D. 控制标准 Z 值是时间 t 的函数

17. 下列属于跟踪控制的是________。

A. 计划编制程序　　B. 利润、工资的分配

C. 最小费用控制生产批量　　D. 线性规划

18. ________都是应用了最佳控制原理进行决策和管理。

A. 用最小费用来控制生产批量　　B. 用最低成本来控制生产规模

C. 用最大利润率控制投资　　D. 用最短路程控制运输路线

19. 财务分析的目的是________。

A. 了解本期资金占用和利用的结果

B. 弄清企业的盈利能力、偿债能力、维持营运的能力以及投资能力

C. 指导企业在下期活动中调整产品结构和生产方向

D. 判断每个职工对企业提供的劳动数量和质量贡献

20. 一般来说企业可以使用的建立标准的方法有________。

A. 统计性标准　　B. 根据评估建立标准

C. 工程标准　　D. 工业标准

21. 关于检验标准的客观性和有效性的叙述，不正确的是：________。

A. 分析对标准执行情况的测量能否取得符合控制需要的信息

B. 可能只考虑了一些次要的因素，或只重视了一些表面的因素

C. 利用既定的标准去检查人们的工作，有时并不能达到有效控制的目的

D. 应选择一些易于衡量的标准

22. 为了保证纠偏措施的针对性和有效性，必须在制定和实施纠偏措施的过程中注意________。

A. 找出偏差产生的主要原因　　B. 确定纠偏措施的实施对象

C. 消除人们对纠偏措施的疑虑　　D. 选择恰当的纠偏措施

23. 预定计划或标准的调整是由于________。

A. 原先的计划或标准制定得不科学，在执行中发现了问题

B. 由于客观环境发生了预料不到的变化，原先的计划或标准不再适应新形势的需要

C. 受到员工抵制，不接受

D. 高层管理者的要求

24. 处理好全面控制与重点控制的关系应认识到________。

A. 控制越多越好

B. 并不是所有成员的每一项工作都具有相同的发生偏差的概率

C. 并不是所有可能发生的偏差都会对组织带来相同程度的影响

D. 全面系统的控制不仅代价极高、是不可能的，而且也是不必要的

25. 控制费用与控制收益的关系是________。

A. 控制费用基本上随着控制程度的提高而增加

B. 较小范围和较低程度的控制不足以发现和纠正偏差，费用会高于收益

C. 随着控制范围和控制程度的提高，控制收益会补偿甚至超过控制费用

D. 控制收益随着控制费用的增加而减少

26. 客观控制要求是________。

A. 处理好全面控制与重点控制的关系

B. 控制过程中采用的检查、测量的技术与手段必须能正确地反映企业经营在时空上的变化程度与分布状况

C. 企业还必须定期地检查过去规定的标准和计量规范，以使之符合现实的要求

D. 在遇到某种突发的、无力抗拒的变化的情况下仍能发挥作用

27. 关于控制频度，说法正确的是________。

A. 过于频繁的衡量，会增加控制的费用

B. 检查和衡量的次数过少，则可能使许多重大的偏差不能及时发现

C. 以什么样的频度，在什么时候对某种活动的绩效进行衡量，这取决于被控制活动的性质

D. 管理人员可以在他们方便的时候，而不是在工作绩效仍“在控制中”进行衡量

28. 危机爆发前后的管理控制主要包括________。

A. 危机辨识　　B. 危机消解

C. 危机沟通　　D. 危机后的学习

三、是非判断题

1. 只要计划足够周密，就不需要进行额外的控制。（　　）

2. 外部环境的动态变化决定了控制是必要的。（　　）

3. 企业分权程度越高，控制就越有必要。（　　）

4. 虽然员工工作能力有差异，但是只要企业制定了全面完善的计划，经营环境在一定时期内也相对稳定，那么对员工的工作控制就是不必要的。（　　）

5. 程序控制的特点是控制标准 Z 值是控制对象所跟踪的先行量的函数。（　　）

6. 跟踪控制的特点是控制标准 Z 值是时间 t 的函数。（　　）

7. 自适应控制的特点是没有明确的先行量，控制标准 Z 值是过去时刻（或时期）已达状态 K_t 的函数。也就是说，Z 值是通过学习过去的经验而建立起来的。（　　）

8. 在企业的生产经营活动中，很少采用最佳控制原理进行决策和管理。（　　）

9. 根据时机、对象和目标的不同，可以将控制划分为三类：预先控制、现场控制、成果控制。（ ）

10. 为了保证经营过程的顺利进行，管理人员必须在经营开始以前就检查企业是否已经或能够筹措到在质和量上符合计划要求的各类经营资源。（ ）

11. 企业经营过程开始以后，对活动中的人和事进行指导和监督是现场控制的主要内容。（ ）

12. 成果控制主要包括财务分析、成本分析、质量分析以及职工成绩评定等内容，对于本期已经形成的经营结果来说是有作用的。（ ）

13. 虽然反映偏差的信息姗姗来迟，只要信息非常系统、绝对客观、完全正确的，就会对纠正偏差带来指导作用。（ ）

14. 纠正偏差的最理想方法是偏差出现后，马上采取必要的纠偏措施。（ ）

15. 企业可以通过建立企业经营状况的预警系统来预测偏差的产生。（ ）

16. 企业经营过程中，过少的控制，将不能使组织活动有序地进行，就不能保证各部门活动进度和比例的协调，将会造成资源的浪费。因此控制越多越好。（ ）

17. 对科研机构的控制程度应大于生产劳动；企业中对科室人员工作的控制要大于现场的生产作业。（ ）

18. 全面控制与重点控制的内在含义和要求是一致的。（ ）

19. 一项控制，只有当它带来的收益超出其所需成本时，才是值得的。（ ）

20. 只要衡量工作成效的标准是客观和恰当的，企业就可以实现对经营活动的客观控制。（ ）

21. 企业制定弹性的计划和弹性的衡量标准不利于企业对经营活动进行控制。（ ）

22. 控制的过程都包括三个基本环节的工作：确立标准；衡量成效；纠正偏差。（ ）

23. 关于环境特点及其发展趋势的假设、资源投入以及组织的活动是控制的重点对象。（ ）

24. 控制的统计性标准只需要利用本企业的历史性统计资料为某项工作确定标准就足够了。（ ）

25. 根据评估建立标准没有客观的标准，因此是没有意义的。（ ）

26. 工程标准是通过对工作情况进行客观的定量分析来进行的，因此与统计性标准无差异。（ ）

27. 通过衡量成绩，企业可以检验衡量标准的客观性和有效性。（ ）

28. 为了保持控制的有效性，企业必须以同样的频度对各种生产经营活动的绩效进行衡量。（ ）

29. 企业应该建立有效的信息反馈网络，将反映实际工作情况的信息传递给相应的管理人员就够了。（ ）

30. 在执行纠偏过程中，不需要对原有的衡量标准进行改变。（ ）

31. 纠偏措施要充分考虑原先计划实施的影响。（ ）

32. 危机对企业会造成比较大的负面影响 ( )

33. 企业面临的危机都来源于企业外部。 ( )

34. 危机爆发后力挽狂澜的企业家比善于维护制度完善、保证有序、化危机于无形的管理者对于企业的危机管理更有意义。 ( )

35. 行动的及时性和真实信息的传递对于危机的管控具有重要的意义。 ( )

四、简答题

1. 根据确定标准值的方法将控制分类。
2. 根据时机、对象和目的的不同将控制分类。
3. 确定控制标准有哪些内容?
4. 企业可以使用的建立标准的方法有哪些?
5. 为了保证纠偏措施的针对性和有效性,必须在制定和实施纠偏措施的过程中注意哪些问题?
6. 预定计划或标准调整的原因是什么?
7. 纠偏措施的选择和实施过程中要注意哪些问题?
8. 什么是纠偏方案的双重优化?
9. 什么是追踪决策和初始决策?
10. 什么是控制?控制的主要内容是什么?
11. 请简要说明控制的基本原理。
12. 什么是质量分析?
13. 职工成绩评定的含义是什么?有什么作用?
14. 影响企业一定时期经营成果的主要因素有哪些?
15. 适度控制所要体现的要求有哪些?
16. 请简述客观控制的思想。
17. 请简述危机的三个基本特征。
18. 请根据不同的标准将危机进行不同的分类。

五、问答题

1. 分析控制的必要性。
2. 管理者在衡量工作成绩的过程中应注意哪些问题?
3. 怎样实现有效控制?
4. 分析弹性控制的内涵与要求。
5. 控制的过程包括哪三个环节的工作,并请分析每个环节的实施步骤。
6. 危机的管理控制应注意哪些问题?
7. 你能否举出现实中运用反馈控制的例子?

参考答案

一、填充题

1. 因果关系链
2. 盈利能力，偿债能力，维持营运的能力，投资能力
3. 公开评价，对职工表现的客观认识，组织对每个人的工作要求
4. 确立标准，衡量成效，纠正偏差
5. 制定标准
6. 市场地位
7. 产品的技术先进水平与功能完善程度
8. 社会的承认
9. 通过提供某种商品或服务取得一定的利润
10. 统计性标准（历史性标准）
11. 最大产出量
12. 需要控制的对象可能发生重大变化的时间间隔
13. 纠正偏差
14. 偏差原因的分析
15. 追踪决策
16. 适时控制，适度控制，客观控制，弹性控制
17. 偏差未产生以前，可能性，预先采取必要的防范措施，防止偏差的产生
18. 企业经营状况的预警系统
19. 范围，程度，频度
20. 规模特点，复杂程度
21. 企业计划，实际作业
22. 程序控制，跟踪控制，自适应控制，最佳控制
23. 先行性
24. 前馈控制，同期控制，反馈控制
25. 问题的发生
26. 财务分析，成本分析，质量分析，职工成绩评定
27. 活动性质，管理层次，受培训程度
28. 经营活动状况
29. 产品某个质量特征或某项工作质量完善程度的数值
30. 控制程度
31. 计划，衡量标准
32. 突发事件，企业生存

33. 危机式的偏离

34. 管理制度，日常经营管理

35. 行动的及时性

二、选择题

1. C　2. B　3. A　4. C　5. A　6. C　7. D　8. B　9. D　10. B　11. B　12. C　13. A　14. B　15. B　16. D　17. B　18. ABCD　19. ABC　20. ABC　21. D　22. ABD　23. AB　24. BCD　25. ABC　26. BC　27. ABC　28. ABCD

三、是非判断题

1. 否　2. 是　3. 是　4. 否　5. 否　6. 否　7. 是　8. 否　9. 是　10. 是　11. 是　12. 否　13. 否　14. 否　15. 是　16. 否　17. 否　18. 否　19. 是　20. 否　21. 否　22. 是　23. 是　24. 否　25. 否　26. 否　27. 是　28. 否　29. 否　30. 否　31. 是　32. 是　33. 否　34. 否　35. 是

四、简答题

1. 根据确定控制标准 Z 值的方法，可以将控制过程分为四类：

（1）程序控制。程序控制的特点是，控制标准 Z 值是时间 t 的函数，即：$Z=f(t)$。

（2）跟踪控制。跟踪控制的特点是，控制标准 Z 值是控制对象所跟踪的先行量的函数。若先行量为 W，则 $Z=f(W)$。

（3）自适应控制。自适应控制的特点是没有明确的先行量，控制标准 Z 值是过去时刻（或时期）已达状态 K_t 的函数。也就是说，Z 值是通过学习过去的经验而建立起来的，即 $Z=f(K_t)$。

（4）最佳控制。最佳控制的特点是，控制标准 Z 值由某一目标函数的最大值或最小值构成。这种函数通常含有输入量 X，传递因子 S 和 K 及各种附加参数 C，即：$Z=\max f(X, S, K, C)$ 或 $Z=\min f(X, S, K, C)$。

2. 根据时机、对象和目的的不同，可以将控制分为三类：

（1）前馈控制是在企业生产经营活动开始之前进行的控制。其目的是防止问题的发生而不是当问题出现时再补救。控制的内容包括检查资源的筹备情况和预测其利用效果两个方面。

（2）同期控制，亦称现场或过程控制，是指企业经营过程开始以后，对活动中的人和事进行指导和监督。主管人员越早知道业务活动与计划的不一致，就可以越快地采取纠偏措施，可以在发生重大问题之前及时纠正。

（3）反馈控制，亦称成果或事后控制，是指在一个时期的生产经营活动结束以后，对本期的资源利用状况及其结果进行总结。成果控制主要包括财务分析、成本分析、质量分析以及职工成绩评定等内容。

3. 标准是人们检查和衡量工作及其结果（包括阶段结果与最终结果）的规范。制定标准是进行控制的基础。没有一套完整的标准，衡量绩效或纠正偏差就失去了客观依据。它包括：确定控制对象、选择控制的重点和制定标准的方法。

4. 一般来说，企业可以使用的建立标准的方法有三种：利用统计方法来确定预期结果；根据经验和判断来估计预期结果；在客观的定量分析的基础上建立工程（工作）标准。

5. 为了保证纠偏措施的针对性和有效性，必须在制定和实施纠偏措施的过程中注意下述问题：（1）找出偏差产生的主要原因；（2）确定纠偏措施的实施对象；（3）选择恰当的纠偏措施。

6. 预定计划或标准的调整是由两种原因决定的：一是原先的计划或标准制定得不科学，在执行中发现了问题；二是原来正确的标准和计划，由于客观环境发生了预料不到的变化，不再适应新形势的需要。

7. 针对产生偏差的主要原因，就可能制定改进工作或调整计划与标准的纠正方案。纠偏措施的选择和实施过程中要注意：（1）使纠偏方案双重优化；（2）充分考虑原先计划实施的影响；（3）注意消除人们对纠偏措施的疑虑。

8. 纠正偏差，不仅在实施对象上可以进行选择，而且对同一对象的纠偏也可采取多种不同的措施。所有这些措施，其实施条件和效果相比的经济性都要优于不采取任何行动、使偏差任其发展可能给组织造成的损失；有时最好的方案也许是不采取任何行动，如果行动的费用超过偏差带来的损失的话。这是纠偏方案选择过程中的第一重优化。

第二重优化是在此基础上，通过对各种经济可行方案的比较，找出其中追加投入最少、解决偏差效果最好的方案来给组织实施。

9. 由于对客观环境认识能力的提高，或者由于客观环境本身发生了重要变化而引起的纠偏需要，可能会导致原先计划与决策的局部甚至全局的否定，从而要求企业活动的方向和内容进行重大的调整，这种调整有时被称为“追踪决策”。

初始决策是所选定的方案尚未付诸实施，没有投入任何资源，客观对象与环境尚未受到人的决策的影响和干扰，因此是以零为起点的决策。

10. 控制是管理工作的最重要职能之一。它是企业计划与实际作业动态相适应的管理职能。控制工作的主要内容包括确立标准、衡量绩效和纠正偏差。

一个有效的控制系统可以保证各项活动朝着组织目标的方向前进，而且，控制系统越完善，组织目标就越易实现。

11.（1）任何系统都是由因果关系链联结在一起的元素的集合。元素之间的这种关系就叫耦合。控制论就是研究耦合运行系统的控制和调节的。

（2）为了控制耦合系统的运行，必须确定系统的控制标准 Z。控制标准 Z 的值是不断变化的某个参数集的函数，即 $Z=f(S)$。

（3）可以通过对系统的调节来纠正系统输出与标准值 Z 之间的偏差，从而实现对系统的控制。

12. 质量分析是通过研究质量控制系统收集的统计数据，判断企业产品的平均等级系数，了解产品质量水平与其费用要求的关系，找出企业质量工作的薄弱环节，为组织下期生产过程中的质量管理和确定关键的质量控制点提供依据。

13. 职工成绩评定是通过检查企业员工在本期的工作表现，分析他们的行动是否符合预定要求，判断每个职工对企业提供的劳动数量和质量贡献。成绩评定不仅为企业确定付给职工的报酬（物质或精神上的奖惩）提供了客观的依据，而且会通过职工对报酬公平与否的判断，影响他们在下期工作中的积极性。公开报酬的前提是公开评价，这种评价要求以对职工表现的客观认识和组织对每个人的工作要求为依据。

14. 影响企业在一定时期经营成果的主要因素有:（1）关于环境特点及其发展趋势的假设;（2）资源投入;（3）组织的活动。

15.（1）防止控制过多或控制不足;（2）处理好全面控制与重点控制的关系;（3）使花费一定费用的控制得到足够的控制收益。

16. 客观的控制源于对企业经营活动状况及其变化的客观了解和评价。为此，控制过程中采用的检查、测量的技术与手段必须能正确地反映企业经营在时空上的变化程度与分布状况，准确地判断和评价企业各部门、各环节的工作与计划要求的相符或相背离程度，这种判断和评价的正确程度还取决于衡量工作成效的标准是否客观和恰当。

为此，企业还必须定期地检查过去规定的标准和计量规范，使之符合现实的要求。另外，对一名下属人员的工作是否符合计划要求的判断，也要采取客观的标准和准确的检测手段。

17.（1）危机的实质是企业经营中出现的“严重问题”。

（2）具有危机性质的严重问题不仅危及企业的长期发展，而且可能影响企业目前的生存。

（3）引发危机的根源是企业内部或外部的突发性事件。

18.（1）从诱发危机的原因分类，可以分成外源危机与内源危机。

（2）从危机涉及领域的宽泛分类，可以分成战略危机与职能危机。

（3）从危机涉及主体对危机的可预见和可控程度分类，可以分成可预见、可控和不可预见、不可控两种类型。

五、问答题

1. **答案要点**：由于理想的状态是不可能成为企业管理的现实的。无论计划制定得如何周密，由于各种各样的原因，人们在执行计划的活动中总是会或多或少地出现与计划不一致的现象。

管理控制的必要性主要是由下述原因决定的:（1）环境的变化;（2）管理权力的分散;（3）工作能力的差异。

2. **答案要点**：管理者在衡量工作成绩的过程中应注意这些问题:（1）通过衡量成绩，检验标准的客观性和有效性;（2）确定适宜的衡量频度;（3）建立信息反馈系统。

3. **答案要点**：适时控制：及时采取措施纠正企业经营活动的偏差，才能避免偏差的扩大，或防止偏差对企业不利影响的扩散。及时纠偏，要求管理人员及时掌握能够反映偏差产生及其严重程度的信息。

适度控制：要防止控制过多或控制不足；处理好全面控制与重点控制的关系；使花费一定费用的控制得到足够的控制收益。

客观控制：控制工作应该针对企业的实际状况，符合企业的实际。

弹性控制：企业在生产经营过程中经常可能遇到某种突发的、无力抗拒的变化，这些变化使企业计划与现实条件严重背离。有效的控制系统应在这样的情况下仍能发挥作用，维持企业的运营，也就是说，应该具有灵活性或弹性。

4. **答案要点**：企业在生产经营过程中经常可能遇到某种突发的、无力抗拒的变化，这些变化使企业计划与现实条件严重背离。有效的控制系统应在这样的情况下仍能发挥作用，维持企业的运营，也就是说，应该具有灵活性或弹性。

弹性控制通常与控制的标准有关。有效的预算控制应能反映经营规模的变化，应该考虑到未来的企业经营可能呈现出不同的水平，从而为经营规模的参数值规定不同的经营额度，使预算在一定范围内是可以变化的。

一般地说，弹性控制要求企业制定弹性的计划和弹性的衡量标准。

除此以外，一个有效的控制系统还应该站在战略的高度，抓住影响整个企业行为或绩效的关键因素。有效的控制系统往往集中精力于例外发生的事情，凡已出现过的事情，皆可按规定的控制程序处理，第一次发生的事例，需投入较大的精力。

5. **答案要点**：控制的过程包括三个基本环节的工作：

（1）确立标准，包括确定控制对象、选择控制的重点、制定标准的方法。

（2）衡量绩效，包括检验标准的客观性和有效性、确定适宜的衡量频度、建立信息反馈系统。

（3）纠正偏差，包括找出偏差产生的主要原因、确定纠偏措施的实施对象、选择恰当的纠偏措施。

6. **答案要点**：最有效的危机防范在于完善管理制度，加强日常经营管理。管理从根本上来说是要建立秩序、消解危机、保证效率。因此，危机前的各项工作才是最重要也是最能有效遏制危机的工作。危机爆发前后的管理控制主要包括危机辨识、危机消解、危机沟通以及危机后的学习等方面的工作。

7. **答案要点**：（略）

第十五章
控制方法

习题

一、填充题

1. 企业在未来的几乎所有活动都可以利用________进行控制。

2. 为了有效地从预期________和________两个方面对企业经营全面控制，不仅需要对各个部门、各项活动制定________，而且要对企业整体编制________。

3. 预算内容要涉及以下几个方面：________、________、________、________。

4. 企业收入主要来源于产品销售，因此收入预算的主要内容是________。

5. ________和________是从财务角度计划预测了未来活动的成果以及为取得这些成果所需付出的费用。

6. 现金预算是对企业未来生产与销售活动中现金的________与________进行预测。

7. ________则可能涉及好几个阶段，是长期预算。

8. ________是对企业会计年度末期的财务状况进行预测。

9. 预算的实质是用________为企业各部门的各项活动编制计划。

10. 对库存的控制主要是为了在保证________正常进行的前提下，降低各种与库存有关的________，提高经济效益。

11. 经济订购批量模型考虑两种成本，一是________，二是________。

12. 目标是实现零库存的做法是________。

13. 狭义的质量指________，而广义的质量除了涵盖________外，还包括________。

14. 产品质量主要指产品的________，即满足消费者需要的功能和性质。

15. 全面质量管理是以保证产品质量和工作质量为中心，企业全体员工参与的质量管理体系。它具有________、________、________和________的特征。

16. ________的项目一般是对企业竞争力影响最重要的因素，同时也是企业的薄弱环节。

17. 在标杆管理中的控制指标中，不仅要求采用________，还要求采用一些________。

18. 平衡计分卡是由________、________、________和________四个方面构成的衡量企业、部门和人员的卡片。

19. ________在平衡计分卡中不仅是一个单独的衡量方面，而且是其他几个衡量方面的出发点和落脚点。

20. 比率分析就是将企业________和________上的相关项目进行对比，形成一个比率，从中分析和评价企业的经营成果和财务状况。

21. 利用财务报表提供的数据，可以列出两种类型的比率：________和________。

22. ________是对反映企业资金运动过程及其结果的会计记录及财务报表进行审核、鉴定，以判断其真实性和可靠性，从而为控制和决策提供依据。

23. 预算控制是根据预算规定的________与________标准来检查和监督各个部门的生产经营活动。

24. 常用的控制方法有________、________、________、________和________。

25. 我们可以把企业看成这样一个动态过程：企业首先获得________、________和________等投入，经过企业系统的转换和经营，生产出________或________。

26. 产品的功能和性质可以具体化为下列五个方面：________、________、________、________和________。

27. 迄今为止，质量管理和控制已经经历了三个阶段，即________、________和________。

28. 在平衡计分卡控制中，在客户方面核心的衡量指标主要包括市场份额、________、________、________和________。

29. 在平衡计分卡控制中，在内部经营过程方面，应本着________来制定衡量指标。

30. 现在的内部经营过程往往是________的，常常要创造全新的流程，它循着________→寻找市场→________→生产制造→________的轨迹进行。

31. ________反映了企业偿还需要付现的流动债务的能力。

32. 负债比率是企业总负债与总资产之比，反映了________与________的比率关系。

33. ________是企业成功地举债经营的关键。

二、选择题

1. 分预算是________。

   A. 按照部门和项目来编制的

   B. 详细说明了相应部门的收入目标或费用支出的水平

   C. 概括了企业相互联系的各个方面在未来时期的总体目标

   D. 对所有部门或项目分预算进行综合平衡的基础上编制

2. 关于分预算和全面预算的区别，叙述不正确的是________。

   A. 全面预算必须用统一的货币单位来衡量

   B. 分预算则不一定用货币单位计量

   C. 全面预算也可以用材料的原有单位表示

   D. 分预算只能用货币单位计量

3. 一般而言，预算内容不涉及________。

A. 收入预算　　B. 现金预算

C. 资金支出预算　　D. 人员编制预算

4. 支出预算包括________。

A. 直接材料预算　　B. 直接人工预算

C. 附加费用预算　　D. 分项销售预算

5. 属于长期预算的是________。

A. 收入预算　　B. 支出预算

C. 现金预算　　D. 资金支出预算

6. 资金支出预算的项目包括________。

A. 用于更新改造或扩充包括厂房、设备在内的生产设施的支出

B. 用于增加品种、完善产品性能或改进工艺的研究与开发支出

C. 用于提高职工和管理队伍素质的人事培训与发展支出

D. 用于广告宣传、寻找顾客的市场发展支出

7. 对于供应商的控制，说法不正确的是：________。

A. 供应商供货及时与否、质量的好坏、价格的高低，都对本企业最终产品产生重大影响

B. 大型跨国公司多采用的做法是在全球范围内选择供应商

C. 持有供货商一部分或全部股份是一种控制供应商的做法

D. 纵向一体化不是控制供应商的方法

8. 产品质量是满足消费者需要的功能和性质，这些功能和性质包括________。

A. 性能、寿命　　B. 安全性

C. 可靠性和经济性　　D. 高质价比

9. 发生在20世纪四五十年代的质量管理和控制是________。

A. 质量检查阶段　　B. 统计质量管理阶段

C. 6西格玛管理　　D. 全面质量管理

10. 全面质量管理是________。

A. 开始于20世纪50年代

B. 以保证产品质量和工作质量为中心

C. 企业全体员工参与的质量管理体系

D. 具有多指标、全过程、多环节和综合性的特征

11. 平衡计分卡控制是________首创的。

A. 戴明　　B. 施乐公司

C. 卡普兰和诺顿　　D. 国际标准化组织

12. 平衡计分卡的优点是________。

A. 平衡计分卡将企业的战略置于核心地位

B. 平衡计分卡使战略在企业上下进行交流和学习，并与各部门和个人的目标联系起来

C. 平衡计分卡使战略目标在各个经营层面达成一致

D. 平衡计分卡有助于短期成果和长远发展的协同和统一

13. 流动比率是________。

A. 企业的流动资产与流动负债之比

B. 反映了企业偿还需要付现的流动债务的能力

C. 流动资产和存货之差与流动负债之比

D. 反映了企业所有者提供的资金与外部债权人提供的资金的比率关系

14. 盈利比率是________。

A. 企业总负债与总资产之比

B. 反映了企业所有者提供的资金与外部债权人提供的资金的比率关系

C. 企业利润与销售额或全部资金等相关因素的比例关系

D. 反映了企业在一定时期从事某种经营活动的盈利程度及其变化情况

15. 库存周转率是________。

A. 销售总额与固定资产之比

B. 销售收入与销售费用的比率

C. 销售总额与库存平均价值的比例关系

D. 销售总额与库存最高价值的比例关系

16. 审计可以划分为________。

A. 外部审计　　B. 内部审计

C. 管理审计　　D. 财务审计

17. 下列选项中，________不属于附加费用预算的内容。

A. 固定资产折旧　　B. 资金筹措

C. 税金　　D. 人员劳动的成本

18. 现金预算能包括的项目是：________。

A. 当年实际支出现金，但在今后逐年分摊的投资费用

B. 赊购所得的原材料，但仍未向供应商付款

C. 赊销所得的应收款，但用户实际仍未支付

19. ________是对企业会计年度末期的财务状况进行预测。

A. 收入预算　　B. 支出预算

C. 现金预算　　D. 资金支出预算

E. 资产负债预算

20. 可能会过度束缚决策者的行动，使企业经营缺乏灵活性和适应性的预算是________。

A. 中长期预算　　B. 弹性预算

C. 区间预算　　D. 短期预算

21. 经济订购批量模型中，当企业在一定期间内总需求量或订货量为一定时，如果每次订购的量较少，则订购成本较________，但保管费用较________。

A. 高，高　　B. 高，低

C. 低，高　　D. 低，低

22. 发生在20世纪四五十年代的质量管理与控制的阶段是________。

A. 质量检查阶段　　　　B. 统计质量管理阶段

C. 全面质量管理阶段

23. 在平衡计分卡中，________不仅是一个单独的衡量方面，而且是其他几个衡量方面的出发点和落脚点。

A. 财务　　　　B. 客户

C. 内部经营过程　　　　D. 学习和成长

24. 在平衡计分卡控制中，下列________不是在成长阶段的财务衡量应着重的方面。

A. 销售额总体增长百分比　　　　B. 资产报酬率的增长率

C. 特定地区的销售额增长率　　　　D. 特定顾客群体的销售额增长率

25. 下列指标中，________可以衡量企业资产流动性。

A. 速动比率　　　　B. 负债比率

C. 盈利比率　　　　D. 经营比率

26. ________是销售总额与固定资产之比。

A. 固定资产周转率　　　　B. 资产收益率

C. 库存周转率

27. 主要核对企业财务记录的可靠性和真实性的是________。

A. 管理审计　　　　B. 内部审计

C. 外部审计

三、是非判断题

1. 分预算是按照部门和项目来编制的，全面预算则是在对所有部门或项目分预算进行综合平衡的基础上编制而成的。（　　）

2. 任何预算都需用数字形式来表述，必须用统一的货币单位来衡量。（　　）

3. 静态预算是指在成本按性质分类的基础上，以业务量、成本和利润之间的相互关系为依据，按照预算期内可能实现的各种业务水平编制的有伸缩性的预算。（　　）

4. 相比于增量预算法，零基预算更可能真实反映部门的预算需求。（　　）

5. 在增量法下，预算编制单位的负责人常常竭力用完全年的预算指标，以致到了年底毫无剩余。因此预算控制只能采用零基预算。（　　）

6. 企业文化、企业形象、企业活力在预算控制中也可以得到很好的体现。（　　）

7. 预算控制可能使得部门的目标发生置换即小心翼翼地诺守不得超过支出预算的准则，而忽视了部门活动的本来目的。（　　）

8. 比率分析不需要进行横向的（不同企业之间）或纵向的（不同时期之间）比较。（　　）

9. 财务比率及其分析可以帮助我们了解企业的偿债能力和盈利能力等财务状况。（　　）

10. 审计控制只包含外部审计和内部审计，管理审计不属于审计控制的范围。（　　）

11. 审计人员与管理当局不存在行政上的依附关系，外部审计具有完全的独立性和公正性。（　　）

12. 内部审计提供了检查现有控制程序和方法能否有效地保证达成既定目标和执行既定政策的手段。（　　）

13. 内部审计强调监督，所以不利于推行分权化管理。（　　）

14. 管理审计是一种对企业所有管理工作及其绩效进行全面系统地评价和鉴定的方法。（　　）

15. 管理审计过多地评价组织过去的努力和结果，而不致力于预测和指导未来的工作，因此是无意义的。（　　）

16. 损益控制虽然只是一种事后控制，但也能改善前期工作。（　　）

17. 单独利用损益控制就能够分析利润发生偏差的真正原因，从而寻求正确的纠偏措施。（　　）

18. 成本分配的追溯法有两种：直接追溯法、动因追溯法。而且动因追溯法比直接追溯法更加准确。（　　）

19. 成本控制的步骤包括：建立成本控制标准、核算成本控制绩效及分析成本发生偏差的调查、采取纠偏措施三个部分。（　　）

20. 标准成本就是为生产一件产品或提供一项服务所应花费的成本。（　　）

21. 在实际工作中，人们一般对成本控制制定理想标准。（　　）

22. 只要投入的实际价格或用量小于标准价格或用量就会出现有利差异，有利差异一定是良好的差异。（　　）

23. 一般性问题的首次出现，或者常见的问题，都只需具有普遍意义的解决办法。（　　）

24. 如果质的分析判断该偏差具有重复发生的可能性，但量的分析中偏差并未超出可接受范围，管理人员就不必调查和采取改进措施。（　　）

25. “利润 = 价格 - 成本”表明价格由市场决定，企业要获得利润只有靠降低成本。（　　）

26. 标杆管理设定的目标应该越高越好。（　　）

27. 标杆管理可能会引起本企业与目标企业全面趋同，没有了本企业的任何特色，即失去了推行差异化战略的机遇。（　　）

28. 在落后的情况下，追赶式的战略比跨越式战略可能更有效。（　　）

29. 平衡计分卡只是一种企业控制工具，而不可以用作企业绩效评估方法或者战略管理方法。（　　）

30. 在平衡计分卡中，企业的战略处于核心位置，财务、顾客、内部经营过程、学习和成长环于四周，构成一个管理系统。（　　）

四、简答题

1. 什么是预算控制？
2. 简述分预算和总体预算的关系。
3. 支出预算有哪些内容？
4. 何谓销售预算？何谓分项销售预算？
5. 什么是现金预算？其预算内容是什么？

6. 什么是资产负债预算？
7. 请简单介绍经济订购批量模型。
8. 解释准时制库存系统。
9. 假设某企业一年对某种材料的总需求量是 10 000 件，每件价格为 40 元，每次订购所需的费用是 250 元，保管成本与库存物品价值之比为 12.5%，则最优订购批量为多少？
10. 什么是质量？
11. 请简述全面质量管理的思想。
12. 什么是标杆管理？其基础是什么？
13. 什么是平衡计分卡控制？
14. 什么是经营比率？
15. 什么是外部审计、内部审计、管理审计？

五、问答题

1. 预算的种类有哪些？
2. 请分析预算的作用和局限性。
3. 标杆管理的作用和局限是什么？
4. 如何实施标杆控制？
5. 请具体分析平衡计分卡的四个控制指标内涵。
6. 为什么当代管理者都愿意用平衡计分卡来对组织绩效进行考评和控制？
7. 请分析外部审计、内部审计、管理审计的缺陷都在哪里。
8. 反映企业管理绩效及其影响因素主要有哪些？

参考答案

一、填充题

1. 预算
2. 收入，费用，分预算，全面预算
3. 收入预算，支出预算，现金预算，资金支出预算，资产负债预算
4. 销售预算
5. 收入预算，支出预算
6. 流入，流出
7. 资金支出预算
8. 资产负债预算
9. 统一的货币单位
10. 生产经营活动，成本耗费

11. 订购成本，保管费用
12. 准时制库存系统
13. 产品质量，产品质量，工作质量
14. 使用价值
15. 多指标，全过程，多环节，综合性
16. 标杆控制
17. 财务指标，非财务指标
18. 财务，顾客，内部经营过程，学习和成长
19. 财务衡量
20. 资产负债表，收益表
21. 财务比率，经营比率
22. 审计
23. 收入，支出
24. 预算控制，比率分析，审计控制，盈亏控制，网络控制
25. 原材料，零部件，劳动力，有形的产品，无形的劳务
26. 性能，寿命，安全性，可靠性，经济性
27. 质量检查阶段，统计质量管理阶段，全面质量管理阶段
28. 客户回头率，新客户获得率，客户满意度，从客户处所获得的利润率
29. 满足客户需要
30. 以销定产式，调研，产品设计开发，销售与售后服务
31. 流动比率
32. 企业所有者提供的资金，外部债权人提供的资金
33. 确定合理的债务比率

二、选择题

1. AB　2. CD　3. D　4. ABC　5. D　6. ABCD　7. D　8. ABC　9. B　10. ABCD　11. C　12. ABCD　13. AB　14. CD　15. C　16. ABC　17. D　18. A　19. E　20. A　21. B　22. B　23. A　24. B　25. A　26. A　27. C

三、是非判断题

1. 是　2. 否　3. 否　4. 是　5. 否　6. 否　7. 是　8. 否　9. 是　10. 否　11. 否　12. 是　13. 否　14. 是　15. 否　16. 否　17. 否　18. 否　19. 是　20. 是　21. 否　22. 否　23. 是　24. 否　25. 是　26. 否　27. 是　28. 否　29. 否　30. 是

四、简答题

1. 预算控制就是根据预算规定的收入与支出标准来检查和监督各个部门的生产经营

活动，以保证各种活动或各个部门在充分达成既定目标、实现利润的过程中对经营资源的利用，从而费用的支出受到严格有效的约束。

2. 为了有效地从预期收入和费用两个方面对企业经营全面控制，不仅需要对各个部门、各项活动制定分预算，而且要对企业整体编制全面预算。分预算是按照部门和项目来编制的，它们详细说明了相应部门的收入目标或费用支出的水平，规定了它们在生产活动、销售活动、采购活动、研究开发活动或财务活动中筹措和利用劳力、资金等生产要素的标准；全面预算则是在对所有部门或项目分预算进行综合平衡的基础上编制而成的，它概括了企业相互联系的各个方面在未来时期的总体目标。

只有编制了总体预算，才能进一步明确组织各部门的任务、目标、制约条件以及各部门在活动中的相互关系，从而为正确评价和控制各部门的工作提供客观的依据。

3. 企业必须编制能够保证销售过程得以进行的生产活动的预算，关于生产活动的预算，不仅要确定为取得一定销售收入所需要的产品数量，而且更重要的是要预计为得到这些产品、实现销售收入需要付出的费用，即编制各种支出预算。支出预算主要包括：直接材料预算、直接人工预算、附加费用预算。

4. 销售预算是在销售预测的基础上编制的，即通过分析企业过去的销售情况、目前和未来的市场需求特点及其发展趋势，比较竞争对手和本企业的经营实力，确定企业在未来时期为了实现目标利润必须达到的销售水平。

由于企业通常不止生产一种产品，这些产品也不只在某一个区域市场上销售，因此，为了能为控制未来的活动提供详细的依据，便于检查计划的执行情况，往往需要按产品、区域市场或消费群（市场层次），为各经营单位编制分项销售预算。

5. 现金预算是对企业未来生产与销售活动中现金的流入与流出进行预测，通常由财务部门编制。

6. 资产负债预算是对企业会计年度末期的财务状况进行预测。它通过将各部门和各项目的分预算汇总在一起，表明如果企业的各种业务活动达到预先规定的标准，在财务期末企业资产与负债会呈现何种状况。

7. 假定企业在一定时间内总需求量为 D，每次订购所需的费用为 O，库存物品单价为 P，保管成本与库存物品价值之比为 C，则最优订购批量为 $EOQ=\sqrt{\dfrac{2\times D\times O}{P\times C}}$。

8. 准时制库存系统是由日本企业发明的，其基本思路是企业不储备原材料库存，一旦需要，立即向供应商提出，由供应商保质保量按时送来，生产继续进行。

具体做法如下：企业收到供应商送来的装有原材料的集装箱，卸下其中的原材料准备用于生产装配，同时把箱中的“看板”交回供应商；供应商接到“看板”后立即进行生产，并将再次运送新生产出来的原材料。

如果双方衔接得好的话，这时，上次的原材料刚好用完。

9. 1 000 件。

10. 质量有狭义和广义之分。狭义的质量指产品的质量，而广义的质量除了涵盖产品质量外，还包括工作质量。产品质量主要指产品的使用价值，即满足消费者需要的功能和性质。

这些功能和性质可以具体化为下列五个方面：性能、寿命、安全性、可靠性和经济性。工作质量主要指在生产过程中，围绕保障产品质量而进行的质量管理工作的水平。

11. 全面质量管理的思想是:（1）永远进取，TQC认为没有最好，只有更好;（2）提高质量，TQC采用最广泛的质量定义，它不仅指最终的产品，而且覆盖与最终产品有关的一切;（3）精确衡量，TQC运用数理统计方法衡量实绩，比较标准，纠正偏差;（4）放权员工，TQC授权于生产线上的工人和技术人员，动员和鼓励他们参与质量管理工作。

12. 标杆控制是以在某一项指标或某一方面实践上竞争力最强的企业或行业中的领先企业或组织内某部门作为基准，将本企业的产品、服务管理措施或相关实践的实际状况与这些基准进行定量化评价、比较，在此基础上制定、实施改进的策略和方法，并持续进行的一种管理方法。标杆控制的心理学基础在于人的成就动机导向，认为任何个人与组织都应设定既富有挑战性又具有可行性的目标，只有这样，个人和组织才有发展的动力。

13. 平衡计分卡是由财务、顾客、内部经营过程、学习和成长四个方面构成的衡量企业、部门和人员的卡片，之所以取名为“平衡计分卡”，是因为它的目的在于平衡，兼顾战略与战术、长期和短期目标、财务和非财务衡量方法、滞后和先行指标。

14. 经营比率，也称活力比率，是与资源利用有关的几种比例关系。它们反映了企业经营效率的高低和各种资源是否得到了充分利用。（经营比率）一般包括库存周转率、固定资产周转率和销售收入与销售费用的比率。

15. 外部审计是由外部机构（如会计师事务所）选派的审计人员对企业财务报表及其反映的财务状况进行独立的评估。内部审计提供了检查现有控制程序和方法能否有效地保证达成既定目标和执行既定政策的手段。

管理审计是一种对企业所有管理工作及其绩效进行全面系统地评价和鉴定的方法。

五、问答题

1. **答案要点**：不同企业，由于生产活动的特点不同，预算表中的项目会有不同程度的差异。但一般来说，预算内容要涉及以下几个方面：收入预算、支出预算、现金预算、资金支出预算和资产负债预算。

（1）收入预算。收入预算和支出预算提供了关于企业未来某段时期经营状况的一般说明，即从财务角度计划和预测了未来活动的成果以及为取得这些成果所需付出的费用。由于企业收入主要来源于产品销售，因此收入预算的主要内容是销售预算。

（2）支出预算。与销售预算相对应，企业必须编制能够保证销售过程得以进行的生产活动的预算，即编制各种支出预算。包括直接材料预算、直接人工预算和附加费用预算。

（3）现金预算。现金预算是对企业未来生产与销售活动中现金的流入与流出进行预测，通常由财务部门编制。现金预算只能包括那些实际包含在现金流程中的项目。

（4）资金支出预算。资金支出预算则可能涉及若干个阶段，是长期预算。企业可以利用盈利的一个很重要部分来进行生产能力的恢复和扩大。由于这些支出具有投资的性质，因此对其的计划安排通常被称为投资预算或资金支出预算。

（5）资产负债预算。资产负债预算是对企业会计年度末期的财务状况进行预测。它通过将各部门和各项目的分预算汇总在一起，表明如果企业的各种业务活动达到预先规定的标准，在财务期末企业资产与负债会呈现何种状况。

2. **答案要点**：预算的实质是用统一的货币单位为企业各部门的各项活动编制计划，它使得企业在不同时期的活动效果和不同部门的经营绩效具有可比性，可以使管理者了解企业经营状况的变化方向和组织中的优势部门与问题部门，从而为调整企业活动指明了方向；通过为不同的职能部门和职能活动编制预算，也为协调企业活动提供了依据；更重要的是，预算的编制与执行始终是与控制过程联系在一起的；编制预算是为企业的各项活动确立财务标准，用数量形式的预算标准来对照企业活动的实际效果，大大方便了控制过程中的绩效衡量工作，也使之更加客观可靠；在此基础上，很容易测量出实际活动对预期效果的偏离程度，从而为采取纠正措施奠定了基础。其局限性在于：

（1）只能帮助企业控制那些可以计量的、特别是可以用货币单位计量的业务活动，而不能促使企业对那些不能计量的企业文化、企业形象、企业活力的改善等予以足够的重视。

（2）编制预算时通常参照上期的预算项目和标准，从而会忽视本期活动的实际需要，因此会导致这样的错误：上期有的而本期不需要的项目仍然沿用，而本期必需的上期没有的项目会因缺乏先例而不能增设。

（3）企业活动的外部环境是不断变化的，这些变化会改变企业获取资源的支出或销售产品实现的收入，从而使预算变得不合时宜。

（4）预算，特别是项目预算或部门预算，不仅对有关负责人提出了希望他们实现的结果，而且也为他们得到这些成果而有效开支的费用规定了限度。这种规定可能使得主管们在活动中精打细算，小心翼翼地遵守不得超过支出预算的准则，而忽视了部门活动的本来目的。

（5）费用预算总是具有按先例递增的习惯，如果在预算编制的过程中，没有仔细地复查相应的标准和程序，那么，预算可能成为低效的管理部门的保护伞。

3. **答案要点**：通过设立挑战和赶超对象，并以最关键或最薄弱的因素作为改进内容，标杆控制以此来全面提升企业的竞争力。其不足在于：一是标杆管理和控制容易导致企业的竞争战略趋同。二是标杆控制容易使企业陷入“落后—标杆—又落后—再标杆”的“标杆管理陷阱”之中。如果标杆控制活动不能使企业跨越与领先企业之间的“技术鸿沟”，单纯为赶超先进而继续推行标杆控制，反而会使企业陷入繁杂的“标杆管理陷阱”。

4. **答案要点**：标杆控制的实施需要一系列的步骤。

（1）确定标杆控制的项目。标杆控制的项目一般是对企业竞争力影响最重要的因素，同时也是企业的薄弱环节。一般来说，项目应在对企业状况进行比较深入、细致研究的基础上确定。

（2）确定标杆控制的对象和对比点。这个对象应当是在同组织、同行业、同部门业绩最佳、效率最高的少数有代表性的对象。标杆控制的对比点应当在标杆控制项目范围内决定，通常为业绩的作业流程、管理实践或关键要素，在此基础上确立测量指标作为控制的依据。

（3）组成工作小组，确定工作计划。企业层次标杆控制活动的组成人员通常由决定竞争力因素的核心部门的能够识别专业流程优劣的人士参加。

（4）资料收集和调查。首先收集相关项目、相关调查对象和调查内容方面已有的研究报告、调查报告或相关信息，在研究这些已有资料的基础上，拟定实地调查提纲和调查问卷。

在实地调查之前，要事先在内部进行对调查问卷和实地调查方法的检验，确定调查问卷和方法的有效性。在实地调查过程中，需要重点关注造成差异的地方。

（5）分析比较，找出差距，确定最佳纠偏做法。在对调查所取得的资料进行分类、整理，并进行必要的进一步调查的基础上，进行调查对象之间以及调查数据与企业的实际情况的比较研究，确定出各个调查对象所存在的差异，明确差距形成的原因和过程，并确定出最佳做法。

（6）明确改进方向，制定实施方案。在明确最佳做法的基础上，找出弥补自己和最佳实践之间差距的具体途径或改进机会，设计具体的实施方案，并进行实施方案的经济效益分析。

实施方案要明确实施重点和难点，预测可能出现的困难和偏差，确定对实施情况的检查和考核标准。

（7）沟通与修正方案。利用各种途径，将拟订的方案、所要达到的目标前景同全体成员进行反复交流与沟通，征询意见，争取全体成员的理解和支持，并根据成员建议，修正和完善方案，以统一成员思想，使全体成员在方案实施过程中目标一致、行动一致。

（8）实施与监督。将方案付诸实施，并不断将实施情况和最佳做法进行比较，监督偏差的出现并采取有效的校正措施，以努力达到最佳实践水平，努力超过标杆对象。

（9）总结经验。在完成了首次标杆控制活动之后，必须对实施效果进行合理的评判，并及时总结经验，对新的情况、新的发现进行进一步的分析。

（10）进行再标杆循环。针对环境的新变化或新的管理需求，锚定下一次标杆的项目和对象。

5. **答案要点**：（1）财务方面。财务衡量是其他几个衡量方面的出发点和落脚点。一套平衡计分卡应该反映企业战略的全貌，从长远的财务目标开始，然后将它们与一系列行动相联系。其内涵是“要在财务方面取得成功，我们应向股东们展示什么？”

（2）客户方面。核心的衡量指标主要包括市场份额、客户回头率、新客户获得率、客户满意度和从客户处所获得的利润率。其内涵在于“我们对客户的服务水平如何？”

（3）内部经营过程。现在的内部经营过程往往是以销定产式，常常要创造全新的流程，它循着调研→寻找市场→产品设计开发→生产制造→销售与售后服务的轨迹进行。其内涵在于“我们的内部活动和流程能为顾客和股东创造价值吗？”

（4）学习和成长。最关键的因素是人才、信息系统和组织程序。其内涵在于“我们在不断学习、变革和改进吗？”

6. **答案要点**：成功的平衡计分卡控制制度是把企业的战略和一整套财务和非财务性评估手段联系在一起的一种手段。平衡计分卡可以阐明战略并在企业内部达成共识；在整个组织中传播战略；把部门和个人的目标与这一战略相联系；把战略目标与战术安排相衔接；对战略进行定期和有序的总结；利用反馈的信息改进战略。

因此，从某种意义上来说，平衡计分卡不仅仅是一种控制和业绩评价手段，而是一个战略管理方法。采用平衡计分卡作为控制工具的优点主要体现在以下几个方面：

（1）平衡计分卡将企业的战略置于核心地位。平衡计分卡将企业战略目标在四个方面依序展开，分别为具有因果关系的局部目标即财务目标、客户目标、内部经营流程目标、学习和成长目标，并将这四个目标进一步展开成对应的评价指标。

（2）平衡计分卡使战略在企业上下进行交流和学习，并与各部门和个人的目标联系起来。平衡计分卡要求部门和个人制定自己的计分卡，在此过程中，必然要求企业进行更多的交流和相互学习，确立支持整体目标的局部目标的行动方案，并确保组织中的各个层次都能理解长期战略和评价指标，从而使部门及个人目标服从总体的战略目标。

（3）平衡计分卡使战略目标在各个经营层面达成一致。尽管成功运用平衡计分卡的企业仍然使用相同的设备、相同的产品、相同的人员，但却因为对各经营层面战略目标的统一而使企业形成一个有机的整体。

（4）平衡计分卡有助于短期成果和长远发展的协调和统一。除了传统的财务指标外，平衡计分卡还着重于开发新的能力、接近新的客户和市场等未来发展指标，使得企业合理分配资源，在不断取得短期成果中促进长远目标的实现。

7. **答案要点**：（1）外部审计：外来的审计人员不了解内部的组织结构、生产流程和经营特点，在对具体业务的审计过程中可能产生困难。此外，处于被审计地位的内部组织成员可能产生抵触情绪，不愿积极配合，这也可能增加审计工作的难度。

（2）内部审计：可能需要很多的费用，特别是如果进行深入、详细的审计的话；不仅要收集事实，而且需要解释事实，并指出事实与计划的偏差所在，要能很好地完成这些工作，而又不引起被审计部门的不满，需要对审计人员进行充分的技能训练；即使审计人员具有必要的技能，仍然会有许多员工认为审计是一种“密探”或“查整性”的工作，从而在心理上产生抵触情绪。

如不能有效沟通则会对组织激励带来负面效应。

（3）管理审计：认为这种审计过多地评价组织过去的努力和结果，而不致力于预测和指导未来的工作，以至于有些企业在获得了极好评价的管理审计后不久就遇到了严重的财政困难。

8. **答案要点**：反映企业管理绩效及其影响因素主要有：

（1）经济功能。检查企业产品或服务对公众的价值，分析企业对社会和国民经济的贡献。

（2）企业组织结构。分析企业组织结构是否能有效地达成企业经营目标。

（3）收入合理性。根据盈利的数量和质量（指盈利在一定时期内的持续性和稳定性。）来判断企业盈利状况。

（4）研究与开发。评价企业研究与发展部门的工作是否为企业的未来发展进行了必要的新技术和新产品的准备，管理当局对这项工作的态度如何。

（5）财务政策。评价企业的财务结构是否健全合理，企业是否有效地运用财务政策和控制来达到短期和长期目标。

（6）生产效率。保证在适当的时候提供符合质量要求的必要数量的产品，这对于维持企业的竞争能力是相当重要的。因此，要对企业生产制造系统在数量和质量的保证程度以及资源利用的有效性等方面进行评估。

（7）销售能力。销售能力影响企业产品能否在市场上顺利实现其价值。这方面的评估包括企业商业信誉、代销网点、服务系统以及销售人员的工作技能和工作态度。

（8）对管理当局的评估。即对企业的主要管理人员的知识、能力、勤劳、正直、诚实等素质进行分析和评价。

第十六章
管理的创新职能

习题

一、填充题

1. ________、________与________是保证计划目标的实现所不可缺少的，同属于管理的“维持”职能。

2. ________和________是管理的本质内容，有效的管理在于适度的________与适度的________的组合。

3. 创新首先是一种思想及在这种思想指导下的________，是一种原则以及在这种原则指导下的具体________，是管理的一种________。

4. 实践和理论研究都表明组织的创新工作经历了________、________和________等几个环节。

5. ________是保证系统活动顺利进行的基本手段，也是系统中大部分管理人员，特别是中层和基层的管理人员要花大部分精力从事的工作。

6. 系统自诞生被社会承认开始到消亡被社会淘汰结束的时期称为系统的________。

7. 从创新的规模以及创新对系统的影响程度来考察，可将其分为________和________。

8. 从创新与环境的关系来分析，可将其分为________创新与________创新。

9. 从创新的组织程度上看，可分为________与________。

10. ________是企业创新的主要内容，企业中出现的大量创新活动是有关技术方面的。

11. 企业的技术创新主要表现在________、________以及________三个方面。

12. 要素创新包括________和________。

13. 要素的组合包括________和________的时空组织两个方面。

14. ________是企业技术创新的核心内容，它既受制于技术创新的其他方面，又影响其他技术创新效果的发挥。

15. 制度创新则需要从社会经济角度来分析企业系统中各成员间的________的调整和变革。

16. ________主要指企业生产资料的所有制。

17. 管理制度是________和________的各种具体规则的总称。

18. 企业制度创新的方向是不断调整和优化企业________、________和________三者之间的关系。

19. 环境创新的主要内容是 ______。

20. 创新工作就是按照________，从事于________，使得组织发展与内外环境达到动态平衡。

21. 激发人们变革通常所需的三个阶段是________、________和________。

22. 成功的变革与创新要经历________、________、________和________这样几个阶段的努力。

23. ________就是为了实现组织目标和任务的工作路径。

24. ________为组织创新提供了全新的思想。

25. BPR 的核心任务正是要将________和________这两个关键要素在工作流程的再设计与重构活动之中有效运作，从而推进企业组织的技术性和社会性发展以促进企业整体绩效改进和适应长远发展的需要。

26. 发展危机是指组织________的状况。

27. 经营制度的创新方向应是________。

28. ________往往被认为是企业创造市场需求的主要途径。

29. 管理学家 J. 科特提出成功的变革与创新的领导包括八个环节：树立紧迫感，________，构建愿景规划，________，广泛的授权运动，________，巩固已有成果，深化创新，________。

30. 对创新者个人来说，物质上的奖酬只在一种情况下才是有用的，即奖金的多少首先被视作衡量________和________的标准。

31. 工作的流程就是为了实现________的工作路径，它表现了各类工作间的________。

32. 组织中基本的工作流程按照其在组织结构中的不同可以分成________、________和________三个基本层次。

33. 战略流程是指通过对这些流程的组织规划以开拓未来，包括________、________以及________等。

34. ________、________和资金核算流程是经营的三个流程。

35. ________流程主要是对生产经营过程中的成本费用、________等进行核定，以达到成本控制的目的。

36. ________流程的基本功能是为企业运作准备人力资源，开发人力资源，并在工作中评价、考核员工，调动其工作积极性，防止差错。

37. ________流程是指企业到资本市场上进行信用融资、权益融资的全过程。

38. 在工作流程中，无论是流程的工作步骤划分，还是工作步骤的逻辑关系与转换关系的确定，事实上都受到了________、________、________等因素的制约。

39. 从生产流程来看，随着信息技术的发展，工业化的大规模的流水线生产正在让位于________生产。

二、选择题

1. 创新对于组织来说是至关重要的，这是因为________。
   A. 创新是组织发展的基础，是组织获取经济增长的源泉
   B. 创新是组织谋取竞争优势的利器
   C. 创新是组织摆脱发展危机的途径
   D. 没有创新就没有绩效
2. 组织创新工作经历的内外因素分析，是指________。
   A. 分析公司所面对的内外环境因素
   B. 确定公司新的愿景和战略
   C. 进行组织重构和重新分配资源
   D. 进行创新进程的控制和评估创新的成果
3. 创新与维持的关系说法正确的是________。
   A. 维持是创新基础上的发展
   B. 创新是维持的逻辑延续
   C. 维持是为了实现创新的成果
   D. 创新则是为更高层次的维持提供依托和框架
4. 局部创新是________。
   A. 影响系统的社会贡献的性质
   B. 改变系统的目标和使命
   C. 在系统性质和目标不变的前提下，系统的某些部分变动
   D. 主动地调整系统的战略和技术
5. 从创新发生的时期来看，可将其分为________。
   A. 系统初建期的创新　　B. 运行中的创新
   C. 局部创新　　D. 整体创新
6. 创新职能的基本内容是指________。
   A. 目标创新　　B. 技术创新
   C. 制度创新　　D. 组织机构和结构创新
7. 物质产品创新主要包括________的创新。
   A. 品种　　B. 产品结构
   C. 产品的价值　　D. 产品的工艺
8. 企业制度主要包括________。
   A. 产权制度　　B. 经营制度
   C. 管理制度　　D. 薪酬制度
9. 产权制度是________。
   A. 有关经营权的归属及其行使条件、范围、限制等方面的原则规定
   B. 决定企业其他制度的根本性制度

C. 行使经营权、组织企业日常经营的各种具体规则的总称
D. 如何正确地衡量成员对组织的贡献并在此基础上如何提供足以维持这种贡献的报酬

10. 组织成员抵制变革的基本原因是________。
A. 个人利益　　B. 缺乏了解
C. 评价差异　　D. 惰性和团体心理压力

11. ________是创新工作必须要有的组织保障。
A. 树立紧迫感　　B. 构建愿景规划
C. 建立强有力领导联盟　　D. 沟通创新愿景

12. 下列属于环境创新的是：________。
A. 通过企业的公关活动，影响社区政府政策的制定
B. 通过企业的技术创新，影响社会技术进步的方向
C. 通过组织创新，提高管理劳动的效率
D. 通过市场创新去引导消费，创造需求

13. 工作流程再造（BPR）的思想是________提出的。
A. 迈克尔·哈默　　B. 詹姆斯·钱皮
C. 泰罗　　D. 钱德勒

14. 工作流程的构成是________。
A. 工作本身　　B. 工作各环节的先后次序
C. 各环节的转换关系　　D. 处理的程序

15. 影响工作流程的因素有________。
A. 组织的文化　　B. 工艺技术特征
C. 工作习惯　　D. 管理风格

16. 关于组织业务流程再造，不正确的叙述是________。
A. 是企业长期可持续发展的战略需要
B. 根本目标是建立顾客满意的工作流程
C. 追求实现目标、技术和人的动态平衡
D. 分割成各种简单的任务，将注意力集中于本部门或个别任务效率的提高上

17. 下列选项中，________不属于生产工艺的内容。
A. 工艺装备的时空组合　　B. 工艺参数
C. 工艺配方　　D. 工艺过程

18. 企业的生命是________，是企业求得社会承认、证明其存在的价值的基础。
A. 技术　　B. 产品
C. 人才　　D. 资本

19. ________的目的在于更合理地组织管理人员的努力，提高管理劳动的效率。
A. 制度创新　　B. 目标创新
C. 技术创新　　D. 组织创新

20. ________是实现组织创新愿景的基础。
A. 建立强有力领导联盟　　B. 沟通创新愿景

C. 构建愿景规划　　D. 广泛的授权运动

21. 组织中用于实现组织的日常功能的基本工作流程是________。

A. 战略流程　　B. 经营流程

C. 保障流程

22. 不属于经营流程的是________。

A. 生产作业流程　　B. 营销流程

C. 资金核算流程　　D. 计划决策流程

23. ________是企业最基本的流程。

A. 生产作业流程　　B. 营销流程

C. 资金核算流程　　D. 计划决策流程

24. 属于保障流程的是________。

A. 人事管理流程　　B. 物资管理流程

C. 资金核算流程　　D. 计划决策流程

25. 为企业很好地筹措经营运作所需要的长期资金和短期资金，保证企业资金的正常周转运作的是________。

A. 计划决策流程　　B. 资金核算流程

C. 资金筹措流程　　D. 物资筹措流程

26. 各转换关系中，基本因素是________。

A. 社会条件　　B. 环境条件

C. 时间　　D. 空间

三、是非判断题

1. 创新首先是一种思想及在这种思想指导下的实践，是一种原则以及在这种原则指导下的具体活动，是管理的一种基本职能。（　　）

2. 任何组织系统的任何管理工作都同时包含着“维持”和“创新”。（　　）

3. 维持和创新是管理的本质内容，有效的管理在于适度的维持与适度的创新的组合。（　　）

4. 维持是保证系统活动顺利进行的基本手段，也是系统中大部分管理人员，特别是高层管理人员要花大部分精力从事的工作。（　　）

5. 管理的维持职能便是要严格地按预定的规则来监视和修正系统的运行，尽力避免各子系统之间的摩擦，或减少因摩擦而产生的结构内耗，以保持系统的有序性。（　　）

6. 这种为适应系统内外变化而进行的局部和全局的调整，便是管理的维持职能。（　　）

7. 系统的生命力取决于社会对系统贡献的需要程度和系统本身的贡献能力。（　　）

8. 系统不断改变或调整取得和组合资源的方式、方向和结果，向社会提供新的贡献，这正是创新的主要内涵和作用。（　　）

9. 维持是创新基础上的发展，而创新则是维持的逻辑延续。（　　）

10. 维持是为了实现创新的成果，而创新则是为更高层次的维持提供依托和框架。（　　）

11. 任何管理工作，都应围绕着系统运转的维持和创新而展开，卓越的管理是实现维持与创新最优组合的管理。（　　）

12. 从创新的规模以及创新对系统的影响程度来考察，可将其分为自发创新和有组织的创新。（　　）

13. 从创新与环境的关系来分析，可将其分为消极防御型创新与积极攻击型创新。（　　）

14. 攻击型创新是在观察外部世界运动的过程中，敏锐地预测到未来环境可能提供的某种有利机会，从而主动地调整系统的战略和技术，以积极地开发和利用这种机会，谋求系统的发展。（　　）

15. 从创新发生的时期来看，可将其分为系统初建期的创新和运行中的创新。（　　）

16. 从创新的组织程度上看，可分为局部创新与整体创新。（　　）

17. 系统各部分自发创新的结果是确定的。（　　）

18. 只有自发创新，才能给系统带来预期的、积极的、比较确定的结果。（　　）

19. 有计划、有目的、有组织地创新取得成功的机会无疑要远远大于自发创新。（　　）

20. 制度创新是企业创新的主要内容，企业中出现的大量创新活动是有关制度方面的，因此，有人甚至把制度创新视为企业创新的同义语。（　　）

21. 由于一定的技术都是通过一定的物质载体和利用这些载体的方法来体现的，因此企业的技术创新主要表现在要素创新、要素组合方法的创新以及作为要素组合结果的产品的创新。（　　）

22. 要素创新包括材料创新、设备创新两方面。要素组合方法创新包括生产工艺和生产过程的时空组织两个方面。（　　）

23. 产品结构创新要求企业根据市场需要的变化，根据消费者偏好的转移，及时地调整企业的生产方向和生产结构，不断开发出用户欢迎的适销对路的产品。（　　）

24. 品种创新，在于不改变原有品种的基本性能，对现在生产的各种产品进行改进和改造，找出更加合理的产品结构，使其生产成本更低、性能更完善、使用更安全，从而更具市场竞争力。（　　）

25. 产品创新是企业技术创新的核心内容，它既受制于技术创新的其他方面，又影响其他技术创新效果的发挥。（　　）

26. 制度创新主要是从技术角度分析了人、机、料各种结合方式的改进和更新，而要素组合的创新则需要从社会经济角度来分析企业各成员间的正式关系的调整和变革，制度是组织运行方式的原则规定。（　　）

27. 产权制度是决定企业其他制度的根本性制度，它规定着企业最重要的生产要素的所有者对企业的权利、利益和责任。（　　）

28. 经营制度是有关经营权的归属及其行使条件、范围、限制等方面的原则规定。（　　）

29. 管理制度的创新应是不断寻求企业生产资料最有效利用的方式。（　　）

30. 分配制度的创新在于不断地追求和实现报酬与贡献的更高层次上的平衡。（　　）

31. 企业制度创新的方向是不断调整和优化企业所有者、经营者、劳动者三者之间的关系，使各个方面的权力和利益得到充分的体现，使组织的各种成员的作用得到充分的

发挥。（　　）

32. 从某种意义上说，面对瞬息万变的市场，创新方案的完善可能比创新行动的速度更为重要。（　　）

33. 为了减少系统运行中的风险，防止大祸临头，应该对创新尝试中的失败吹毛求疵，随意惩罚在创新尝试中遭到失败的人，应该奖励那些从不创新、从不冒险的人。（　　）

34. 促进创新的最好方法是大张旗鼓地宣传创新，激发创新，树立“无功便是有过”的新观念，使每一个人都奋发向上、努力进取、跃跃欲试、大胆尝试。（　　）

35. 奖励不一定是金钱上的，而且往往不需要是金钱方面的，精神上的奖励也许比物质报酬更能驱动人们创新的心理需要。（　　）

36. 把每个人的每个工作日都安排得非常紧凑，对每个人在每时每刻都实行“满负荷工作制”，更有利于激发创新。（　　）

37. 企业的创新，往往是从密切地注视、系统地分析社会经济组织在运行过程中出现的不协调现象开始的。（　　）

38. 工作的流程就是为了实现组织目标和任务的工作路径，它表现了各类工作间的顺序关系。（　　）

39. 组织中基本的工作流程按照其在时间上的不同可以分成战略流程、经营流程和保障流程三个基本层次。（　　）

40. 战略流程是指通过对这些流程的组织规划以开拓未来，包括战略规划、产品与服务的开发以及新流程开发等。（　　）

41. 经营流程则是用于实现组织的日常功能，例如赢得顾客、满足顾客、顾客支持、现金与收支管理、财务报告等。（　　）

42. 保障流程是为了保障战略流程和经营流程顺利实施而提供保障的流程，例如人力资源管理、管理会计、信息系统等。（　　）

43. 在工作流程中，无论是流程的工作步骤划分，还是工作步骤的逻辑关系与转换关系的确定，事实上都受到了组织文化、工艺技术特征、管理风格等因素的制约。（　　）

44. 企业长期可持续发展是组织企业实施业务流程再造的战略需要。（　　）

45. 组织工作流程再造的根本目标是建立顾客满意的工作流程。（　　）

46. 组织工作流程再造追求实现目标、技术和人的动态平衡。（　　）

47. BPR 的核心任务正是要将现代信息技术和人这两个关键要素有效运作在工作流程的再设计与重构活动之中，从而推进企业组织的技术性和社会性发展以适应企业整体绩效改进和长远发展的需要。（　　）

48. 管理风格对工作流程的构成影响很大，而组织文化则与工作流程无关。（　　）

49. 资金核算流程主要是对生产经营过程中的成本费用、资金占用等进行核定，以达到成本控制的目的。（　　）

四、简答题

1. 简述组织创新工作经历的环节。

2. 从逻辑顺序上来考察，在特定时期内对某一社会经济系统（组织）的管理工作主要包括哪些内容?

3. 组织创新具有什么样的逻辑结构?
4. 什么是管理的维持职能?
5. 请简要分析系统存在与社会接受的关系。
6. 什么是消极防御型创新和积极攻击型创新?
7. 有组织的创新包含的意义是什么?
8. 品种创新是什么? 产品结构创新呢?
9. 创新与变革的关系是怎样的?
10. 什么是产权制度?
11. 产权制度、经营制度、管理制度三者的关系是怎样的?
12. 机构的定义是什么? 机构与结构的区别是什么?
13. 解释激发变革与创新的过程。
14. 实施变革和创新活动的过程有哪些阶段?
15. 为什么要正确认识变革创新中的失败?
16. 组织基本工作流程按照其在组织结构中的不同可分为几个层次? 分别是什么?
17. 简述组织工作流程的组成。
18. 管理风格如何影响工作流程?
19. 工艺技术特征如何影响工作流程?
20. 组织文化如何影响工作流程?

五、问答题

1. 为什么说创新对企业来说是至关重要的?
2. 请分析对付变革抵触情绪的方法有哪些。其优缺点是什么?
3. 分析系统内外创新的机会存在于何处。
4. 如何领导变革创新?
5. 如何有效地管理创新?
6. BPR 实施的步骤和运作过程是怎样的?
7. 根据本章内容，谈谈你对管理的创新职能的理解。

参考答案

一、填充题

1. 组织，领导，控制

2. 维持，创新，维持，创新
3. 实践，活动，基本职能
4. 内外因素分析，创新计划和决策，组织和实施创新活动
5. 维持
6. 寿命周期
7. 局部创新，整体创新
8. 消极防御型，积极攻击型
9. 自发创新，有组织的创新
10. 技术创新
11. 要素创新，要素组合方法的创新，产品的创新
12. 材料创新，设备创新
13. 生产工艺，生产过程
14. 产品创新
15. 正式关系
16. 产权制度
17. 行使经营权，组织企业日常经营
18. 所有者，经营者，劳动者
19. 市场创新
20. 变革与创新过程的规律，组织和领导变革与创新活动
21. 解冻，实施变革与创新，冻结
22. 寻找机会，提出构思，迅速行动，忍耐坚持
23. 工作的流程
24. 工作流程再造
25. 现代信息技术，人
26. 明显难以维持现状，如果不进行改革组织就难以为继
27. 不断寻求企业生产资料最有效利用的方式
28. 新产品的开发
29. 建立强有力领导联盟，沟通创新愿景，夺取短期胜利，将创新成果制度化
30. 个人工作成果，努力程度
31. 组织目标和任务，顺序关系
32. 战略流程，经营流程，保障流程
33. 战略规划，产品与服务的开发，新流程开发
34. 生产作业流程，营销流程
35. 资金核算，资金占用
36. 人事管理
37. 资金筹措
38. 组织文化，工艺技术特征，管理风格
39. 大规模定制

二、选择题

1. ABC　2. A　3. CD　4. C　5. AB　6. ABCD　7. AB　8. ABC　9. B　10. ABCD　11. C　12. D　13. AB　14. ABC　15. ABD　16. D　17. A　18. B　19. D　20. D　21. B　22. D　23. A　24. A　25. C　26. C

三、是非判断题

1. 是　2. 否　3. 是　4. 否　5. 是　6. 否　7. 是　8. 是　9. 否　10. 是　11. 是　12. 否　13. 是　14. 是　15. 是　16. 否　17. 否　18. 否　19. 是　20. 否　21. 是　22. 是　23. 否　24. 否　25. 是　26. 否　27. 是　28. 是　29. 否　30. 是　31. 是　32. 否　33. 否　34. 是　35. 是　36. 否　37. 是　38. 是　39. 否　40. 是　41. 是　42. 是　43. 是　44. 否　45. 是　46. 是　47. 是　48. 否　49. 是

四、简答题

1. 组织的创新工作经历内外因素分析、创新计划和决策、组织和实施创新活动等几个环节。

2. 从逻辑顺序上来考察，在特定时期内对某一社会经济系统（组织）的管理工作主要包括下述内容：(1）确立系统的目标，即人们从事某项活动希望达到的状况和水平；(2）制定并选择可实现目标的行动方案；(3）分解目标活动，据此设计系统所需要的职务、岗位，并加以组合，规定它们之间的相互关系，形成一定的系统结构；(4）根据各岗位的工作要求，招聘和调配工作人员；(5）发布工作指令，组织供应各环节活动所需的物质和创造信息条件，使系统运行起来；(6）在系统运转过程中，协调各部分的关系，使它们的工作相互衔接、平衡地进行；(7）检查和控制各部门的工作，纠正实际工作中的失误和偏差，使之符合预定的要求；(8）重视内外条件的变化，寻找并利用变革的机会，组织实施系统的计划。

3. 实践和理论研究都表明组织的创新工作经历了内外因素分析、创新计划和决策、组织和实施创新活动等几个环节。内外因素分析就是要分析公司所面对的内外环境因素，分析组织的创新需求，明确组织可创新的问题，认知创新活动的利弊得失。创新的计划和决策的任务是确定公司新的愿景和战略，制定创新的计划。

在创新的组织和实施阶段包括了组建创新团队，培训创新的骨干，进行组织重构和重新分配资源，进行创新进程的控制和评估创新的成果，并将获得的成果加以推广和应用等一系列活动。

于是，组织进入了新的管理阶段，其目标是保持和巩固创新的结果，使得创新活动带动组织绩效的全面提升。创新工作就是按照这样的逻辑持续进行，永无止境。

4. 管理的维持职能便是要严格地按预定的规划来监视和修正系统的运行，尽力避免各子系统之间的摩擦，或减少因摩擦而产生的结构内耗，以保持系统的有序性。

5. 系统的社会存在是以社会的接受为前提的，而社会之所以允许某个系统存在，又是因为该系统提供了社会需要的某种贡献；系统要向社会提供这种贡献，则必须首先以一定的方式从社会中取得某些资源并加以组合。

系统向社会的索取（投入资源）越是小于它对社会的贡献（有效产出），系统能够向社会提供的贡献与社会需要的贡献越是吻合，则系统的生命力就越旺盛，其寿命周期则可能越长。

6. 防御型创新是指由于外部环境的变化对系统的存在和运行造成了某种程度的威胁，为了避免威胁扩大或由此造成的系统损失，系统在内部展开局部或全局性调整；攻击型创新是在观察外部世界运动的过程中，敏锐地预测到未来环境可能提供的某种有利机会，从而主动地调整系统的战略和技术，以积极地开发和利用这种机会，谋求系统的发展。

7. 有组织的创新包含两层意思：（1）系统的管理人员根据创新的客观要求和创新活动本身的客观规律，制度化地研究外部环境状况和内部工作，寻求和利用创新机会，计划和组织创新活动。

（2）系统的管理人员要积极地引导和利用各要素自发创新，使之相互协调并与系统有计划的创新活动相配合，使整个系统内的创新活动有计划有组织地展开。

8. 品种创新要求企业根据市场需要的变化，根据消费者偏好的转移，及时地调整企业的生产方向和生产结构，不断开发出用户欢迎的适销对路的产品。产品结构的创新，在于不改变原有品种的基本性能，对现在生产的各种产品进行改进和改造，找出更加合理的产品结构，使其生产成本更低、性能更完善、使用更安全，从而更具市场竞争力。

9. 创新的过程无不以变革为开始，变革过程也是为了创造出新的产品、新的技术、新的制度和新的组织结构。创新工作就是按照变革与创新过程中的规律，从事于组织和领导变革过程中的创新活动，使得组织发展与内外环境达到动态平衡。

10. 产权制度主要指企业生产资料的所有制。

11. 产权制度、经营制度、管理制度这三者之间的关系是错综复杂的。一般来说，一定的产权制度决定相应的经营制度。但是，在产权制度不变的情况下，企业具体的经营方式可以不断进行调整；同样，在经营制度不变时，具体的管理规则和方法也可以不断改进。而当管理制度的改进发展到一定程度，则会要求经营制度做相应的调整；经营制度的不断调整，必然会引起产权制度的革命。因此，反过来，管理制度的变化会反作用于经营制度；经营制度的变化会反作用于产权制度。

12. 所谓机构是指企业在构建组织时，根据一定的标准，将那些类似的或为实现同一目标有密切关系的职务或岗位归并到一起，形成不同的管理部门。机构主要涉及管理劳动的横向分工的问题，即把对企业生产经营业务的管理活动分成不同部门的任务；而结构则与各管理部门之间，特别是与不同层次的管理部门之间的关系有关，它主要涉及管理劳动的纵向分工问题，即所谓的集权和分权问题。

13. 激发人们变革通常所需三个阶段：解冻、实施变革与创新、冻结。解冻就是指在组织内部广泛宣传变革与创新的必要性，让每个人和每个团体都能够真正地感受到变革与创新的必要，接受变革与创新的挑战。

转变就是实施变革与创新的过程。它是指通过寻找机会、提出构想、迅速行动、坚持不懈等变革与创新的环节，提出变革与创新的观念和将其付之于行动的过程。

再次冻结是指通过加强和支持手段，使得变革与创新活动锁定成为组织的新范式和新规范。

14. 实施成功的变革与创新要经历“寻找机会、提出构思、迅速行动、忍耐坚持”这样几个阶段。

15. 必须认识到创新的过程是一个充满着失败的过程。只有认识到失败是正常的，甚至是必需的，管理人员才可能允许失败，支持失败，甚至鼓励失败。另外，支持、尝试、允许失败，并不意味着鼓励组织成员去马马虎虎地工作，而是希望创新者在失败中取得有用的教训，学到一点东西，变得更加明白，从而使下次失败到创新成功的路程缩短。

16. 组织中基本的工作流程按照其在组织结构中的不同可以分成战略流程、经营流程和保障流程三个基本层次。

17. 组织的工作流程是由一些具体工作或步骤所组成，任务的特性决定每个流程中具体工作的内容及要求。具体内容包括：（1）工作。（2）逻辑关系。是指流程中具体工作步骤之间客观存在着先后顺序的关系。（3）转换关系。任何的流程从上一个工作环节到下一个工作环节的转换也会受到时间、空间、各种物理条件和社会条件的限制。转换关系是对这种限制的描述。

18. 管理的风格是由领导的风格和方式、企业的组织结构和组织战略特性所决定，管理的风格与工作流程有着密切关系。管理风格的差异会导致对工作环节的不同设置；管理风格也影响着逻辑关系的选择和转换关系的安排。

19. 工艺技术特征对于组织流程的影响是在于它决定了组织工作流程中物质、能量和信息传递的内容。不同的工艺和技术要求不同的设备、不同的人员素质、不同的原材料的投入。因此，它决定工作环节的差异和逻辑关系与转换关系的差异。每次技术与工艺的变革都毫无例外的引发工作流程的变化。从生产流程来看，随着信息技术的发展，工业化的大规模的流水线生产正在让位于大规模定制生产。可以预见技术工艺未来的巨大进步，必然导致现有企业组织流程的改变。

20. 组织文化特别是组织的价值观念会导致工作环节和工作步骤的明显的差异，进而可能产生不同的效率。

五、问答题

1. **答案要点**：创新对于组织来说是至关重要的，这首先是因为创新是组织发展的基础，是组织获取经济增长的源泉。在过去的一个世纪中，人类的经济获得了迅猛的增长，20 世纪大部分的增长率超过了第一次工业革命时期。这种发展和增长的根源就是熊彼特所说的创新。创新是经济发展的核心，创新使得物质繁荣的增长更加便利。

其次，创新是组织谋取竞争优势的利器。当今社会，各类组织的迅速发展，使得组织间的相互竞争成为普遍现象。特别是全球化的深入，工商业的竞争更加激烈。

要想在竞争中谋取有利地位，就必须将创新放在突出的地位。竞争的压力要求企业家们不得不改进已有的制度，采用新的技术，推出新的产品，增加新的服务。

有数据表明，在创造性思维和组织效益之间具有直接的正相关性。

再次，创新是组织摆脱发展危机的途径。我们所说的发展危机是指组织明显难以维持现状，如果不进行改革组织就难以为继的状况。发展危机对于组织来说是周期性的，组织每一步的发展都有其工作重心的转变和新的发展障碍。在创业期间，管理目标更主要是对需求的快速、准确反应，资金的充裕和安全问题；进入学步期和青春期，组织管理的目标更多在于利润的增加，销售量和市场份额的扩大；组织成熟期后，管理目标转向维持已有市场地位。相应地，在各阶段组织会出现领导危机、自主性危机、控制危机和硬化危机。组织只有不断创新才能渡过各种难关，持续健康地发展。

同时，开展创新是具有风险和成本的，管理者必须做好成本—收益分析，并且评估创新所带来的风险，才能更好地发挥创新的作用。

2. **答案要点**：（1）教育和沟通，优点在于人们一旦被说服，就往往会帮助实施变革，缺点在于如果涉及的人很多，就会很费时间。

（2）参与和投入，优点在于参加到变革计划中的人会热衷于它的实施，他们所掌握的相关信息也将被包括到计划之中，缺点在于如果参与者设计了一项不合适的变革方案，就很浪费时间。

（3）提供便利和支持，优点在于是处理调整问题的最好方法，缺点在于可能耗费时间和金钱，并有可能白费。

（4）协商和同意，优点在于是一条避免强烈抵触的简便途径，缺点在于如果它提醒了其他人都要通过协商才顺从的话，你将要付出相当高的代价。

（5）操纵和拉拢，优点在于是一种相对迅速、节约的解决方式，缺点在于为未来埋下隐患，因为人们可能会认识到自己被操纵了。

（6）明示的或暗示的强制，优点在于迅速并能解决任何反抗，缺点在于如果发起者激怒了某些人，就很危险。

3. **答案要点**：创新与变革是对原有秩序的破坏。原有秩序之所以要打破，是因为其内部存在着或出现了某种不协调的现象。这些不协调对系统的发展提供了有利的机会或造成了某种不利的威胁。

创新活动正是从发现和利用旧秩序内部的这些不协调现象开始的。不协调为创新提供了契机。

旧秩序中的不协调既可存在于系统的内部，也可产生于对系统有影响的外部。就系统的外部说，有可能成为创新契机的变化主要有：技术的变化、人口的变化、宏观经济环境的变化和文化与价值观念的转变。

就系统内部来说，引发创新的不协调现象主要有：生产经营中的瓶颈、企业意外的成功和失败。

企业的创新，往往是从密切地注视、系统地分析社会经济组织在运行过程中出现的不协调现象开始的。

4. **答案要点**：（1）树立紧迫感；（2）建立强有力领导联盟；（3）构建愿景规划；（4）沟通创新愿景；（5）广泛的授权运动；（6）夺取短期胜利；（7）巩固已有成果，深化创新；（8）将创新成果制度化。

5. **答案要点**：（1）正确理解和扮演“管理者”的角色；（2）创造促进创新的组织氛围；（3）制定有弹性的计划；（4）正确地对待失败；（5）建立合理的奖酬制度。

6. **答案要点**：BPR 项目实施过程：第一，发现与准备阶段，其步骤分别是：一是在回顾企业战略、结构、业务流程，重新定义发展目标的基础上，明确企业定位，确定可开展的项目群；二是进行初步分析，分析再造给企业带来的变化；三是选择前期项目切入点并明确其范围，或选择典型的样板、示范项目。第二，重新设计阶段，其步骤分别是：运用业务活动图示法等工具对业务流程进行细致的区分；设计多种体现简化、整合自动化原则的新业务流程方案；对各个方案进行投入—产出或成本—效益分析与评价。第三，具体实施阶段，其步骤包括：选取合适方案，并准备好应急方案；实施方案；更新相关数据，为下一步工作做准备。

7. **答案要点**：管理的创新职能包括目标创新、技术创新（要素创新、要素组合方法创新、要素组合结果创新）、制度创新、组织机构和结构的创新、环境创新这几个方面，每一种创新都有着其独特的作用，综合起来使得企业能够更好地适应环境变化，更好地发展进步。

第十七章
企业技术创新

习题

一、填充题

1. 从生产的物质条件这个角度来考察，要素创新主要包括________和________。
2. 生产手段的技术状况是________具有决定性意义的标志。
3. ________在国内和国际市场上的受欢迎程度是企业市场竞争成败的主要标志。
4. ________是技术创新的核心和主要内容。
5. 工艺创新包括________的改革和________的改进。
6. ________的问世引起了企业生产率的革命。
7. 产品竞争力主要表现为产品的________与产品的________。
8. 行业结构主要指行业中不同企业的________和________结构以及由此决定的行业集中或分散度。
9. 人口变量的研究应重在人口________的分析，特别是人口中比重较大的核心年龄层次的分析。
10. 企业可供选择的创新对象主要涉及________、________以及________三个领域。
11. 与其他类型的创新相比，知识性创新具有最为漫长的________。
12. ________的选择与________的选择都涉及通过创新可能达到的技术先进程度。
13. ________不仅要求企业拥有数量众多、实力雄厚的技术人员，而且要求企业能够调动足够数量的资金。
14. 国际企业为了增强建立全球性市场的能力、适应世界全球性公司发展的需要，在多个方面实行________。
15. ________主要指产品能够提供的功能及其完善程度。
16. 新产品是指在________、________、________和________等某一方面或几方面都有显著改进与提高或独创的产品。
17. 企业可以采取三种不同的产品开发战略：________、________以及________。

18. 对产品来说，其寿命周期是指________开始到完全________为止所延续的时间。

19. 产品在寿命周期中通常要经历________、________、________和________四阶段。

20. ________是产品开发的决定性阶段。

21. 熊彼特认为企业家之所以能成为企业家，并不是因为其拥有________，而是因为他拥有________并实际地组织了________。

22. 产品创新包括________和________。

23. 产品竞争力和企业竞争力的强弱从根本上来说取决于________。

24. 面对市场以及行业结构的变化，关键是要________。

25. 技术创新战略的选择一般涉及创新的基础、________、________、________以及________等多个方面。

26. 不论技术创新的水平和对象为何，企业在技术创新活动的组织中都可以有两种不同的选择：________或者________。

27. 研究与开发上的合作主要指联盟各方将其________、________以及________结合起来共同使用，以开发新的产品或生产技术，并在此基础上共同开发国际市场。

28. 企业技术创新的具体工作最终都将落实到________上。

29. 企业之间的竞争首先表现为________的争夺。

30. 在确定具体产品的开发战略时，要分析产品在市场上的地位和它能够带来的利润水平。这时可借助________和________。

31. 企业技术创新应围绕________这个中心来进行。

32. ________是指企业紧紧追随在领先企业的后面采用新技术，并对别人已经采用的技术加以改进和提高，特别是在降低产品成本和完善产品质量上付出更多的努力。

33. 持________的企业自己不搞新产品研制开发，而是靠购买专利、利用别人的研究成果来改进自己的产品。

34. 对产品来说，其________是指投入市场开始到完全退出市场为止所延续的时间。

35. ________是产品开发的决定性阶段，企业应努力稳定产品质量，精心维护产品声誉，加速扩大生产能力，组织好销售工作，保证充分供应，绝不使产品在市场上脱销，谨防竞争对手乘虚而入。

二、选择题

1. 技术创新________。
   A. 是企业创新的重要内容
   B. 就是技术发明
   C. 是企业增强自己在市场上竞争力的重要途径
   D. 既可能是这种全新技术的开发，也可能是原有技术的改善

2. 从生产过程的角度分析，技术创新包括________。
   A. 研究与开发　　B. 要素创新
   C. 产品创新　　D. 要素组合方法的创新

3. 材料创新________。

A. 是影响最为重要、意义最为深远的

B. 或迟或早都会引至整个技术水平的提高

C. 主要内容是寻找和发现现有材料，特别是认识自然提供的原材料的新用途

D. 正在逐渐地向合成材料的创造这个方向转移

4. 产品创新包括________。

A. 新产品的开发　　B. 老产品的改造

C. 市场调研　　D. 客户需求预测

5. 根据熊彼特的观点，一个国家或地区经济发展速度的快慢和发展水平的高低，在很大程度上取决于________。

A. 资源的丰富程度

B. 居民的教育程度

C. 该国或地区的管理学家的数量和管理学著作的多少

D. 该国或该地区拥有创新精神的企业家数量以及这些企业家在实践中的创新努力

6. 产品竞争力、企业竞争力的强弱从根本上来说取决于________。

A. 产品对消费者的吸引力　　B. 市场份额的大小

C. 企业强大的研发力量　　D. 品牌的知名度

7. 无论是意外的成功或失败，企业应对之进行认真分析并搞清________。

A. 究竟发生了什么变化

B. 为什么会发生这样的变化

C. 这种变化会将企业引向何方

D. 企业应采取何种应对策略才能充分地利用这种变化、以使之成为企业发展的机会

8. 企业内外不协调的原因可能不是由于________。

A. 宏观或行业经济景气状况与企业经营绩效的不符

B. 假设和实际的不协调

C. 人口结构的变化

D. 消费者价值观判断与实际的不一致

9. 人口因素对企业经营的影响有________。

A. 人口结构的变化直接决定着劳动市场的供给

B. 劳动市场的供给影响企业的生产成本

C. 人口的数量及其构成确定了市场的结构及其规模

D. 人口结构的变化可能为企业的技术创新提供契机

10. 在各种创新类型中，以________为基础的创新是最为企业重视和欢迎的。

A. 观念的改变　　B. 人口结构的变化

C. 新产品　　D. 新知识

11. 生产过程的组织包括________在空间上的布置和时间上的组合。

A. 设备　　B. 工艺装备

C. 在制品　　D. 劳动者

12. 先发制人可给企业带来的贡献有________。

A. 给企业带来良好的声誉

B. 使企业占据有利的市场地位

C. 使企业进入最有利的销售渠道

D. 使企业获得有利的要素来源，获取高额的垄断利润

13. 企业在技术创新活动中可以选择的创新方式有________。

A. 利用自己的力量独家进行开发

B. 与外部的生产、科研机构联合起来共同开发

C. 组织创新

D. 团队创新

14. 产品开发的技术创新决策围绕三个问题，分别是________。

A. 生产何种产品

B. 提供何等质量的这种产品

C. 对原先已经生产的产品进行改造和完善还是开发新的产品

D. 如何改进工艺流程

15. 要分析产品在市场上的地位和它能够带来的利润水平可借助________。

A. 产品组合分析法　　B. 产品定位图

C. 波士顿分析矩阵　　D. 产品寿命周期理论

16. 能直接带来劳动强度的下降和劳动生产率的提高，从而直接促进产品生产成本的下降和价格竞争力的增强的是________。

A. 材料创新　　B. 产品创新

C. 工艺创新　　D. 物质生产条件的创新

17. 德鲁克把诱发企业创新的这些不同因素归纳成七种不同的创新来源，下列________不是这七个来源之一。

A. 意外的成功或失败　　B. 企业内外的协调

C. 产业和市场的改变　　D. 人口结构的变化

E. 人们观念的改变

18. 德鲁克归纳的诱发企业创新的七种创新来源中，主要从企业内部的工作考虑的是________。

A. 意外的成功或失败　　B. 产业和市场的改变

C. 过程改进的需要　　D. 经营制度的改变

19. 不仅具有较大的风险，而且要求企业能够提供长期的、强有力的资金以及人力上的支持的创新战略是________。

A. 应用性创新　　B. 理论创新

20. 创新的不同对象中，可借助外部的力量来完成的是________。

A. 产品创新　　B. 工艺创新

C. 生产手段的创新

21. 影响企业在开发方式上选择的深层次的原因可能是________。

A. 对市场经济条件下竞争与合作的必要性认识的不同

B. 开发对象的特点要求不同

C. 企业自身的资源可支配状况

22. ________是市场经济的第一原则。

A. 竞争　　B. 合作

C. 双赢

23. 企业如果有雄厚的资金实力，有强大的研究与开发部门，能独立进行研究和试制，就可以采取________。

A. 领先战略　　B. 追随战略

C. 模仿战略

24. 可以帮助企业减少研究费用，又可使企业保护自己，防止竞争对手的技术进步对自己构成威胁的是________。

A. 领先战略　　B. 追随战略

C. 模仿战略

25. ________是产品开发的决定性阶段，企业应努力稳定产品质量，精心维护产品声誉，加速扩大生产能力，组织好销售工作。

A. 投入期　　B. 成长期

C. 成熟期　　D. 衰退期

26. 关于产品创新，下列说法错误的是：________。

A. 必须在原理、技术水平和结构上有突破性的改变

B. 可以是利用新原理、新技术、新结构开发出一种全新型产品

C. 也可以是在原有产品的基础上，部分采用新技术而制造出来适合新用途、满足新需要的换代型新产品

D. 还可以是对原有产品的性能、规格、款式、品种进行完善

27. 下列选项中，________不是联合开发的优点。

A. 企业可以与合作伙伴集中更多的资源条件进行更为基础性的创新研究

B. 企业可以与合作伙伴共同地承担由于此而引起的各种风险

C. 开发如果失败，企业将与协作伙伴一道来分担各种损失

D. 开发成功，企业能够独自利用研究成果组织产品或工艺的创新

三、是非判断题

1. 技术创新的进行、技术水平的提高是企业增强自己在市场上竞争力的重要途径。（　　）

2. 技术发明的概念比技术创新更宽泛。（　　）

3. 在技术创新的各种类型中，手段创新可能是影响最为重要、意义最为深远的。（　　）

4. 手段创新主要指生产的物质手段的改造和更新。任何产品的制造都需要借助一定的机器设备等物质生产条件才能完成。生产手段的技术状况是企业生产力水平具有决定性意义的标志。（　　）

5. 产品在企业经营中的作用决定了产品创新是技术创新的核心和主要内容，其他创新都是围绕着产品的创新进行的，而且其成果也最终地在产品创新上得到体现。（　　）

6. 后人在此基础上研究企业创新时，把它们分成两类：制度创新和技术创新。前者

主要与生产制造有关，后者主要涉及管理和管理体制，即主要涉及生产制造的制度环境。（　）

7. 由于迄今为止作为工业生产基础的材料主要是由大自然提供的，因此手段创新的主要内容是寻找和发现现有材料、特别是自然提供的原材料的新用途，以使人类从大自然的恩赐中得到更多的实惠。（　）

8. 生产手段的技术状况是企业生产力水平具有决定性意义的标志。（　）

9. 产品是企业的象征，任何企业都是通过向市场上提供不可替代的产品来表现并实现其社会存在的，产品在国内和国际市场上的受欢迎程度是企业市场竞争成败的主要标志。（　）

10. 产品创新包括新产品的开发和老产品的改造。（　）

11. 工艺创新包括生产工艺的改革和操作方法的改进。（　）

12. 操作方法是企业制造产品的总体流程和方法，包括工艺过程、工艺参数和工艺配方等。（　）

13. 生产工艺是劳动者利用生产设备在具体生产环节对原材料、零部件或半成品的加工方法。（　）

14. 生产过程的组织包括设备、工艺装备、在制品以及劳动在空间上的布置和时间上的组合。（　）

15. 各生产要素在时空上的组合不仅影响设备、工艺装备和空间的利用效率，而且影响人机配合，从而直接影响工人的劳动生产率。（　）

16. 空间布置，不仅影响在制品、设备、工艺装备的占用数量，从而影响生产成本，而且影响产品的生产周期。（　）

17. 产品创新不仅会带来产品制造基础的革命，而且会导致产品物质结构的调整。（　）

18. 材料创新不仅是产品功能的增加、完整或更趋完善，而且必然要求产品制造工艺的改革。（　）

19. 产品创新不仅导致生产方法的更加成熟，而且必然要求生产过程中利用这些新的工艺方法的各种物质生产手段的改进。（　）

20. 各类创新虽然侧重点各有不同，但任何一种创新的组织都必然会促进整个生产过程的技术改进，从而带来企业整体技术水平的提高。（　）

21. 不论是何种内容的技术创新，最终都会在一定程度上促进产品竞争力的提高。（　）

22. 产品竞争力、企业竞争力的强弱从根本上来说取决于产品对消费者的吸引力。（　）

23. 消费者对某种产品是否感兴趣，与该产品的功能完整和完善程度有关，而与这种或这些功能的实现所需的费用总和无关。（　）

24. 功能的完整和完善程度决定着消费者能否从该种产品的使用中获得不同于其他产品的满足，功能实现的费用则决定着消费者为获得此种产品而需付出的代价。（　）

25. 产品竞争力主要表现为产品的成本竞争力与产品的特色竞争力。（　）

26. 技术创新促进企业竞争力的提高便是通过影响产品的成本和 / 或特色而起作用的。

（　　）

27. 工艺创新既可使企业为消费者带来新的满足，亦可使企业原先生产的产品表现出新的吸引力。（　　）

28. 工艺创新既可为产品质量的形成提供更可靠的保证，亦可能降低产品的生产成本。（　　）

29. 物质生产条件的创新则直接带来劳动强度的下降和劳动生产率的提高，直接促进着产品生产成本的下降和价格竞争力的增强。（　　）

30. 意外的失败通常能够为企业创新提供非常丰富的机会。（　　）

31. 意外的成功虽然为企业创新提供了大量的机会，但这些机会却不仅可能被企业领导人视而不见，而且有时甚至被视为“异端”而遭排斥。（　　）

32. 意外的失败必然隐含了某种变化，从而实际上向企业预示了某种机会的存在。（　　）

33. 不协调既可能是已经发生了的某种变化的结果，亦可能是某种将要发生的变化的征兆。（　　）

34. 企业必须仔细观察不协调的存在，分析出现不协调的原因，并以此为契机组织技术创新。（　　）

35. 在所有不协调的类型中，对消费者价值观的判断与消费者的实际价值观不一致是最为常见的，但是对企业的不利影响没那么严重。（　　）

36. 意外事件与不协调是从企业与外部的关系这个角度来进行分析的，过程改进的需要则与企业内部的工作（内部的生产经营过程）有关。（　　）

37. 过程的改进既可能是科学技术发展的逻辑结果，也可能是推动和促进科技发展的原动力。（　　）

38. 市场结构主要指行业中不同企业的相对规模和竞争力结构以及由此决定的行业集中或分散度；行业结构主要与消费者的需求特点有关。（　　）

39. 面对同一市场和行业结构的变化，企业只会做出相同的创新和选择。（　　）

40. 作为企业经营中一种必不可少的资源，人口结构的变化直接决定着劳动力市场的供给，从而影响企业的生产成本；作为企业产品的最终用户，人口的数量及其构成确定了市场的结构及其规模。（　　）

41. 对事物的认知和观念决定着消费者的消费行为；消费行为决定着消费者的消费态度；消费态度决定一种具体产品在市场上的受欢迎程度。（　　）

42. 对企业来说，产品的质量是越高越好。（　　）

43. 不论是要素创新还是工艺创新最终不是影响产品的质量，即产品功能的完整或完善程度，就是影响产品的生产与销售成本。（　　）

44. 新产品是指在结构、性能、材质、技术特征等一方面或几方面都有显著改进与提高或独创的产品。（　　）

45. 在这种持续不断的竞争中，企业可以采取三种不同的产品开发战略：领先战略、追随战略以及创新战略。（　　）

46. 模仿战略是指企业紧紧追随在领先企业的后面采用新技术，并对别人已经采用的技术加以改进和提高，特别是在降低产品成本和完善产品质量上付出更多的努力。（　　）

47. 产品寿命周期的长短主要受到技术进步和市场竞争等因素的影响。（　）

48. 投入期持续时间的长短取决于产品的新颖程度、复杂程度、与潜在市场的吻合程度，以及市场上是否存在竞争产品。（　）

49. 成熟期的长短直接影响产品开发经济效益的大小，因此要尽可能缩短产品成熟期的时间。（　）

50. 成长期是产品开发的决定性阶段，企业应努力稳定产品质量，精心维护产品声誉，加速扩大生产能力，组织好销售工作，保证充分供应，绝不使产品在市场上脱销，谨防竞争对手乘虚而入。（　）

四、简答题

1. 简述熊彼特的创新理论。
2. 工艺创新包括哪几个方面？分别是什么？
3. 产品创新和工艺创新各有什么好处？
4. 请简述技术创新的几个方面的相互关系。
5. 德鲁克所阐述的七种创新来源都是什么？
6. 行业结构和市场结构分别指的是什么？
7. 与其他类型创新相比，知识性创新有什么特点？
8. 请简要说明“先发制人”的做法有什么缺点。
9. “后发制人”的优点是什么？
10. 企业独自研发的条件是什么？其好处有哪些？
11. 竞争有什么优点和缺点？
12. 产品的质量越高越好吗？企业确定产品质量时要考虑哪些因素？
13. 产品开发的任务是什么？
14. 对新产品进行市场开发时要考虑哪些因素？
15. 对于衰退期的产品，企业应该怎么做？
16. 对于成熟期的产品，企业应如何做？
17. 成长期的产品有何特点？

五、问答题

1. 请分析技术创新的贡献都有哪些。
2. 为什么以观念转变为基础的创新必须是及时的？
3. 分析理论创新与应用创新的关系。
4. 技术创新的对象有哪些？它们对企业的重要性体现在哪里？
5. 什么影响了企业的技术创新方式？为什么现在要多强调合作？
6. 产品寿命周期理论对管理者有何启示？
7. 请用产品寿命周期理论描述一个产品的发展历程及其各阶段引起转变的因素。

参考答案

一、填充题

1. 材料创新，手段创新
2. 企业生产力水平
3. 产品
4. 产品创新
5. 生产工艺，操作方法
6. 流水线
7. 成本竞争力，特色竞争力
8. 相对规模，竞争力
9. 年龄构成
10. 产品，工艺，生产手段
11. 前置期
12. 创新水平，创新基础
13. 独立开发
14. 战略联盟
15. 质量
16. 结构，性能，材质，技术特征
17. 领先战略，追随战略，模仿战略
18. 投入市场，退出市场
19. 投入，成长，成熟，衰退
20. 成长期
21. 资本，创新精神，创新
22. 新产品的开发，老产品的改造
23. 产品对消费者的吸引力
24. 迅速地组织创新的行动
25. 创新的对象，创新的水平，创新的方式，创新实现的时机
26. 利用自己的力量独家进行开发，与外部的生产、科研机构联合起来共同开发
27. 资金，技术设备，各种优势
28. 产品的开发
29. 不同企业利用各具特色的产品对相同用户
30. 产品组合分析法，产品寿命周期理论
31. 产品开发
32. 追随战略

33. 模仿战略
34. 寿命周期
35. 成长期

二、选择题

1. ACD 2. BCD 3. ABCD 4. AB 5. D 6. A 7. ABCD 8. C 9. ABCD 10. D 11. ABCD 12. ABCD 13. AB 14. ABC 15. AD 16. D 17. B 18. C 19. B 20. C 21. A 22. A 23. A 24. B 25. B 26. A 27. D

三、是非判断题

1. 是 2. 否 3. 否 4. 是 5. 是 6. 否 7. 否 8. 是 9. 是 10. 是 11. 是 12. 否 13. 否 14. 是 15. 否 16. 否 17. 否 18. 否 19. 否 20. 是 21. 是 22. 是 23. 否 24. 是 25. 是 26. 是 27. 否 28. 是 29. 是 30. 否 31. 是 32. 是 33. 是 34. 是 35. 否 36. 是 37. 是 38. 否 39. 否 40. 是 41. 否 42. 否 43. 是 44. 是 45. 否 46. 否 47. 是 48. 是 49. 否 50. 是

四、简答题

1. 在熊彼得的理论中，创新是对"生产要素的重新组合"，它包括五个方面：（1）生产一种新的产品；（2）采用一种新的生产方法；（3）开辟一个新的市场；（4）掠取或控制原材料和半成品的一种新的来源；（5）实现一种新的工业组织。后人在此基础上研究企业创新时，把它们分成两类：制度创新和技术创新。后者主要与生产制造有关，前者主要涉及管理和管理体制，即主要涉及生产制造的制度环境。

2. 工艺创新包括生产工艺的改革和操作方法的改进。生产工艺是企业制造产品的总体流程和方法，包括工艺过程、工艺参数和工艺配方等；操作方法是劳动者利用生产设备在具体生产环节对原材料、零部件或半成品的加工方法。

3. 产品创新使得产品在结构或性能上有所改进、甚至全部创新，不仅可能给消费者带来一种全新的享受，而且可以降低产品的生产成本或者减少产品在使用过程中的使用费用，所以给企业带来的不仅可以是特色的形成，而且可能是成本的优势。工艺创新则既可能为产品质量的形成提供更加可靠的保证，从而加强企业的特色优势，亦可能促进生产成本的降低，从而使企业产品在市场上更具价格竞争力。

4. 技术创新的要素创新、产品创新、要素组合方式创新，既是相互区别，又是相互联系、相互促进的；材料创新不仅会带来产品制造基础的革命，而且会导致产品物质结构的调整；产品的创新不仅使产品功能增加、完整或更趋完善，而且必然要求产品制造工艺的改革；工艺的创新不仅导致生产方法的更加成熟，而且必然要求生产过程中利用这些新的工艺方法的各种物质生产手段的改进。反过来，机器设备的创新也会带来加工方法的调整或促进产品功能的更加完善；工艺或产品的创新也会对材料的种类、性能或质地提出更高的要求。总之，上述的各类创新虽然侧重点各有不同，但任何一种创新的组织都必然会促进整个生产过程的技术改进，从而必然会带来企业整体技术水平的提高。

5. 美国学者德鲁克把诱发企业创新的这些不同因素归纳成七种不同的创新来源：意外的成功或失败、企业内外的不协调、工艺过程的需要、产业和市场的改变、人口结构的变化、人们观念的改变以及新知识的产生等。

6. 行业结构主要指行业中不同企业的相对规模和竞争力结构以及由此决定的行业集中或分散度；市场结构主要与消费者的需求特点有关。

7. 知识性创新具有最为漫长的前置期。知识性创新不是以某一单一因素为基础，而是以若干种不同类型的知识的组合为条件。

8. “先发制人”的缺点在于：（1）要求企业付出高额的市场开发费用；（2）需求的不确定性；（3）技术的不确定性。

9. “后发制人”的优点在于：（1）分享先期行动者投入大量费用而开发出的行业市场；（2）根据已基本稳定的需求进行投资；（3）在率先行动者技术创新的基础上组织进一步的完善，使之更加符合市场的要求。

10. 独自开发与联合研究要求企业具备不同的条件，需要企业投入不同程度的努力，当然也会使企业不同程度地受益。独立开发，不仅要求企业拥有数量众多、实力雄厚的技术人员，而且要求企业能够调动足够数量的资金。独立研发的好处在于：独立开发若能获得成功，企业将可在一定时期内垄断性地利用新技术来组织生产，形成某种其他企业难以模仿的竞争优势，从而获得高额的垄断利润。

11. 竞争是市场经济的第一原则。正是竞争促进了社会生产率的提高，带来了整个社会资源的合理配置。竞争促使不同企业投入大量的人力和物力资源去竞相开发和采用新的技术、生产新的产品、利用新的材料和设备，以获得市场经营中的某种成本或特点优势，占有更多的市场份额，获得更多的利润。不同企业技术水平的提高最终必然会促进整个社会的技术发展。

但是，不同企业单个独自地进行所有的技术创新研究，特别是与基础理论有关的技术创新研究，所从事的将大部分是重复性的劳动。这种分别进行的重复性的劳动，不仅可能由于力量分散而进度缓慢，而且必然会导致整个社会资源的浪费。

12. 产品的质量并不是越高越好。产品质量的提高无疑需以支付增量成本为代价。而产品质量完善的边际成本是递增的，即随着质量水平的不断提高，质量成本增长的速度将越来越快，从最初增长的速度慢于质量的改善到逐步超越后者。对企业来说，为了完全补偿生产过程中的各种耗费，必然希望将与产品质量提高相关的技术创新与组织费用全部计入生产成本，从而提高价格，而对消费者来说，他们既希望获得更高质量的产品，又不愿为此支付更多的费用。因此在确定生产成本和质量水平的产品时，企业要有“合理质量”的概念，要注意质量水平与生产成本的最佳组合。

13. 围绕产品开发的技术创新决策需要回答三个基本问题：（1）企业生产何种产品；（2）企业提供何等质量的这种产品；（3）在上述两个问题解决的基础上确定企业是对已经生产的产品进行改造和完善还是开发新的产品。

14. 对新产品进行市场开发时，要考虑的因素有：（1）市场前景。新产品有无销路？特别是未来的市场需求状况如何？（2）收益性。新产品获利能力如何？能否迅速收回批量生产所需的投资？（3）竞争性。生产技术是否复杂？是否会迅速出现竞争对手？（4）资源条件是否允许？（5）与本企业目前生产和销售的产品是相互替代还是互为补充？（6）销售可能性。能否利用企业现有的销售渠道和网络迅速打开市场？

15. 对于处在衰退期的产品，企业应积极转移市场，努力在新的地区开拓对该产品的需求；或在不改变产品基本结构和性能的前提下，寻找新的用途，开发新的用户，力求在新的领域代替其他产品，以使产品起死回生。如果发现衰退产品既无新用途，也无新市场就应当机立断，有步骤地迅速予以淘汰。

16. 成熟期的长短直接影响产品开发经济效益的大小，因此要尽可能延长产品成熟期的时间。为此，要努力降低产品成本，争取价格优势，以维持市场占有份额；同时还要加强广告宣传和用户服务工作，在不丢掉老客户的同时，努力扩大新用户，最根本的措施是对老产品进行改造，以提供具有活力的更新型产品，形成市场和用户扩张的新势头。

17. 产品经过试销和改进，结构和工艺已经定型，产品质量基本稳定，生产能力也逐步形成。同时由于前一段促销活动的作用，产品已经为广大用户所熟悉，销售量急剧上升，一般年度的销售增长率可达10%以上。生产批量和销售量的提高会给企业带来规模效益，从而使企业利润迅速增长。此外，由于产品销路好、利润大、市场前景乐观，因此许多竞争者纷纷仿制，从而市场竞争逐步形成，并日趋激烈。

五、问答题

1. **答案要点：**技术或者依附于物质产品而存在，或者是为物质产品的实体形成而服务。因此，不论是何种内容的技术创新，最终都会在一定程度上促进产品竞争力、从而促进企业竞争力的提高。

技术创新促进企业竞争力的提高是通过影响产品的成本或特色而起作用的。材料的创新不仅为企业提供了以数量丰富、价格低廉的原材料去取代价格昂贵的稀缺资源的机会，而且有可能通过材质的改善而促进企业产品质量的提高；产品创新既可使企业为消费者带来新的满足，亦可使企业原先生产的产品表现出新的吸引力；工艺创新既可为产品质量的形成提供更可靠的保证，亦可能降低产品的生产成本；物质生产条件的创新则直接带来劳动强度的下降和劳动生产率的提高，从而直接促进产品生产成本的下降和价格竞争力的增强。

因此，技术创新一方面通过降低成本而使企业产品在市场上更具价格竞争优势，另一方面通过增加用途、完善功能、改进质量以及保证使用而使产品对消费者更具特色吸引力，从而在整体上推动着企业竞争力不断提高。

2. **答案要点：**以观念转变为基础的创新必须及时组织，才可能给企业带来发展和增长的机会。所谓及时，是指既不能过迟，也不能过早。滞后于竞争对手行动，等到许多竞争企业都已利用消费观念的改变开发了某种产品后企业才采取措施，那么待企业措施产生效果、推出产品时，由于消费观念转变而新出现的市场可能早已饱和了。

相反，如果消费者的观念尚未转变，或刚刚开始转变，企业在敏锐地观察到这种机会后即迅速地采取行动，这样固然可以领先竞争者许多，但为了促成这种消费观念的转变、从而使市场真正形成所需的费用将不仅使企业受益，而是使整个行业受益，换句话说，企业开发的将不仅是企业市场，而是行业市场。与稍后行动的企业相比，迅即行动企业的前期投入的各种费用可能过高，因而在成本上可能处于不利地位。

3. **答案要点**：创新基础的选择需要解决在何种层次上组织创新的问题：利用现有知识，对目前的生产工艺、作业方法、产品结构进行创新。因此，理论上的创新，特别是要用之为企业服务的理论创新不是一两次突击性的工作便可以完成的，它需要企业、特别是企业中有关科研人员长期地、持久地且经常是默默地工作。

这种工作，可能带来成功的结果，也可能是组织了众多的研究人员长期地进行了艰辛的工作后一无所获。基础研究的上述特点决定了选择此种战略不仅具有较大的风险，而且要求企业能够提供长期的、强有力的资金以及人力上的支持。

应用性研究只需企业利用现有的知识和技术去开发一种新产品或者探寻一种新工艺。与基础研究相比，所需时间相对较短、资金要求相对较少、创新的风险也相对较小，研究成果的运用对于企业生产设施调整、从而基础性投资的要求相对较低，当然，与之相应地对企业竞争优势的贡献程度也相对要小一些。

从某种意义上来说，现代企业从事的大多是应用性的研究工作以及与之相应的创新。但是，如果创新的过程始于基础研究，则无疑将给企业的应用性开发提供异常广阔的空间。

4. **答案要点**：企业可供选择的创新对象主要涉及产品、工艺以及生产手段三个领域。产品创新使得产品在结构或性能上有所改进、甚至全部创新，不仅可能给消费者带来一种全新的享受，而且可以降低产品的生产成本或者减少产品在使用过程中的使用费用，所以给企业带来的不仅可以是特色的形成，而且可能是成本的优势。

工艺创新则既可能为产品质量的形成提供更加可靠的保证，从而加强企业的特色优势，亦可能促进生产成本的降低，从而使企业产品在市场上更具价格竞争力。生产手段的创新主要受外部力量推动，可以使企业提高生产率和先进性，可以引导产品和工艺的创新，同时，生产手段的创新也受到产品和工艺创新的影响。

5. **答案要点**：影响企业在开发方式上选择的，不仅是企业自身的资源可支配状况以及开发对象的特点要求，对市场经济条件下竞争与合作的必要性认识的不同也是其深层次的原因。

合作可以减少重复性劳动的浪费，而且会大大加快成果形成的速度，开发成功后，将在更大范围内使更多的企业受益。合作可以使各方将其优势结合起来共同使用，或者共享技术开发成果。合作还可以使合作各方共同承担巨额的开发费用及相应的风险，而且由于优势互补能开发出独自进行难以开发出的新技术。

6. **答案要点**：产品寿命周期理论是美国经济学家李维特首先提出来的。李维特认为，产品也同人一样，要经历从诞生到成长、最后死亡的生命过程。对产品来说，其寿命周期是指投入市场开始到完全退出市场为止所延续的时间。

产品在寿命周期中通常要经历投入、成长、成熟和衰退四阶段。在不同的寿命周期阶段，产品表现出不同的特征，企业应据此采取不同的产品开发对策。寿命周期理论对企业产品开发决策有非常重要的指导意义。

企业管理者应经常对产品的寿命周期进行分析，准确判断产品所处的发展阶段和发展趋势，针对产品在各阶段的特点有重点地组织相关技术创新以及其他与之相关的工作。

对于投入期的产品成本，企业应及时了解市场和用户的意见与建议并据此对产品结构和生产工艺进行改进完善；同时，企业广泛展开促销活动，以激发消费者对新产品的注意、兴趣以及消费欲望，以迅速打开销路。

成长期是产品开发的决定性阶段，企业应努力稳定产品质量，精心维护产品声誉，加速扩大生产能力，组织好销售工作，保证充分供应，绝不使产品在市场上脱销，谨防竞争对手乘虚而入。

产品经过成长期逐渐趋向成熟，成熟期的长短直接影响产品开发和经济效益的大小，因此要尽可能延长产品成熟期的时间。为此，要努力降低产品成本，争取价格优势，以维持市场占有份额；同时还要加强广告宣传和用户服务工作，在不失去老客户的同时，努力扩大新用户，最根本的措施是对老产品进行改造，以提供具有活力的更新型产品，形成市场和用户扩张的新势头。

对于处在衰退期的产品，企业应积极转移市场，努力在新的地区开拓对该产品的需求，或在不改变产品基本结构和性能的前提下，寻找新的用途，开发新的用户，力求在新的领域代替其他产品，以使产品起死回生。

如果发现衰退产品既无新用途也无新市场则应当机立断，有步骤地迅速将其予以淘汰。

产品寿命周期只是描述了产品进入市场后发展变化的一般趋势，各个阶段的划分也是相对的。由于技术进步和竞争等因素的影响，不仅不同产品各个阶段的时间长短不一，而且有些产品不一定要经历所有阶段：有的可能一进入市场就立即畅销；另一些则可能一直徘徊不前，没有进入急剧增长阶段的迹象；还有些可能经过成长期后，销售量经久不衰。虽然如此，寿命周期理论对企业产品开发决策仍有非常重要的指导意义。企业管理者应经常对产品的寿命周期进行分析，准确判断产品所处的发展阶段和发展趋势，针对产品在各阶段的特点有重点地组织相关技术创新以及其他与之相关的工作。

7. **答案提示**：信件，模拟信号手机。（后略）

第十八章

企业组织创新

习题

一、填充题

1. 行为的________是行为引导和整合的基本前提。

2. 企业是通过________、________以及________来使成员的行为具有一定程度的可预测性。

3. 整个工业经济时代企业组织的构造都是以________与其________的分离为基本假设的。

4. 企业的经营过程表现为________、________和________的不断循环。

5. 企业制度在为经营活动的组织提供基本规则和框架时，表现出三种基本的功能：________、________和________。

6. 足够的________是启动、维持企业运营并在不断扩展的规模上运营的基本条件。

7. 企业活动中所需知识可以分成三种类型：________、________以及________。

8. 企业制度调节的主要对象是________和________关系。

9. 产生于职位的权力称作________，把来自知识、经验以及品质等个人因素的影响力称为________。

10. 现代企业的________为作为企业集合体构成基础的各类参与者平等地行使经营权力提供了客观的物质基础。

11. 知识可以分为两种类型：有关________的知识与有关________的知识。

12. 管理幅度与管理层级的这种反比关系决定了组织的层级结构可能表现为两种基本形态：相对比较集权的________与相对比较分权的________。

13. 层级组织的基本特征便是利用________与________来规范成员间的关系，影响他们在企业活动中的行为表现。

14. 层级组织中成员之间的关系，是职务或岗位所规定的________，而非________。

15. 企业文化用来调节不同成员在企业活动中的________。

16. 企业文化对企业成员的行为影响具体表现在________，________以及________三个方面。

17. 作为人们自觉行为结果的企业文化不仅是记忆型的，而且是________的。

18. 在工业社会蜕变而来的知识社会中，知识正变为最重要的资源，企业内部的权利关系正朝着知识拥有者的方向变化，企业的制度结构正从“资本的逻辑”转向我们所称的________。

19. 在知识逻辑的社会里，权力派生于________，利益由________所控制。

20. 满足个性化的消费需求，要求企业生产组织更具________；活动内容与方式的适应性调整则要求相关的权力从管理中枢________。

21. 要素的相对重要性既取决于要素本身在企业生产经营活动中的作用，也在很大程度上受到该种要素________的影响。

22. 企业是人的集合体。企业绩效及其生存与发展能力首先取决于其________。

23. 企业制度是通过________和________的分配来实现其基本功能的。

24. 根据企业制度的________以及________，我们可以把企业制度定义为“规定或调节企业内部不同参与者之间权力关系和利益关系的基本原则或标准的总和”。

25. 我们把企业经营中不可或缺的要素称为________。

26. 不同参与者在企业活动过程中所结成的利益关系首先表现为________。

27. 既相互区别矛盾又相互依存的各参与者利益是通过________来实现的。

28. 不同企业制度的区别主要表现为不同参与者类型在企业经营中相互间权利关系特点的差异。在权力关系上，这种区别主要表现为各类参与者在企业经营活动中的________的不同；在利益关系上，这种区别主要与各类参与者的________有关。

29. ________决定了要素供应者在企业活动中的相对权利地位，决定了企业活动中的权力与利益分配的格局。

30. ________的特点决定了资本的所有者在过程开始之初就拥有着选择过程运行的方向、组织过程的推进、处理过程的结果的各种权力。

31. 组织是两个以上的人为________而在一起________的集合体。

32. ________是指企业制度指导企业经营方向的选择、引导稀缺资源的配置和使用的功能。

33. ________是指企业制度诱导各类参与者提供符合企业要求的贡献的功能。

34. ________则是指通过制度安排，使各类参与者在企业经营的不同时空朝着共同的方向努力，使他们提供的不同贡献形成有利于实现企业目标的合力的功能。

35. 企业活动中所需利用的知识可以分成三种类型：________、________以及经营管理知识。

36. ________关系反映了不同参与者在企业经营过程中的相对地位，________关系则决定不同参与者在这个过程中利益实现的方式。

二、选择题

1. 关于制度结构化的说法，正确的是________。

A. 规范了作为类群的企业参与者之间的非正式关系。
B. 规范了作为类群的参与者在企业生产经营活动过程中的非正式关系
C. 规范了作为个体的参与者在企业生产经营活动过程中的非正式关系
D. 规范了作为类群的企业不同参与者之间的正式关系

2. 知识经济的特点有________。
A. 知识要素在企业生产经营活动中的相对重要性大大提高
B. 生产者与最重要的生产要素的重新结合
C. 由于信息技术的广泛运用，知识创新和传播的速度大大加快
D. 脑力劳动者比体力劳动者更重要

3. 企业欲求其经营有效，必须解决的三个基本问题是________。
A. 选择正确的经营方向、内容和规模
B. 充分利用能够筹集到的各种资源
C. 引导参与者的行为选择，诱发他们提供企业所需的贡献
D. 建立产权明晰、责权明确的企业制度

4. 关于企业制度的功能，说法不正确的是________。
A. 通过经营权力和利益的分配来实现其功能
B. 通过经营权力的分配，决定了不同参与者在企业活动组织中的相对地位
C. 通过利益分配，以不同利益分配形式诱发参与者的行为选择
D. 通过经营权力的分配，决定不同参与者在企业活动组织中的相对地位以及利益实现方式

5. 企业制度分类的参与者因子有________。
A. 劳动与劳动者　　B. 资本与资本供应者
C. 知识与经营者　　D. 原材料与供应商

6. 决定企业使用要素的方向、方式、方法的是________。
A. 资本　　B. 劳动
C. 知识　　D. 规则

7. 在企业经营中，不同参与者所结成的利益关系首先表现为________。
A. 经济利益关系　　B. 地位利益关系
C. 精神利益关系　　D. 物质利益关系

8. 下列说法中，属于资本逻辑的企业制度是________。
A. 权力派生于劳动，利益归属于劳动者
B. 权力派生于知识，利益归属于知识管理者
C. 权力派生于资本的供应，利益归属于资本所有者
D. 权力共使、利益分享、风险同担

9. 在工业社会，最为稀缺的要素是________。
A. 资本　　B. 劳动
C. 知识　　D. 技术

10. 分工劳动在工业社会的发展的作用有________。
A. 加剧了普通劳动知识的专门化与狭窄化

B. 加剧了普通劳动技能的专门化与狭窄化

C. 决定了协调分工劳动所需的专门知识的供应的增加

D. 决定了协调分工劳动所需的专门知识的供应的相对稀缺性

11. 作为工业企业的主要组织形式，层级结构曾表现出的主要特征有________。

A. 直线指挥，分层授权　　B. 分工细致，权责明确

C. 层级分明，结构统一　　D. 标准统一，关系正式

12. 网络化的层级组织应该是________，相互对立的特点的统一。

A. 集权和分权的统一　　B. 上级与下级的统一

C. 稳定与变化的统一　　D. 一元性与多元性的统一

13. 工业社会中企业文化的功能与特点包括________。

A. 企业文化是作为企业经营的一种副产品而出现的

B. 企业文化作为一种主要手段发挥作用

C. 企业文化基本上反映了企业组织的记忆

D. 企业文化是多元的

14. 在知识经济下，企业文化将会________。

A. 成为知识经济条件下企业管理的重要甚至是主要的手段

B. 是人们自觉创造的结果，而不是企业生产经营中的一种副产品

C. 不仅是记忆型的，而且是学习型的

D. 允许异质价值观和行为准则的存在

15. 企业文化与企业战略的关系是________。

A. 企业文化促进企业战略的实现

B. 企业文化与企业战略不适应时，也能促进战略的实现

C. 企业文化与企业战略相适应时，促进企业战略的实现

D. 企业文化和企业战略的实现没关系

16. 现代社会的主要特征是________。

A. 规模经济　　B. 工业经济　　C. 知识经济

17. 企业制度诱导各类参与者提供符合企业要求的贡献的功能是________。

A. 导向功能　　B. 激励功能　　C. 协调功能

18. 与作业方法、制造工艺、生产程序以及产品功能与结构等方面的设计和改进有关的知识是________。

A. 作业知识　　B. 技术知识　　C. 经营管理知识

19. 反映不同参与者在企业经营过程中的相对地位的是________。

A. 权力关系　　B. 利益关系　　C. 权力关系和利益关系

20. 企业活动中各参与者类群的相对地位主要取决于________的分配。

A. 权力　　B. 非正式权力　　C. 正式权力

21. ________正逐渐成为后工业社会的基本特征。

A. 利益由资本的拥有者控制

B. 利益由劳动的拥有者控制

C. 利益由知识的拥有者控制

22. 层级的多少与管理幅度________。

A. 没有关系　　B. 正比关系　　C. 反比关系

23. 用来调节不同成员在企业活动中的非正式关系的是________。

A. 企业文化　　B. 利益分配　　C. 企业制度

24. 关于网络组织的说法，不正确的是________。

A. 网络结构中只有一个权力中心

B. 网络结构是适应型的、学习型的组织结构

C. 网络结构也需要不断地调整

D. 网络组织中各成员的角色不是固定的，而是动态变化的

25. 在知识逻辑的社会里，权力派生于________。

A. 资本　　B. 知识　　C. 劳动

三、是非判断题

1. 行为的可预测性是行为引导和整合的基本前提。（　）

2. 资本的相对稀缺性、资本的货币形态的可转换性等特点决定了资本是工业社会的最为重要的生产要素。（　）

3. 资本市场的发展、融资手段的不断完善以及与此同时企业生产过程的渐趋复杂使得资本正逐渐取代知识成为企业生产经营的第一要素。（　）

4. 知识经济时代企业的组织设计不能不考虑知识的这种特点以及由此决定的劳动者与其最重要的生产要素重新结合的现象。（　）

5. 信息技术的广泛运用加速了知识的生成与发展进程，从而引导着企业组织的创新，影响着企业组织的结构化或再结构化。（　）

6. 知识经济下的企业是通过规范作为类群的参与者在企业活动中权利关系的制度来引导和整合这些成员的行为的。（　）

7. 稀缺资源从资本转向知识，将导致知识参与者在企业权利关系中地位的提高。（　）

8. 在迄今为止的工业社会，相对于其他要素来说，知识是最为重要也是最为稀缺的。（　）

9. 过程源动力的特点决定了资本的所有者在过程开始之初就拥有着选择过程运行的方向、组织过程的推进、处理过程的结果的各种权力。（　）

10. 工业社会是以操作知识的发展为基础的，工业社会的发展又不断促进着操作知识的进步。（　）

11. 工业经济愈发展，分工劳动愈细致，劳动者的知识愈专门化，与协调不同劳动者的分工劳动有关的知识就愈加重要。（　）

12. 分工劳动在工业社会的发展不仅加剧了普通劳动知识和技能的专门化与狭窄化，而且决定了协调分工劳动所需的专门知识的供应的相对稀缺性。这种相对稀缺性进一步加强了操作知识拥有者的相对地位。（　）

13. 今天组织企业活动的协调知识是由企业经营管理人员所拥有的，管理人员的职能

就是运用协调知识去组织和管理企业成员的分工劳动。（　）

14. 管理人员通过其协调劳动不仅决定着自己所拥有的操作知识的运用效率，而且决定着作为其协调对象的企业生产者的知识利用效果。（　）

15. 在工业社会蜕变而来的知识社会中，知识正变为最重要的资源，企业内部的权利关系正朝向知识拥有者的方向变化，企业的制度结构正从“资本的逻辑”转向我们所称的“知识逻辑”。（　）

16. 权力派生于资本的供应，利益（经营成果的分配）由资本的拥有者所控制正逐渐成为后工业社会或知识社会的基本特征。（　）

17. 网络组织的基本特征便是利用直线指挥与分层授权来规范成员间的关系，影响他们在企业活动中的行为表现。（　）

18. 在利用制度结构规范参与者类群间权力与利益关系的同时，工业经济中的企业试图通过层级结构来规范作为单个成员的参与者在企业活动中的关系和行为。（　）

19. 层级结构的工业企业实行细致的劳动分工，分工原则不仅体现在与产品制造过程相关的生产劳动中，而且体现在与生产过程协调有关的管理劳动中。（　）

20. 标准统一还表现为企业政策的一致性，制约管理人员行动及其行为的政策和规则是由企业最高权力机构统一制定，统一推行的。（　）

21. 企业的“组织框架图”和“说明书”确定了每个成员应该扮演的角色，每个角色扮演者应该以理性，而非以感情的方式来完成其职责。组织所倚重的是个人间的非正式关系，而非角色间的正式关系。（　）

22. 网络组织将企业视为一组为完成特定任务而组成的横向工序流，而不是纵向的由各个职能部门组成的层级结构。（　）

23. 企业成员在网络组织中的角色不是固定的，而是动态变化的。（　）

24. 网络组织在构成上是“严格的等级排列，而非各工作单位组成的联盟”。（　）

25. 在层级组织中，你拥有的职位决定了你的权力。在分权的网络化的组织中，你的权力来源于你了解的知识和你认识的人。（　）

26. 网络结构是适应型的、学习型的组织结构。（　）

27. 未来的组织应该是“网络化的层级组织”：网络支持着组织活动的有序性，而层级则促进着组织的适应性。（　）

28. 网络化的层级组织只有分权，没有集权。（　）

29. 网络化的层级结构在组织整体保持相对稳定的同时，使各个工作单元能迅速调整：层级结构，从而组织框架以及决定这个框架的经营领域是相对稳定的，而框架中的各个工作单元的工作内容和方式则经常进行适应性调整。（　）

30. 在知识经济社会中，企业文化的功能便是在企业制度和层级结构不能触及的地方发挥作用，即用来调节不同成员在企业活动中的非正式关系。（　）

31. 工业社会中企业文化是作为企业经营的一种副产品而出现的。（　）

32. 知识经济下企业文化基本上反映了企业组织的记忆。（　）

33. 工业社会中企业文化是作为一种辅助手段而发挥作用的。（　）

34. 知识经济下企业文化将成为知识经济条件下企业管理的重要的，甚至是主要的手段。（　）

35. 知识经济下企业文化将在强调主导价值观与行为准则，但是不允许异质价值观和行为准则的存在。（ ）

36. 网络化层级组织的文化多元化与各工作单元并行的特点以及企业需要满足的个性化消费需求的特点也是相一致的。（ ）

37. 知识经济下作为人们自觉行为结果的企业文化不仅是记忆型的，而且是学习型的，或者更准确地说，主要不是记忆型的，而是学习型的。（ ）

38. 工业社会下企业文化将是人们自觉创造的结果，而不是企业生产经营中的一种副产品。（ ）

39. 文化将成为保证和促进网络化层级结构条件下企业组织活动一体化的黏合剂。（ ）

40. 网络化层级组织是一元性与多元性的统一。（ ）

四、简答题

1. 企业经营过程循环的条件是什么？
2. 企业制度的三种功能分别是什么？其含义呢？
3. “元要素”是什么要素？有什么特征？
4. 为什么知识与经营者具有“元要素”性质？
5. 什么是权力？正式权力和非正式权力的差异在哪里？
6. 企业实现利益分配的方式有哪三种？
7. 后工业社会的基本特征是什么？
8. 什么是层级组织？形成原因是什么？
9. 层级结构发挥作用并取得成功有什么样的环境条件和假设？
10. 网络组织的特征是什么？
11. 什么是企业文化？其功能是什么？
12. 企业如何实现对其成员行为的引导和整合？
13. 在有约束的条件下，企业要有效经营必须要解决的问题是什么？
14. 简述劳动分工的作用。
15. 简述劳动逻辑的企业制度。
16. 简述综合逻辑的企业制度。

五、问答题

1. 请简述锥形结构和扁平结构的区别，并比较分析其优缺点。
2. 权力关系与利益关系的“逻辑”一致性表现在哪里？
3. 层级组织会被网络组织所代替吗？为什么？
4. 工业社会的层级结构有何特点？
5. 知识经济对企业文化有什么影响？
6. 分析企业制度的不同类型。

参考答案

一、填充题

1. 可预测性
2. 制度结构，层级结构，文化结构
3. 劳动者，物质生产条件
4. 资源筹措，加工转换，产品销售
5. 导向功能，激励功能，协调功能
6. 资本
7. 作业知识，技术知识，经营管理知识
8. 权力，利益
9. 正式权力，非正式权力
10. 财产特点
11. 操作，协调
12. 锥形形态，扁平形态
13. 直线指挥，分层授权
14. 角色关系，个人关系
15. 非正式关系
16. 行为导向，行为激励，行为协调
17. 学习型
18. 知识逻辑
19. 知识，知识拥有者
20. 弹性，向下分散
21. 相对稀缺程度
22. 成员的努力
23. 经营权力，利益
24. 基本功能，功能实现方式
25. 元要素
26. 经济利益关系
27. 占有或参与企业经营成果的分配
28. 相对权力地位，利益实现方式
29. 不同参与者提供的企业经营所必需的某种要素的相对重要性
30. 过程原动力
31. 实现某个共同目标，协调行动
32. 导向功能

33. 激励功能
34. 协调功能
35. 作业知识、技术知识
36. 权力，利益

二、选择题

1. D　2. ABC　3. ABC　4. D　5. ABC　6. C　7. A　8. C　9. A　10. AD　11. ABD　12. ACD　13. AC　14. ABCD　15. C　16. C　17. B　18. B　19. A　20. C　21. C　22. C　23. A　24. A　25. B

三、是非判断题

1. 是　2. 是　3. 否　4. 是　5. 是　6. 否　7. 是　8. 否　9. 是　10. 是　11. 是　12. 否　13. 是　14. 否　15. 是　16. 否　17. 否　18. 是　19. 是　20. 是　21. 否　22. 是　23. 是　24. 否　25. 是　26. 是　27. 否　28. 否　29. 是　30. 否　31. 是　32. 否　33. 是　34. 是　35. 否　36. 是　37. 是　38. 否　39. 是　40. 是

四、简答题

1. 企业是在下述条件下进行循环的：第一，企业能够投入经营活动中的资源是有限的。对企业来说，这种有限性是双重的；第二，企业经营的直接目的不是为了取得产品的使用价值，而是为了实现其价值；第三，企业是人的集合体，企业经营有赖于不同参与者在不同的环节和方面提供不同的贡献。

2. 企业制度在为经营活动的组织提供基本规则和框架时，表现出三种基本功能：导向功能、激励功能和协调功能。导向功能是指企业制度指导企业经营方向的选择、引导稀缺资源的配置和使用的功能；激励功能是指企业制度诱导各类参与者提供符合企业要求的贡献的功能；协调功能则是指通过制度安排，使各类参与者在企业经营的不同时空朝着共同的方向努力，使他们提供的不同贡献形成有利于实现企业目标的合力的功能。

3. 把企业经营中不可或缺的要素称为“元要素”。这类要素具有两个基本特征：第一，它是企业经营所必需的最基本的要素，离开了这种要素或这种要素供应者的服务，企业活动便无法进行；第二，利用这种要素，人们可以很方便地取得组织企业经营所需的其他要素，或者可以很方便地取得能够换回其他要素的手段。

4. 投入企业经营中的资本与劳动，只有利用一定的方式和方法，在一定方向上加以组合，才能发挥效用。因此，企业成长及其效率改善，在很大程度上并不取决于资本与劳动的投入数量，而是取决于人们使用资本和劳动的方向、方式和方法。决定这些方向、方式和方法的，是企业的某些（类）参与者对与资本和劳动使用有关的知识的掌握以及他们的这种知识在企业活动中的实际运用。经营者作为知识的携带者，自然也属于知识的范畴中。

这些专门知识的利用可以给企业带来的利润实现或经营状况改善的前景，使得经营者可以很方便地动员和利用集合其他生产条件所需的货币资本，因此经营知识与经营者符合我们前面提到的“元要素”及其供应者的特征要求。

5. 权力是影响他人行为的一种能力。正式权力是产生于职位的权力，非正式权力来自知识、经验以及品质等个人因素的影响力。非正式权力在群际权力关系中的作用相对较小，他们在企业活动中的相对地位主要取决于正式权力的分配。

6. 不同企业制度下各类参与者的利益实现方式不外乎以下三种：

（1）作为生产经营中的预付成本，在企业最终成果形成以前实现。

（2）通过占有企业的最终经营成果，即通过占有销售收入扣除各种成本耗费后的剩余，在一定时期的经营活动结束以后实现。

（3）前两种实现方式的结合。即部分经济利益在经营过程中通过企业以支付成本的形式实现，另一部分经济利益则在这个过程结束后通过分享最终成果而获得。

7. 权力派生于知识（特别是协调知识）的供应，利益（经营成果的分配）由知识的拥有者所控制，是后工业社会或知识社会的基本特征。

8. 所谓层级组织，是按照分层授权的原则来设计组织中的职务、机构以及结构，以此为框架来整合组织中的各项活动，特别是组织中的管理活动。层级组织的形成是由于企业主管的有效管理幅度是有限的。

9. 层级结构发挥作用并取得成功是有一定的环境条件和假设作为前提条件的。层级结构在企业中的广泛运用是以市场环境为背景的：消费者的诸多需求尚未得到充分满足；这些需求基本是无差异的；消费需求以及影响企业经营的其他环境因素基本稳定，或虽有变化，但变化具有连续性的特征，从而基本上是可以预测的。

10. 网络结构主要表现出如下主要特征：第一，它在构成上是由各工作单位组成的联盟，而非严格的等级排列。第二，企业成员在网络组织中的角色不是固定的，而是动态变化的。第三，企业成员在网络结构中的权力地位不是取决于其职位，而是来自他们拥有的不同知识。

11. 企业文化是企业成员广泛接受的价值观念以及由这种价值观念所决定的行为准则和行为方式。企业文化的功能有：行为导向功能；行为激励功能；行为协调功能。

12. 企业是通过制度结构、层级结构以及文化结构来使成员的行为具有一定程度的可预测性，从而实现对这些成员在企业活动过程的不同时空的努力进行引导与整合。制度结构规范了作为类群的企业不同参与者之间的正式关系，层级结构规范了作为个体的这些参与者之间的正式关系，而文化结构则规范了作为类群或个体的参与者在企业生产经营活动过程中的非正式关系。

13. 企业欲求其经营有效，必须解决三个基本问题：（1）选择正确的经营的方向、内容和规模，使企业产品符合社会需要，以保证产品价值的实现；（2）充分利用能够筹集到的各种资源，使有限的投入获得尽可能多的有效产出；（3）引导参与者的行为选择，诱发他们提供企业所需的贡献，形成实现企业目标所需的合力。

细致的劳动分工在促进劳动生产率提高的同时，使得每一个分工劳动者的操作技能和相关专业知识更加狭窄，更加专门化，从而使得工业生产中的每一个人的劳动高度相互依赖。

14. 分工劳动在工业社会的发展不仅加剧了普通劳动知识和技能的专门化与狭窄化，而且决定了协调分工劳动所需的专门知识供应的相对稀缺性。这种相对稀缺性进一步加强了协调知识拥有者的相对地位。

15. “权力派生于劳动、利益归属于劳动者”，是劳动逻辑的企业制度的基本特征。作为权力的主体，劳动者直接或者间接地通过选举代表平等地行使企业经营方向和规模的选择等战略决策权力，而把与经营过程组织有关的日常经营权力交给经过一定程序选聘的具有一定专门知识和技能的人来行使；作为企业的利益主体，不同劳动者共同地决定如何根据他们的劳动贡献公平地分配企业经营收入扣除物质耗费后的剩余。。

在这种企业制度下，由于劳动者既是权力和利益的主体，又是经营者组织生产活动所需利用的一种要素：在决策权力系统中，经营者必须服从劳动者集体的意志和决定；而在执行权力系统中，作为生产要素的劳动者个人则须接受经营者的具体指挥。

16. 综合逻辑的企业制度是各参与者类群在权力以及利益关系中均处于相互平等的地位的企业制度。“权力共使、利益分享、风险同担”是这种企业制度的基本原则。现代企业的财产特点为作为企业集合体构成基础的各类参与者平等地行使经营权力提供了客观的物质基础；企业经营过程的进行、经营目标的达到必须借助的各类要素贡献相互作用、相互依存的性质，为这些参与者公平地分享经营成果提供了客观的依据。由于各类参与者的利益都只有在这个成果形成后才能实现，其实现程度都随成果的大小而变化，都需承担因经营不善而带来的绩效低下的风险，因而他们都可能对影响成果水平的活动方向的选择或组织手段的运用表现出极大关注，并将把这种关注表现为参与决策过程中的权力的积极利用。

五、问答题

1. **答案要点**：锥形的层级结构管理幅度较小、管理层次较多。每个层次上的每个机构和岗位之间分工精细、权责明确。扁平型层级结构管理幅度相对较大，层级相对而言较少，各层次上各机构与岗位间的分工相对比较粗。

锥形结构需要每个主管直接管辖的下属的数量有限，因此不仅可以对下属直接进行有效的指挥和指导，促进下属管理素质与能力的改进，而且接收到的信息相对明确，识别、处理以及利用有限信息的质量也因此而比较高。

但与此同时，反映基层活动情况的相关信息需要经过较多的层次才能传递到组织的高层，经过的中间环节多，因此不仅传递的速度慢，而且在传递的过程中可能会因某些层级的过滤、加工而失真。

同时也由于主管直接管辖的下属数量有限，虽可对每位下属进行充分的指导，但也可能对他们的工作安排过细、指挥过多、控制过死，从而影响下属积极性和主观能动性的发挥，从而不利于其成长。

扁平型结构由于主管直接控制的下属数量较多，因此下属自主行动的空间相对较大，从而有利于他们主观能动性的发挥，有利于其能力的培养。管理层级的减少也使得信息传递的速度加快，并可避免中间环节过多可能对信息传递造成的干扰。但是，较大的管理幅度既可能使得主管难以对每位下属进行细致的指导，同时也可能使这些主管收到的信息量过大，影响这些信息的价值正确识别和及时利用，从而影响决策的准确性和及时性。

2. **答案要点**：作为不同参与者类群之间相互关系的两个主要方面，企业制度所调节的权力关系和利益关系是相互联系、相互映照的。

不同参与者在企业中利益实现方式的不同，必然在他们的权力关系中得到反映。有权利占有或分享企业最终成果的参与者必然也有权利选择决定这个成果的活动方向和活动过程的组织方式，而以预付成本形式实现其经济利益的参与者则必然只能在前者规定的范围内根据前者的要求提供企业所需的服务。

从另一个角度来分析，利益实现方式的不同，实际上也是权力关系中相对地位不同的结果。由于企业活动的效率，从而最终经营成果的形成和改善不仅取决于各参与者提供的具体服务，而且首先取决于这些服务的组合方式及其作用方向，因此有权利行使决策权力的参与者必须承担方向选择失误、方式选择不当而导致的效率低下的风险，同样，也应当有权利占有或分享由于权力的正确使用而带来的效率提高的成果。

3. **答案要点**：知识经济带来的变化可能是对现存的层级组织进行网络化的改造：用网络结构来补充层级结构，而不是将后者完全取代。实际上，管理任何由一定数量的成员参与的集体活动，一定程度的集权和统一指挥是必不可少的。没有这样的集权和统一指挥，组织成员的活动就无法协调，组织活动就无法在“有序的无序”或“无序的有序”状态下进行。

因此未来的组织应该是“网络化的层级组织”：层级支持着组织活动的有序性，而网络则促进着组织的适应性。网络化的层级组织应该是三个相互对立的特点的统一：第一，集权和分权的统一；第二，稳定与变化的统一；第三,一元性与多元性的统一。

4. **答案要点**：作为工业企业的主要组织形式，层级结构曾表现出如下主要特征：直线指挥，分层授权；分工细致，权责明确；标准统一，关系正式。

（1）直线指挥，分层授权。在层级结构中，企业组织成为一个等级结构的金字塔。金字塔中的每一个层次都根据直线上级的要求，组织完成相应的工作任务，并行使相关的权力。

同时又将接收到的任务分解给下一个层次去完成，并利用受托行使的权力去命令下属的工作。层级组织的基本特征便是利用直线指挥与分层授权来规范成员间的关系，影响他们在企业活动中的行为表现。

（2）分工细致，权责明确。层级结构的工业企业实行细致的劳动分工。分工原则不仅体现在与产品制造过程相关的生产劳动中，而且体现在与生产过程协调有关的管理劳动中。

分工劳动使得生产者与管理者的知识和技能不断完善，相关劳动的熟练程度不断提高，从而促进了组织劳动生产率的增长。分工劳动不仅严格规定了组织成员应该履行的职责，而且明确了相应职务的工作人员为执行职责而可以行使的权力。

（3）标准统一，关系正式。“标准统一”首先是作业方法的标准化，逐渐移植到管理劳动的组织中。不论是谁，在处理同类的管理业务时，都按照一套标准的程序和方法来操作。

其次，标准统一还表现为企业政策的一致性。制约管理人员行动及其行为的政策和规则是由企业最高权力机构统一制定、统一推行的。

层级结构中的工作人员必须严格依循这些政策和规则。企业的“组织框架图”和“说明书”确定了每个成员应该扮演的角色，每个角色扮演者应该以理智而非以感情的方式来完成其职责。组织所倚重的是角色间的正式关系，而非个人间的非正式关系。

5. **答案要点**：正在到来的知识经济将改变工业社会企业文化的基础，从而可能使企业文化带来以下四个方面的调整：

（1）企业文化将成为知识经济条件下企业管理的重要甚至是主要的手段。文化手段重要性的这种变化是与层级结构的网络化改造相关的。在实行分权化管理的网络化层级结构中，用被企业员工广泛认同的价值观和行为准则去影响各工作单元在不同时空的行为方向，内容及方式的选择就变得至关重要了。文化将成为保证和促进网络化层级结构条件下企业组织活动一体化的黏合剂。

（2）企业文化将是人们自觉创造的结果，而不是企业生产经营中的一种副产品。在网络化的层级结构中，管理中枢重要的工作内容是要通过基本政策的制定，借助各种沟通渠道，去倡导某种适合企业特点的文化，大张旗鼓地宣传这种文化，总结和介绍这种文化影响下成功工作单元的事例，以促进这种文化所包含的价值观和行为准则被各工作单元迅速普遍地接受，并使之成为影响他们行为选择的基本规范。

（3）作为人们自觉行为结果的企业文化不仅是记忆型的，而且是学习型的，或者更准确地说，主要不是记忆型的，而是学习型的。知识经济条件下的企业在客观上需要行为准则和行为方式的不断创新。这种创新要求企业文化必须是学习型的。

（4）企业文化将在强调主导价值观与行为准则的同时，允许异质价值观和行为准则的存在。学习型的企业文化必然也是多元的。文化的多元化必然会促进企业文化的不断创新，从而必然会不断促进知识经济条件下的企业不断走向繁荣。

6. **答案要点**：不同企业制度的区别主要表现为不同参与者类群在企业经营中相互间权利关系特点的差异。在权力关系上，这种区别主要表现为各类参与者在企业经营活动中的相对权力地位的不同；在利益关系上，这种区别主要与各类参与者的利益实现方式有关。

根据参与企业活动的每一类要素供应者在企业中权力和利益关系中的地位，企业制度的模式至少可以有以下四种类型：

（1）资本逻辑的企业制度。在这种类型的企业制度中，权力派生于资本的供应，利益归属于资本所有者。资本的供应是行使权力、占有成果的唯一依据。资本所有者既是权利主体又是利益主体。劳动者和经营者在这种制度中的利益实现方式都具有成本费用的性质。

（2）劳动逻辑的企业制度。“权力派生于劳动、利益归属于劳动者”，是这种企业制度的基本特征。劳动者既是权力和利益的主体，又是经营者组织生产活动所需利用的一种要素。经营者根据劳动者集体的委托，提供组织日常经营所需的服务，并以这种服务为依据参与经营成果的分配。资本供应者的利益实现与企业经营成果的高低没有任何直接联系，他们对影响这个成果形成的各种权力的运用也无权过问。

（3）知识逻辑的企业制度。“权力派生于知识，经营成果的分配服从经营者的意志”是这种企业制度的基本特征。经营者因为拥有专门知识而实际掌握和行使着组织企业活动所需的各种权力，是权力和利益的主体。不论是劳动还是资本的供应者，他们从企业获得的与其服务相应的报酬，相对于一定时期的经营活动结束后形成的归经营者实际支配的最终成果来说，都是具有成本性质的支出。

（4）综合逻辑的企业制度。这是各参与者类群在权力以及利益关系中均处于相互平等地位的企业制度，“权力共使、利益分享、风险同担”是这种企业制度的基本原则。

第二部分 各章配套短小案例

第一章

管理活动与管理理论

案例一　自如的商业进化逻辑[①]

2011 年，自如以长租产品起家，先后在北京、上海、深圳等 5 座国内城市进行战略布局。随着 2016 年“自如民宿”“自如驿”的推出，自如开始进入旅居市场。

一、产品矩阵

目前，自如已经形成了由自如友家、自如三居、自如寓等构成的产品矩阵。

自如友家面向刚刚步入社会的城市新青年，由于经济能力所限，合租居住生活在所难免，而追求品质生活的他们，又希望住得时尚、舒适、便捷。自如友家 5.0 首创 5C（Co-Dining、Co-Work、Co-Gym、Co-Play、Co-Sofa）新概念，推出 Z-Tab 创意组合桌和组合沙发，既可以满足室友之间集体活动所需，也可以拆分为个人使用，适合合租状态下的租住需求。自如三居的主要消费群是有孩子的小家庭，空间更大、选择更多。同时，自如三居在业内首创长期租赁合同，打破了租赁期限为一年的业内传统，开创了 1~5 年的租房合同，为小家庭提供长期居住的稳定感，而且长期租客还可享受更灵活的租期服务和优惠价格。自如寓的特点在于面对城市单身青年，致力于打造城市独栋高品质青年社区。除了满足基本的居住需求，还配备有娱乐社交功能齐全的超大公共区域，如楼顶露台酒吧、烧烤、观影区等。

二、死磕服务

对于租住产品来说，交易完成只是第一步，更为重要的是交易之后的长期服务。对拥有庞大租客群的自如来说，如何在快速扩张形成规模的同时保证服务的质量和效率，是个很大的难题。2017 年正是自如“死磕服务”的一年。据介绍，自如的投诉率曾一度高达

① 资料来源：周再宇．自如的商业进化逻辑．新营销，2017（12）．

3.5%："今年所有自如员工都在学习'自如 BSH 新服务体系'。B 代表 Behavior，这体现出我们对服务的理解——你想把服务做好，首先你是不是一个可以把衣服穿正确的人？我们会通过很多培训会和规范，让大家至少像一个服务者。第二个层次，S 代表 Skill，服务是一个很专业的事情，同样的一件事使用不同的沟通技巧，结果可能有天壤之别。第三个层次，H 代表 Heart。我们希望招一些骨子里有服务精神的人，这是我们正在努力的事情。"新的服务体系很快发挥了作用，2017 年自如的投诉率已经下降到了 0.15‰。

三、多元拓展

目前，自如 App 已经沉淀了百万租客用户。2017 年，通过对 App 中"自如活动"的升级，自如创新开发了社交平台 Meeta。与其他社交产品相比，由于依托数量庞大且真实可靠的自如客信息，以及与自如客居住生活的关联性信息，Meeta 可以为用户提供更贴近居住生活的社交体验。比如活动、交友、家庭群等，还可以提供最新生活、小区信息推送以及自如客活动推荐。据悉，Meeta 以单月活动场次 75 场，参与人数月均突破 20 000 人的成绩，成为活动平台中成绩不错的新产品。真实的用户数据不仅有助于社群的构建，还有利于信用体系的建立。近期，支付宝和中国银联纷纷宣布加入住房租赁市场，搭建"住房租赁金融服务体系"。在这个时间节点，自如也上线了自己的信用体系。据了解，已有 80 万自如客加入。自如筛选规避不良信用租客约 8 万人，收录租住行业关注名单约 4 000 人。

从产品到服务、再到社群和信用体系等多元化业务的拓展，自如围绕租住人群，以消费者需求为产品进化逻辑，实现了从线下到线上、从产品到多元业务的扩张，在这个过程中，也完成了产品体系的迭代和升级，逐渐将触角拓展到整个租住需求产业链。

思考题：

1. 自如的管理措施体现了什么样的管理原理？
2. 请你对自如多元拓展管理提出自己的意见，应该从哪些方面改进现有的管理方式？

案例二 华为从来不说的领导力秘密[①]

为何在众多的民营企业中，只有华为能够站到巅峰？关于华为成功因素探讨的文章汗牛充栋，包括战略管理、业务流程管理、人力资源管理体系、激励机制等，这些都是现象级的原因，企业成功最本质的差异只有唯一因素：人。

尽管华为的领导力框架（价值观）并不神秘，其中三条是直接照搬 IBM 的价值观（成就客户、至诚守信、开放进取），另外三条带有浓厚的中国创业色彩（艰苦奋斗、自我

① 本案例来源于华为公司顾问陈果的相关文章。

批判、团队合作）。而更底层的华为人的特质，可以概括为如下三点：

一、批判性思维

批判性思维是指讲事实、讲证据、讲逻辑的理性思维方式，与其对立的，是讲情怀、讲感觉的感性思维方式。批判性思维是和华为员工主体的“理科生”特质分不开的。大多数企业都在讲“战略”，而华为讲的是“战略执行”，华为引进了 IBM BLM 体系，尽管前些年 IBM 的每位经理人都会接受 BLM 培训，但在 IBM，BLM 只是一个理念，华为却将 BLM 分解为了若干部分的广播体操式的机械动作，每一步都一板一眼地论证，经常不厌其烦地细究从业务环境推导到组织执行的逻辑关系；华为宣称自己不搞小利润中心，而是分清责任，用 KPI 来驱动执行，它有一套所谓战略绩效推导组织绩效再推导到个人 KPI 的机制，这个过程也是典型的理性思维，而不是“搞机制、分利益”，只讲结果，过程就稀里糊涂的感性思维。

二、遵循常识

在企业管理上，任正非相信“先固化、再优化”，相信照搬现成经验、拿来主义。

跟华为打交道，是一件既简单又挑战的事情。所谓会者不难、难者不会；华为从来不相信理论或者理念，他们会说：“你就说这件事 IBM（或者思科、爱立信、苹果）是怎么做的吧，别人有没有用过，我们直接照着做就行了。”而事实上，这些华为学习的对象，从来没有别出心裁的管理方法，它们的管理实践，无论是研发、供应链、营销，还是财务、人力资源，不外乎都是后工业化时代全球型大企业的标准套路，是教科书里都有的常识。与此对应，不少中国企业老板却总是认为自己企业特殊得不行，热衷于原创管理体系，搞出一些稀奇古怪的管理理论、管理方法、管理名词。不向常识低头，导致在实践中往往时常碰壁。

三、天道自然

任正非一方面强调流程的严格性，另一方面又谈人性的“灰度”，强调宽容、妥协，反对完美主义。折中主义是天道。记得几年前网上流传过任正非批评财务流程烦琐的文件，换个角度来看却是高明的“罪己诏”，板子向自己的亲女儿打下（任正非女儿主管公司财务），以平对管理过严的“民愤”，这也是前段时间“经营大于管理”的怪论在华为内网社区上爆热的原因，而这个怪论传到社会上，突然成了管理界流行语，人云亦云者，往往不知道背后的奥妙。

我曾经问过一位华为高管：“你们流程真的那么严格吗？”这位高管说：“只要客户打上门来，啥流程都没了。”不受流程约束，也和华为是非上市公司的特性有关。

最近这些年，企业界突然出现学习华为的“华为热”，要学会华为，企业管理者得真正领会这些华为自己从来不说的领导力秘密。

思考题：

1. 华为成功的管理经验体现了中国古代哪些著名的管理思想？请结合文章分析。
2. 华为的管理措施体现了赫伯特·西蒙的哪些管理思想？

第二章

管理道德与企业社会责任

案例一　格力的“迷药”[①]

朱江洪在讲领导者的威信问题时，提到以“诚”取威。诚就是诚实、守信。此乃管理者之本。实践证明，人无信不立，家无信不和，企无信不兴，国无信不宁。管理者，尤其是一把手，必须讲诚信，对班子成员以诚相待，这样他们就能大胆工作。如果对部下不诚信，讲话不算数，出尔反尔，在提拔上压着，相处上挑着，交往上冷着，关系上僵着，这样就必然失去自己的威信。对经销商、供应商以及合作伙伴不诚信，就会失去合作基础，工作难以展开，企业的生存和发展必然受到影响。管理者要学会在工作中淡化权力意识，把事情交给放心的部下去完成。出现问题及时纠正、指导他们，让他们在工作中总结提高，这是对他们的一种信任和尊重，反过来也会自然而然地提高自己的威望。

在商言商，自古以来，逐利是商业活动的本质，“没有永远的朋友，只有永恒的利益”。不可否认，厂商关系无论怎样变化，都离不开利益这条纽带的维系。但是，商人首先是人，人有七情六欲，人固然靠物质生存，但也靠精神来支撑，在尔虞我诈、物欲横流的商业社会，真情、诚信尤显得珍贵，其能量甚至常常超越利益的吸引。

一位与格力合作多年的经销商这样说：“我先后做过几个品牌，其中格力是最令人轻松、放心的一个。它的各种政策、返利、奖励等都没有文字记录，全凭格力公司口头通知就生效。开始我还很怀疑，专用一个本子记录何时、何地、因何事做出何种承诺，但后来我是彻底服了，因为有好几次发现账户余额在莫名其妙地增加，找到公司后才知道，原来我漏记的奖励，他们都主动给我兑现了。”

格力的成功，吸引了不少企业的关注，后来一些企业也学习格力，成立了销售公司，但市场反应并不怎样。究其原因，它们学的只是格力模式的皮毛，它的组织结构以及如何与客户搞好关系等，并未学到它的精神实质与精髓——诚信、共赢，以及格力的销售文化。一些企业的业务人员为了完成销售任务，让商家降价促销，并承诺损失部分给予补贴，但过后又不兑现，使商家吃尽苦头。如此这般，怎能赢得商家的信赖？

---

① 根据《朱江洪自传：我执掌格力的 24 年》（企业管理出版社 2017 年版）中的相关内容编写。

有一段时间，“诚信”二字在媒体出现的频率很高，一些企业赶时髦，也高喊诚信。但诚信是做出来的，不是喊出来的，而且必须天天做，月月做，年年做，不能有时诚信，有时不诚信，遇到小事时诚信，遇到大事就不诚信。有个经销商说：“你们昨天还骗了我，今天却喊诚信，谁信呀？”

思考题：

1. 请结合案例分析格力是怎样做到诚信的。
2. 简述企业的道德观。

案例二　让单车回归城市，让生活更加美好①

2016 年 7 月，旨在“让单车回归城市，让生活更加美好”的摩拜单车正式现身一线城市的舞台。摩拜单车不仅方便地解决城市居民短途 1 千米的交通运输，而且以创新高科技、绿色环保的方式引领城市居民的生活方式。

运营一年多来，摩拜单车已进入全球 4 个国家的 150 个城市，投放超过 600 万辆智能共享单车，服务超 1 亿用户，日均订单量超过 2 500 万。仅 2016 年 4 月 22 日至 2017 年 4 月 12 日，摩拜用户骑行累计超过 25 亿千米，节约了 61 万吨的碳排放量。一辆摩拜单车，发起了一场全民参与建设绿色城市、健康城市的社会实践。

摩拜单车还跃身于社会慈善事业。2017 年 4 月，在智能共享单车进入城市一周年之际，为了共同的爱与公益理想，摩拜单车联合嫣然天使基金开启“共享单车 & 共享公益”战略合作，并约定不定期发起公益活动，号召更多人共同关注环保，关注儿童。摩拜单车强烈地发声：公益，永远不局限于企业本身的利益。摩拜单车宣布与嫣然天使基金达成战略合作后，捐助 365 万元资助 365 位来自贫困家庭唇腭裂儿童的医疗救助，帮助他们重绽笑颜。同时，摩拜单车还联合嫣然天使基金发起“Let’s mobike，Let’s love”线上活动。

2017 年 5 月 15 日，江苏省领导等莅临摩拜智造调研指导。摩拜单车创始人胡玮炜和摩拜智造总经理徐洪军分别汇报了摩拜一年来的运营发展情况和摩拜智造取得的成绩。领导们对摩拜单车将移动物联技术首创运用于自行车的创造性表示赞许，并充分肯定了摩拜单车在引导绿色、环保、节能、创新交通方式方面起到的积极作用；鼓励摩拜单车进入江苏更多城市运营，为更多市民提供低碳环保健康的出行服务。

2017 年 7 月 21 日，摩拜单车与联合国人类住区规划署在成都签署战略合作备忘录，携手推进智能共享单车的全球化进程，促进绿色、低碳、可持续城市发展，为实现城市更美好的前景而努力。联合国人类住区规划署和摩拜单车将立足促进社会和环境方面可持续性人居发展，联合推动、建设适宜人类居住的可持续发展城市。此外，双方还将基于摩拜单车的精准出行大数据，共同进行让城市更美好的课题研究，为健康城市、人性化城市的规划和建设提供科学建议。

① 根据新闻报道改编。

在拥挤的商业环境和互联网洪流中，让“设计”成为可能，让“思考”成为通路。摩拜单车，用骑行感受专注思考的状态，在摩天大楼中感受森林，在车水马龙中品味内心的宁静。摩拜单车坦言：骑行，并不只是一个动作，而是一种文化，让骑行的力量去点燃善意的火花，摩拜要做的还有很多。

思考题：

1. 摩拜单车如何履行其社会责任?
2. 企业社会责任体现在哪些方面?

案例三　鞍钢汽运公司履行社会责任的实践①

鞍钢汽车运输有限责任公司（简称鞍钢汽运公司）是鞍山钢铁集团公司控股的专业化大型冶金道路运输企业。其在自身发展的过程中一直履行社会责任。

一、稳定增长经济效益

企业经济效益跟不上，履行社会责任也只能是一句空话，所以同其他企业一样，使本企业经济效益健康而快速增长仍然是鞍钢汽运公司理应担当的最基本的责任。经过全体职工共同攻坚克难、开拓进取，鞍钢汽运公司实现了与钢铁主业间互利共赢的经营效果，全面完成了鞍山钢铁下达的生产经营指标。

二、有效保障客户权益

遵纪守法、诚信经营、维护和尊重顾客合法权益，是推动企业不断发展壮大的能量之源，也是企业履行对客户责任的最基本、最重要的方式。鞍钢汽运公司在所有生产经营活动中都将“诚信”二字摆在首位，努力为客户提供优质的产品和服务。鞍钢汽运公司分别在质量诚信、价格诚信以及服务诚信方面保障客户效益。

三、认真落实职工利益

鞍钢汽运公司树立人才是企业第一资源的理念，培养高素质队伍，支撑公司发展，实现职工价值，坚持全心全意依靠职工办企业，同时推进民主管理，实施“人才强企”战略，加强职工业务培训，提升职工素质，实现在发展企业的同时实现职工核心价值，同时推进民主管理，调动职工积极性，提高生产效率，完善岗位职责，实现职工和公司的共同发展。为有效落实员工利益，鞍钢汽运公司让企业职工得到真正的实惠，加强对高级技术

① 根据丁健非所写《鞍钢汽车有限责任公司履行企业社会责任案例研究》编写。

人才的管理和鼓励，保障劳务派遣职工的利益。

四、全面实施节能减排

鞍钢汽运公司提出了服务资源节约型、环境友好型的环保战略，在发展战略、规划设计、施工建设、生产运行、客户服务等公司业务的各个环节中全过程落实环境保护和资源节约要求，弘扬企业全员环保和节约文化。强化组织领导，全面建立健全领导问责体系；完善激励机制，积极响应国家节能减排政策；开展科研合作，注重宣传推广绿色低碳理念。

五、高度重视安全生产

鞍钢汽运公司在每年年初，都会提出安全工作要点，明确全年安全生产的目标，即全面实现安全生产标准化达标晋级，主要责任以上交通死亡事故为“零”；与火车相撞事故为“零”；企业生产轻伤以上事故为“零”；火灾事故、重大设备事故为“零”；货物掉落事故为“零”；食品安全事故为“零”，确保长周期安全生产稳定顺行。完善安全生产责任体系，有效落实“一岗双责”；推行安全生产标准化，提升基础安全管理水平；杜绝违章行为发生，树立企业良好形象；持续开展隐患排查治理，防控各类较大风险；完善各类应急方案与措施，提升应急处置实战能力；开展全员安全教育培训，建设企业安全文化。

六、积极参与社会公益

鞍钢汽运公司每年都组织职工参与无偿献血活动，累计献血人数达到357人；在应对突发事件时，只要社会需要鞍钢汽运公司，公司也是责无旁贷、不遗余力的；每年的“八一”建军节，公司领导都带队前往鞍山陆军预备役通信团和鞍山钢铁消防大队慰问部队官兵。

思考题：

1. 结合案例分析企业在履行社会责任时应考虑哪些群体的利益。
2. 企业履行社会责任体现在哪些方面？

第三章

全球化与管理

案例一　TCL 国际化：从批发式向零售式迈进[①]

一、TCL 的前生今世

TCL 集团位于广东省惠州市，前身是 1980 年建立的惠阳地区电子工业公司。1985 年，TCL 通讯设备有限公司成立，TCL 进入电话机行业，也开始了公司第一次重要的业务战略转型。

1992 年，TCL 用在电话机上获利的三四千万元，投资 2 000 万元进军彩电行业，TCL 开始第二次转型。

1992 年，TCL 与香港长城电子集团合作，组建惠州王牌视听电子股份有限公司，开始生产“TCL 王牌”大屏幕彩电，其中 25 英寸以上的大屏幕彩电销量名列国内同行榜首，成为中国彩电业界的黑马。

凭借积极的市场跟进战略和收购兼并模式，TCL 很快进入国内彩电的前三名。

TCL 另一个业务发展的突破是进入手机生产领域。1999 年 3 月，TCL 移动通信公司成立。1999 年下半年，公司将进军中高端市场作为自己的主要发展方向，并且获得了成功。2003 年，TCL 手机的销售收入接近 100 亿元，成为国内手机市场的领先品牌之一。

从 1992 年 TCL 进入彩电行业后，1993 年公司进入电气领域，1997 年进入 IT 行业，1998 年开展计算机业务，2000 年进入白色家电领域，这些业务虽然没有取得像电话机、彩电和手机那样的市场地位，但同样成为 TCL 集团业务的重要组成。

二、TCL 的海外之路

由于国内市场的竞争非常激烈，企业的获利能力和发展空间已经非常有限，包括 TCL、海尔在内的国内企业都在积极开拓国外市场。而 TCL 最初选择了潜力较大的东南

① 资料来源：邬玮．TCL 国际化：从批发式向零售式迈进．商学院，2006（3）．

亚和南亚市场。

1999 年，TCL 越南公司在越南的河内市、岘港市同时开张，这是 TCL 继 1998 年在印度设厂之后，在海外建立的又一个生产基地。建厂 5 年来，TCL 越南工厂 2005 年彩电生产量超过 30 万台、DVD 生产量达 5 万多台，TCL 品牌电视机在越南实现销售 27 万台，拥有 19.3% 的市场占有率，位列所有品牌中第二名，成为越南市场上仅次于三星的品牌，也是进入前三名的唯一中国品牌。与此同时，TCL 越南公司自 2000 年以来连续 6 年销量和销售额、市场份额保持快速增长，并且至今仍然保持强劲的增长势头。

除了印度和越南外，TCL 还在菲律宾建立海外工厂，另外 TCL 还在美国、俄罗斯、新加坡、印尼、中国香港等地设立了公司或商务机构。

2004 年 9 月 20 日，TCL 澳大利亚公司正式成立，负责 TCL 品牌旗下消费类电子产品在当地的销售工作。2004 年 11 月份，第一批货物到达墨尔本，公司销售正式开始。2006 年 1—7 月份，TCL 在澳大利亚取得了市场占有率排名第四、市场份额 8.8% 的成绩。在电视机销售渐入正轨的情况下，TCL 的多元化产品也正式进入澳大利亚市场。2005 年 8 月，TCL 品牌手机、小家电、计算机及数码产品、电工照明产品陆续登场，为 TCL 澳大利亚公司实现稳健经营并建立与日韩企业相抗衡的实力做长期准备。

然而，仅仅依靠自身在海外建厂拓展业务，显然不能为公司带来超速的发展，更无法实现计划目标。TCL 同时开始部署国际化的另外一步棋。

2002 年 9 月，收购施耐德是 TCL 在海外扩张中具有关键意义的一步。显然，收购将帮助 TCL 绕过欧洲对中国彩电的贸易壁垒。同时施耐德的品牌效应及其遍布全世界的销售渠道和强大的技术力量，也将有助于 TCL 进一步开拓欧洲乃至世界市场的业务。

2003 年 11 月，TCL 国际控股有限公司与法国汤姆逊公司正式签署协议，双方合并彩电和 DVD 的资产及业务，成立 TCL-Thomson 的合资公司。新合资公司彩电年总销量将达到 1 800 万台，并将一举成为全球彩电行业的领导者。

2004 年 7 月 29 日，TCL 与汤姆逊正式组建合资企业 TTE Corporation（简称 TTE），在亚洲及新兴市场以推广 TCL 品牌为主，在北美市场以推广 RCA 品牌为主，在欧盟市场以推广 Thomson 品牌为主。据合资双方公布的年报，2003 年，TCL 和汤姆逊的彩电总销量达 1 850 万台，居全球销量第一位。

TCL 另一项主要业务是手机，在向国际化发展过程中，TCL 同样采取了和彩电发展类似的模式。

2004 年 4 月 27 日，阿尔卡特和 TCL 集团宣布签订谅解备忘录。两家公司将共同投资 1 亿欧元成立阿尔卡特 TCL 联合投资有限公司。协议还透露，合资公司手机销售和分销将拥有使用阿尔卡特品牌名称的独家许可权，今后 TCL 旗下部分国产手机将贴上阿尔卡特的洋品牌。

阿尔卡特的手机业务占有全球 3% 左右的市场，在欧洲则更大，甚至在内地的华东一带，也有 7% 左右市场份额，但其仅占阿尔卡特销售总额的 5%。进入中国以来，阿尔卡特手机的销售一直不尽如人意。截至 2003 年 12 月 31 日，阿尔卡特在中国的公司主营收入 6.11 亿欧元，亏损总额为 7 390 万欧元，约合 7.63 亿元人民币。

但是阿尔卡特拥有一个全球销售网络、一支 600 人的研发队伍、核心技术和多年的市场经验，以及阿尔卡特手机品牌的使用权。这对于毛利日薄、市场日益狭窄、又无研发背景的国内手机业者而言，却恰好互补。TCL 和阿尔卡特两家公司的手机销售业务合并，TCL 手机销量将因此增加 75%，TCL 通信科技成为全球第七大手机商。

三、陷入亏损困境

2004 年，TCL 最主要的两块业务彩电和手机，销售量分别为 1 672 万台和 1 001 万部，其中在中国市场彩电销售 888 万台，收入 111 亿元，手机销售 666 万部，彩电国内市场占有率比 2003 年上升一个百分点，达到 20%，而手机的国内市场份额则由 2003 年的 11% 降为 5.85%。

两块主要的收购合资业务，分别是与汤姆逊彩电合资成立 TTE 公司，与阿尔卡特手机业务合资成立 A&AT 公司。自 2004 年 8 月 TTE 公司开始营运，在五大利润中心，中国、新兴市场及策略 OEM 业务继续为 TCL 带来盈利贡献，中国市场的表现不错，市场份额达 20%，欧洲与北美市场的销售额已经占到 TCL 集团整体彩电营业额 45%，在北美市场虽然公司实施更多元化的产品系列及更好的渠道策略，但表现一般。在汤姆逊的大本营欧洲市场，尽管 TTE 平板电视的销量较上年同比大幅增长 132%，但产品平均价格大幅下滑，使欧洲业务的利润率下滑，低于公司预期水平。TTE 在欧美市场的整体毛利率为 12%～14%。在实际经营业绩方面，主要受此拖累，期内公司多媒体电子业务综合毛利率较上年同期下降 3.5%，降至 17.1%，TTE 欧美市场共计亏损 2.46 亿港元，其中欧洲、北美市场分别亏损 1.15 亿港元、1.31 亿港元。

而 T&AT 公司成立后，无论在海外还是在国内，都保留了原阿尔卡特和 TCL 移动两套人马以及两套运行体系，很多方面已失去控制。面临众多整合的困难，公司在 2004 年亏损达到 2.83 亿元。尽管 TCL 的其他业务电气、计算机和白色家电业务在 2004 年的业绩尚可，计算机和白色家电的增长幅度都超过了 20%，但在市场上，TCL 计算机和白色家电仍然是同类产品的二线，甚至三线产品，远不能像彩电和手机业务那样达到市场领先者的地位。到 2005 年仍然没有摆脱亏损的局面，上半年 TTE 欧美业务、T&AT 公司分别亏损 3.44 亿元和 6.30 亿元。

面对激烈的市场竞争，公司手机业务在与阿尔卡特合资后雪上加霜。2005 年上半年，公司手机销售量为 483 万台，较上年同期上升 10%，但仍然亏损严重，合作的协同效应还是没有体现出来。T&AT 高达 6 亿多元的亏损直接导致 TCL 集团控股子公司 TCL 移动出现亏损 5.46 亿元。2005 年 TCL 集团的中报显示，公司主营业务收入 244 亿元，净利润为 −6.9 亿元，现金流为 −14 亿元。2005 年第三季度，TCL 集团的亏损更是达到了 11.4 亿元。

四、TCL 战略调整

面对困境，TCL 在 2005 年开始了公司战略的重大调整。

2005 年 12 月，TCL 发布公告，将出售电气事业本部下的 TCL 国际电工 51% 股权以及 TCL 智能楼宇两项业务，作价 16.9 亿元卖给法国罗格朗集团。

TCL 电工虽然在公司业务收入中的比重不大，但是作为国内电工行业的龙头老大，经营状况一直不错，2004 年销售收入达 11.3 亿元，利润超过 5 000 万元。

TCL 表示，公司新的战略调整已经开始，未来会更加专注于消费电子及相关产业的发展，并以电视机、手机、计算机三项业务为核心，以期在 3C 融合时代赢得先机，将继续重组非核心业务，所有产业去或留的调整将围绕此展开。

2006 年 2 月，TCL 集团内部架构进行了重大调整，集团原有的 7 个事业本部已全部撤销。而调整的目的是通过减少管理层，使管理架构更加扁平化，从而提高运作效率。

同时，在公司核心业务方面，从欧洲开始对整个销售网络渠道进行了调整，强调对市场的快速反应能力。另外，TCL 加大了研发的力度，将 90% 的研发经费用于平板和数字电视上。

在手机领域，2005 年起 TCL 就希望能够从新产品研发、渠道架构及合资公司整合三个方面取得突破。公司开发了多款新的手机推向市场。在渠道架构方面，TCL 开始尝试走复合渠道模式，即传统模式、直供模式和自营模式。在合并阿尔卡特手机业务后，阿尔卡特 600 多人的研发、销售团队加入合资公司，而在生产方面，阿尔卡特手机除了国内合资厂生产外，其海外生产业务全部为代工生产，其成本竞争力远弱于中国本土企业，将其生产业务转移到 TCL 移动的手机生产平台上成为 TCL 在 2005 年整合合资公司的重要内容。

在海外市场上，TCL 手机的机会来源于海外新兴市场开拓和阿尔卡特的技术优势，并在东南亚、南亚及俄罗斯等地取得突破。与阿尔卡特合资的国际品牌形象及阿尔卡特在国外的分销渠道显然有助于其海外市场业务的进一步开拓和发展。与此同时，阿尔卡特注入合资公司里的 2.5 G 及 2.75 G 技术加上 TCL 手机原有的工业设计优势，高端 TCL 手机和新款阿尔卡特手机将形成合力。

另外，TCL 将一直没有进入国内前几名的计算机业务也列入了公司发展的重点之中。2006 年 6 月，TCL 集团以 2.88 亿港元全资收购 TCL 多媒体持有的计算机业务。TCL 集团将计算机（特别是笔记本）业务确定为集团未来重点发展的核心业务，计算机业务主要针对中国市场。

五、国际化与精耕细作

2006 年，当家电业普遍认为 TCL 迫于扭亏压力之际，董事长李东生表示，经过内部调整的 TCL 已做好了扭亏冲刺的最后准备。销售数字显示，TTE 在欧洲的汤姆逊品牌和美洲 RCA 品牌彩电，市场份额都已得到明显恢复。RCA 已冲进北美市场前三名，市场份额接近 10%；汤姆逊品牌彩电 2005 年年底在欧洲市场占有率也上升到 6%，全球公认的耐用消费品零售市场调查机构 GFK 提供的研究报告中显示，汤姆逊品牌在欧洲市场排名第五位。2006 年第一季度，TTE 在海外市场已实现盈利。加之 TCL 彩电在国内良好的收益，尽管业界对 TCL 彩电扭亏还持有普遍怀疑，但李东生认为，TTE 距离扭亏已进入了最后的百米冲刺阶段。

李东生坦言，2005 年 TCL 遭遇着集团成立以来前所未有的困难挑战。首先是外部产业环境发生剧变，国内移动通信全行业普遍陷入亏损边缘，传统彩电行业的竞争力优势也在迅速萎缩。“整个产业竞争面临着最严重的恶劣环境。”其次是 TCL 迈出的国际化经营之路正进入攻坚阶段，集团以及各产业的管理结构、组织体系、产品结构、经营模式经历剧烈变化的同时遇到了最严峻的考验。TCL 此前在国内彩电、手机市场的综合竞争优势也遭到挑战。

尽管如此，李东生明确表示："公司遭遇挫折和战略性亏损，但仍然证明了 TCL 国际化战略的选择是正确的。"李东生所提供的佐证是，TCL 彩电已经取得全球销售数量第一的市场地位；国际重组促进了 TCL 技术水平和管理能力的提高；TCL 亦主动对集团管理架构进行了重组调整，提高了集团管理效率和运营效率；TCL 集团旗下彩电、手机、计算机和家电等主营业务协同作战的思路更加明晰，更能主动地适应国际化发展要求。

2006 年上半年 TCL 集团报告期内，TCL 集团集中优势资源优化产品结构，在继续巩固数字高清电视的基础上，同时增强了 16∶9 宽屏和超薄产品的竞争力。上半年连续推出超过 20 余款不同型号的新品，其中约半数是平板和背投等高端电视产品。同时，公司还与法国著名的工业设计团队 TimThom（倜傥）组建了全球最大彩电公司的设计中心。

针对一直缓慢不见效的欧洲市场，TCL 集团 2006 年重新调整了经营管理团队，成立了新的欧洲执行委员会，重新制定经营策略并做出相关财务风险的防范措施。

而在移动通信产业方面，TCL 集团通过确立较为清晰的产品定位，整合研发结构，提高研发效率，借力阿尔卡特品牌资源等一系列积极举措，TCL 移动已由原来以中国手机分销商为主要客户的业务模式成功过渡为面向国际网络运营商为主要客户的手机厂商，建立了国际化运营架构和基础管理体系，成功晋升为国内首家面向全球的手机生产厂商，相比国内厂商，建立了较强的竞争优势。

在走出国门 8 年之后，TCL 集团已经意识到（并在迫切的实施中），如果希望在未来全球商业环境下真正生存和发展，必须进行的则是一场"精耕细作"的零售式改革。

思考题：

1. TCL 是如何开展跨国经营的？
2. 请分析 TCL 跨国经营的进入方式和组织模式。
3. TCL 跨国经营的得失给我们什么启示？

案例二 海外扩张——小米全球化战略①

随着中国智能手机公司小米逐渐为全球媒体所知，很多人都好奇，该公司的全球化战略究竟是什么。小米总裁林斌给出了这项战略中的关键人物因素：雨果·巴拉（Hugo Barra）。当然，小米获得巨大成功的关键还在于将与中国用户沟通的方法沿用到了海外市场。

① 依据安卓网新闻栏目 2013 年 9 月的相关报道编写。

一、小米需要借助软件人才推进国际化

当小米证实将聘请谷歌 Android 副总裁雨果・巴拉担任该公司全球副总裁时，已经明白无误地透露出国际化之心。林斌在该公司总部接受采访时说，巴拉的整个工作就是“找出我们接下来应该进军哪个市场，以及如何进军”。“等到他 10 月份正式加盟小米后，我们期待着他能帮我们制定战略。他的工作是与我和雷军密切配合，与我们其他的联合创始人一起搞清楚战略，并落实战略。”在中国，小米之所以成功，是因为以低价销售了高端智能手机。而林斌则将该公司的成功归功于所谓的“三项全能商业模式”——硬件、软件和互联网服务。该公司的主要营业收入源自后两项。“我们认为，硬件只是运行服务的一个平台。我们不想从硬件上赚钱，而是期待着购买了硬件的用户可以使用我们的服务。服务才是最终的收入来源。”林斌解释说。软件指的是小米基于 Android 系统高度定制的 MIUI 固件，除此之外，该公司还销售主题、应用和应用内购等服务。互联网方面指的是小米的电子商务平台，该公司可以通过自己的网站直接销售智能手机和配件。

林斌指出，软件是小米商业模式的关键所在。“人们所感受到的多数产品功能其实就是软件和服务，”他说，“用户喜欢这款软件，他们喜欢这种体验，喜欢上网和下载 APK 的方式。他们可以流畅地运行游戏，还可以拍摄照片，画质也很好。我们必须在做其他事情之前把软件做好。”“不同地区、不同国家的消费者会有不同的需求。我们需要理解这些消费者对软件设计的需求，甚至是硬件和互联网服务的需求，我们必须在国际市场出售产品前了解海外用户。所以我们才需要巴拉这种拥有丰富产品经验的人。他是当今世界上最擅长这种业务的人之一。”林斌表示，除了软件开发经验外，巴拉还深入地参与了硬件设计，因为 Android 需要与很多硬件 OEM 厂商和工厂展开合作。

二、用户反馈是小米成功的关键

林斌认为，小米的成功很大程度上源于该公司与用户之间与众不同的沟通方式，他们计划在国际市场沿用这一模式。他说：“我们是唯一采取这种模式的公司：采取高度开放的态度，并积极响应用户的反馈，而且每周都会升级软件。除了我们之外，没有任何一家公司这么做，我们是唯一一家。”小米从一开始就主动融入互联网的开放环境，秉承着高度透明的原则，尤其是在软件开发方面。MIUI 每次升级都会充分考虑用户的反馈，对软件进行改进。每当有不同意见出现时，都会举行投票。“投票甚至都不是我们发起的，是用户发起的。在我们的论坛里，你会看到讨论和分歧，用户有时会说，我已经厌烦了这种辩论，还是投票吧。于是，投票结果就会反馈回来。”

除了软件，小米在硬件上也会听取用户的意见。当用户拿到手机后，就会向该公司提供反馈，并最终促使他们改进硬件。通过让用户参与到智能手机的各个生产环节，小米已经吸引了一批高度忠诚的粉丝。林斌说：“正因如此，我们才吸引到一批非常忠实的用户。他们并没有因为提供反馈而获得任何的回报。我认为，是这种主人翁精神和改善系统、改善手机的意愿，让他们感觉自己得到了尊重，感觉成了整个过程的一分子。”“所以，正是这种参与精神吸引他们进行讨论。也正因如此，他们才成为了我们的粉丝。”

三、美国有数十万部小米手机

然而，由于小米手机仅在中国接受过检验，这是否会限制它在海外市场的成功概率？林斌不认同这种说法。他表示，小米的粉丝已经遍布全球。该公司的MIUI可以通过独立开发者转换成其他语言，而且已经可以通过官方网站下载，覆盖范围包括欧洲的一些国家，以及巴西和印尼。林斌称，这正是巴拉的工作职责，因为MIUI目前的多数元素都是根据中国粉丝的反馈设计的。他解释说："中国之外有很多粉丝，但他们散布于各个地方，目前还没有一种集中化的措施来深入而长期地了解特定国家的用户反馈。我认为这正是他要做的工作。我们已经针对中国市场展开了这项工作，正因如此，我认为MIUI可以说是当今最适合中国用户的移动操作系统。而对其他地区而言，情况却未必如此。所以，我们需要针对不同地区的需求展开深入分析。"另外，尽管该公司的手机仅在中国大陆、中国香港和中国台湾出售，但很多海外用户仍然可以通过其他方式购买该产品。由于这款手机是通过网站以裸机方式出售的，所以很容易让国内用户购买之后再邮寄到国外。

林斌还透露了一条惊人的消息："美国有几十万小米手机。由于物流问题，我们没法把手机卖到美国——配送只支持中国的城市——但通过分析发现，美国的确有几十万小米手机在使用。"（2013年9月）尽管小米至今没有展开国际化推广，但依然在国外吸引了一些用户，尽管规模不大，但这也体现出了该公司的国际化潜力。

四、MIUI是Android生态系统的一部分

当小米真正进军国际市场时，谷歌是否会担心MIUI过于热门，而对其进行打压？毕竟，MIUI虽然是基于Android系统开发的，但却与之有着很大差异。Android的各种分支系统已经在中国市场蔚然成风，谷歌之前一直也采取默许态度。然而，尽管谷歌用开源模式发展Android系统，但2012年却阻止宏碁推出采用阿里云操作系统的手机，原因在于：这是一个"不完整的"Android版本。林斌表示，MIUI是紧密嵌入Android生态系统之中的。谷歌Android高级副总裁Sundar Pichai在回应巴拉跳槽小米一事时，就曾经对他继续留在Android生态系统表示欢迎。这也证明谷歌已经接受了MIUI的存在。他解释说，这是因为MIUI与Android系统保持了全面的兼容性："Android系统的最大担忧是碎片化。人们会使用一个Android的分支，然后做出很多调整，于是再也回不来了。所以随着Android的进化，Android的分支也会进化，使得它们之间产生显著差异。到最后，为一个版本的Android开发的应用将无法兼容其他Android版本。这正是谷歌担心的问题。但MIUI从第一天开始就没有这么做。我们始终紧跟Android系统的更新，很多情况下，还会在Android系统更新时与之一同升级。"

五、海外之旅万众瞩目

谷歌的态度只是小米国际化的众多挑战之一。摆在林斌面前的问题很明显：小米的未来取决于MIUI——毕竟，这位谷歌前员工十分清楚，开发具有全球吸引力的移动操作

系统是小米需要克服的一大障碍。这家中国公司究竟能在多大程度上迎合全球更多人的偏好，目前还不好判断，但小米试图将自己的成功模式扩大到全球的做法却受到了各界瞩目。

思考题：

1. 分析小米获得巨大成功的关键因素。
2. 结合案例并联系实际中的最新进展思考小米下一步可能的全球化战略。

第四章

互联网时代的管理

案例一　云创大数据公司的成长[①]

南京云创大数据科技股份有限公司成立于2011年3月，是专业从事大数据、云计算、云存储、云视频及云环保等领域的高新技术企业，注册资本3 000万元人民币，位于南京市白下高新技术产业园中国云计算创新基地。从2011年公司员工不到10人，至2017年公司员工已经超过130人，公司一直保持以每年翻倍的速度快速增长，2011年度业务收入192万元，到2016年度业务收入达到9 795万元。公司依托革命性的技术创新迅猛发展，被选为中国云计算创新基地理事长单位，江苏省规划布局内重点软件企业，在江苏省第二批科技型中小企业中排名第一。公司于2015年12月28日在新三板挂牌。

一、公司的发展战略

公司创业之初，针对爆炸式增长的大数据的趋势，专注于海量数据的存储，业务集中于为客户提供更优越的性能、更低成本的海量数据存储系统。当时存储市场主要是EMC等高端存储，公司着眼于中低端的存储市场，自主研发了cStor云存储系统，该系统具有极高性价比、超低功耗、高可靠、通用、免维护等优势，可广泛应用于海量数据存储需求的场合，在保证性能、可靠性、质量等的前提下，将成本降低至目前的1/10。同时公司研发了拥有自主知识产权的cStor A8000超低功耗云存储系统，该系统单机架容量高达3 800 TB，10倍节能，成本亦节省数倍。该产品已成功应用于视频监控、智慧交通、智慧城市和公安交管等多个领域。

公司迅速打开大数据存储市场的同时，发现用户的大数据需求不仅是大数据的存储，很多是综合性的大数据需求。由此公司大力研发大数据处理产品线，研发了cProc云处理系统，代表产品是数据立方（DataCube）云计算数据库，成功解决了海量数据的高速入库、快速索引和关联查询问题，使万亿记录级的数据查询能够秒级处理，和国外知名品牌

① 根据云创大数据公司提供的数据整理。

的对比测试显示其海量数据的入库、查询有超过100倍的速度提升。相对于Hadoop能够处理海量数据、Spark能够处理实时数据而言，数据立方是全球第一套能够实时处理万亿记录的商用系统，且性能远超国际先进水平。2012年11月2日，云创与Intel公司联合发布了“Intel-云创数据立方云计算一体机”。该技术在中国移动和国家电网的评测中，较之国外产品呈现出压倒性的优势，目前已大规模商用。例如，其在中国移动某省安全生产运行了四年，仅用了1 000多台服务器，就24小时不间断地处理了1亿多手机用户形成的超过1 000 Gb/s的信令数据流，每天新增2 000亿条记录。云创大数据同时拥有优秀的DataSense分布式大数据挖掘平台和cDeep深度学习一体机等产品。

大数据存储量最大的是视频数据，公司自主研发了cVideo云视频系统，该系统用同一套服务器集群，实现海量异构资源整合，构建分布式调度引擎、海量视频数据并行接收、分布式存储、视频数据并行智能分析、云计算数据库、云转码和在线服务等形成完整的功能体系，具有集成现有各种监控设施的能力，形成城市级别的任意多路高清视频超大规模智能监控系统，2014年圆满完成南京青奥会超大规模云视频系统，后成功应用于南京智慧城市、宜昌智慧城市等项目。

2012年，针对全国雾霾污染越来越严重的情况，公司运用物联网技术与大数据的新思路开发了cEvn云环保平台。该平台突破传统环保壁垒，综合利用大数据云计算技术及分布式物联网传感器技术，动态监控局部区域的环境，定位污染源并及时预警。代表产品是PM 2.5大数据云监测平台，通过部署海量PM 2.5云监测节点，上传数据至云计算大数据平台，可以全方位监控PM 2.5环境情况，具有历史数据推演、秒级动态监控、多样化数据推送等特性。同时，云环保产品线还包括环境大数据云平台、粉尘监测云平台、用于治理雾霾的“水清新”、室内PM 2.5云检测仪等，广泛应用在全国环保领域，目前已经成功在河北、江苏、广东、北京、上海等部署了大量的环境云监测仪，成功应用在江苏省环保厅“1831”项目的建设、基于IPv6的可大规模部署的高性价比PM 2.5监测系统应用示范等项目。同时，云创大数据搭建全国首创的全面、稳定、便捷、免费的环境数据开放服务平台——环境云，以及提供智能硬件自助开发工具和数据接入、数据分析、数据查询、托管、硬件社交化等服务的万物云智能硬件大数据托管平台（万物云），使得云创大数据由帮助别人做大数据，逐渐变为自己也拥有大数据的公司。

云创大数据是国际上大数据和云计算产品线齐全的企业之一，针对爆炸式增长的大数据需求，研发了自主知识产权的cStor云存储、cProc云处理、cVideo云视频、cEvn云环保等产品线，每条产品线都让人眼前一亮。通过“组合拳”形成一系列独一无二的行业解决方案，并且处于大数据产业链关键环节，公司时刻以市场用户的最新需求变化为核心推动力，在智慧城市、智能电网、互联网、环保、移动互联网、通信、传媒、教育等领域有很大的应用和市场。在全国范围内已经拥有200多家用户标杆案例，涉及政府、公安、智慧城市、环保、地震、互联网云服务等多个行业，并得到各行业内的高度认可。

二、未来的展望

大数据时代的到来，让“数据即资产”成为新的全球大趋势，国家竞争焦点正从对资本、土地、人口、资源、能源的争夺转向对大数据的争夺，大数据颠覆性地改变全球战略格局、国际安全态势、国家治理架构和资源配置模式，引发了巨大的经济社会变革。大数据技术的战略意义不在于掌握庞大的数据信息，而在于对这些有意义的数据进行专业化处理。随着技术的成熟和应用不断扩大，大数据产业正在进入成熟期，有望在“十三五”期间，引领市场规模万亿之巨的IT服务业转型。大数据现状及未来主要有三个阶段：

第一阶段为依靠以云计算、大数据为代表的计算技术的快速发展，使得信息处理速度和质量大为提高，能够快速、并行处理海量数据，大数据将与物联网、移动互联、云计算、社会计算等热点技术领域相互交叉融合，产生很多综合性应用，在大数据的安全和隐私保护方面也将进一步延伸发展。

第二阶段为大数据的深度学习计算服务，是人工智能（AI）的入口，在一些特定领域活动表现超过人类。AlphaGo与柯洁的围棋大战，已经在某些领域凸显出人工智能的优势及未来发展方向。自动驾驶、机器人、物联网、个性化、VR、AR等是AI的各个领域，结合深度学习的大数据分析，包括大数据与神经计算、深度学习、语义计算以及人工智能其他相关技术，成为大数据领域的核心。大数据的核心是从数据中获取价值，价值体现在从大数据中获取更准确、更深层次的知识，而非对数据的简单统计分析，让计算系统具备对数据的理解、推理、发现和决策能力。基于大数据的人工智能以及深度学习将成为引领社会发展的主流技术方向。

第三阶段为人工智能在很多领域中表现超过人类，高级机器智能（HLMI）使得人类很多的工作将自动化，AI研究和开发本身逐渐实现自动化。研究表明在45年内有50%的可能性AI将在所有任务中表现超过人类，在120年内所有人类的工作都将自动化，如翻译语言，撰写文章，驾驶卡车，零售业工作，写畅销书，以及外科医生的工作。

2016年年初，云创大数据布局人工智能，成立深度学习小组并研究大数据的深度学习，并已有初步研发成果，为AI的进一步发展提供了较好的技术储备。

思考题：

1. 大数据、云计算、人工智能等如何影响我们的工作和生活？
2. 云创大数据公司如何与企业，特别是制造企业结合，促进制造企业的智能化？

案例二　阿里“造物节”试水无人超市①

一月之间，无人零售好似横空出世，从项目发布转化为无人技术的深耕优化，2017年6月以来，多家创业公司、传统零售巨头纷纷涌入无人零售这一领域。而这股热潮，正由阿里巴巴即将推出的“淘咖啡”无人店引爆，这将是国内首家落地的无人商店。

在无人零售站这个项目上，阿里巴巴提供的整套方案包括软件、硬件、芯片、IOT、大数据以及与阿里供应链的结合。其目的是让零售商可以更容易、也更知道怎么去开店，核心还是赋能零售商。可以预见，阿里巴巴并不会像亚马逊一样开出线下实体店，而是提

① 改编自：陶力．阿里“造物节”试水无人超市 商用暂无时间表．21世纪经济报道，2017-07-07.

供基于无人零售的一套解决方案。

2017 年 7 月 7 日，阿里巴巴在第二届淘宝造物节上推出阿里无人超市“淘咖啡”。顾客可以扫手机进店，然后在店里自己选购商品，在出店的时候，柜台将自动计算商品的价格，客户利用支付宝支付。它是一家集购物与餐饮于一体的无人店。这项“黑科技”涉及的技术十分广泛，包括了人脸识别、移动支付、人工智能等多个方面。国内也有一批无人售货技术企业涉足，如 F5 未来商店、缤果盒子等。从进门到选购商品，再到付款离开，全部都升级成智能化操作。

在淘宝造物节现场，“淘咖啡”线下实体样板店占地约为 200 平方米，集商品购物、餐饮于一身，可容纳用户 50 人以上。消费者首次进店需要打开“手机淘宝”，扫码获得电子入场码，同时签署数据使用、隐私保护声明、支付宝代扣协议等条款，再通过闸机，开始购物，此后不再需要使用手机。离店时，系统会进行自动扣款，并提醒用户“支付宝共计扣款 ×× 元”。对于那些不诚信的消费者，如刻意掩藏商品或撕毁电子识别码，则被视为不良记录，并纳入征信系统。

目前，市面上的无人零售形态主要有无人售货机、超市自助结算系统和以 Amazon Go 为代表的机器视觉智能识别方案。

目前，无人便利店企业“缤果盒子”称已完成 A 轮融资，金额超 1 亿元，由纪源资本领投，启明创投、源码资本、Ventech China 等跟投。该公司采用 RFID 技术，每件商品上面均贴有 RFID 标签，用于结账收款，此外还配备了监控系统和远程客服。

阿里巴巴无人零售店的方案基于平台思路，对线下场景进行改造，推动新零售的发展，线下超市的改造成本也会是一大障碍。其他的无人便利店，实质还是传统零售的一项技术升级，二者的商业模式和场景也不一样。对于它们来说，如果只是在收银环节优化，能节约多少成本待考，其他的环境成本包括上货、配货、盘点和轧账一个环节都不能少。此外，信用问题是无人零售店需要面临的重要挑战。

对此，App Annie 数据分析平台大中华区负责人戴彬认为，无人零售模式还有很多问题需要解决，暂时适合一二线城市稍高端地方经营，但是亚马逊和阿里巴巴的探索和创新是具有前瞻性的。

思考题：

1. 结合阿里巴巴的信息化建设，分析信息化发展对人类生活以及企业发展的影响。
2. 结合案例简述零售业的信息化发展所面临的挑战。

第五章

决策与决策方法

案例一 滴滴：打造出行市场的“淘宝”[1]

作为传统出租车市场的“打劫者”，滴滴出行在三年间，从一个白手起家的草根创业公司，迅速发展到估值165亿美元的移动互联网时代的先锋。作为OTO（线上到线下）公司，滴滴的“野蛮生长”背后，有着怎样的市场逻辑？

一直以来，中国的交通领域是一个较为封闭的系统，人们真正可以选择的出行工具很有限，而公交、地铁和出租车的运力，又不能充分满足人们的出行需求。

然而，需求最旺盛的市场，也一定是最激烈的战场。可以说，在中国互联网的历史上，没有哪一个行业比打车软件市场的竞争更为“惨烈”。2014年整个上半年，滴滴和快的两家出行服务商，双方各自“烧”掉十五六亿元来拼市场，其疯狂程度令人咋舌。以占上风的滴滴为例，其日订单从100万做到570万，仅用了不到两个月的时间。而且当时的滴滴，只有出租车业务，其他业务还未上线。

滴滴是如何通过“烧钱”保持快速增长的呢？

第一阶段：补贴。当竞争者之间都在用“我总比你多贴1块钱”的策略时，滴滴则是在做12~20元的随机补贴。而这个策略，使得用户体验游戏化，同时可以有效控制成本，也让对手无法跟牌。第二阶段：发钱。用户领取打车红包，无论多少钱，都会直接放到你的“钱包”里，要花就只能用来打车。第三阶段：发打车券。收到红包不一定去花，但打车券则会更精准，每打一次车都可以直接使用。

同时，滴滴在这个烧钱的市场营销阶段，与异业、同业公司不断合作，各个品牌都在帮助滴滴造势，甚至一周就有几十个合作达成。通过前期的营销策略，滴滴在抢占市场份额上获得了先机。

然而，半年内投入十五六亿元的烧钱速度，对于融资扩张的压力无疑非常大。同时，移动出行领域的鼻祖，来自美国的Uber，也开始对中国市场发动“进攻”。“内战”再这么打下去，恐怕谁都别想站稳国内出行市场。

---

① 资料来源：九州．滴滴：打造出行市场的“淘宝”．中外管理，2016（1）．

对于陷入了僵持战的滴滴和快的这一对曾经的竞争对手，在 2015 年的情人节正式联姻。而这一合并，滴滴快的成功占据出行市场大半江山。可谓有效制衡了 Uber 这个外来“野蛮人”，同时也甩开了其他出行服务商的竞争。

2015 年 9 月 9 日，滴滴打车成立三周年之际，正式更名为“滴滴出行”，并启用新标志。此时，滴滴战略目标和定位都十分清晰：要做一站式移动出行平台。旗下业务涵盖出租车、专车、快车、顺风车、代驾及巴士等。

合并壮大之后的滴滴，不放过任何与用车相关的生意。

2015 年 11 月 24 日，滴滴出行战略入股饿了么。饿了么的同城配送体系，将接入来自滴滴出行的汽车运力。滴滴负责为用户配送三公里之外、跨城区的外卖订单，由空间更大、速度更快的汽车进行直送，或者完成干线运输后交由电动骑手进行最后一公里配送。这次战略入股，意味着滴滴要借此打入外卖市场。

从滴滴这几项业务拓展来看，不难发现，滴滴不仅仅是一步步进攻出行市场，而且将自己的垂直业务不断做细做透。

接下来，滴滴还有更大的野心：不仅是打通出行领域的垂直服务，还要变成智能出行助手，进而预测用户的需求。根据用户附近交通状况，提前安排好合适的出行工具，并打通汽车流通和服务产业链。

而目前，面对外界纷纷对滴滴持续烧钱、商业模式不甚清晰的诟病，滴滴创始人程维强调：“行业竞争还很激烈，不该赚钱的时候赚钱是灾难。”他坚信：凭借不俗的战略眼光、业务布局和资本、市场的运作能力，滴滴足以在未来真正成为出行市场的“淘宝”。

思考题：

1. 如何评价滴滴的烧钱砸市场决策？
2. 滴滴为什么做出与快的合并的决策？

案例二 达芙妮“关店止损”①

在 2015 年采取“关店、裁员、降价”等一系列措施后，达芙妮已深陷亏损困境。达芙妮国际控股有限公司日前向投资者递交“答卷”：达芙妮继 2015 年全年同店销售增长下滑 18.5% 后，2016 年上半年持续亏损，核心品牌（“达芙妮”“鞋柜”）同店销售同比下滑 11.7%。

值得玩味的是，达芙妮市值曾于 2013 年一度飘升至 170 亿港元，短短三年又迅速跌至 17 亿港元；与之相对应的，是其深信不疑的“自救之道”——2016 年上半年销售网点净减少 450 家，累计关店总数已达 5 464 家。

伴随着“专卖店”连锁经营模式的成功，达芙妮 2012 年创下了净利润 9.56 亿港元的最高纪录，市值高达 170 亿港元。而业绩飘升也让其存货积压问题开始变得棘手：同年销

① 资料来源：史亚娟. 达芙妮“自救”，却为何不能“自拔”. 中外管理，2016（10）.

售收入 105.29 亿港元，存货也攀升至 23.69 亿港元，存货周期上升至 188 天，这暗示着，尽管此时达芙妮仍有造血能力，但资金链已开始趋向紧张。

达芙妮意识到这一点，于 2012 年也开始策略性缩小加盟比例，“单方面不续约”政策致使其与加盟商关系日益紧张。

而一番高歌猛进之后，由达芙妮庞大门店数量带来的经营压力也不断涌现。

2013 年四季度，达芙妮开始大幅调整门店网点，砍掉 50 个核心品牌销售点，这也是其由盛转衰的第一波“关店潮”。而从其近三年财报看，为清除存货，达芙妮不仅关店铺，还利用互联网积极促销过季产品，拒绝补货订单。

自 2012 年达芙妮市值升至顶点后，2013 年开始下跌，2016 年市值已跌至 17 亿港元，创历史最低。

为扭转销售颓势，达芙妮方面表示将加快关闭门店速度，从 2015 年开始，仅用一年半时间就关闭了 1 277 间店铺，与 2015 年同期相比，核心品牌门店数减少 17.3%。

2016 年 8 月 23 日，达芙妮又发布最新中期业绩报告，营业额已下跌 22.3% 至 34.01 亿港元，公司拥有人应占亏损为 1.64 亿港元。

至于原因，达芙妮认为，除大规模关店及同店销售额负增长导致销售额下降外，内地出现频繁暴雨及洪涝灾害也影响了店铺客流。

这已不是达芙妮首次将业绩下滑部分归因于“天气变化”。据达芙妮 2015 年年报显示，其 2015 年营业额 83.79 亿元，相比 2014 年 103.55 亿元，同比下降 19.1%。当时就将其归咎于中国经济增长放缓拖累消费品市场，且 2015 年冬季异常温暖，很大程度影响了季节性销售产品，包括女鞋的销售情况。

业内分析认为，达芙妮业绩下滑源自其产品本身：不是产品质量不好，而是款式时尚度、穿着舒适度没有与时俱进。

“达芙妮大幅关店，并不能从根本上解决亏损问题，反而会让整个销售渠道缩窄。这从达芙妮、百丽等财报中都得到了验证。”服装行业专家、独立服装分析师马岗这样说。

思考题：

1. 如何评价达芙妮关店止损的决策？
2. 科学决策需要注意哪些问题？

第六章

计划与计划工作

案例一　良品铺子引入标准化信息管理系统以统一门店服务[①]

从2006年在武汉开设第一家实体店开始，良品铺子逐渐进军江西、湖南、四川、河南等市场，一路扩张至1 800多家线下门店，在此期间拓展线上销售，2015年全渠道销售额45亿元，2016年突破60亿元。

10年完成线下1 800余家门店的逆势扩张，良品铺子在门店运营管理上的经验是什么?

赵刚的回答是，引入标准化信息管理系统，统一门店服务。

连锁店的扩张，主要有直营和加盟两种方式。良品铺子于创业早期，提倡让加盟商参与店面的运营和管理，但弊端很快出现了。最明显的问题是加盟商招不到员工。此外加盟商各自为政，标准化的缺失也导致管理出现混乱。

“若继续按传统加盟模式的道路走下去，还可能出现终端零售产品混乱、安全难以得到保证等更为严重的问题。”赵刚说，为规避以上开放加盟企业的弊端，公司决定修正加盟模式。

良品铺子采取类似投资的操作方式，赵刚称其为“托管型加盟店”——加盟商只需提供门店、缴纳一定的加盟费和首次进货的货款，门店的一切运营活动，从装修到人员招聘和管理、促销活动、商品定价及配送等，全部由良品铺子总公司信息管理系统全程负责。

赵刚说:“托管型加盟店的好处，对良品铺子而言是进一步完善线下服务，提升用户体验，同时对各店铺有效管理；对加盟商而言是降低库存压力，减小市场风险。加盟商相当于投资商，当的是甩手掌柜。”

虽然每家店的日常运营仍由总公司负责，但各家店仍有一定自主权。如根据店铺规模、位置、周边人群特征等因素的不同，店铺可灵活搭配商品，什么好卖就卖什么。事实上，良品铺子的信息管理系统也会给每家店定制品类清单，根据实际销量在后台进行大数据分析，每半个月就会给出一份报告，告诉店铺管理者哪种货卖得好要多准备些，哪种货

---

① 资料来源：史亚娟. 良品铺子逆向O2O玩转线上线下. 中外管理，2016（05）.

销量最差要换掉。

“随着加盟模式的转变，以往主要依赖于领导者个人的决策和经验，以及团队对企业的认同感和工作激情的粗放型门店管理模式开始显得乏力。”赵刚说，新管理模式的核心，就是“实现标准化、系统化、精细化”。

赵刚进一步解释，在良品铺子一整套运营管理体系中，囊括了门店从基本管理到组织人员管理、营销执行、门店资产、设备维护维修、顾客服务、商品规划等方面的执行标准。与此同时，还有一套针对员工的运营训练体系和绩效评估体系，用于人才的培养和复制，对表现优秀的员工进行奖励，对表现较差的员工进行系统性帮扶，从而促进一个团队的持续、均衡发展。

“先建立标准，再将标准复制于各门店，从而实现各个门店的统一运营。”赵刚说道。

执行标准化的目的是为了统一，统一的目的是为了给顾客呈现完整的品牌形象，而这正是连锁零售企业成功的关键。

思考题：

1. 如何评价良品铺子采用的“托管型加盟店”这一举措？
2. 结合案例理解计划工作与其实施。

案例二　中央企业公司制改制工作实施方案

经过多年改革，全国国有企业公司制改制面已达到90%以上，有力推动了国有企业政企分开，公司法人治理结构日趋完善，企业经营管理水平逐渐提高，但仍有部分国有企业特别是部分中央企业集团层面尚未完成公司制改制。《中共中央 国务院关于深化国有企业改革的指导意见》提出，到2020年在国有企业改革重要领域和关键环节取得决定性成果。中央经济工作会议和《政府工作报告》要求，2017年年底前基本完成国有企业公司制改制工作。按照党中央、国务院有关部署要求，为加快推动中央企业完成公司制改制，制定本实施方案。

一、目标任务

2017年年底前，按照《中华人民共和国全民所有制工业企业法》登记、国务院国有资产监督管理委员会监管的中央企业（不含中央金融、文化企业），全部改制为按照《中华人民共和国公司法》登记的有限责任公司或股份有限公司，加快形成有效制衡的公司法人治理结构和灵活高效的市场化经营机制。

二、规范操作

（一）制定改制方案。中央企业推进公司制改制，要按照现代企业制度要求，结合实际制定切实可行的改制方案，明确改制方式、产权结构设置、债权债务处理、公司治理安排、劳动人事分配制度改革等事项，并按照有关规定起草或修订公司章程。

（二）严格审批程序。中央企业集团层面改制为国有独资公司，由国务院授权履行出资人职责的机构批准；改制为股权多元化企业，由履行出资人职责的机构按程序报国务院同意后批准。中央企业所属子企业的改制，除另有规定外，按照企业内部有关规定履行审批程序。

（三）确定注册资本。改制为国有独资公司或国有及国有控股企业全资子公司，可以上一年度经审计的净资产值作为工商变更登记时确定注册资本的依据，待公司章程规定的出资认缴期限届满前进行资产评估。改制为股权多元化企业，要按照有关规定履行清产核资、财务审计、资产评估、进场交易等各项程序，并以资产评估值作为认缴出资的依据。

三、政策支持

（一）划拨土地处置。经省级以上人民政府批准实行授权经营或具有国家授权投资机构资格的企业，其原有划拨土地可采取国家作价出资（入股）或授权经营方式处置。全民所有制企业改制为国有独资公司或国有及国有控股企业全资子公司，其原有划拨土地可按照有关规定保留划拨土地性质。

（二）税收优惠支持。公司制改制企业按规定享受改制涉及的资产评估增值、土地变更登记和国有资产无偿划转等方面税收优惠政策。

（三）工商变更登记。全民所有制企业改制为国有独资公司或国有及国有控股企业全资子公司，母公司可先行改制并办理工商变更登记，其所属子企业或事业单位要限期完成改制或转企。全民所有制企业改制为股权多元化企业，应先将其所属子企业或事业单位改制或转企，再完成母公司改制并办理工商变更登记。

（四）资质资格承继。全民所有制企业改制为国有独资公司、国有及国有控股企业全资子公司或国有控股公司，其经营过程中获得的各种专业或特殊资质证照由改制后公司承继。改制企业应在工商变更登记后 1 个月内到有关部门办理变更企业名称等资质证照记载事项。

四、统筹推进

（一）加强党的领导。中央企业党委（党组）要切实加强对改制工作的组织领导，按照有关规定落实党的建设同步谋划、党的组织及工作机构同步设置、党组织负责人及党务工作人员同步配备、党的工作同步开展的“四同步”和体制对接、机制对接、制度对接、工作对接的“四对接”要求。要充分发挥企业党组织的领导核心和政治核心作用，确保党的领导、党的建设在企业改制中得到充分体现和切实加强。要依法维护职工合法权益，处理好企业改革发展稳定的关系。改制过程中的重大事项应及时报告党中央、国务院。

（二）建设现代企业制度。改制企业要以推进董事会建设为重点，规范权力运行，实现权利和责任对等，落实和维护董事会依法行使重大决策、选人用人、薪酬分配等权利。要坚持两个“一以贯之”，把加强党的领导和完善公司治理统一起来，处理好党组织和其他治理主体的关系，明确权责边界，做到无缝衔接，形成各司其职、各负其责、协调运转、有效制衡的公司治理机制。

（三）完善市场化经营机制。改制企业要不断深化劳动、人事、分配三项制度改革，建立健全与劳动力市场基本适应、与企业经济效益和劳动生产率挂钩的工资决定和正常增长机制，完善市场化用工制度，合理拉开收入分配差距，真正形成管理人员能上能下、员工能进能出、收入能增能减的市场化选人用人机制。

（四）防止国有资产流失。公司制改制过程中，要按照法律法规和国有企业改制、国有产权管理等有关规定规范操作，严格履行决策程序。完善金融支持政策，维护利益相关方合法权益，落实金融债权。加强对改制全流程的监管，坚持公开透明，严禁暗箱操作和利益输送。做好信息公开，加强事中事后监管，自觉接受社会监督。

中央党政机关和事业单位所办企业的清理整顿和公司制改制工作，按照国家集中统一监管的要求，另行规定执行。各省级人民政府参照本实施方案，指导地方国有企业公司制改制工作。

思考题：

1. 通过阅读本方案，列出工作实施方案的“5W1H”。
2. 中央企业公司制改制宗旨是如何体现在本计划中的？

第七章

战略性计划与计划实施

案例一　A 医院在新护士临床带教中的目标管理[①]

新护士是护理队伍的新生力量，但由于缺乏工作经验和沟通技巧、专业技能及应急能力等，他们又是出现护理风险的高危人群。对新护士进行系统、规范的培训，不仅是护理人才选拔和培养的基础，也是患者在住院期间安全和舒适的保证。基于此，A 医院准备对新护士带教实行目标管理。下面是 A 院关于新护士带教的目标管理章程。

一、目标制定

制定的目标包括护理部的新护士带教总目标、各科室带教目标和个人目标。护理部教育管理委员会负责新护士带教总目标的制定，包括管理要求、实施方案、风险控制、考核办法、激励措施等，下发到各科室。护理部还建立“新护士临床带教本”，内容包括各阶段的培训计划、预期目标、实际完成目标情况、参加的培训及考核记录、新护士自评及科室对新护士的考评等，新护士人手一册；各科室根据护理部总目标和专科特点，制定新护士带教计划，内容包括教学目标、教学内容、风险防范、阶段安排、出科理论考试范围、操作考试项目等；新护士根据护理部总目标、轮转科室特点及自身特长定出个人目标及完成时间。所有目标经护理部审核并备份，对照目标定期考核。

二、目标实施

岗前培训阶段两组新护士统一参加由医院人事科、护理部组织的为期 2 周的岗前培训，内容包括医院的历史及其发展规划、服务宗旨、医院规章制度和护理部核心制度、护理风险防范及护理基本操作等，培训后进行理论、操作考核，成绩合格后分配到各科室轮转 1 年，在轮转期间，护理部统一安排三轮培训（全年 40 学时）。

---

① 改编自：章红萍. 目标管理在新护士临床带教中的应用效果. 护士进修杂志，2012，27（08）.

临床轮转阶段新护士进入临床后均实行一对一带教，观察组对带教质量实行目标管理，带教情况及时记录在《新护士临床带教本》上。新护士进入轮转科室的第 1 天，护士长及带教老师根据护理部总目标、科室目标及新护士的个人意愿一起制定个性化的带教计划及目标，将理论知识、临床技能等学习任务有计划地分解成 4 个阶段，将每个阶段的学习目标、完成时间列成表格，学习内容由易到难不断递进，新护士必须完成上一阶段的目标，带教老师在表格上签名确认后才能进入下一阶段的目标进行学习。对照组采取传统跟班式的一对一带教方法完成带教任务，两组新护士完成 3 个月科室学习后，出科时均进行理论及操作考核。护理部每季召开新护士及带教老师座谈会，及时发现教学中存在的问题，并提出相应的改进措施。

三、目标评价

护理部教育管理委员每季组织理论考试、每月进行规定项目的护理操作考核、1 年轮转期结束后对新护士进行综合考评，考评总分为 100 分，其中，理论考试 30 分、操作考核 20 分、应急能力 20 分、护士素质 10 分、沟通能力 10 分、病历书写 10 分，成绩大于等于 70 分为合格。综合考评不合格者，3 个月后补考，成绩合格后续聘。护理部对新护士及带教老师发放双向评价表，调查带教满意情况。

四、目标激励

1 年带教结束后，根据目标完成情况、综合考评成绩、护理安全、新护士与带教老师的双向评价结果等评选星级带教老师及优秀新护士，进行精神和物质奖励，并优先安排外出学习机会。

思考题：

1. 结合案例分析目标管理的优点有哪些？
2. 分析并预测 A 医院在实施目标管理中可能遇到的问题。

案例二　博洋家纺的弯道超车①

2012 年，博洋家纺线上销售额达 4.2 亿元人民币，以每年超过 300% 的速度在增长，远远超过罗莱、富安娜、水星家纺等品牌，并且在不经意间冲到了行业线上销售额第一。而博洋家纺取得这个成绩仅用了 3 年多时间。

作为曾经的落伍者，却在电商渠道实现了弯道超车，博洋家纺究竟“玩”的是什么战术？

① 资料来源：朱丽. 博洋家纺：电商“独立运动”. 财会月刊（财富文摘），2014（1）.

一、独立，电商之必需

与其他传统企业一样，博洋家纺最初也将电商定位于清理库存，电商也只是公司下属的一个部门。2009 年 3 月，吴荣华带着几个人到淘宝上开店，只卖前一年积压下来的存货，也曾为坐等订单而焦虑过。

而真正有起色，是在当年淘宝“双 11”促销活动中，人员寥寥可数的电商部门在苦战 24 小时后，意外完成了 17 万元的销售额，这让吴荣华团队开始信心大增——如果电商能够做好，博洋家纺就有希望在新的领域重新崛起。

要知道，博洋家纺早在 20 世纪 90 年代曾经位居行业老大，并且率先提出“家纺”这一流行概念，但后来其市场地位一度下滑，甚至沦为行业二线品牌。当电子商务大潮来袭之时，博洋家纺能否抓住这一轮新的机会?

为了找到这个问题的答案，吴荣华决意为电商下一场赌注。

如果说电商起步之时，卖库存不失为一种权宜之计，那未来的长久之策呢? “电商必须与传统渠道一样，拆分开来独立运作，否则就没有竞争力。”吴荣华大胆地向老板提议。而独立经营的好处，也正如他期待的：“前期可以更好地放开手脚，不会受传统渠道的限制。”

2010 年年初，博洋家纺电子商务公司正式成立。电商业务从产品的研发、生产、销售到资金链等，与线下渠道统统分开。用吴荣华的话说，就是“线上、线下各玩各的”。也就是从那时起，他就为电商的崛起砸下重重一锤，并拿他做传统渠道的市场作风，雷厉风行地搞起了线上“独立运动”。

反观家纺行业的其他品牌，线上卖库存者依然照旧。但在发展进度上，却被行业“激进者”甩到了身后。

二、单点突破，激活线上

网络市场足够大，但网购人群却极为分散。这市场该怎么打?

吴荣华很快想到一个策略：集中优势打一点。也就是说，在用户量最多的区域开店，集中所有资源打好攻击战，然后再到其他区域进行扩张。这个战术源于吴荣华传统渠道的“作战”经验，适合于开辟一个新市场。

博洋家纺首先锁定的是淘宝。但那时，淘宝上已有罗莱、富安娜等家纺品牌的先行者，后来者如果没有足够的“料”，凭什么去吸引用户？又怎能将淘宝顺利攻下?

进入淘宝平台之后，正值淘宝扶持传统品牌之际，博洋家纺就顺势成了淘宝的力捧对象。虽没有大手笔砸钱投广告，但身为传统品牌，却可以依靠既有的影响力快速获取用户资源。此时，传统企业做电商的优势初步显现出来。但是，家纺行业一直以来倾向于静态销售，摆在商场里不温不火，那么搬到线上肯定就不能这么矜持了。否则优势很快变成劣势。

“要先让市场动起来。”吴荣华明白一个市场真理：到一个新的市场，先把这块市场激活，快速积累用户最关键。如何才能激活市场？最朴拙也最有效的办法就是搞促销活动。

博洋家纺开始集中精力攻淘宝，到了 2010 年 11 月 11 日淘宝“光棍节”，其销售额激增到近 5 000 万元，蝉联网购全品类第一。

单点突破的优势足已印证吴荣华的策略是行之有效的。但电商要朝着全领域纵深发展，仅盯着淘宝一家显然远远不够。这也是博洋家纺 2011 年后相继向京东、当当、凡客等多家平台电商发起“攻击”的动因，增长势头也颇为迅猛。

多渠道整合营销，可以使传统品牌的优势放大，即整合资源为我所用，免去了自建平台的高成本之苦。而较之罗莱既借力第三方平台又自建平台，博洋的做法显然更为现实。

由此，2011 年线上的销售业绩，更让博洋家纺在行业内出位：3 亿元，500% 的年度增长率，远超于线下 30% 的增速。

三、线上线下的差异化策略

不同的市场必然有不同的玩法。既然线上、线下完全独立，就要做到彻底的不一样。否则，就难以躲过线上、线下冲突的行业“通病”。

比如：线上产品如果与线下相同，就会面临价格怎么定的问题，更难对付的则是线下经销商的不满。这些矛盾在博洋家纺前期卖库存时就已经产生了。“因为原来（与线下）没有区分，经销商每天都会投诉。”吴荣华坦言。

事实上，另一个重要因素也在促使博洋家纺对电商进行有规则的布局，就是由于用户群的差异性，线上产品的特性与线下迥然不同，如果线上和线下共用一个研发和生产等系统，那么生产出来的产品未必适合电商的需求。

线上“独立”对于博洋家纺，首先聚焦于产品线的打造，与线下兵分两路走。

通过对用户群的仔细研究，博洋家纺发现，线上用户偏年轻化，集中在 25~35 岁，对价格更为敏感；而线下用户则更成熟一些，年龄层主要集中在 30~45 岁，更讲求品质感。于是，吴荣华给电商产品的定位是：以全棉材质为主，更注重时尚感，客单价多不超过 1 000 元；而原先的线下产品，则多采用真丝等高端材料，客单价在 1 000 元以上。

2009 年 12 月，博洋家纺为电商渠道建立了专门的产品线，所生产的产品为网络专供品。这意味着电商不再是单纯清理库存的平台。而独立之后的电商业务，恰如吴荣华本人的强势，在淘宝上刚一登场就颇为抢眼，全是原创性的当季商品，由于渠道成本降低，价格也低于线下不少。

公司为此还成立了一个原创研发部门，以此保证产品的精细化和专业化。这个行业内独创的做法，更证明博洋家纺对电商的“器重”。

线上、线下以差异化取得平衡，尤其是网络专供品推出之后，博洋家纺的线上业务由此开始迅速“膨胀”，吴荣华对电商潜力的发掘也愈发有底气。如果说让电商独立经营，先期可以与传统渠道齐头并进，那么到后期，电商必然要与传统渠道融合，“未来肯定是要线上、线下联动的。”吴荣华如是说。

思考题：

1. 博洋家纺如何做到线上“弯道超车”？
2. 决策包括哪些基本活动过程？其中的关键步骤是什么？

第八章
组织设计

案例　航天 B 安防企业组织结构建设：EPM 体系[①]

航天 B 安防企业前身为中国航天 C 研究院的测控事业部。C 研究院成立于 1956 年，院下属测控事业部相当于一个所级单位，2010 年将测控事业部注册为航天 B 安防企业，并作为中国航天 C 研究院的全资控股子公司。主要致力于测控技术、光电一体化技术、光纤技术的研究与应用，是一家集产品研发、生产、销售、工程实施和售后服务于一体的高新技术企业。公司开展了针对性项目研发，目前已经在多个领域形成了独特技术产品，智能光纤入侵报警系统、长距离干线监测系统、语音采集系统等产品已经成功地在国防、司法、公安、国家安全、信息安全、能源、交通等行业以及奥运会期间得到了成功应用。

一、航天 B 安防企业原组织结构

成立初始，B 安防企业包含已有的两大业务部门，分别涉及的业务侧重点不同，所以根据当时的组织形式及人员情况采用了直线职能制组织结构，其组织结构如图 1 所示。

该组织结构属于典型的直线职能制组织结构，它强调了组织的等级制度。公司设立了三个业务部门，分别为：研发中心、生产中心和工程中心，这三个部门集中完成公司产品的研发定型、产品的生产测试以及依托产品的系统设计和工程实施工作。由于一些历史传承和 B 公司特色业务的原因，公司将工程中心命名为光纤安防事业部，生产中心命名为测控系统事业部。生产中心是整合了原有两大业务部门的生产功能，商务部、财务管理部、市场营销部和综合管理部是新成立的职能部门。

2011 年，随着 B 公司业务规模的不断扩大和项目的迅速增长，原有的直线职能制组织结构日益显示出其弱点，特别是在多个项目的运作实施期间表现明显。

---

① 资料来源：田建伟．企业级项目管理组织设计及其案例分析．天津大学，2013 年 11 月．

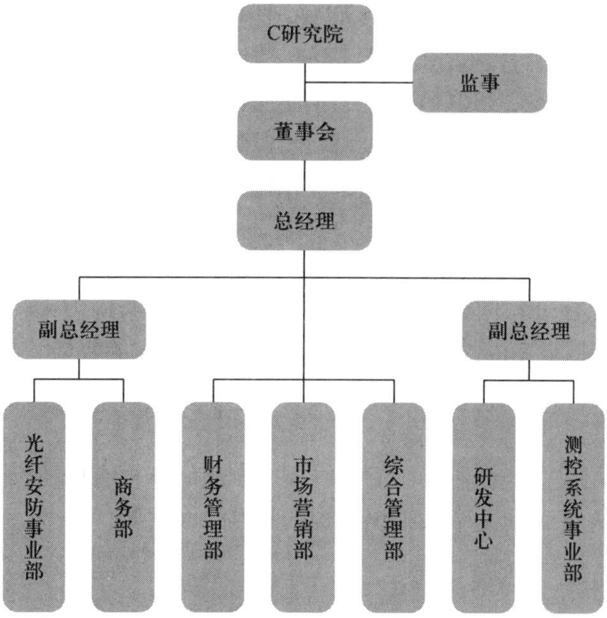

图 1　B 公司原有组织结构示意图

二、B 公司基于 PMO 的 EPM 的组织结构

随着公司的业务增长，原有的直线职能制组织结构已经日益显示出其不能适应 B 公司发展的需要，为了提高企业的销售收入和进行更好的项目管理，并在安防行业中保持较高的地位，B 公司调整了原有的组织结构以便适应现在的发展需要，B 公司依据 C 研究院总部的组织规划基本原则，构建出新的企业级项目管理（EPM）组织结构，如图 2 所示。

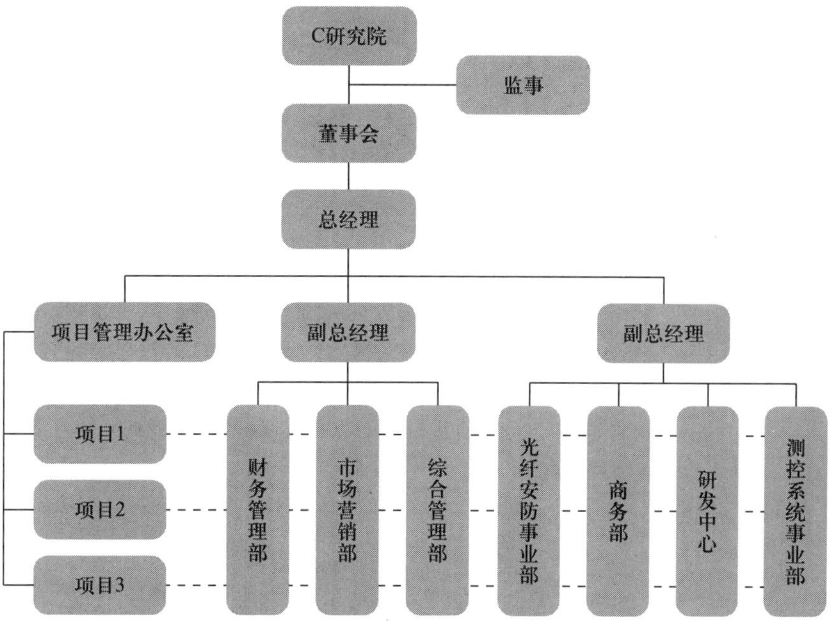

图 2　安防企业 EPM 组织结构示意图

B 公司变革后的组织结构与原直线职能制组织结构相比，最大的区别在于：组织结构体系中增加了在项目管理之上并且职权又比职能部门的层次高的项目管理办公室（Project Management Office，PMO）。B 公司增加 PMO，主要意在凸显项目管理在公司的日常管理之中所起到的不可或缺的作用。B 公司增加 PMO 主要预示着整个公司在管理上的改变与变革。由于 B 公司逐渐显现出项目化的特征，因而我们有理由相信该组织结构必定会为 B 公司实施 EPM 发挥重要作用。

对组织结构逐步进行变革后，人员配合及职责协作富有成效，有力地保障了公司项目的顺利验收完成。自 B 公司组建 PMO 并且构建新的组织结构以来，公司于 2011 年完成产值 6 000 万元，2012 年完成产值 7 000 万元，取得了理想的效果。

思考题：

1. 试分析 B 公司成立初始所采用的直线职能制组织结构有何缺点。
2. 结合案例分析 B 公司变革后组织结构的特点以及优势。

第九章

人力资源管理

案例一　华为人资管理转型：HRBP 体系[①]

华为技术有限公司是一家主营通信设备的民营科技公司，其产品与服务覆盖通信领域的网络设备、IT 设备及终端设备等，公司于 1987 年在深圳成立，目前其产品和解决方案已经应用于全球近 200 多个国家和地区，名列 2016 年民营企业 500 强榜首。

在成长初期，华为就高度重视对管理制度的选择和应用，通过 HRBP（Human Resource Business Partner，HRBP，即人力资源业务合作伙伴），人力资源管理职能和角色的转变推动了人力资源管理部门与业务部门的融合。

简单地说，HRBP 就是让 HR 下到一线，成为有业务需要的员工的合作伙伴（BP）。在华为，BP 有专门的角色、职责，一共是六个：一是业务战略伙伴；二是 HR 解决方案的集成者；三是 HR 的运作者；四是员工关系管理者；五是变革的推动者；六是核心价值观传承的驱动者。

华为 HRBP 体系由三个部分构成：HR 共享服务中心、HR 专家中心以及业务合作伙伴。

首先，华为的 HR 共享中心承载着集团公司层日常事务工作及行政服务，对公司现有的基本流程进行监督与控制，关注的是对目前政策与制度执行效率的提高；其次，华为的 HR 专家中心主要负责对 HR 政策、制度以及流程的制定，通过培训以及辅助性支持对 BP 进行技术合作，与业务部门 BP 合作推动 HR 制度及方案的推广和执行，此外，对公司层的 HR 战略规划也会向高层管理团队提供方向性建议；最后，业务部门 BP，华为业务部门 BP 通过深入业务一线部门，在了解业务运行基本状况的基础上，向业务部门提供业务方向的、具有针对性的 HR 解决方案，辅助业务部门展开 HR 流程的运行与循环，通过推动管理政策与制度方案的落地来强化业务部门的 HR 建设。

华为的 HR 共享服务中心、HR 专家中心以及业务部门 BP 既各司其职又相互联系，HR 共享中心关注的是公司层次日常性事务聚焦效率的提升，HR 专家中心关注的是制度

---

① 改编自：李艾琳，何景熙．共享经济视角下人力资源管理职能的变革——以华为 HRBP 为案例．中国人力资源开发，2016（24）．

方案的制定并聚焦政策流程的优化，业务部门 BP 关注 HRD 与业务部门的关联，聚焦客户关系维系。

思考题：

1. 企业进行人力资源管理的目的是什么？其包含哪些基本内容？
2. 华为 HRBP 体系有什么创新之处？为什么需要这些创新？

案例二　海尔战略实施中的人力资源管理策略①

从 1984 年创业至 2013 年，海尔集团经过了名牌战略发展阶段、多元化战略发展阶段、国际化战略发展阶段和全球化品牌战略发展阶段。在不同的阶段，海尔采取了不同的人力资源管理策略。详细说明如下：

一、名牌战略发展阶段

海尔每一条流水线的最终端，都有一个“特殊工人”，流水线上下来的产品，在经过各个工序时，工人检查出上一工序留下的缺陷后就及时地记录在一张缺陷条上。这位特殊工人的任务，就是负责把这些缺陷维修好。他把维修每一个缺陷所用的时间记录下来，作为向“缺陷”的责任人索赔的依据，他的工资就是索赔所得。那么，当产品合格率超过规定标准时，他还有一份奖金，合格率越高，奖金越高。这就要求员工不但要做细，而且要做好。

二、多元化战略发展阶段

按照海尔的内部规定，“下道工序就是用户”。每个人都有自己的市场，都有一个需要对自己的市场负责的主体，每位员工最主要的不是对他的上级负责，更重要的是对他的市场、他的客户负责。海尔将外部市场效应内部化后，要求每一个员工通过经营使资源增值，追求达到最好的效益。如果达不到，就等于浪费了企业给你提供的资源，你就应该自己掏钱赔付，这就是要求每个员工都通过“赛跑”来看是否有能力通过竞争上岗来追求自己的价值，实现经营自我、战胜自我、超越自我的境界。海尔坚持“公开、公平、公正”的原则，对每一个岗位、每一个动作都进行了科学的测评，人人的工资都公开透明，只按效果，不论资历，由“同岗同酬”转变为“同效同酬”。

三、国际化战略发展阶段

海尔在这一阶段的人力资源管理对于国际化战略的支撑为“SST 治理方法”，即索酬、

① 改编自：李云清．海尔战略实施中的人力资源管理的经验分析．商，2013（4）．

索赔、跳闸，简称“两索一跳”。其中：索酬就是通过建立市场链为服务对象服好务，从市场中取得报酬，每个工序、每个人的收入来自自己的市场；索赔体现出了市场链管理流程中部门与部门之间、上道工序与下道工序之间互为吻合的关系，如果服务得不好，不能履约，就要被对方索取赔偿；跳闸就是发挥闸口的作用，如果既不索酬也不索赔，利益相关的第三方就会自动“跳闸”，警示、制约并解决问题，从而“闸”出问题来。由此，海尔得以顺利实施与国际接轨的供应链工程。

四、全球化战略发展阶段

从2006年开始，海尔集团进入第四个发展战略创新阶段：全球化品牌战略阶段。海尔清醒地认识到，集团总的战略必须落实到每一位员工身上，而每一位员工的策略创新才能保证集团战略的实现。海尔根据供应链管理思想创造性推出了作为这一阶段人力资源管理对全球化战略支撑的“SBU”（Strategical Business Unit，即战略事业单位）。不同的业务流程之间通过供应链结合起来，不管是核心流程还是支持流程，都有自己直接的“顾客”，流程的工作方式是针对顾客的要求“直接做”而不是“等待向领导请示后再做”。“SBU”要海尔每个员工都变成一个公司合格的“小老板”，把企业的资源、企业的资产分解到每个占有企业资源、资产的人头上。占用企业资源的员工必须让他通过服务自己的顾客和市场来增值，而且增值部分要大于资源占用，才有收入。

思考题：

1. 请说明组织人力资源的来源有哪些以及它们各自的优缺点。

2. 请根据资料并结合所学知识，谈谈你对海尔在不同战略阶段实施的人力资源管理策略的看法。

3. 海尔人力资源管理策略的快速发展对企业员工要求越来越高，企业可以通过何种手段提高员工胜任能力？

4. 为更有效地落实战略，在人员招聘时，应该对应聘者有何基本要求？

案例三　李欣的调离报告

北京某无线电厂是一家国有大型电子企业，以生产精密无线电元件为主，其电容系列产品和超精密特种电阻产品获电子工业部“优质产品”称号。从用途上看，各类产品广泛应用于军工、仪器仪表、家电、通信等领域。以产品为标准，全厂分成三个事业部。第一事业部主要生产超精密特种电阻。李欣任第一事业部部长，全面主管事业部工作。

李欣系西安交通大学电子技术专业毕业，2004年分配来到该厂。最初李欣从事技术工作，他理论知识扎实、勤奋好学、工作兢兢业业。两年以后，他成为事业部的技术骨干，开始独当一面。2006年年底，经厂里业绩考核，他被提升为事业部副部长。2009年，事业部部长年届60退休，李欣任部长。

李欣任部长以后，凭着技术功底和几年做副职的经验，抓了三项重点工作：① 新产品开发；② 控制产品质量；③ 强化内部管理，将考核指标分解到人，实行工效挂钩。采取这三项措施以后，事业部的经营发生了显著变化，销售收入明显增加，职工积极性大大提高。第一事业部也连续 6 年保持全厂销量第一，其销售额占总销售额的 40%。

李欣在厂里干部考核中连续两次被评为优秀，多次获得先进生产者、优秀党员称号。鉴于此，厂长和党委书记一致决定派他到经营困难、职工思想混乱的第三事业部任党总支书记，协助事业部部长搞好经营工作。

李欣虽然有近 10 年党龄，但对如何做思想政治工作考虑不多。任党总支书记后，面对职工思想混乱、积极性不高的局面不知如何下手，同时又在事业部如何经营方面与部长存在严重分歧。调任 4 年来，工作一直打不开局面，在企业民主评议中被职工评为不称职干部。

厂长和党委书记意识到李欣无法继续在第三事业部工作，但是各行政部门都有负责人，调整谁都感觉欠妥，于是决定成立机关党委，调他任机关党委书记。党委书记找李欣谈话，李欣不同意，表示愿意做业务干部。书记反复做工作也没有结果。

最后，由于第三事业部待不下去，其他部门又无法安排，厂长只能安排李欣到厂里下属的合资公司做一般技术人员。合资公司经理分配他负责产品的出厂检验。

半年以后，李欣提交了调离报告。

思考题：

1. 李欣离职的原因是什么？其离职会对他本人及企业造成什么影响？

2. 如果李欣的调离报告交到了你手里，你会怎么办？请说明批准的理由，或不批准后将采取的对策。

3. 试结合本案例讨论，作为企业领导者，应该如何避免优秀人才的流失？

4. 目前社会上流行一种看法，认为国有企业领导中经常抱怨的“该走的没走，不该走的却走了”这句话应该理解为：这些领导者实际上只是在职工离职时才意识到他是个人才，竭力要把他留住；同时，现实中也不乏那些工于心计的人，为获领导重视，假传自己要调走。对社会上流行的这种说法，你是怎么看的？对某些人的离职幌子，又该如何识别和对待？

案例四　D 公司的人力资源培训与开发陷阱①

一、D 公司人力资源培训与开发现状

D 公司作为一家具有一级开发资质的房地产企业，成立十几年来，一直致力于绿色节能的房地产开发，是最早投身于舒适而节能住宅产品研发与建造的企业之一。目前，在全

① 改编自：吉佐阿牛. 人力资源培训与开发案例分析——以 D 公司为例. 企业技术开发，2017（3）。

国在建项目已达 30 多个，其精心打造的某系列地产产品已成为中国科技节能地产领域的标志性品牌。该公司作为国内上市公司，在人才竞争日趋白热化的现状之下，也逐渐形成了适合自身的培训体系，具有科学的培训框架和多元化的培训形式。培训内容主要分为两部分：一是应届毕业生的入职培训，即“攀登者入职培训”；二是对于高层管理者定期开展的总经理特殊技能培训，即“总经理八项技能培训”。除此之外，D 公司还有其他较为零散的培训活动，但基本上都是流于形式的培训，没有形成具体的培训体系。

首先，攀登者入职培训方面。对于刚迈出校园的职场新人，公司结合具体工作岗位需求制定了较为详细的培训计划，整个计划分为三个阶段，分别为启程期、攀登期以及卓越期，具体措施大致可以分为企业文化认同、基本工作软件操作、职业生涯规划以及专业技能培训，此四项内容分阶段进行，总时期为一年。公司将专门针对应届毕业生的培训体系称为“攀登者培养体系”。旨在帮助应届毕业生完成从一名职场新人向职业人的攀登与转变，使新人能够高效地融入企业文化体系中，并在自己的岗位上做到独当一面。

其次，高层管理者特殊技能培训方面。D 公司对于高层管理者的专业技能和职业素养两方面制定了相应的培训策略，此培训计划称之为“总经理八项技能培训”，内容主要包括高层管理者的特殊技能培训和八项职能培训两个部分。特殊技能培训是针对工作岗位需求和特殊工作要求的培训；八项职能分别指企业文化认同、职业精神、经营开发能力、计划财务能力、工程技术能力、人力资源能力、成本造价能力以及经销能力，这八个方面中除前两个属于公司主业文化外，其他六项属于公司内部的六大工作职能板块，由此看出该公司对高层管理者的培训非常重视其他职能方面能力的培训，是因为公司内部要求高层管理者要对其他职能工作有较高的了解，以便在开展工作中提高效率，增加沟通的流畅性。除此之外，还可以在关键岗位流失人才后立即有人替任，达到高效运转的工作效果。

然而，D 公司看似规划完整、条理清晰的培训体系下，隐藏着难以跨越的陷阱。

二、D 公司人力资源培训与开发存在的问题

该公司在培训与开发工作方面存在很多不足，具体如下。第一，对于中层管理者没有具体的培训措施。D 公司对中层管理者的开发与激励严重边缘化，基本没有制定任何实际性的培训计划，更别谈形成有效的运行体系了。公司简单地认为中层管理者无论是在企业文化认同，还是在专业技能方面，已不需要太多的培训投入，只需自身在日常工作中各自学习完善即可。第二，对社会招聘的新员工没有相关培训计划。D 公司每年都会从外界招聘很多社会界人士加入组织，以填补公司离职人员岗位的空缺以及满足企业业务扩张后对人才的需求。但是，公司对其没有安排和制定任何的培训活动，入职后直接上岗工作，且对新员工的工作状况不闻不问，导致很多新员工对企业没有认同感，也感受不到企业对他们的关心和培养，无法融入公司文化中去，不能很好地胜任工作，以致影响其工作效率，打击工作积极性，甚至会辞职离去。第三，培训对象没有参与培训需求调研与总结。在应届毕业生攀登者培训工作开展前的需求调查环节中，参与者只有公司本身；在高层管理者的技能培训中，虽然公司在培训之前积极地与培训对象面谈交流，但由于各种原因，对培训对象的需求并没有做出明确的总结与统计，从而不能有效制定出符合需求的培训计划，公司基本上都是按照自己的发展需求来制定培训计划，开展培训活动，并没有对培训对象

的需求做详细的调查与汇总，从而导致很多培训对象对培训活动并不重视，结果导致培训工作效率极低，流于形式，草草了之。

思考题：

1. 企业对员工进行培训的目的是什么？

2. D公司每年都会从外界招聘很多社会界人士加入组织，以填补公司离职人员岗位的空缺以及满足企业业务扩张后对人才的需求。这样做有什么优点和不足？

3. 结合D公司的人力资源培训案例，提出你的改进建议。

第十章

组织变革与组织文化

案例一　敏实集团：用家文化构筑企业发展的“理想国”[①]

在传统企业利润日益微薄的当下，它依然保持着利润率每年20%的增幅；在市场面临人力成本日渐增高、企业员工流失严重的困境下，它拥有着员工98.5%的稳定率；在一些企业挣扎于产业如何转型提升时，它却已提前布局开展新能源电动车的研发……作为全球最大的汽车零配件制造企业之一的敏实集团是如何做到的？走进敏实集团嘉兴总部，映入眼帘的“全国模范职工之家”荣誉奖牌，似乎在诉说着这家成功企业背后的制胜秘诀。通过对敏实集团有限公司董事会主席秦荣华的访谈，可以探知企业成功的奥秘。

一、专注是企业成功的秘诀之一

“嘉兴的交通方便，发展潜能大，生活也较安全、安稳。”2003年，初到嘉兴的台湾人秦荣华，被嘉兴的投资环境所吸引，自此开始了敏实集团在嘉兴的发展脚步。十余年间，除南湖区外，敏实集团在秀洲相继成立了嘉兴敏瑞汽车零部件有限公司、嘉兴敏胜汽车零部件有限公司、嘉兴信元精密模具科技有限公司三家全资子公司。

作为福布斯上榜人物，秦荣华的成功秘诀里最重要的一条，就是专注。从对注塑与表面处理类汽车零部件生产的专注，到专注于规划好办公区域的一草一木，同时，秦荣华也在专注成为一个“知员工冷暖的老板”，他用中国传统的家文化，温暖员工的心灵，凝聚员工的力量。

“员工是我们企业最重要的财富，重视员工价值，才能为企业带来可持续发展。”2007年，秦荣华提议并成立了员工关怀中心，为员工成长提供个性化关怀。“员工的家属工作、子女就学遇难题了我都要管，员工吵架我也要去劝一劝。”秦荣华笑言，喜当“和事佬”其实从年轻时就开始了，那时的他曾在台湾地区当过青少年心理辅导老师，一直到现在，他都还维持着阅读心理书籍的习惯。“我们在中国有45家工厂，1万多名员工，绝大部分

---

① 依据人民网2014年相关报道改编而成。

都是年轻人，平均年龄只有 26 岁，在这个年纪，工作可以决定他们人生的走向，也因此，我希望敏实能让每个员工都获得成长。”

二、激发员工的潜能

目前正在进行的“大团圆计划”，则是敏实集团贯彻秦荣华“家文化”的升级版。核心理念就是让员工与家人告别分隔两地之苦，让一家人重获团圆。通过摸底调查，详细了解每位员工的难处，从妻子的工作如何安置、小孩读书如何解决，到住房问题怎么改善……敏实集团员工关怀中心都将针对员工个人情况给出解决方案。

员工们想要的，秦荣华做到了，员工没想到的，秦荣华也在尽力而为。走在敏实的厂区里，可以看见生活设备一应俱全的酒店式宿舍，口味丰富的时尚餐厅，小型电影院、理发店、超市、洗衣房……秦荣华的事无巨细体现在了方方面面，他甚至还在凤桥镇规划了一片农场，种起了有机蔬果：“我们食堂的菜都是自己种的，吃起来感觉特别亲切。”

为了满足员工的精神文化需求，秦荣华还号召敏实集团在创新文化活动载体上下功夫，“现在公司员工图书馆和员工活动中心都有在招募员工及员工家属做志愿者，让他们利用业余时间管理和支持场所的发展，我们希望通过这种自我管理的模式让公司更有家的感觉。”秦荣华告诉笔者，集团还经常开展“双创”劳动竞赛、技术比武等活动，组织成立了艺术团协会、台球协会、乒乓球协会等多个文体协会，为员工搭建学习和展示自己的平台，也激发员工的潜能，在不断为公司创造价值的同时，也有力保障了公司生产任务的完成。

三、研发投入保证企业稳健增长

这些对员工无微不至的关心，在增强员工对公司的归属感和认同感的同时，也让秦荣华收获了员工的“回报”：用工上的高稳定率和效益上的高增长率。

2013 年，位于秀洲区的敏瑞、敏胜、信元精密三家企业的销售额达 6.38 亿元，实现利税 1.6 亿元，2014 年前 9 个月，这 3 家企业的销售额已经突破了 5 亿元，实现利税 1.3 亿元。“自投产以来，我们企业每年以 50% 的增幅快速成长，之所以能保持稳健增长态势，除了员工的努力，也离不开我们对于科技和研发的投入。”秦荣华坦言。

近年来，作为汽车零部件的重点企业，敏瑞、敏胜、信元精密通过科技创新、产品研发等方面的提升，不断与奔驰、宝马、大众等国际大牌企业合作，市场占有率不断提高，销售额、利润额等相关指标每年也保持着不同幅度的增加。其中，仅敏胜公司就通过“机器换人”等技改手段，在人工投入上减少了 30%，产品生产效率却提升了 30%。

重视企业文化建设，巩固企业价值观，构建员工保障体系，加强企业研发投入，这些方方面面的“付出”都为一个企业的可持续发展提供了坚固的后盾。秦荣华将自己的理念浸润于企业的每个环节，他对于企业长久而用心的付出，也将让敏实集团在未来发展之路上不断铸就辉煌。

思考题：

1. 试概括敏实集团成功的秘诀。
2. 结合案例及所学知识谈谈你对敏实集团“家文化”的理解。
3. 如何发扬中华文化中的优秀内容，提升企业管理水平？

案例二　阿里和苏宁的“自组织”变革之路①

一、苏宁电器的“自组织”：“平台共享 + 垂直协同”

2013 年 2 月 21 日，苏宁电器发布的关于组织结构调整的公告称，公司名称拟由“苏宁电器股份有限公司”变更为“苏宁云商集团股份有限公司”，以更好地体现公司线上电子商务、线下实体连锁多渠道融合、全品类经营、开放平台服务的业务形态，以及正在实施的“店商 + 电商 + 零售服务商”的“云商”模式转型战略。业务模式的转型还需要组织架构、运行流程与之相配套，为此公司对组织架构和运行流程进行了全面调整和优化。

公司总部原设连锁发展、采购、运营、服务、财务、行政、苏宁易购七大经营管理部及人力资源、法务中心两个直属部门。本次调整更加强调专业细分，并注重各业务单元的自主性及灵活性。调整后总部管理层面设立连锁开发、市场营销、服务物流、财务信息、行政人事五大管理部门，负责战略规划、标准制定、计划管控、资源协调；经营层面设立线上电子商务、线下实体连锁以及商品经营三大经营部门，涵盖实体产品、内容产品、服务产品三大类 28 个事业部，形成“平台共享 + 垂直协同”的经营组合，支撑线上电子商务、线下实体连锁融合发展和全品类拓展。在大区层面，2013 年苏宁电器把大区—子公司—营运部三级缩减为大区—城市终端两级管理，并大幅扩充大区和城市终端数量，增强区域化运营和本地化服务能力，提升运营效率。

二、阿里巴巴的“自组织”：“分权 + 接班人”制度

持续的内部组织变革是阿里巴巴的管理特色之一。如 2011 年 6 月阿里巴巴把淘宝网分拆为三个独立的企业，即淘宝网、淘宝商城和一淘网，3 个子公司分别负责 C2C 业务、B2C 电子商务和一站式购物搜索。3 个子公司独立后获得了更大的权利，每个公司都拥有自己的总裁和董事长。到了 2012 年 7 月，阿里巴巴从原有的 3 家子公司制又调整为 7 个事业群制，事业群的总裁直接向阿里巴巴集团主席和首席执行官马云汇报，没有了董事长。2013 年 1 月，阿里巴巴又把原先按照对外品牌业务来划分的 7 个事业群改组为按照商业生态系统中的关键环节来划分的 25 个事业群，即：① 底层共享，包括共享、商家、阿里妈妈、一淘及搜索事业部。② B2C，包括天猫、物流、良无限、航旅事业部。③ 大

① 改编自：胡辰，汤谷良. 如何架构“自组织”的管理控制系统——以苏宁电器和阿里巴巴为例. 财务与会计，2013（7）.

集市，包括类目运营、数字、综合、消费门户、互动业务。④ 无线，包括旺旺、客户端、音乐事业部。⑤ 本地生活，包括聚划算、本地生活业务。⑥ 数据，包括数据平台、信息平台、云 OS 业务。⑦ 阿里云，包括 B2B 中国。⑧ 国际业务，包括 B2B 国际和 B2C 国际。阿里巴巴将同类型业务进行整合的目的就是希望在互联网快速变革的时代，把企业拆分成更多小事业部运营，最终实现“同一个生态，千万家企业”的商业生态系统，使系统更轻、更快，决策更灵活。据阿里巴巴的员工透露，由于以前受到公司利益和考核的限制，跨子公司合作往往是一种“命令方式”，流程复杂且推进困难，细分为 25 个事业部后则能够变得更加“协同”。在人力资源方面，阿里巴巴的接班人制度比较有特色。总监及副总监以上级别的中高层管理者每年的一项重要考核指标就是要带自己的“接班人”，并从管理、文化、业务等各个方面手把手地培养，如果没有培养出接班人那就意味着自己没有晋升的机会。

思考题：

1. 苏宁电器的组织变革实际上是把原有的矩阵式组织转变为事业群组织，你认为这样做有什么必要？

2. 阿里巴巴把公司拆成小事业部运营，请谈谈你的理解。

3. “自组织”的核心要义到底是什么？什么样的企业可以也应该推进“自组织”模式？如何架构“自组织”的管理控制系统？

案例三 诺信公司高科技事业部变革危机①

21 世纪初，诺信公司高科技事业部诞生于诺信股份有限公司对其业务的一分为三的重新调整。诺信公司高科技事业部成立之初，主要由诺信 UV 固化及干燥系统、容器涂覆及固化系统、液态涂装系统、粉末涂装系统及 March Plasma、Asymtek、EFDInc. 等公司作为核心组成，产品范围主要是 UV 固化、产品涂装、气体等离子设备及精密点胶设备等，其业务额也从最初的占公司总业务额不到两成，逐渐地增长到了在 2007 年时占比三成左右，且增长速度非常之快。

一、诺信公司高科技事业部所面临的困境

进入 21 世纪以来，世界经济的动荡变得越来越频繁。2008 年，始于美国的次贷危机席卷全球，并给全球经济以重创；次贷危机刚刚过去，欧洲债务危机便接踵而至，且大有愈演愈烈的趋势，再次给全球的经济蒙上了阴影；而中国经济的增速也因产业结构调整而正常放缓，这意外地给全球市场带来了信心上的负面影响。此外消费电子产业经过近 10 年的高速发展，现如今却由于暂时缺少后续的划时代的科技和产品的出现，难以再掀起新

① 改编自：毛庆全. 诺信公司高科技事业部变革管理案例研究. 吉林大学，2016.

一波的增长浪潮；现有产品的主要目标市场已开始慢慢饱和，由此导致相关产业的投资增速放缓并沿着整个产业链条依次向上传导，从而使得公司产品的增量市场变得十分有限，现有市场也因为机会的减少而使得竞争愈发激烈。

面对外部环境的日趋恶化，许多深藏于诺信公司高科技事业部内部的问题也慢慢浮现出来，如内部各组成公司间在应对重叠市场和客户群体时，因缺乏协同而产生内耗；事业部内分散于各地的制造工厂的产能没有得到充分的利用，造成一边的工厂缺资源，另一边的工厂却有大量的资源闲置，从而白白产生了不必要的浪费，等等。

面对这样严峻的内外形势，对高科技事业部来说，要支撑诺信股份有限公司整体达成设定的战略目标无疑是一个巨大的挑战，变革也因此成了必然选项。

二、诺信公司高科技事业部变革障碍

然而，诺信公司高科技事业部目前的变革管理成效并不明显。首先，由于没有形成一个强有力的指导团队，整个变革管理缺乏系统性，因此其效果大打折扣。其次，在内部整合过程中仍然面临着来自各个方面的强大阻力，尤其是来自各个业务强势子公司的阻力，这些阻力使得整合进展非常迟缓，而且整合的效果也不明显。相反地，由于这些阻力的存在，事业部的整合也给其带来了诸多的负面效应，如运营效率的下降、运营成本的攀升等。此外这些阻力还给事业部的整合带来了相当的风险，如果处理不好，会对事业部及诺信公司整体造成伤害。

因此，诺信公司高科技事业部现在正面临着这样一种困境：如果继续将变革进行下去，不仅仅要接着投入大量的资源，而且内部的整合会存在相当的风险，并且整合最终能否达到预期效果存在着较大的不确定性；但是如果就此终止事业部的变革进程，前期的投入付之东流不说，还必然会影响到事业部乃至于诺信公司整体未来发展战略的实施及目标实现。该如何进行抉择，对诺信公司高科技事业部的高层来说，无疑是一个两难的选择。

思考题：

1. 根据诺信公司高科技事业部所面临的困境，分析影响组织变革的因素有哪些。
2. 你认为诺信公司高科技事业部变革的阻力有哪些，应当如何消除？

第十一章

领导概论

案例一　柳传志与杨元庆[①]

在联想创始人柳传志看来，领导人大而化之有两种类型，一种是孔雀型，以个人魅力取胜；一种是老虎型，以发号施令树威。其实柳传志以动物比喻领袖人物正好反映了不同领导者的领导风格。就联想而言，主要经历了杨元庆和柳传志两代领导时期，下面具体介绍二者不同的领导风格。

一、柳传志的创业时期

1984 年，柳传志与其他 10 名计算机所员工以 20 万元人民币创办的联想，如今已成长为旗舰型企业集团。柳传志创业时期，追求强力执行。在联想，领导首先要会教，通过指导、提问等方式帮助员工思考和进步；其次，要坚持训练员工，有些技能只有通过持续训练才能掌握；再次，要建设团队；最后，是追求卓越。

柳传志在总结企业管理的经验时曾说："除了需要敏锐的洞察力和战略的判断力外，培养人才，选好接替自己的人，恐怕是企业领导最重要的任务了。" 企业领导人首先应该具有伯乐的本领，善于识别选拔人才。柳传志曾将联想内部成功的管理总结为三个要素：搭班子、定战略、带队伍。三要素的核心是人才的培养使用。联想之所以能够在强手如林的计算机市场上生存下来，之所以能够创立品牌，在世界 IT 行业中占据一席之地，归根结底是人才战略的成功。柳传志不仅抽出时间与高管们单独面谈，也利用各种会议和场合对管理层言传身教，让人受益匪浅。柳传志在联想经常把一些可塑性人才集中到总裁办，把总裁室需要决策的项目拿来讨论。常常是一个话题讨论来讨论去，柳传志不厌其烦地和大家一起争论。他把这种讨论称为"把嘴皮磨热"，其实目的很明确，这是训练人才的一种演习。

柳传志用"缝鞋垫"和"做西服"来比喻培养人才的方法："培养一个战略型人才和

① 根据相关网络资料编写。

培养一个优秀的裁缝有相同的道理，不能一开始就给他一块上等毛料做西服，而是应该让他从缝鞋垫做起。鞋垫做好了再做短裤，然后再做长裤、衬衣，最后才是做西服。不能拔苗助长，操之过急。”如郭为，他在联想从秘书做起，在十余个岗位工作过。从给老板开车门、拎皮箱开始，到只有五个人的公关部做经理，一年后又到集团办公室担任主任经理，接着先后做过业务部门的总经理、企业部的总经理、财务部门负责人。联想集团在广东惠州建设生产基地，郭为又被派去负责具体事务，后来又到香港联想负责投资事务。

带队伍还要讲究方法。柳传志曾给杨元庆写过一封信，从内容上看，是联想收购IBM个人计算机业务后写下的。信中表达了自己对杨元庆的认可和要求，末尾处，柳传志还建议他进一步找出自己的缺点，为未来“向更高的台阶迈进”做好准备。作为“伯乐”，既要会识别人才、使用人才，又要会激励人才。联想对人才的激励主要是事业、理想和目标，物质的激励当然很重要，但是如果过度使用，就有可能变为鸦片。对年轻人来说，承认他们的能力，肯定他们的成绩，让他们去独自管理一个部门，以便充分发挥自己的才能，这是最有效的激励。比如杨元庆，当他负责联想微机事业部的时候，柳传志将原来分属于若干个部门的权力，甚至包括人事和财务，都给了杨元庆，使他可以不受任何牵制，真正独立运作整个事业部，而且计算机销售超额完成的利润部分50%上交集团公司，另外50%由他自行处理，用于奖励或福利。在计算机销售业绩最好的那一年，杨元庆用这部分钱，给每一位业绩突出的经理购买了一辆轿车。这一切都让杨元庆有一种成就感。

在介绍培养杨元庆、郭为等人的方法时，柳传志说：“第一，让他们逐渐参与决策，参与管理。一方面在价值观、思想方法甚至工作技巧等诸方面求得一致；另一方面要求他们不能被动式接受，做传递的‘齿轮’，而是要当主动思考、创造执行的‘发动机’。第二，先把责权利规定清楚，然后放手给他们以机会和舞台，让他们在工作中锻炼成长起来。这样做有几个好处，首先可以群策群力，企业能避免大的决策失误和经营震荡；其次，他们有职有权，积极性能调动起来；最后，他们独当一面后，更高层的领导能腾出时间和精力思考一些关系公司发展的更重大、更长远的问题。”

正是因为柳传志让他们逐渐参与决策，参与管理，他们才会有这么多的锻炼机会。在具体业务的操作管理中，他们逐渐学会独立主动思考，在价值观、思想方法上融入了联想文化。他们之所以能够成为联想的“发动机”而不仅仅是被动式传递的“齿轮”，也是因为他们有放手发挥的机会，在责权利清楚的情况下，他们获得了发挥才能的广阔舞台。

二、杨元庆的二次创业时期

杨元庆在联想宣布收购IBM个人计算机业务后，亲自到各个国家的业务部门与员工进行交流，并妥善处理和IBM原高管之间的关系，这对稳定员工、客户和渠道相当有益。直到2005年9月底，联想才正式宣布全面整合，至此，员工和客户的保留已经卓有成效，并已赢得美国空军等大额订单。此时，杨元庆领导的战略委员会在整合过程中又提出了新兴市场的战略；在成绩稳定之后，考察、选定继任CEO的工作有条不紊展开。

而且，杨元庆提出的“坦诚、尊重和妥协”三原则，正在新联想内被广泛运用。在诸多收购者认为应该铁腕确立权威时，此前被视为“固执”的杨元庆懂得，面对文化冲突，要适当地做出妥协；在强调信任、尊重的文化下，中外双方能够更具包容心地理解差异，只有这样，思维空间的差异才可能被转化为竞争力。

当联想发展得越来越大，部门也越来越多的时候，联想发现单纯强调严格文化不利于公司内部协作，于是这一时期联想讲得更多的是团队意识，告诉大家小公司做事、大公司做人的道理。同时，联想倡导平等、信任、欣赏、亲情的文化，是要使联想公司内部多一些利于协作的氛围。亲情文化提倡互相支持，提倡客户理念，推行矩阵式管理模式，要求各部门和层次之间互相配合，资源共享，实行称谓无“总”，倡导平等、信任、欣赏、亲情。这时的企业文化也开始由规则向支持导向过渡。到 2000 年联想正式明确了支持导向的亲情文化。从“尊称老师”，到“敬称老总”，再到“俗称元庆”，中国 IT 产业旗舰联想对其掌门人的称谓历经了这样的三大变化。杨元庆坦言：联想早期亲情的成分比较少，所以我们前年开始强调亲情文化，每个月会有固定的一天，领导班子成员站在公司门口迎接员工。杨元庆让所有的联想员工都叫他“元庆”，叫声“杨总”要被罚款 100 元。在联想研究院的研究人员仿效硅谷的工作方式，比如可以自由调配上班时间，在办公室里随意着装等。杨元庆还提出在员工生日时，以公司名义赠送生日蛋糕，甚至在情人节那天让大家早点下班去约会。亲情文化的内涵是让联想人在一个更为宽松、有活力的氛围下养蓄创造力。

思考题：

1. 你认为联想两代领导人柳传志和杨元庆各自的领导方式是哪种类型？
2. 他们的领导方式风格各有什么特点？

案例二 新上任的王经理①

上个月月底的一次 M 公司办公会议上，公司李总经理宣布了一项人事任免决定：因老陈意外受伤，任命原公司办公室副主任王军为销售部经理，同时免去老陈销售部经理职务，待他养好伤后，由公司另行安排工作。

自从去年底工厂改制成公司后，考虑到老陈担任销售科长已有多年，对业务熟悉，与科内的员工相处得也还可以，公司决定留任。可这 8 个月来，资金回笼率只有 30%~40%，公司只能靠银行借款发工资。正好这时陈经理出车祸，公司领导决定让小王出任销售部经理。小王深感这是领导对他的器重，决心要全力以赴，干好这工作。

自从公司领导谈话以后，小王一直在想怎样才能抓好销售部的工作。这时他想起当工段长时的一段往事。他当组长时曾向工段长提出把车床组工人的奖金发放与完成工时定额挂得再紧一点，但当时的工段长怕引起矛盾，方案一直没有得到实施。对此，小王觉得工段长没魄力。他当工段长后，决心实施自己的方案。要点在于：① 工时定额从原来的 3 提到 400。对此小王的解释是，现行工时定额过多地考虑了中间工人的情况，完全更具挑战性。② 车工完成新定额得全额奖金，达不到就扣奖金，直至全部扣除。工人完成新定

① 根据新浪博客相关案例改编。

额的情况是以后加工资的首要考核依据。方案刚推行时，引起了一些矛盾，但实施下来问题不大，大多数人又有奖金、又有加工资的机会，个别的不满无关大局，车工组的面貌有了变化，从而使整个工段的工作也有了发展。小王也想在销售部大刀阔斧地进行尝试。

王经理在他上任的第一次全体销售部员工大会上表示，他先要花一周时间作调查研究。这一周时间王经理做了三件事：一是查阅近5年的本公司销售统计资料，特别注意每个销售员每个月完成的销售量。他发现前几年销售员完成的量在30~40台/月，可这两年一直在25~30台/月。销售员的人数从原来的6个，增加到10个，但销售总量却没有大的增加。二是通过他在当厂办副主任时的关系走访了本市和邻近地区的同类工厂，了解它们的销售情况，特别是销售员的工作情况，做这件事花了他不少时间，动用了很多关系，了解下来大体上好的厂家销售员的销售量达30~35台/月。三是制定一个销售员的奖金、浮动工资与完成销售量挂钩的方案。王经理发现，以往销售员的奖金与完成的销售量有些挂钩，但拉开的差距不大。王经理准备在这方面要有所突破。

在第二次全体员工会议以后，王经理把10位销售员留下来继续开会，在会上他推出了一个试行方案。要点有三：① 每位销售员每月应完成的销售量定为38台；② 完成这一指标得全奖，每完不成一台扣20%奖金，达不到34台，扣除全额奖金（全额的奖金金额约为工资的2/3）；③ 连续3个月完成指标，第4个月向上浮动一级工资，连续一年完成指标再向上浮动一级工资，如享受浮动工资后，没完成指标，第2个月起取消浮动工资，如连续半年完不成指标，则下浮一级工资，连续一年完不成，再下浮半级工资。在对试行方案作解释时，王经理说，方案是在调查研究的基础上制定出来的，试行方案首先需要大家转变观念，要体现按劳分配原则。同时他告诉销售员，他实施奖金向销售员倾斜的原则，销售员的奖金额为一般人员的200%，但要拿到，则必须完成指标。同时他补充，完成销售量是以资金回笼到位为准。可想而知这方案一宣布，马上引起销售员的一片哗然。王经理口头上解释说：这是试行方案，可在实施中修改，但一定要试。而他心里却在想：就得要采取强硬措施，好好管一管，要不大家怎么肯拼命干。

思考题：

1. 请分析小王的领导风格并说明其特点。
2. 结合领导的相关知识，指出小王要想顺利推行其措施，应注意哪些方面。

案例三　选举风波①

Q帐篷厂拥有300多名职工，连续4年利润超百万元。因为厂长身体长期不佳，企业现在能达到并保持着在同行业中的领先水平，主要应归功于副厂长兼党委书记王展志的努力。

2002年年初，王展志被调任为Q帐篷厂副厂长，实际上挑起了负责全厂的重任。上

① 根据道客巴巴相关案例改编。

任之初，他狠抓产品质量，勇创品牌，很快就打开了局面。他意识到设备落后是本厂发展的最大障碍，遂四处筹集资金，准备引进新的生产设备。与此同时，他还采取措施完善职工的生产、生活设施，改善职工的劳动条件。

2008年年初，厂长去世。主管单位认为帐篷厂的基础较好，王副厂长又在企业界影响较大，决定在帐篷厂试点民选厂长。经过征询厂领导的意见，并在车间和班组进行了摸底，总公司于招标答辩前，特地选择了一位声望一般的工会主席和另一名副厂长作为“陪选”的候选人。

竞选演说之后，王展志的心情是舒坦而平静的。对这次选举他十分有把握。然而，宣布民主投票的结果时，却是如此出人意料：250名职工参加投票，三名候选人均不足20票，其余均为废票。竞选委员会宣布本次投票暂停。事后了解得知，青年职工大部分是弃权或乱投。事后，总公司党委书记张得胜等人去职工宿舍打牌，边打边与轮休的工人聊天，很快就清楚了事情的脉络。

青年职工说，王厂长的确不容易，每天总是最早到厂，最迟离开，一心扑在事业上，把厂子当作自己的家。但他工作方法简单，主观武断，发现员工有错误就大发脾气。他一天到晚都在忙着厂务，从不与下属沟通，不去了解员工的需要，职工虽然也知道王厂长是一心为了厂子，但在情感上很难与王厂长产生共鸣。有些职工由于受过王厂长的过火批评，意见很大，经常背地里发牢骚，在青年职工中有一定影响。然而由于中层干部基本上都是由王厂长亲自提拔的，对王厂长相当敬畏，所以员工的意见很难通过他们到达王厂长的桌面上。而且王厂长由基层干到高层，对管理工厂很有自己的一套，各种规章制度、计划组织都是严格而合理，职工的牢骚只能在私下场合引起喝彩。他们认为这次选举是一个绝好的发表意见的机会，能引起总公司的关注，并希望能换一个工作作风不一样的厂长。

张得胜认为这样一个勤勤恳恳的优秀厂长，却得到这样的评价，在当前的形势下，这样的同志已不适合再当厂长。经过研究，初步定下将其平调到总公司担任行政职务。

消息很快就在公司中传开了，许多总公司的二级企业领导对此产生了不同的看法。第二天，张得胜还没有起床，Q食品厂的党委书记与厂长便来敲门。他们认为，像王展志这样能抓敢管、踏实肯干的干部现在不是太多。他是有一些缺点与不足，但是效益是明摆着的，这在目前各国有企业不太景气的环境下是难能可贵的。他们认为王展志继续担任厂长比较合适。下午，劳务公司经理、服装公司退居二线的经理等人也来了。有些人愤愤不平地说，现在的青年职工浑身长刺，不好好管他们，企业什么事情都搞不好。还有人议论，像王厂长这样好的厂长都要下台，那还有谁敢当厂长？

总公司的几位负责人急忙碰了一下头，最后决定再去帐篷厂召开一次厂长与职工的民主对话会。19日的民主对话会开了整整一天，王展志坦诚地接受了职工的批评，并决心在今后的工作中克服缺点。而职工代表在肯定了王厂长的优点的同时，也尖锐地指出了他的缺点，认为再由他担任厂长已不合适。总公司的负责人及帐篷厂的中高层领导都参与了对话。

思考题：

1. 请分析深受上级领导支持的王展志为何会在民选中失败。

2. 在新时期，一个成功的领导需要具备哪些素质？请结合案例进行说明。

案例四　低调的“工匠”[①]

阮立平，浙江公牛集团董事长，中国最有工匠精神的企业家之一。他在22年前创立的公牛品牌，已经成为中国插线板或者插座这个行业里的绝对标杆和龙头企业。

工匠精神，如果放在企业家身上，也可以称为企业家精神。具体来说，专注是其底色，有胆有识，坚持不懈；敬业是其动力，全心投入，不离不弃；创新是其内核，眼光独到，走在前沿。阮立平专注于插线板这一样产品，并且潜心慢行。

一、温和

当被人称作中国最有工匠精神的人之一时，阮立平谦和地微笑着说：“这么说不太合适。”温和的笑容，是阮立平招牌式表情。“在我的印象中，我们老板从来没有跟人翻过脸。”一位公牛电器的中层管理干部这样说。即使阮立平和下属有不同意见，他也从来不说“你是错的”“你应该……”之类的话。他会先说“这个问题我们先这么看”，再摆出理由，然后问“你说是不是？”甚至在自己的行程上，他也会温和地询问助手的意见。

二、挑战

在过去的几年里，公牛电器新成立了LED基础照明和数码配件这两个事业部。阮立平为此不仅要制定战略，还要组建队伍，之后还要扶上轨道，忙得不可开交。现在，公司要进行变革，他打算把大部分的管理事务分出去。以后，他要花更多的精力在产品端和营销端，主要是围绕客户。

阮立平每到一个地方，都会到当地的商店和超市去看看，看看自己竞争对手的产品。他一直以自己对市场和用户需求的准确把握而自豪。不过，现在他发现光凭自己去把握年轻人的需求越来越难了，他不得不依靠团队来做这个事情。

阮立平强调企业步伐要慢，但推崇快速决策。2015年4月，小米突然推出了一款带USB接口的插座，给了公牛电器巨大的触动。公司马上召开了管理层全员大会，检讨、反思并商量对策。很快，公牛电器就推出了自己的同款产品，以低于对方1元的价格出售。眼下在各大电商平台上，这两款分别被用户称为小米小白和公牛小白（因为其颜色都是白色）的产品的表现开始分化，前者价格越来越低，后者价格不断上扬，这反映出公牛电器的产品优势开始显现，稳住了阵脚。

① 资料来源：胡坤. 22年来他只卖一样产品，每个人家里都有. 中国企业家，2017（4）.

三、利他

阮立平认为，公牛插座的成功并不只是因为质量够好，而主要应归功于“利他”的理念，比如，对于消费者而言，要让他们觉得买这个产品物有所值；而对于企业员工，要保证他们的待遇，让他们安心工作，而且还能获得成长。“这不仅仅是做一个‘工匠’的问题，而是一个系统性的工程。”他说。

尤其是针对公司员工的“利他”让人印象深刻。公牛电器有一个企业文化部，专门负责对员工的关怀。在这些关怀措施中，有一个“小候鸟”计划。公牛电器的所有普通员工中的 92% 都是外地人，其中有不少是双职工。在寒暑假，这些双职工的儿女可以前来公司陪伴他们的父母亲，其交通、住宿等费用大部分都由公司承担。据说，这个计划已经惠及了 157 个儿童。

最近这三年的宏观经济形势其实并不好，但这段时间却正是公牛电器快速发展的时期，这不仅体现在包括中高层管理干部在内的人员规模上，也体现在公司的经营效益上，以至于阮立平在开会时强调“要慢一点，再慢一点”。

“我一直在对我的团队讲，我们是要走远路的，走远路要是急的话，你是走不远的。”他说。

思考题：

1. 从阮立平身上可以看到哪些领导者应具备的素质和技能？

2. 阮立平每天的时间被安排得满满当当的，单位精确到了分钟。有人认为，领导这种忙碌的状态必然会使企业获得成功。请分析这种观点。

第十二章

激励

案例一　华为公司的股权激励[①]

华为投资控股有限公司是100%由员工持有的民营企业。公司通过工会实行员工持股计划，员工持股计划参与人数已超过8万人，参与人均为公司员工。员工持股计划将公司的长远发展和员工的个人贡献有机地结合在一起，形成了长远的共同奋斗、分享机制。

华为的员工股东不直接写入章程，而是与工会、公司直接有协议，但需要投入资金；员工股东的持股不可随意转卖，但分红不受影响；员工股东的持股不可随意质押，但企业股价的增值部分收益还是有的。基本上，华为股权激励模式选用了股权中最直观的两个权利：增值权＋分红权。完备的配套措施是其股权激励策略成功的重要保障。

一、双向晋升通道保证员工的发展空间

一个人往往不能同时成为管理和技术专业人才，但是两个职位工资待遇的差别，会直接影响科研技术人员的努力程度。为了解决这一困境，华为设计了任职资格双向晋升通道。

新员工首先从基层业务人员做起，然后上升为骨干，员工可以根据自己的喜好，选择管理人员或者技术专家作为自己未来的职业发展道路。在达到高级职称之前，基层管理者和核心骨干之间，中层管理者与专家之间的工资相同，同时两个职位之间还可以相互转换。而到了高级管理者和资深专家的职位时，管理者的职位和专家的职位不能改变。除了任职资格双向晋升通道外，华为公司对新进员工都配备一位导师，在工作上和生活上给予关心和指导。当员工成为管理骨干时，还将配备一位有经验的导师给予指导。

华为完善的职业发展通道和为员工量身打造的导师制度能够有效地帮助员工成长，减少了优秀员工的离职率。

---

① 资料来源：孟琦．一文读懂华为的股权激励．华夏资本联盟网，2015.

二、重视人力资本价值稀释大股东比例

华为公司刚开始所进行的股权激励是偏向于核心的中高层技术和管理人员，而随着公司规模的扩大，华为有意识地稀释大股东的股权，扩大员工的持股范围和持股比例，增加员工对公司的责任感。

华为对人力资本的尊重还体现在《华为基本法》中。该法指出："我们是用转化为资本这种形式，使劳动、知识以及企业家的管理和风险的累积贡献得到体现和报偿；利用股权的安排，形成公司的中坚力量和保持对公司的有效控制，使公司可持续成长。"这说明股权激励是员工利用人力资本参与分红的政策之一。

三、有差别的薪酬体系

华为通过股权激励，不仅使华为成为大部分员工的公司，同时也拉开了员工工资收入水平的差距。随着近几年华为的发展，分红的比例有了大幅上升，分红对员工收入的影响因子达 30% 以上，这对员工而言很具有激励性。

股权激励除了薪酬结构需要有激励性，还需要绩效考察具有公平性。华为公司在对员工进行绩效考核上采取定期考察、实时更新员工工资的措施，员工不需要担心自己的努力没有被管理层发现，只要努力工作就行。华为的这种措施保证了科研人员比较单纯的竞争环境，有利于员工的发展。华为股权分配的依据是：可持续性贡献，突出才能、品德和所承担的风险。股权分配向核心层和中坚层倾斜，同时要求股权机构保持动态合理性。

为了减少或防止办公室政治，华为公司对领导的考察上也从三维角度进行，即领导个人业绩、上级领导的看法，以及领导与同级和下级员工的关系。领导正式上任前要通过六个月的员工考核，业绩好只代表工资高，并不意味着会被提升。这样的领导晋升机制从道德角度和利益角度约束了领导的个人权利，更加体现了对下级员工意见的尊重。

四、未来可观的前景

股权激励不是空谈股权，能在未来实现发展和进行分红是股权激励能否成功实施的关键。在行业内华为公司领先的行业地位和稳定的销售收入成为其内部股权激励实施的经济保证。根据 Informa 的咨询报告，华为在移动设备市场领域排名全球第三。华为的产品和解决方案已经应用于全球 100 多个国家和地区，服务全球运营商前 50 强中的 36 家。

华为过去现金分红和资产增值是促使员工毫不犹豫购买华为股权的因素之一。2002 年，华为公布的当年虚拟受限股执行价为每股净资产 2.62 元，到 2006 年每股净资产达到 3.94 元，2008 年该数字已经进一步提高为 4.04 元。员工的年收益率达到了 25%～50%。如此高的股票分红也是员工愿意购买华为股权的重要原因。

思考题：

1. 请结合激励理论分析华为的股权激励策略为什么会取得成功。

2. 除股权激励外，企业还常常采用哪些有效的激励方式？请简要列举。

案例二　金钱激励难助谷歌社交战略①

迈克·埃尔根（Mike Elgan）在美国 IT 网站 Computer World 撰文称，谷歌创始人拉里·佩奇（Larry Page）上任公司 CEO 之后的第一把火就烧错了地方：他上任还不到一周，就向全体员工发送备忘录，将他们年终奖的 25% 与公司社交战略的成败挂钩。

根据网上泄露的这份备忘录，谷歌员工的奖金将与该公司“在旗下各种产品中整合关系、分享和特质的战略”的成败挂钩，“如果我们取得成功，你们的奖金可能上浮 25%，如果该战略失败，奖金可能缩水 25%。”

令人不解的是，谷歌的员工中只有很少一部分的工作与社交服务相关，佩奇为何要刺激所有职员呢？埃尔根写道：“佩奇希望员工向亲朋好友大力宣传谷歌的社交网络功能，据说他在该备忘录中表示‘当我们发布新产品时，你们应该积极使用，并鼓励亲朋好友加入其中’。”

埃尔根认为，生性内向的佩奇并未弄清谷歌在社交服务方面陷入困境的根源，他写道：“谷歌在社交网络上失败，并不是因为其收发室的小职员没有向亲朋好友推荐各种谷歌服务，而是因为该公司在可用性相关的‘人际因素’方面存在盲点。谷歌的许多服务也加入了社交元素，但人们仍然偏爱 Facebook，因为后者是他们可以真正进行社交活动的地方。谷歌在社交方面的策略颇为无趣。”

过去十年来，佩奇放手让埃里克·施密特（Eric Schmidt）执掌谷歌，但看来他并未充分利用好这些时间。他肯定没读过丹·平克（Dan Pink）撰写的《令人惊讶的动机科学》（*Drive*：*The Surprising Truth About What Motivates Us*），如果他看过该书的话，他就会了解到：当目标明晰而且不需要太多思考和创造时，金钱等外部激励是有作用的；如果目标设计需要创新和创造时，外部激励可能缺乏效果，甚至产生反作用。

我们可以预见，谷歌的新激励计划将促使员工们“在本不该加入社交元素的地方生搬硬套。负责某种在线服务的团队应当专注于做好这项服务，而不是用做作的社交功能破坏用户体验”。

要实现该目标，谷歌就必须弄清：我们的用户是谁？他们会对何种新功能欢欣鼓舞？靠抄袭 Facebook 恐怕无法找到这些问题的答案。

思考题：

1. 金钱激励难助谷歌社交战略的原因是什么？
2. 你认为佩奇应该如何激励谷歌的员工以应对 Facebook 带来的挑战？

---

① 依据福布斯中文网 2011 年相关报道整理而成。

案例三　海底捞的激励哲学①

海底捞成立于1994年，是一家以经营川味火锅为主、融汇各地火锅特色为一体的大型跨省直营餐饮品牌火锅店。海底捞自创立以来，一直以其特色味道、极为热情且人性化的服务著称，其员工的工作态度也饱受赞誉。其激励哲学也为业内人士所关注。

海底捞创始人张勇曾说："海底捞所有的东西都可以去动，都可以去改变，但是有一样东西不能改变，就是'双手改变命运的价值观'。"而海底捞的激励理念深受其影响，敢于牺牲自己的利润，去满足顾客和员工的需求；愿意花心思在员工身上，给他们空间，把普通人变成不一般的人。正是因为有这样一个牢固的价值观体系作为支撑，所以海底捞所有的激励都非常具有方向感。

一、非常重视和尊重人性

张勇也是把马斯洛模型运用得最为充分的一个人。张勇认为，要想让好人不变坏，首先就要满足他的最基本的生存需求。

海底捞比同行的餐饮企业都要辛苦，但是张勇舍得给钱，在员工的福利待遇方面也舍得投入。比如，其他企业员工都住地下室，海底捞给员工租的是居民小区，四人一间，有热水，有计算机，有网络。每个月发员工的奖金，直接寄给他们老家的父母。父母通过钱多钱少就知道自己的孩子在海底捞干得怎么样了，如果有的员工从海底捞辞职了，那这笔奖金就没了。张勇笑着说："那就都不用我管，他父母就给他打电话了，说这么好的企业你不好好干，你想干什么！"海底捞还在张勇老家简阳开办了员工子弟学校，这样员工在老家的孩子都有地方上学……有了这样一些好的待遇，即使在海底捞工作再辛苦，员工也不愿意离开了。

二、好的待遇和保障外，员工"有发展"

在海底捞有明确的三条发展线：一条是管理线，一条是技术线，还有一条是后勤线。走管理线，会从二级员工、一级员工、主管、小区经理、大区经理这样一层层发展上去；哪怕你只是做一名服务员，也会有一级服务员、二级服务员、标兵服务员、模范服务员、功勋服务员，这样一层层走上去，工资和待遇都会发生变化。

三、海底捞员工"有权"

某海底捞门店的店长仅21岁，但看起来非常自信。对此，她说："我为什么不自信

---

① 资料来源：雷新宇. 海底捞的激励哲学. 华夏基石e观察，2017.

啊！我各个岗位上都干过，店里的方方面面我都懂啊，很多事情我都可以自己决定啊。”在海底捞，门店店长的审批权是100万元，甚至一个一线的员工就可以决定送顾客一盘菜、一个大西瓜等，还有免单权。

海底捞还特别鼓励员工创新，有专门的部门对创新进行管理，搜集、处理并进行反馈。同时规定，每个员工每个月必须有5个以上的建议，好的建议真的会被采纳。创新有分级标准，对应一定的创新奖金，同时也与晋升挂钩。

海底捞还有个特别的创新机制，就是让职能部门开办门店。他们选出一个员工来做具体的经营管理，部门其他人员给予支持，从选址、装修、招工、运营，都由这个部门统一来进行管理，海底捞有一定的资金支持。年底赚取了利润之后，一部分交给公司，另外部分就由这个职能部门的员工一起分享了。

四、顾客满意前提是员工满意

在对店长的考核上，海底捞不考核利润，只看客户和员工。在客户满意度这个考核方面，他们看的不是客户投诉数量，看是否敢于暴露客户投诉所反映的问题，是否仔细分析了客户投诉的问题，是否采取真正有效的措施，让投诉客户最终满意。在员工这个方面，对店长的一个重要考核指标是人才成长。海底捞从2011年的五十多家店，发展到2016年的100多家店，5年间门店数量翻了一番，其中一个核心关键要素就是他们的管理和员工团队的快速成长。

五、最高层次的激励其实是通过信仰来进行的

首先，双手改变命运的价值观；其次，海底捞选人的标准是“态度比能力更重要”，做人做事的原则是“敬天爱人、正确做事”。所以在海底捞，员工做事不需要看上级在想什么，不需要去猜老板希望我做什么，他只要按照“做人何为正确”，勤勤恳恳地把本职工作做好就会有发展。这其实是对人最大的激励。

六、绝非只有正向激励，没有负向激励

在海底捞有非常明确的红线和制度管控。张勇曾经说过，我们非常需要制度，“制度是防止好人做坏事”。例如，海底捞有规定，可以出来跟客户吃饭，但是必须AA制。

当然，海底捞今天通过其价值观和各种激励手段所形成的奇异能量绝对不是靠几个口号、一两天就形成的。这是海底捞长期的文化积淀和历史渊源，一件件事做出来的。其实道理很简单，就是充分尊重人性，从人性的底层往上来进行满足。在满足了员工的底层生存安全需求之后，又充分让员工有发展，尊重员工，从而让员工获得强大的自我驱动力，这是更高层面的员工激励哲学。

张勇曾经说过一句话：“我相信这个世界上80%的人都是好人，所以我会去考虑怎么激励这80%的人，而不是因为那20%的人投入更多的管理、监控成本。”

思考题：

1. 请结合激励理论分析为何海底捞的激励哲学能够取得成功。

2. 面对激烈的竞争，以海底捞为代表的餐饮企业应如何更好地激励员工以应对挑战？

第十三章

沟通

案例一　她为什么沟通失败[①]

王岚是一个典型的北方姑娘，在她身上可以明显地感受到北方人的热情和直率，她喜欢坦诚，有什么说什么，总是愿意把自己的想法说出来和大家一起讨论，正是因为这个特点她在上学期间很受老师和同学的欢迎。今年，王岚从西安某大学的人力资源管理专业毕业。她认为，经过四年的学习自己不但掌握了扎实的人力资源管理专业知识，而且具备了较强的人际沟通技能，因此她对自己的未来期望很高。为了实现自己的梦想，她毅然只身去广东求职。经过将近一个月的反复投简历和面试，在权衡了多种因素的情况下，王岚最终选定了东莞市的一家研究、生产食品添加剂的公司。她之所以选择这家公司，是因为该公司规模适中、发展速度很快，最重要的是该公司的人力资源管理工作还处于起步阶段。如果王岚加入她将是人力资源部的第一个人，因此她认为自己施展能力的空间很大。但是到公司实习一个星期后，王岚就陷入了困境。

原来该公司是一个典型的小型家族企业，企业中的关键职位基本上都由老板的亲属担任，其中充满了各种裙带关系。尤其是老板安排了他的大儿子做王岚的临时上级，而这个人主要负责公司研发工作，根本没有人力资源管理理念。在他的眼里，只有技术最重要，公司只要能赚钱，其他的一切都无所谓。但是王岚认为越是这样就越有自己发挥能力的空间，因此到公司的第五天王岚拿着自己的建议书走向了直接上级的办公室。

“杨经理，我到公司已经快一个星期了，我有一些想法想和您谈谈，您有时间吗？”王岚走到经理办公桌前说。

“来来来，小王，本来早就应该和你谈谈了，只是最近一直扎在实验室里就把这件事忘了。”

“杨经理，对于一个企业尤其是处于上升阶段的企业来说，要保持企业的持续发展必须在管理上狠下功夫。我来公司已经快一个星期了，据我目前对公司的了解，我认为公司主要的问题在于职责界定不清；雇员的自主权力太小致使员工觉得公司对他们缺乏信任；

---

① 依据网络资源整理而成。

员工薪酬结构和水平的制定随意性较强，缺乏科学合理的基础，因此薪酬的公平性和激励性都较低。”王岚按照自己事先所列的提纲开始逐条向杨经理叙述。

杨经理微微皱了一下眉头说：“你说的这些问题我们公司也确实存在，但是你必须承认一个事实——我们公司在赢利。这就说明我们公司目前实行的体制有它的合理性。”

“可是，眼前的发展并不等于将来也可以发展，许多家族企业都是败在管理上。”

“好了，那你有具体方案吗？”

“目前还没有，这些还只是我的一点想法而已，但是如果得到了您的支持，我想方案只是时间问题。”

“那你先回去做方案，把你的材料放这儿，我先看看然后给你答复。”说完杨经理的注意力又回到了研究上。

王岚此时真切地感受到了不被认可的失落，她似乎已经预测到了自己第一次提建议的结局。果然，王岚的建议书石沉大海，杨经理好像完全不记得建议书的事。王岚陷入了困惑之中，她不知道自己是应该继续和上级沟通还是干脆放弃这份工作，另找一个发展空间。

思考题：

1. 在本案例中，什么原因导致了上下级沟通失败？
2. 如果你是王岚，你将会怎么做？为什么？
3. 结合所学知识说明，什么是建设性的沟通？

案例二　进亦难，退亦难——一个项目经理的日记①

2001 年金秋十月的夜晚，站在和维多利亚海湾相邻的君悦酒店的客房内，我的兴奋之情溢于言表。今天，事关我们安讯未来发展方向的一笔关键业务终于敲定了——香港知名电信运营商盛凯公司委托我们为其开发软件系统。对于准备在公司好好干一番并深得领导赏识的我来说，这不能不说是一个充分展示自己才华的好机会。

从香港一回到北京，我立即落实了项目成员：我负责产品开发部，夏飞负责产品市场部，包锐龙负责产品售后服务部。夏飞也很快带领设计师飞往香港，解释安讯开发的 AHS 目前具有的功能，了解盛凯的需求，并确定软件需要增加的功能。但几天后，夏飞却带来了一个意料之外的问题：盛凯要的不只是 AHS 所能实现的“计费”功能，而是一个办公软件系统。

虽然软件设计师们对此颇有非议，但考虑到该项目对于我们公司步入海外市场意义重大，最后，公司张总还是决定：盛凯要什么功能，我们就上什么功能。

接下来就是马不停蹄的工作：编写 174 页的工作说明书，4 个多月夜以继日的项目开

① 资料来源：陈峻松，李梅，葛东波．进亦难，退亦难——一个项目经理的日记．哈佛商业评论，2004（3）．

发。在售后服务部为盛凯安装、调试前，我们与盛凯进行了一次远程演示工作。

没想到的是，双方的沟通很不顺利，盛凯反复强调他们要的不是系统目前具有的功能，而且由于双方的语言不通，会议效率极低。但让我百思不得其解的是，盛凯公司的项目组成员兼 IT 经理程万科竟然没有参加这次远程演示。

为了让盛凯公司的人对 AHS 系统有更深的了解，我和夏飞到香港给盛凯进行现场演示，随着双方深入接触，我发现：盛凯的意见关键在于新系统的实现方式不符合他们公司的业务操作习惯，而且盛凯要求新系统必须考虑部门间工作流程的组织管理，而这不是 AHS 这个计费软件本身具有的特性。在香港的两个星期里，我和夏飞详细了解了盛凯的业务流程，程万科在这关键时刻却去休年假了，这真让人恼火。

回到北京，我又制定了为期两个月的二次开发计划，由于公司最近又接了一个项目，张总从我们这个项目抽调了两个软件设计师。虽然盛凯的副总裁兼项目总负责人井之助对此颇有意见，但公司也没办法，盛凯项目已经占用公司太多资源了。其间，井之助告诉我，程万科之所以对项目漠不关心，是因为他对 AHS 有很大的抵触情绪，因为他明白新系统上线之日，也就是他离开盛凯之时。井之助对此也没有办法，因为盛凯目前还得依靠程万科管理目前系统。

2002 年的盛夏，二次开发终于按时完成，我本以为可以好好放松一下，却没想到，到香港进行第二次演示时节外生枝，盛凯提出了多个部门之间的业务接口问题，而他们在业务划分上也争吵不休，井之助对此一筹莫展。不得已，张总指示我们回京后再进行一次完善的开发工作。此时我已经感到筋疲力尽。

一周后，我们第三次在盛凯进行演示，虽然比前两次要顺利，但盛凯又要求系统能给市场营销部提供更强大的支持。久不露面的程万科也指出了系统存在的一个重大缺陷。AHS 的上线似乎是遥遥无期了。

又是一个秋天，盛凯的这个项目已经处于骑虎难下的局面了。盛凯总裁叶焕已经给我们下了“最后通牒”——让我们终止项目，否则我们将付出赔偿金。对于我们，也真是难以抉择；现在退出项目，投入的资源就“竹篮打水一场空”，而且还得面对盛凯的赔偿条款；咬牙做下去的话，又几乎是无利可图。我该如何是好呢？

秋雨慢慢地下着，而我的心思也正如“秋风秋雨愁煞人”。

思考题：

1. 请问安讯和盛凯的沟通效果怎么样？应怎样改进？

2. 程万科既是软件研发和实施的关键人物，又是软件实施后的牺牲品。你觉得盛凯该如何与程沟通，并争取他的支持？

3. “我”的沟通有没有问题？项目开展过程中，你觉得“我”该如何与盛凯、张总、程万科沟通？

4. 结合案例，你遇到过类似情况吗？你是怎么解决的？

案例三　S 公司海外销售支持部与生产管理部和设计部的争端[①]

“怎么老到快出货的时候通知缺品啊？短期的项目缺品，正常交货期的项目也缺品，怎么和海外客户解释啊？”S 公司员工潘路愤愤地抱怨着，“到底谁是客户啊？工厂一有缺品就得让海外客户接受推迟交货期，海外不同意推迟，要求缺品部件空运的时候，工厂又总以各种理由不同意；一旦客户由于收款问题要求工厂延迟出货，工厂就让客服付存储费什么的，这样下去，谁还来买我们的产品啊？”尽管抱怨一通、说了一堆，不过生产管理部门全然不顾，只给出两个选择，一是要求客户同意缺品出货，没有及时到货的部件海运或者跟下一个项目一起发货，空运是不可能的；二是推迟船期，等待没有按时到达的部件到达工厂再安排发货，说完就把电话挂断了。

这个项目，潘路在没有接到生产管理部门通知的时候，就已经和代理商沟通过了，代理商说工地都已经准备完毕，就等着产品一到，就开始安装交付。所以船期是相当重要的，如果不按时交货，代理商很可能面临罚款。于是，潘路走到方娜部长面前，向她说明事情的缘由，希望可以得到领导的支持和帮助，谁知方部长冷淡地说：“跟海外沟通一下，不要什么事情都问我！”潘路反驳道：“这是公司内部的问题，应该先内部解决，实在不行再跟海外客户沟通，而且不能什么事情都推到海外客户那儿啊。”“那你跟生产管理再沟通一下”，方部长头也没抬地应答道。看着方娜部长这种不支持的态度，她也真想放弃不管了，因为毕竟客户不是自己的，工作干好干坏和自己的工资、奖金都没有任何关系；而且她也实在不能理解方部长的行为，因为有些事情是要领导出面解决的，可是方娜每次都把问题抛给员工，让员工自己想办法去处理解决。往积极的方面想，可能是为了锻炼员工的沟通技能，可是……没有办法，出于对客户的考虑，潘路只好来到生产管理部门问问具体原因和是否有办法解决，结果发现主要原因是设计部设计部件错误，导致重新生产无法按时完成。一提到设计部，潘路就气不打一处来。设计部这帮人就喜欢推卸责任，每次设计错误，都像错得很有道理似的。就拿上次来说，客户发邮件确认他的非标要求是否可以满足；由于客户比较着急，没办法潘路只好把客户邮件打印出来到设计部询问，终于得到确认可以提供；谁知等到客户订单来了并要求生产时，却被设计部门打了回来，说谁确认能做的？有没有邮件？后来经过部门领导们好长时间研究，花费很多的钱从国外进口相关部件才解决这个问题，导致延迟一个月才出货。回想以前设计人员的种种做法，潘路真是无奈极了。没办法，潘路只好回来给海外客户写邮件沟通希望他们可以谅解。

思考题：

1. 导致上述问题的原因是什么？
2. 请对方部长的行为进行评价，并指出应如何解决此类问题。

① 摘编自：卢盼．S 电梯公司海外销售支持部管理沟通案例研究．大连理工大学，2012.

第十四章

控制和控制过程

案例一　华为如何推动财报内控①

2007年华为启动的IFS（集成财经体系）变革，推动了财务体系与业务体系的连接。每个业务人员知道自己的哪些动作要被记录，哪些信息要传递给财务并体现在财务报告上。这些业务流和数据流，只需要沿着既定的管道往下流就可以了。当然，业务人员知道了每个节点的要求还不够，由于没有涉及具体的规则细节，数据质量问题还是没有得到很好的管理，财经与业务之间未完全拉通，存在断点，缺乏完整的逻辑、统一的语言和既定的对话及融合机制，从交易开始到最终核算的全过程无法通过基础数据清晰呈现。这就衍生出2013年年底华为推行的财报内控项目，实现账实相符，以规则的确定来应对结果的不确定。集团CFO孟晚舟撰文写道："业务数据的客观、完整、准确，直接决定了财务报告的质量。"财务并不直接产生数据，所有的财务数据都来源于业务部门。问渠哪得清如许，为有源头活水来。唯有前端流下来的水是干净、清洁的，后端的财报才能准确。因此要保证财务报告的质量，就必须从业务数据的质量管理做起，这就是财报内控。

变革，先要改变人的意识，才能改变人的行为。我们不能怪业务人员没有这种意识，因为公司政策制度也是一片空白。必须先"有法"，才能够"守法"和"执法"。因此，财报内控"场"的建设必须先行，于是，一系列重要的文件和指示陆续出台。

2014年7月，集团CFO签发《财务报告内控管理制度》，在公司层面正式明确了各级CEO、CFO、流程Owner（责任人）的财报内控责任，通过建立一套财报内控机制确保结果的可持续性。

2014年8月，财经委员会签发《对虚假确认销售收入行为处理的决议》，规定"将收入造假行为按BCG违规予以相应的纪律处分"。旗帜鲜明地表达对收入造假的"零容忍"。

2014年9月，集团CFO签发《关于启动财报内控责任函签署的通知》，共计290名CEO及CFO、41名流程Owner及1 032名业务主管在财报内控责任承诺函上签下了自己的名字。

---

① 根据网络相关报道改编。

2014 年 10 月，EMT 通过《关于对业务造假行为处理原则的决议》，明确“业务造假导致财报不真实问题，将给予直接责任人解除劳动关系的处罚”。

至此，“业务需承担财报责任”在公司“法律”层面上得以明确。但究竟该怎么评估业务结果，又成了摆在我们面前的一个新难题。

根据集团 CFO 孟晚舟的要求，我们要建立“一套可量化、可衡量、可管理的财报内控评估机制”。如何确定关键性指标？项目组采取新旧结合的方式。“旧”是指在财报内控工作开展之前，账务有很多监控业务合规性的指标，我们对这些零星指标进行体系化整理；“新”是指新识别出来的问题。最终确定的关键性指标将嵌入业务流程中进行度量。

项目组对前端业务文档进行抽样，平均每个代表处每月抽样 1 500 份，对异常数据的抽样覆盖率达到 100%。检测、归集出不合规数据，再匹配管理层容差率，就形成了对各代表处、各流程的评估结果。经过半年多的摸索和优化，项目组建立了一套华为自己的财报内控评估机制。

2015 年年初，集团财经签发文件，明确各级 CEO、CFO、流程 Owner 作为“账实相符”的责任人，围绕落清责任、讲清问题、自我改进为主线，提升财报质量。

2016 年年底，华为集团整体财报内控测评达到了“基本满意”的标准。收入造假问题杜绝，期间会计调账率下降 50%，付款合规性大幅提升，支付准确率的部分指标达到业界最佳水平。

外部审计师指出，华为的会计处理和内部控制持续改善，报表质量逐年提升，审计识别的差异及调账事项持续下降，尤其是收入成本改善明显，调整率低至 0.019%。

思考题：

1. 华为为什么建立一套财报内控机制？
2. 华为在建立财报内控机制的过程中遵循了控制的哪些原则？

案例二　十分钟的悲剧①

2008 年 9 月 15 日上午 10 点，拥有 158 年历史的美国第四大投资银行——雷曼兄弟公司向法院申请破产保护，消息转瞬间通过电视、广播和网络传遍地球的各个角落。

令人匪夷所思的是，在如此明朗的情况下，德国国家发展银行在 10 点 10 分，居然按照外汇掉期协议的交易，通过计算机自动付款系统，向雷曼兄弟公司即将冻结的银行账户转入了 3 亿欧元。毫无疑问，这 3 亿欧元将是肉包子打狗有去无回。

转账风波曝光后，德国社会各界大为震惊，舆论哗然，普遍认为，这笔损失本不应该发生，因为此前一天，有关雷曼兄弟公司破产的消息已经满天飞，德国国家发展银行应该知道交易的巨大风险的存在，并事先做好防范措施才对。德国销量最大的《图片报》，在

① 资料来源：王伟．十分钟的悲剧．做人与处世，2009（2）：18-19.

9 月 18 日头版的标题中，指责德国国家发展银行是迄今为止“德国最愚蠢的银行”。

此事惊动了德国财政部，财政部长佩尔・施泰因布吕克发誓，一定要查个水落石出并严厉惩罚相关责任人。

人们不禁要问，短短 10 分钟里，德国国家发展银行内部到底发生了什么事情，从而导致如此愚蠢的低级错误？一家法律事务所受财政部的委托，带着这个问题进驻银行进行全面调查。

法律事务所的调查员先后询问了银行各个部门的数十名职员。几天后，他们向国会和财政部递交了一份调查报告，调查报告并不复杂深奥，只是一一记载了被询问人员在这 10 分钟内忙了些什么。

然则，答案就在这里面。看看他们忙了些什么。

首席执行官乌尔里奇・施罗德：我知道今天要按照预先的协议约定转账，至于是否撤销这笔巨额交易，应该让董事会开会讨论决定。

董事长保卢斯：我们还没有得到风险评估报告，无法及时做出正确的决策。

董事会秘书史里芬：我打电话给国际业务部催要风险评估报告，可那里总是占线，我想还是隔一会儿再打吧。

国际业务部经理克鲁克：星期五晚上准备带上全家人去听音乐会，我得提前打电话预订门票。

国际业务部副经理伊梅尔曼：忙于其他事情，没有时间去关心雷曼兄弟公司的消息。

负责处理与雷曼兄弟公司业务的高级经理希特霍芬：我让文员上网浏览新闻，一旦有雷曼兄弟公司的消息就立即报告，现在我要去休息室喝杯咖啡了。

文员施特鲁克：10 点过 3 分，我在网上看到了雷曼兄弟公司向法院申请破产保护的新闻，马上就跑到希特霍芬的办公室，可是他不在，我就写了张便条放在办公桌上，他回来后会看到的。

结算部经理德尔布吕克：今天是协议规定交易的日子，我没有接到停止交易的指令，那就按照原计划转账吧。

结算部自动付款系统操作员曼斯坦因：德尔布吕克让我执行转账操作，我什么也没问就做了。

信贷部经理莫德尔：我在走廊里碰到了施特鲁克，他告诉我雷曼兄弟公司的破产消息，但是我相信希特霍芬和其他职员的专业素养，一定不会犯低级错误，因此也没必要提醒他们。

公关部经理贝克：雷曼兄弟公司破产是板上钉钉的事，我想跟乌尔里奇・施罗德谈谈这件事，但上午要会见几个克罗地亚客人，等下午再找他也不迟，反正不差这几个小时。

德国经济评论家哈恩说，在这家银行，上到董事长，下到操作员，没有一个人是愚蠢的。可悲的是，几乎在同一时间，每个人都开了点小差，加在一起结果就创造出了“德国最愚蠢的银行”。

是疏忽？是马虎？是麻痹大意？是开小差？生活中，我们也常明知故犯，而将自己逼入绝境。实际上，只要当中有一个人认真负责一点，那么这场悲剧就不会发生。演绎一场悲剧，短短 10 分钟就已足够。

思考题：

1. 是什么导致了德国国家发展银行发生如此悲剧？

2. 从控制的角度看，德国国家发展银行在管理上有什么问题？

案例三　丰田召回门事件[①]

2009 年 8 月 28 日，在美国加利福尼亚州圣迭戈的高速公路上，一名警察驾驶的一辆雷克萨斯 ES350 轿车突然加速导致一家四口死亡。经过美国媒体的轮番报道，丰田车的质量问题引发关注。政府部门介入，责令丰田公司对其汽车安全系统进行检查，爆发了丰田的召回门事件。

究其根本，公司扩张速度过快，产品质量管理和人员培训没有跟进，导致一系列部件存在缺陷。在扩张市场期间没有采纳员工提出的一些建议，没有重视顾客的质量问题反馈，高层的理念存在一定的误区，偏离了切忌奢侈浮华、力求朴实稳健的丰田纲领。盲目降低成本，扩张市场，没有注重汽车的售后维修服务及客户信息反馈，导致汽车问题的累积及最后的爆发。

接连几次的全球性召回最终演化成丰田近年来最大的危机。召回事件导致丰田汽车全球召回总量超过 1 000 万辆，给丰田在美国乃至全球市场造成的间接损失也不可低估。除了支付召回费用、停止生产带来的损失、为挽救品牌损失而用于广告、销售激励的花费，以及可能有的法务开销外，丰田汽车还面临着前所未有的信任危机，其全球化战略也必将受到严重冲击。

丰田此次败走滑铁卢，质量存在瑕疵是根本，而危机公关失败则是关键。其实在危机公关问题上，丰田在美国市场本应有很好的经验。1989 年成功应对雷克萨斯 400 质量问题就是一个例子。但已成为汽车业界老大的丰田这次却反应滞后，决策不当，一次“召回门”事件，就给这个拥有悠久历史的企业带来了史无前例的重创。

从 2010 年 1 月 21 日丰田宣布在美国召回 230 万辆汽车，到 1 月 29 日美国国会宣布将对丰田展开调查，整整 8 天，丰田的危机公关没有开展任何行动。

1 月 30 日，直到丰田公司总裁丰田章男在瑞士达沃斯被记者堵住，才首次公开道歉：“对于使客户感到不安，我们感到非常抱歉。”

2 月 5 日，丰田章男才在日本总部名古屋召开发布会就全球召回事件道歉，而细心的记者发现他的鞠躬只有 45 度，时间也不够 5 秒，明显不合日本礼数。媒体并未放过丰田章男。他们将其道歉的消息置于头版，配以负面评论，并指责丰田反应过慢。

2 月 19 日，丰田章男才表示要参加美国国会众议院和政府改革委员会就丰田召回问题举行的听证会，招致国会议员和民众的强烈不满。

美国国会听证会向全国实况转播，这正好可以为丰田阐述想法提供一个很好的平台，丰田章男应该早做准备。然而像是否出席听证会这样重大的决策都是在被动状态下做出

① 根据相关资料改编。

的，可见丰田公司应对危机是多么缺乏主动性了。

其实在此前的一个月内，丰田公司是有机会掌握主动的，只是不应该寄希望于政客，而是在于美国的众多消费者。

值得庆幸的是，随着时间的推移，丰田才逐渐明白：一个良好的公众形象，对此刻的丰田来说比任何时候都需要。危机爆发，注重内部改革、打好上层关系的同时，面对社会、政府以及消费者的问责，丰田终于逐步地改变其最初迟缓的公关策略。2010 年 4 月 12 日，广丰高层围在一起把一棵樟树种在广汽丰田南沙工厂的空地上，这里将被称为绿色凯美瑞林。陷入“召回门”的丰田汽车高层，正在设法挽回它的形象，高调地打出低碳牌，其意图在此。4 月 16 日，广汽丰田汽车有限公司在南沙区黄山鲁森林公园举行了第四届“饮水思源”环保行动——南沙植树活动，捐种了 200 余棵樱花树苗。2010 年 4 月 14 日，我国青海省玉树县发生了 7.1 级地震，丰田及其合资企业决定向遭遇重大地震灾害的青海省受灾民众表示诚挚慰问。同时决定通过中国红十字会等机构捐助 1 000 万元（含 5 辆总价值 200 万元的救灾车辆）资助灾区人民抗震救灾及灾后重建，与灾区人民携手共渡难关。除了上述对公益事业所做出的一系列努力外，自 2010 年 3 月 5 日起，丰田准备在中国市场发起一项大规模促销活动，希望借此把被“召回门”吓跑的消费者“召回”自己的展销厅，这也是丰田在这个全球最大汽车市场重建声誉的努力的一部分。

思考题：

通过对丰田召回门事件的分析，企业可以从中得到怎样的启示？

第十五章

控制方法

案例一　美的集团内部审计的案例分析[①]

美的集团，1968 年创立，1980 年正式进入家电领域，现已发展成为以家电制造业为主的综合性上市公司，2013 年美的名列全国最有价值品牌第 5 位，并于 2013 年 9 月 18 日在深圳证券交易所上市。

美的最早的内部审计萌芽于 20 世纪 80 年代，公司创始人何享健先生，出于部门制约的需要，在总经理办公室下设稽核岗位，负责检查和监督企业各项计划的制定和执行情况，形成了最早的审计职能。

随着生产经营范围的扩大以及业务的复杂化，美的集团越来越认识到内部审计的重要性，于 1992 年进行股份制改造时集团成立了审计办，1996 年升级为审计部。1997 年，美的集团开始实行事业部和实行分权化改革，事业部开始设立二级审计机构。后来在集团的事业部设立独立审计部门，现已形成以两级审计体系为主、三级审计职能为辅的全面审计架构。美的集团目前已经形成了比较健全的内部审计体系，并开始了建设价值创造导向下的内部审计制度的尝试。

一、审计定位由“监督型审计”向“价值创造型审计”转变

美的集团早期的内部审计重点在于监督，主要目的是查错揭弊。然而，随着外部竞争环境不确定性的增强以及企业规模的扩张，内部审计职能发生了根本性的转变，从最初的查错防弊的合规性审计，到内控管理审计，再到而今审计逐步渗透到企业战略的高度，价值创造导向下的“服务型”内部审计开始占据主导地位。

① 资料来源：黄筱. 家族企业内部审计的困境与出路——以美的集团为例. 审计与理财，2016（1）.

二、合理设置审计机构，加强内部审计的独立性

美的集团的内部审计最初是对总经理负责的。然而，随着美的集团的“去家族化”和分权化改革，企业权责划分更加明晰，目前内部审计机构直接对董事会负责，与经理层相互制约，业务开展不受任何人干涉，内部审计增强了机构的独立性和评价的客观性。

三、提高内部审计在企业中的地位

美的集团致力于自上而下全方位提高内部审计的地位。首先，在制度层面，将“内部审计人员的薪酬比同级别其他员工高半级”纳入公司相关制度。其次，在公司治理层，董事长必须仔细阅读审计部门提交的审计报告，并做出回复或批示。最后，在企业运营层面，内部审计部门做出的处罚决定必须在集团总结大会上通报，并安排专人检查审计建议在各运营部门的落实情况。

四、改进审计方法，建设优秀审计团队

美的集团突破事后审计的传统工作方法，开始了全价值链的全面内部审计模式重塑，对相关项目立项、预算管理以及合同管理等重要环节和内容进行监督和评价，防止失误并及时反馈信息，进而实施事前、事中的审计和控制；并且在实施全面审计的同时，建立审计的跟踪管理制度，加强对审计成果的后续跟踪管理。

美的集团实行内部审计职能无边界的管理模式，有计划地从事业部抽调人员充实审计队伍，加大对内部审计人员非财务类业务知识的培训与审计专业提升培训的资源投入；并且根据对审计项目质量的考核，制定相应的奖惩措施，激励内部审计人员。

五、内部审计文化建设

美的集团内部审计的一大突出特点是建立本企业独特的内部审计文化。美的集团显著已经形成了以立足集团战略为核心的内部审计使命，以内审团队建设为中心的审计愿景，并在“独立、客观和公正”的审计原则的指导下，全力打造三大纪律和八大纪律的内部审计文化。

思考题：

1. 结合案例，谈一谈内部审计对于企业经营的意义。
2. 企业在建立内部审计的过程中需要注意哪些问题？

案例二　顺丰的成本控制策略[①]

顺丰速运是一家主要经营国际、国内快递业务的港资快递企业，于 1993 年 3 月 26 日在广东顺德成立。顺丰速运是目前中国速递行业中投递速度最快的快递公司之一。2017 年 2 月 24 日，国内速递物流龙头顺丰正式登陆 A 股。上午 10 点 50 分左右，顺丰控股成功封一字板，报 55.21 元 / 股，总市值达 2 310 亿元，超越万科和美的集团，成为深市第一大市值公司。

在其他快递公司春节休息的时候，在双十一、双十二“爆仓”和滞后的时候，顺丰一直是准时和高效的代名词。要保证如此高效，必须投入大量的人力物力，运营、人力成本一定很高。然而顺丰只做了 4 件事，就降低了 50% 的企业成本。

一、提高薪酬反而降低人力成本

快递行业的特点是劳动强度大、室外作业、工作时间长。由于对效率的要求高、处罚严格、工作压力大和社会地位低，造成了快递企业“招工难”和“用工难”，员工的流失率高。如何稳定住一线员工？顺丰的举措是给他们一个恰当的薪酬福利，提高其企业向心力，从而达到降低人力成本的目的。主要从三个方面着手：

第一，建立分配体系充分调动员工积极性，薪水和福利明显高于同行，员工只有依附企业才能生存更好。

第二，对学历不高的员工加强重视，对一线员工进行重点培训，提高员工的服务水平和向心力。

第三，通过直营模式，把权力和利益都集中到公司的总部，避免因为加盟模式产生内部利益冲突。

二、降低订单成本 / 捕客成本

在快递行业中，口碑越好，信息系统越发达，顾客就能越方便地找到快递网点或者联系到快递客服，接收订单的成本就越低。在顺丰的网站、APP 和微信公众号上，客户可以很方便地查询到顺丰提供的服务价格、范围，还可以实时地跟踪快件的进度。信息系统的完善可以让客户更清楚地了解到收费的标准以及可提供的服务，同时，也为客户及时联系到快递公司提供了方便。

三、智能化投入，解放人力

快递分拨的成本，取决于员工素质的高低和分拨工具的先进性。顺丰早在 2016 年就

---

① 依据网络相关报道整理而成。

已经购买了德国进口全自动分拣机，解放人力，提高了效率。"新启用的德国进口全自动分拣机，1 小时 4 万件的分拣量，节省 2/3 人力。"而物流搬卸机器人在连续使用的情况下，机器人的生产效率是人工的 4~6 倍，节约了 20%~40% 的装卸搬运成本，并大幅度提高了营业额。

虽然分拣技术和机械设备一次性的投入很大，但是从长远的角度来看，在快递业务量迅速增长的前提下，加大分拣技术的投入非常有利于降低快递成本。

四、构建绩效评价体系，遏制不必要浪费支出

作为快递业的资源浪费之一，退货过程会加大资金的消耗从而使快递物流成本增加。倘若不需承担责任，商品随意退回，就会使快递企业增加成本负担。从快递企业自身来说要想降低退货率，最基本的是完善绩效评价体系，制定奖惩不再只是单纯看销售额，造成退货的员工责任必须正确划分。如果是发错货，责任由发货营业员承担，如果在货物配送过程中出现错误，应该由运输者承担责任。

思考题：

1. 物流企业与传统制造业的成本控制有何异同之处？
2. 成本控制有怎样的意义？

案例三　通鼎的内控管理——以 SAP 系统的使用情况为例①

内部控制涵盖整个企业生产经营管理的全过程，涉及采购、物流、生产、销售、质量、人资、信息、财务、综合等各个领域。在卓越绩效管理模式下，在通过 ISO 9000 质量管理体系、ISO 14001 环境管理体系、OHSAS 18001 职业健康安全管理体系、SA 8000 社会责任体系认证以及十环认证、美国 UL 认证的基础上，在推进两化（信息化和工业化）融合管理和 SAP 系统过程中，不断完善与改进内部控制体系。通鼎设有内控审计部，对内部控制情况进行检查和评价。本文以 SAP 系统上线后使用情况为例，从项目的实施效果出发，谈谈通鼎的内控管理。

SAP 项目由网络管理部牵头实施，共分为项目准备、业务蓝图、系统实现、切换与上线以及运行维护五个阶段，通鼎对每个阶段约定的交付物、运行时间、运行效果进行了一一核实。

该系统包含销售与分销（SD）、物料管理（MM）、质量管理（QM）、生产计划与控制（PP）、财务会计（FI）、管理会计（CO）六大模块，我们采用实地访谈与问卷调查相结合的方式，从 9 个事业部 6 个职能部门中，对各模块不同流程分别抽取 5~8 名 SAP 系统使用者进行调查，听取、收集意见与建议 106 条。组织 SAP 相关负责人对 106 条意见

① 依据编者的公司访谈整理而成。

与建议逐条进行分析、处理，根据收集的意见与建议，结合标准，对比实际，提出意见，促使各业务模块与财务及成本模块高度集成，充分发挥 SAP 系统集成性和联查性。网络管理部充分采纳审计建议，再次深入一线，了解实际情况，现场一一解答，解决一切操作中遇到的问题，并制定详细计划，加强培训，完善需求。

主要做法如下：

首先，确定网络管理部是否对 SAP 实施制定相应的内部控制标准，标准中是否明确各部门的职责与权力，是否明确监督与检查机制，是否有相应的记录表单输出。

其次，根据标准对内部控制的现状进行检查和判断。检查、判断内部控制的健全情况，在分析控制缺陷及潜在影响的基础上，对内部控制的健全性做出评价。

再次，测试内部控制的有效性。选定具有代表性的测试样本，借以正确判断内部控制的质量状况。

最后，编写内部控制检查与评价的最终报告。提出若干具体调查结论、意见、评价和建议，供最高管理层采纳，同时送交被审计单位负责人以改进内部控制。

例如：通过交货时间来确定 SD 模块运行是否正常。

通过原物料的现有库存量来确定 MM 模块的运行是否控制得当。

通过用盘号完成质量追溯查询来确定 SD 模块中客户退货跟踪管理是否实现以及 QM 模块是否稳定。

通过工单投入产出差异以及车间仓盘点差异是否在可接受范围之内来确定 CO 模块的产品成本控制及产品成本核算的实施是否有效改善。

通过明确各事业部 BOM 层次，实现每个规格产品工艺数据的标准化明确到工时机时数据，实现生产计划管控、生产执行过程管控全面信息化，实现生产业务财务一体化，促进精细化业务管控和财务分析管控，使出具各类财务月报表的效率大幅提升。

思考题：

1. 通鼎的控制系统有什么特点？
2. 通鼎如何做到全过程的控制？

第十六章

管理的创新职能

案例一　天加空调“精进协力”管理方式①

南京天加空调设备有限公司成立于1999年，是集研发、制造、销售、服务于一体的中央空调及冷冻专业的国家高新技术企业，在南京、天津、广州、吉隆坡建有四个生产基地，全球70多个销售和服务网点，已成为国内中央空调行业公认的最有竞争力、运营最健康的企业。公司生产的空调主机和商用机在市场中有强大的竞争力，其中空气处理机组在行业内排名第一。公司的产品广泛应用于汽车、制药、医院、酒店等行业和领域，香港、北京、深圳、上海等国内大中城市的地铁站以及鸟巢，都在使用天加的产品。这一成绩的取得，离不开其“精进协力”的管理创新之举。以下是天加人对自身发展进行的分析。

一、实施背景

天加发展有四个“坎”。

首先是质量关。如果把天加所有的产品与其他品牌产品一起比较，天加是处在一个非常弱势的地位。品质达不到一个高度，那么就没有机会。质量必须达到国际同质化的水准，否则随时会被淘汰的。

其次是创新关。大部分人认为创新是研发投入。研发投入确实是创新过程中一个关键要素。但是我们员工的思维，公司的理念、管理、流程、制度特别是用人制度，更需要创新思维。天加发展到现在已经接近20个亿，如果仍然按3亿、5亿规模的思维方式进行管理，一定守不住现有的成果。守不住，就得创新！商业模式和思维都要创新，某种程度上要进行颠覆性的自我批判。

再次是人才关。一个好的公司的制度，第一是要把自己人培养出来，第二是要吸引业内的优秀人才加盟。要成为优秀伟大的企业，它一定要培养出顶级和伟大的人才，否则这

① 依据编者公司访谈整理而成。

个公司就没有未来。

最后是制度关。制度是一个百年老店所应有的东西，它是一个体系建设。公司自设立“经营计划及预算（BPB）”制度以来，跟其他公司相比，天加的管理水平实际又到了一个高度。从未来发展来说，体系建设和监督预警机制都是必不可少的。什么是预警机制，就是当出现问题的时候，相关的财务数据和报警机制提前显示出问题，我们就能及时找到一个适合方式来解决问题。从这一方面来说，天加和世界先进公司相比就差得太多。

根据 2013 年空调行业年度报告，销售过亿元的企业有三类：格力、美的、海尔等家电大鳄，大金、约克、开利、特灵等百年老店，以及天加空调。家电大鳄们庞大的资材采购量决定了他们的价格优势，这是包括百年老店在内的传统中央空调企业无法抗衡的。在销售亿元以上的品牌企业内，天加是唯一一家既不是白色家电也不是百年老店的企业，天加要走好自己的路，定位就非常重要。

纵观同类企业发展历史，格力、海尔、海信均有引进国外先进技术和管理的经验，也正是基于此，上述企业有了飞速的发展和成就。天加目前并无核心技术优势，仅以对客户非标需求的快速反应获取客户满意和客户订单。在这种环境下，天加的行业地位坚守难度很大，所以我们在这个时候如果不能谋求思维上的发展创新，那么未来发展只能是不进则退。整个国家的经济转型到了关键时期，天加是发展转型大潮中的一员，我们必须要迎头而上。

故我们的“精进协力”项目核心是引入日式管理中的新思维、新方法、新技术、新机制，创造一种新的更有效的资源组合模式，以适应和创造市场，促进企业管理系统综合效益的不断提高，达到以尽可能少的投入获得尽可能多的综合效益的目的，具有动态反馈机制的全过程管理。

二、具体做法

早在三年前，天加启动了以制造世界一流品质为核心的“精进协力”项目，引入了现任副总裁须摩誓以及变频多联机研发高级经理藏地等经验丰富的日本管理团队，他们分别负责天加从研发、工艺、制造、品质的全过程，从开发的标准化、测试的日式管控流程、关键零部件控制优化以及 5S 员工基本素养这些基础工作开始，带领天加团队在十年内形成高水平的管理体系，并使天加产品达到世界一流品质的水平。

1. 调整组织架构

按照日式管理思路，将各部门职责合理、明确划分，对管理规范和业务操作流程进行调整和动态更新。先后成立多联机事业部、主机事业部、末端事业部，按照机组类型把从研发—采购—生产—质保的各环节串成一条线，每个事业部由一位日本高管负责。

2. 零部件标准化

由原日本东芝开利技术总工程师、品质负责人须摩誓先生牵头主抓的零部件标准化建设，引入东芝开利对零部件的管理办法，建立和完善设计标准和检验标准，规范零部件选型、测试、应用等操作，从产品设计源头进行质量把控，达到产品性能质量提升的目的，精简零部件种类，充分利用已有的测试设备保证零部件质量精品化，同时精简种类还利于零部件制造、采购等环节形成批量，这样在提升产品质量的同时可大大降低制造及管理成本，提升市场竞争力。外购物料建立标准资材库，最终目标数量 1.2 万，计划 2016 年 6 月实现，形成公司的标准资材库。后续物料严格控制从资材库中进行选用。

3. 标准体系建设

形成完整的公司体系明细表，包括技术标准、管理标准和工作标准。体系需包括公司操作的各个方面，做到所有操作都有"法"可依。正式建立完毕之后，需保证体系的动态适应性，有问题修正，至多半年修订一次，无问题时，3 年统一由标准化组织修订会议，判定合适便不做更改，不合适则须根据实际情况更新。这些要求都会形成对体系文件编制的总纲领性文件。随着体系建设工作的开展，计划每年新增和修订体系文件 100 份，随着组织结构和人员配备的不断完善，逐步减少修订和新增量形成标准化技术委员会，进行标准的审核评定工作。

4. 全社 5S 行动

5S 管理起源于日本，是指在生产现场中对人员、机器、材料、方法等生产要素进行有效的管理，这是日本企业独特的一种管理办法。"5S"是整理（Seiri）、整顿（Seiton）、清扫（Seiso）、清洁（Seikeetsu）和素养（Shit suke）这 5 个词的缩写。

自"精进协力"项目开展以来，公司掀起了一场全社 5S 的行动，从整理生产线上废弃的物品开始，工具模具定位摆放，做好标志，文件资料按类别、时间、区域做好标志和检索目录；清扫工装和设备上的油污，同时也降低了机器发生故障的概率。通过不断的教育和训练来提高全员的素养，制定了天加的素养七则：

（1）见面时微笑打招呼。

（2）遵守会议时间。开会准时到场，发言控制时间，中途不可离会，准时结束会议。

（3）着装整齐，佩戴工牌。着工装时，不可里长外短，衣服敞开，裤脚卷起。不可穿露脚趾的鞋、高跟鞋进入生产线。

（4）不要将手插在口袋里走路，按规定路线，靠右并在人行通道内行走。

（5）遵守吸烟时间与吸烟规定，烟头不可随意乱丢。任何时间，不可在厂区内平躺休息。

（6）工作中不可用电话沟通与工作无关的内容。

（7）不随地吐痰、不乱丢垃圾，看到垃圾及时捡起并放进垃圾桶内。

5. 推进"经营预算及计划"（BPB）管理体系

站在管理者的角度，这不仅仅是战略规划，而且是能够细分并落实到每月、每个产品、每个客户群、每个职能部门的年度经营计划。先由各职能部门自下而上制定经营预算与计划，再由高管层结合公司发展战略方向和目标进行评审修正，并自上而下反馈至各职能部门甚至各基层小组。这个计划有目标、责任人和定量的考核指标。企业经营计划与预算是不可分割的整体，以文字来表达企业经营计划，以金额数字或其他衡量单位来表达预算。按照"目标—计划—预算"的步骤来建构 BPB，并按季度进行检讨、评审和修正，可以考核、检验与培养一支优秀的管理队伍，也可以实现真正意义上的管理成长。

中国为制造大国，但并非制造强国，衡量制造水平的高低，不仅要看数量，更要看质量，不仅要看产量，更要看结构。将战略调整为学习和掌握核心技术，提高产品品质，努力达到“精进协力”项目的目标：“天加质量 = 日本制造”。不追求产品的种类多，而追求核心技术产品的占有率和系统集成化，以适应市场需求。

三、实施效果

“精进协力”管理方法的引入使天加的制造水平和制造方法有明显的改善，不良品率降低，生产效率得到了提高，研发和设计的能力提升，新品的研发周期缩短，新品的市场稳定性上升，使天加的产品占有率及企业形象更上一个台阶。

第一，每月定期召开的质量会议，向日本高管汇报质量问题，并针对工厂里、市场上不良的零部件进行分析，做出对策，再进行行动、实施，典型的案例要求写 8D 分析报告，深入剖析错误的原因，制定详细有效的解决措施，避免再次发生同样问题。由此，2012—2013 年的产品不良率比 2011—2012 年降低了一半，质量提升的效果显著。

第二，生产管理上，引入了日式的“生产效率管理表”，准确分析工人的有效工时，合理编排工人作息时间，提高了生产效率。通过日式的细节量化思想，生产工艺中的焊接水平得到提高，产线自动化改善，引入了无人自动运料车，细节量化推动工艺水平质的飞跃。在每一条生产线周围我们都有看板，上面展示出了生产现场布局以及工艺流程，这是日本可视化的管理方式的一种方式，这样不仅能够使前来参观的客户了解到我们的加工流程，而且对于新员工来说也可以作为入职前的培训。

第三，天加引入了日式管理擅长的开发管理流程，编制更合理的《设计和开发控制程序 SOP》，研发项目资料清单、步骤、测试方法、时间节点重新梳理，使整套新品开发流程更合理、更顺畅，提高了新产品开发的效率、缩短了研发周期、保证了新产品的质量。

第四，全社 5S 行为，是所有管理的最基础的工作。从办公环境、生产环境到全员素养，都得到了改善。人员见面主动打招呼，统一工作制服，早会宣读企业文化，处处体现全员积极向上的工作状态。

四、改进措施

天加引入“精进协力”管理方法已有三年时间，已取得了一定的成绩，但要达到“天加质量 = 日本制造”这个目标，却是任重而道远的。我们要继续从更深的层次将“精进协力”的管理方法渗透到公司的每个层面，将目标拆解得更细化，以质量提升为目标，提高产品的竞争力，来创造天加更加卓越的业绩。

思考题：

1. 天加的“精进协力”管理方式具体内涵是什么？
2. 天加的“精进协力”管理方式如何促进公司的创新？

案例二　领歌国际："血海"竞争下的系统创新[①]

国内手机市场整体已经进入了"血海"竞争的阶段，曾经占领国产手机半壁江山的深圳系手机厂商更是在一轮轮洗牌下早已不见了往日的风光。

LEAGOO 领歌是国内为数不多专注于海外市场的智能手机新生品牌，并逐步在海外取得成功。不过，不管是主攻国内市场抑或是专攻海外市场，在目前智能手机高度同质化的市场环境下，都离不开一个关键的议题——创新！

一、找到创新对象

领歌国际有限公司，前身为成立于 2009 年的欧特达实业有限公司。该公司之前依靠单纯的 OEM/ODM 业务模式，2014 年随着集团的战略转型，其自主手机品牌 LEAGOO 领歌应运而生，产品也由原来的单一的功能手机、智能手机业务延伸到移动终端、可穿戴设备、智能家居、物联生态等多元化业务，年出货量达 600 万台，LEAGOO 领歌品牌也成功跻身为东南亚前十大手机品牌。

领歌国际有限公司 CEO 庄晓丰表示："为什么会有创新、突破，其实是来自压力，来自危机感；现在的领歌一样面临着行业上的竞争压力，特别是一线品牌大规模出海也带来很大的危机感。"

"创新是基于用户诉求去开展公司的工作。"庄晓丰表示，智能手机目前在用户体验上最大问题就是手机功耗和发热问题，这也是目前智能手机的一大痛点，而这正是目前领歌在创新上花大力气做的一方面，他们在这方面也已经获得了多项专利。

"尽管技术创新我们也会去涉猎，但是从目前整个业态来看，坦白讲，留给我们这种中小型企业、新兴品牌的机会并没有太大，我更愿意从资源整合的角度和差异化创新的角度去突破，因为创新的东西是需要付出代价的。"庄晓丰坦承。

领歌本身是一个创业团队，因此一开始领歌是采用资源聚焦的方式专注做海外市场，比较巧妙地避开国内的血海竞争，选择并不像国内市场竞争那么激烈的东南亚市场。

二、组合拳打法式的系统创新

庄晓丰以自己的公司为例解释到他们的系统性创新。在市场角度来说，领歌为什么拿"新马泰"这几个国家作为突破，而不是一开始就选择国内或者印度这样的大市场去做，这都是经过精准分析的。一是在产品上做了一些精准的卡位，从价格、成本、竞价卡位上都做得比较精准。二是在用户痛点把握上，他们有做功耗的创新，有做摄像效果上的技术创新，也有结构成本控制上的创新。三是从整个系统创新来看，领歌与合作伙伴一起，通

① 改编自：沐野．领歌国际："血海"竞争下的系统创新．世界经理人网，2016-09-27.

过资源整合、资源叠加的方式和利益共享的方式，让整个合作链条上的优势累加到领歌品牌上面，从而形成了领歌独特的一种资源优势。“我们在分工上做了一些创新，这就是术业有专攻吧，让越专业的人来做事情，风险就越低。”庄晓丰说。

思考题：

1. 领歌国际是如何找到创新对象的？选择了什么创新对象？
2. 领歌国际的系统创新方式给中国企业带来什么启示？

第十七章

企业技术创新

案例一　华茂纺织集团连续40年盈利的秘密①

从青年到中年，创新伴随着安徽华茂集团的整个成长史。

大浪淘沙下，很多国内的纺织厂成为时代纪念册上的一张照片，而华茂已然成长为涵盖纺织、服装及金融投资领域并拥有60多亿市值的上市公司。

“十二五”期间，华茂相较“十一五”，总资产、净资产、人均收入均翻了一番，出口增加了2/3。成绩的背后，除了不断创新，并无捷径可走。

一、技术创新，效率质量双提升

2013年，国内外经济下行压力凸显，在纺织行业普遍亏损的大环境下，华茂逆势上扬，实现了连续第40年的盈利增长。

七分厂的工段长江健进厂时是2001年，那时从棉制成纱的工序最快需要4~5天。而按照如今的设备和技术，每天下机的纱就达16~17吨。从每年投入四千余万用于设备引进改造，到建立国家级技术中心、年均开发新品千余种，再到承担“国家科技支撑计划项目”，2012年中国社科院首次发布的“中国企业品牌竞争力指数”报告中，华茂位列中国纺织企业品牌竞争力第一。而自“Ne600型”纯棉特细精梳纱纺制成功后，华茂纺纱的科技水平与创新能力更是处于国际领先地位。

二、管理创新，生产运转更顺畅

五十年风风雨雨，华茂不断调整着航向。除了在设备技术上与时俱进，在管理方面也是气象一新。

“纺织行业从原料到成品工序较多。原来两个工序间，设备检修人员和运转操作人员

① 改编自：李希．探究棉纺织龙头安徽华茂连续40年盈利的秘密．人民网，2015-07-15.

两条线。生产实行 3 班倒，各班负责各班的事，整个流程下来是割裂的。工序衔接常出问题，生产效率上不来，员工待遇上不去，内耗非常严重"，七分厂厂长王健表示。

为了解决此类问题，2014 年 7 月华茂出台了《关于深化生产工序民主管理的指导意见》，并于当年 8 月 1 日起推行班组自主管理。

五分厂清花工序小组是率先"吃螃蟹"的小组之一。原来的班组长成了工序主管，直接承包分厂的生产任务。至于如何调配人员生产，何时开工，员工应拿多少工资，由小组人员自己商定。

"清花这块的人员原来有 3 个人，后来走掉一个。如果按照以前，班组长肯定要向分厂领导要人。如今，为了多完成任务多拿工资，其他两个人主动要求把缺口工作分摊掉。"七分厂厂长王健说，根据绩效考核规定，分厂每月按照安全、质量、产量、设备完好程度、各项单耗作为考核要点，为每个生产工序核定当月的工资。

目前，集团 15% 左右的班组拥有用人、招工、考核、开班、工资分配五项权力，35% 的班组拥有三项以上权力，绝大部分班组拥有了自主"承包权"。"改革的目的，就是要在提高企业生产效率的同时，让职工的主人翁意识在最大限度上得到回归。"集团董事长詹灵芝说。

"如今我们已实现了连续 40 余年的盈利，未来再盈利 60 年为什么不可以呢？"谈起未来，詹灵芝从容而笃定。

思考题：

1. 华茂集团的管理创新是为了解决什么问题？
2. 华茂集团连续 40 年盈利的奥秘是什么？

案例二　食行生鲜的生鲜 + 社区 O2O——一个生鲜的颠覆者①

生鲜 + 社区 O2O，这是一家"重新发明了柜子"的企业。他们有句口号是："价格比菜场低，有问题轻松退。"

传统农业产业普遍存在采销信息不对称、食品安全把控难、食材损耗高等问题。2012 年，食行生鲜创始人兼 CEO 张洪良先生响应政府号召，创建食行生鲜社区智能微菜场项目，顺应市场需求，通过预订制消费，以销定采，减少损耗，降低成本，并建立起一整套完备的食品安全管控体系，严守"从农田到餐桌"的每一道防线。

张洪良表示，食行生鲜社区智能微菜场项目，颠覆了传统买菜模式，年轻人可以通过食行官网、手机应用、微信服务号等方式订购生鲜食品。张洪良首创国内 C2B2F（C 指顾客、B 指企业、F 指农田或者工场）模式，用户预订是首位，信息传回到 B 端，B 端收集数据并整理，F 端今日收到订单，次日发货，模式是 T+1，购物端包括微信商城、PC 端、

① 改编自：苏亿磊．创新案例：国内首创的 C2B2F 的生鲜供应链模式解读，现已完成 3 轮融资．物流指闻，2016-05-20.

PAD端、手机端，而终端则是自营的社区冷鲜柜。通过在社区设置自提冷鲜柜，用户可24小时取菜，实现了无人式交付，完美解决“最后一公里”的配送难题。

注册的会员只要在前一天晚上9点前通过食行官网、手机APP、自助终端机和呼叫中心四种方式下单订菜，下单的同时选择早上9点30或下午4点两个配送时间，根据短信提示，第二天即可按照自己所选择的配送时间后去指定柜子刷卡取菜。

为了便于中老年群体用户使用，张洪良还带领公司技术人员，对原有电子优惠券设备进行改造，开发完成了自助订购终端，老年人只需点击屏幕即可下单订菜。

食行生鲜首创的C2B2F模式，充分融合互联网平台、物联网技术与全程冷链物流，通过预订制消费，以销定采，颠覆了生鲜农产品生产、储存、流通、销售的传统模式，逆向改造传统农业产业链。

食行生鲜在社区设立农产品直投智能冷藏柜，直接连通农产品生产基地与社区居民，为市民提供24小时买菜服务，打造“社区智能微菜场”，满足了市民对“家门口菜场”的需求，让广大市民轻松购买到更多优质、新鲜、安全的生鲜产品。

截至2016年4月，食行生鲜的“社区智能微菜场”已进驻苏州、上海、北京、无锡四个城市，进入近900个社区，服务近54万户家庭，并计划在2019年进军国内25座重点城市，站点数量突破31 000个，服务超过2 000万户家庭。

食行生鲜已被市场验证的商业模式、稳健的发展节奏、健全的供应链体系和良好的市场口碑也得到了资本市场的青睐，三年时间完成A、B、C三轮融资，为项目的发展提供了强大的资金支持。

思考题：

1. 食行生鲜的创新来源是什么？
2. 食行生鲜的创新是如何实现的？

案例三 锐捷网络——基于“场景”的产品创新①

锐捷网络，是中国网络解决方案领导品牌，已连续8年稳居企业网络市场国内厂商占有率排名首位。作为一家民族企业，锐捷网络坚持走自主研发的道路，在竞争激烈的网络设备市场开辟出独树一帜的创新大道。2014年，荣获《培训》杂志颁发的“中国人才发展创新企业”称号。

无论是搭载在网络上的应用开发，还是网络设备产品的研发，都面临使用习惯和需求的不断变化，这些变化既是机遇也是挑战。

因此，锐捷网络无线产品事业部副总经理蔡韡在2015年的“简网络云体验”发布会上指出，“场景即产品”，场景重塑移动网络，基于场景的产品创新才能更好地满足消费者和客户的网络需求。

① 改编自：芮娜. 锐捷网络蔡韡：基于“场景”的产品创新. 世界经理人网，2015-04-13.

场景在重塑移动。一个场景对应一个产品，过去很多年锐捷曾经认为无线就是只有室内和室外场景，但是经过多年他们发现，基于场景做产品不只如此。蔡韡发现每个行业只要有 Wifi 的需求，其实都可以找到不一样的场景。

蔡韡表示，今天的无线已经不再是基础网络设备，它在越来越多的领域里承担生产业务、营销业务、甚至是更多的业务。在这样的背景下无线产品线的研发以及产品的市场策略，需要做聚焦和集聚。在全新的领域，比如商业 Wifi，是一个非常火的生意。

蔡韡把商业分大商业和小商业，所谓大商业就是城市综合体、大型场馆以及商超。大商业今天移动终端的数量是历年来最多的。因为每个人都在拿着手机逛商场，都会拿出手机上网。对于商家来说，他更多希望基于这张网络承载更多业务，比如定位、营销，甚至做客流分析，做 O2O。

基于这样的需求锐捷在产品上做了一个深入的定制，开发了 AP 伴侣。过去 AP 放在商超里面，解决多用户连接和上网体验问题。但是今天在商业场景里面，不光光是接入问题还有定位问题、广告推送的问题。为此锐捷推出了 AP 伴侣。AP 伴侣像是一个 USB 的设备插在 AP 上面，给我们的 AP 在接入用户以及覆盖面积上来提升容量。所以一个小小的巴掌大的 AP 伴侣可以提供 100 个手机终端的接入。

基于这样的一张 Wifi 网络怎么做营销呢？蔡韡表示会有手机平台以及移动终端平台的 APP 内容推送以及广告推动的业务在云端系统，还有基于室内位置应用的室内导航方案和室内定位方案。例如，当一个用户进入新光天地的时候，他走到香奈儿的柜台，会告诉他今天的促销新品等。同时，对于商家，用户的进入数和流出数以及老客户进入数，这些数据都可以得到。

对于中小商业方案，锐捷不再去推大型的 AP，而是联合微信开发的无线路由器产品。用户可以通过微信扫二维码连接 Wifi，整个网络的连接、认证以及授权过程全解决，扫完之后会发现这家店铺所有的微商信息。

思考题：

1. 什么是基于“场景”的产品创新？
2. 你从锐捷网络的创新中学到了什么？

第十八章 企业组织创新

案例一　韩都衣舍的小团队创新①

韩都衣舍是互联网品牌生态运营集团，也是知名的互联网服装企业，2012—2016 年，在国内各大电子商务平台，连续五年行业综合排名第一。2014 年，韩都衣舍女装取得了天猫历史上第一个全年度、双十一、双十二“三冠王”，男装取得天猫原创年度第一名、童装列天猫原创年度第三名。

韩都衣舍创始人赵迎光表示，科技创新和产品创新是企业发展的外在动力，组织创新则是企业创新的内在驱动力。而韩都衣舍的组织创新，就是公司提供平台，组建小团队，而且把权力下放给小团队，激发每个员工的活力。

这种组织创新可以分成两个阶段。

一、组建产品小组

韩都衣舍把原来的产品研发、销售和采购这三大独立的部门打破，重新组成产品小组。每个小组由三个人组成，一个负责产品研发，一个负责销售，一个负责采购。这个小组同时具备了公司三个核心部门的职能，而且有很大的权力。公司会跟小组谈判，制定销售目标，公司提供平台支持，小组独立决策，最后小组和公司进行利益分成。

还要根据每天的销售额给小组排名，随时可以看到竞争对手和自己的排名。这样每个小组总有可以追赶的目标，也总要提防被别人赶上，员工就会一直保持积极的工作状态。

小组的奖金分配由组长来决定。如果员工对分配不满意，可以自己从小组里出来，重新组建团队，自己当组长。

这种模式能有效解决库存积压问题，提高运营效率。因为产品小组很灵活，可以同时推出多个款式，每个款式先少量生产，根据销量再决定是不是要继续生产。

---

① 改编自赵迎光在混沌研习社 mini 创业营中的演讲及广州微至的文章《创新 | 小团队：企业的一种组织创新》，2016-12-17。

二、在责任小组的基础上孵化子品牌和子公司

公司在内部培育出一批能征善战的小组后，就可以继续鼓励做得好的小团队做成独立品牌。当这个品牌达到一定的销售额和利润后，公司还会为他们举行“成人礼”。“成人”之后，他们除了拿到原有的提成，还有另外的分红，而且还可以再孵化自己的子品牌。这样，公司就可以不断裂变出新的品牌，新品牌独立后，也会变成一个孵化新品牌的平台。韩都衣舍从 2012 年开始用这套方法，现在已经裂变出 70 多个子品牌。

在创新过程中有两点需要注意：

第一，大平台上的业务单元应该尽可能地小。单元越小，相对于同行的竞争力就越强。

第二，对于平台上的公共资源，比如公共部门，只要让业务小组充分竞争，竞争压力会自动回传到公共部门。小组间的激烈竞争，会让每个业务组长追求公共部门的最大资源支持，最终形成对公共部门的变相监督和激励。

韩都衣舍的组织创新，核心思路是要解放基层员工的活力。具体措施，就是改变由上层管理者作决策的做法，公司提供平台，成立小团队并给他们权力，从而激发每个员工的活力。

思考题：

1. 韩都衣舍的小团队模式有何创新之处？应该如何实施？
2. 韩都衣舍的小团队创新可能会存在什么问题？

案例二　大疆的“互联网 +”创新带来无限可能①

深圳市大疆创新科技有限公司在不到 10 年的时间成了全球领先的无人飞行器控制系统及无人机解决方案的研发和生产商，被美国有线电视新闻网称赞“成功打破了人们对中国科技公司的创新能力不如其他国家竞争者的刻板印象。”

一、创新之始

大疆的产品真正为人所熟知，是由 2012 年消费级无人机“精灵”（Phantom）撬开市场开始的。不断创新是大疆的内生动力，在互联网时代，为了能站在技术创新的战略制高点，拓宽海外市场，大疆打造了一套比较完善的创新服务体系。

在人才队伍方面，大疆拥有一支近 1 000 人的高端人才的研发团队。同时，大疆实行扁平化管理模式，拉近了“领导”与“员工”距离，缩小了管理人员与普通员工的层级差别，并且鼓励员工用自己的创意进行内部创业，营造了和谐的创新氛围。

在科研投入方面，大疆对研发投入力度大，且不设预算限制；同时，还鼓励员工内部

① 改编自：覃方，徐淑琴．大疆：“互联网 +”创新，未来无所不能．广东科技，2015（15）．

创业，实践自己的创意。

二、创新之途

在近十年的发展过程中，大疆秉承“创新思维，秉持真诚，追求卓越，做到极致”的理念，以塑造“中国品牌”为依归，逐渐探索出了一条具有大疆特色的“互联网＋”技术创新的新路子，总体而言，大疆的发展模式主要有以下五个亮点。

第一，大疆的产品采用以互联网线上销售为主。大疆的官网上设置了商城、产品、精彩活动、技术支持、社区、公司新闻、精彩视频等多个专区。

第二，全面打造了功能齐全的DJI移动商城网站。网站页面简洁美观，商品立体展现，更具有便捷的客服方式，缩短了DJI和用户的距离。

第三，“互联网＋”品牌建设相辅相成。大疆的研发团队会对每一处细节进行几番打磨，力求通过技术创新给人带来美的感受。此外，大疆还利用微信、新浪微博等新型传播媒介，设立有关用户体验的虚拟社区，提升大疆的品牌价值。通过这些努力，大疆建立了良好的品牌形象，获得了极高的客户信任度及忠诚度，最终也促进了销售收入的提高。

第四，充分利用产学研合作机制，促进产学研全面创新。2015年6月，大疆与浙江工商大学艺术设计学院成立了校企联合创新实验室“大疆创新实验室”，寻求产品由里至外的突破创新。

第五，大疆将践行社会责任和创新企业文化紧密相连。大疆通过举办“无人机应用创意大赛”等活动，为优秀的创意团队提供现金奖励和实习及工作机会，让更多年轻人认识了大疆的企业文化，也让他们走向了实现梦想的舞台。

三、创新之果

大疆一方面通过技术创新把产品做到极致，另一方面借助互联网把产品推向了更广阔的市场。2015年2月，大疆作为唯一一家中国本土企业，被美国权威商业杂志《快公司》评选为2015年消费电子行业全球十大创新企业，与谷歌、特斯拉一起位列前三甲。

思考题：

1. 大疆的创新发展采取了哪些与众不同的途径？
2. 大疆的成功之路给中国企业的“互联网＋”带来怎样的启示？

案例三　智航电子：创新不能一蹴而就[①]

近年来中国汽车影音导航产业从快速成长向逐步成熟跨越，高竞争、低利润令整个行

① 改编自：立风．智航电子：创新不能一蹴而就．世界经理人网，2016-09-27.

业如履薄冰，不少企业被淘汰出局。

逆市上扬的广州智航电子科技有限公司副总经理伏显平却早已经预计到国内市场今天的局面，提前部署了相关战略，通过组织变革构建系统性创新机制，发挥员工的创新积极性，对企业的未来，他充满信心。

一、独立核算激发活力

创立于2006年的广州智航电子科技有限公司，是一家专业从事汽车车载DVD影音导航、汽车GPS导航仪的研发、生产与销售的汽车电子高新技术企业。2014年，智航电子的高层已经洞察到市场的变化，将整个企业分割成乐航、大周等四个分公司并独立核算，让全体员工参与到企业经营中，充分发挥每个员工的积极性和创造性，实现企业规模越来越大，经营载体越来越小，企业经营效益持续改善。

在伏显平看来，面对挑战，每家企业都或多或少在做创新，但真正实现系统性创新，还需要从流程、组织、制度以及文化等方面，打造卓有成效的系统，并让创新能够持续发生。通过这次组织模式变革并实施股权激励机制，各分公司由多位能力强的管理骨干承包经营，承包者拥有了公司的股份和期权，并承诺在一定期限内实现赢利的目标，智航电子还重新制定了相应的薪酬制度和激励机制，完善了提高团队积极性的考核体系。

二、管理和文化支撑创新

智航电子的股东们深知，在创新文化打造中，领导的作用是决定性的，再完善的制度如果没有好的领导，实施效果也会大打折扣。伏显平说："我们4位股东非常团结，从1999年相互认识到2006年共同创业，一直走到今天。我们在一起时总是讨论创新，也鼓励员工多提创新的想法，我们希望企业上上下下充满创新精神，让创新成为企业文化的灵魂。"

创新需要一套有效的激励机制，伏显平介绍说，为了鼓励员工创新，公司每年在创新激励方面的投入30万~40万元，不仅针对新产品开发设置金额从1千元至5万元不等的奖金，对发明专利和新型实用专利也有相应的奖励基金。员工提出的合理化建议给企业带来效益的，也发放相应的奖金以示鼓励。

为了降低创新风险，智航电子为创新项目设定了分段投入、分段评估的方式。如果新项目在运行阶段取得了预期的成果，则继续投入资金支持；如果其投入超过警戒线却未能达标，就召开股东大会讨论新项目的进展情况，对项目方向进行修正或判断是否终止项目。如果创新项目失败，其责任在股东，而不是由具体创新人员来承担。

经过多年的努力，通过构建系统性创新机制，发挥员工的创新积极性，智航用高端定制化的产品和服务，筑高了竞争门槛。

思考题：

1. 智航电子采取了哪些具体的手段来激发创新？
2. 结合智航电子的例子，谈谈如何实现系统性的创新。

第三部分　综合案例

综合案例一

苏宁现象[①]

苏宁电器集团始创于1990年，由空调专营起步，1999年进入综合电器经营；2000年开始了其全国连锁的战略转型。2003年苏宁电器集团在全国率先推广普及信息家电，如今已经成为集家电（consumer electronic）、计算机（computer）、通信（communication）为一体的全国大型3C电器连锁企业集团。

在国内数以万计的商业流通企业中，苏宁的成长是一个奇迹——从1990年的一家小店起步，在十余年时间内，营业额逐年翻番，并奇迹般地成长为年销售规模200多亿、员工5万余名、连锁企业数百家的中国商业零售“大鳄”，并先后获得“中国最具影响力十大企业”、“全国民营企业10强”等殊荣。在2004年“中国最具价值品牌500强”排行榜中，拥有江苏省第一个著名服务商标的“苏宁电器”品牌价值高达63.62亿，占据中国商业企业榜眼位置。苏宁不同寻常的成长历程在业界形成了特有的“苏宁现象”。

一、苏宁电器的发展历程

（一）创业期

1990—1993年是苏宁的创业期。20世纪80年代末90年代初，中国正经历计划经济向市场经济过渡的“痛苦期”，然而，也正是这样的“痛苦”年代给予了无数的创业者机会、激情与梦想。1990年，苏宁电器的创始人张近东，凭着自己的聪明才智和敢拼敢闯的勇气，携手10多位热血青年，靠10万元本钱开始了他们的创业之路。

在朋友的建议下，张近东决定进入空调市场，做空调代理。当时，很多国有商场都不愿从事空调产品业务，原因是市场规模很小，主要是单位购买，而且空调安装等售后工作也比较烦琐。

但当时经营空调的利润率却很高，60%~80%的利润率是正常水平。作为一家专营空调的小公司，苏宁电器从单一产品、单一品牌做起，开设了中国第一家空调专营店，率先展开了家电产品的专业化经营。在实际的经营过程中，苏宁认识到，空调仅仅是一个不完全的产品，产品的售出并不是销售环节的结束，销售过程必须延伸到产品的配送安装等服

① 本案例由南京大学商学院工商管理系成志明教授撰写。

务环节。为此，苏宁开始了建立自营服务体系的发展道路，开创了以服务为宗旨的现代商业新模式。

在商业采销模式方面，从 1991 年起，苏宁探索向供应商渗透商业资本，先后与春兰、华宝两大主要品牌建立新的厂商购销模式，主要内容是向上游厂商进行淡季打款，从而确保能在旺季获得稳定货源和优惠价格。可以说，从销售第一台空调起，苏宁的货源就直接来自生产商而非批发商。与此同时，苏宁的“空调专营店”不是简单地采取一卖一买的传统商业运作模式，而是创立了以“服务为先，真诚为本”的服务至上模式。为此，苏宁建立了自己完整的“配送、安装、维修”一体化的服务体系。到 1993 年，苏宁拥有 300 人的专业安装队伍，为顾客免费安装。当年，苏宁电器成为春兰空调全国销售第一大户，而苏宁电器的名字开始叫响，借助新的购销模式，苏宁电器积累了市场优势，并成为南京空调市场上的佼佼者。

（二）快速成长期

1993—1996 年是苏宁电器的快速发展阶段。1993 年春夏之交，南京爆发了著名的“空调大战”，这是一次计划经济与市场经济的正面交锋。大战的一方是号称“联合舰队”的南京八大国有商场，另一方则是被称作“小舢板”的苏宁。这场“市场之战”把弱小的苏宁推到了风口浪尖。

1993 年春寒未尽，南京各大媒体上“要想夏天过得好，去到苏宁买空调”的广告已是铺天盖地，仅前 4 个月苏宁广告费用投放已超过 50 万元。虽然商家普遍认定的销售旺季还没到来，苏宁的空调销售额已突破 9 000 万元，南京空调市场的 70% 归了这家当时还很不起眼的“个体户”。

面对咄咄逼人的“黑马”，称惯老大的国有商家反应激烈，针锋相对的广告相继登场，目的只有一个：空调让利，矛头直指苏宁。很快，商品的市场价格难占优势的大商场开始走到一起，同仇敌忾。5 月 18 日，新百商场、中央商场、南京家电等 8 家主要国有商家联手成立“南京家电拓展协调委员会”，宣称八大商场将对空调实行统一销售、统一维修服务和统一调换，并发出《致全国空调企业的一封信》，称“将采取统一压价和停销等经济手段，对损害大多数同行利益的商家展开反击”。

苏宁不依不饶，索性将战斗进行到底。面对传媒，张近东坦诚直言：“计划经济统一价格的时代已经一去不复还，我们不愿搞对抗，但也不怕对抗，目前任何一家企业都不可能垄断市场！”交战双方在媒体上唇枪舌剑，商场里刀光剑影，激战渐趋白热化：5 月 19 日，广东某公司召开空调新品发布会，当主持人公布参会者名单念到苏宁时，八大商场的代表竟当即纷纷离座，集体退场；随后，“联合舰队”又相继发布广告宣称“八大商场主导着南京家电市场 95% 的销售量。目前，某些所谓空调专营单位出售的空调，以次充好，乱收安装费，八大商场将停止对其批发”。

然而，攻占市场的价格优势，其实早就已经注定了。1992 年由于南京地区高温天气不长，加上“复关”呼声日高，空调市场陷入低谷，当年秋冬，当空调厂家召开第二年市场订货会的时候，商家大多反应冷淡。而此时的苏宁却看准了市场大势，按照既定的淡季打款、低进低出的营销策略，在当年 10 月春兰的订货会上，与这位当时空调界的老大签下协议，一改传统商家旺季前进货、现进现卖的做法，淡季照样进货，淡季陆续向厂家打款近 5 000 万元。以同样的方式，苏宁还和另一家空调巨头华宝建立了合作关系。

作为回报，旺季到来时苏宁自然是不但拿货及时，更能得到比其他临时抱佛脚的商家优惠得多的价格。而此时其他大商场别说价格优惠了，由于整个空调市场供不应求，大商场进不来货，品牌、品种、型号常常出现断档，在与苏宁的竞争中自然难以还手。所以，从年初到旺季，苏宁不但没降价，反而随着气候转热调高了部分品种的价格。

最终，凭借着三张“王牌”：“专业服务、厂商合作、规模经营”，不畏强手的“小舢板”从容应对了“联合舰队”。在充满硝烟的市场竞争中，苏宁当年销售额达 3 亿元，比上年增长 187%，摘取了全国最大空调经销商桂冠。苏宁的这一地位保持 12 年之久，至今仍是中国最大的空调经营商——这就是被新闻界、学术界及大众舆论广泛关注的“苏宁现象”的开端，苏宁电器也因此被作为经典营销案例录入众多高校教材。

苏宁现象引起这么广泛的关注是有一定政治背景的。当时国内有关“姓资”、“姓社”、计划与市场的争论十分激烈而且敏感。邓小平南方谈话提出，计划经济和市场经济不是判断社会主义和资本主义的标准，市场经济不代表资本主义，社会主义也需要市场。在这样的政治背景下，可以发现，八大商场是在上级统一管理体系下形成的计划垄断的模式，而苏宁是市场经济的代表，虽处弱势但却具有顽强的生命力，得到了消费者的同情和支持。苏宁在这场“战争”中不但没有夭折，反而遇强更强，脱颖而出。

经过这件事，苏宁的高层明白了苏宁虽然是个小企业，面对的却是复杂的社会问题。幸运的是，改革大潮不可阻挡，创业初期遇到的这件事情，反而促进了企业的发展壮大，提高了企业的知名度。

经过“战火”的洗礼，苏宁对自己的市场判断力和运作能力、运作模式更坚定了信心。事后，张近东总结：“八大商场表面上看是输在价格上，但他们并未意识到，苏宁实际上是创造了一个全新的商业模式”，“价格竞争的背后其实是资源的竞争”。这样，以这场“空调大战”为契机，苏宁全面建立并推广全新的厂商购销模式。至今，苏宁首创的淡季打款、共担风险的厂商合作方式仍在国内家电业广为应用。

与此同时，以雄厚的供应商资源为基础，苏宁的业务模式也发生了质的变化，即从单纯的零售转向批发。苏宁先后在北京、成都、广东地区设立办事处，建立起了全国性的客户网络。

苏宁用 3 年时间，凭借单一产品、单一品牌做到了年销售 3 亿元的规模，使得后来凡是欲进南京和华东市场的国内外空调厂商，都把苏宁电器当作“桥头堡”。苏宁空调的大规模批发业务年批发量最多时达到 20 多个亿，有 2 000 多家客户，这说明了苏宁电器开拓大市场的能力，提升了苏宁电器在业界的地位。

（三）发展调整期

1996—1999 年是苏宁的发展调整期。在这一时期，苏宁经历了其发展历史上第一次比较大的行业波动，第一次面临企业经营战略的调整问题。20 世纪 90 年代中后期，整个电器行业出现供大于求的局面。先是彩电，后又蔓延到空调，在家电市场逐步由卖方市场向买方市场转变的情况下，家电生产企业认识到，以往全国总代理下层层代理的销售模式，使得企业不可避免地被隔绝在了销售体系之外，远离市场，从而过度依赖代理商和批发商；代理商、批发商利用规模采购、时间差、区域差以此形成价格空间，操纵市场，进而对全国市场产生价格冲击和影响，而生产企业却无法对此加以有效的控制。在这样的背景下，家电生产企业普遍开始调整营销思路与政策，其基本目标是要重新直接掌控销售渠道，进而掌控市场。为此，他们一方面自建终端营销网络，如在各地开设销售分公司或子公司，甚至直接开办专营店，一方面对经销商开始实行区域代理制，这是对传统的层层代理制下的渠道模式的挑战，使行业渠道开始压缩、扁平化。对苏宁来说，原来的盟友中的上游供应商，现在一定意义上成了竞争对手。原有的市场份额被蚕食，区域代理制度又使得以往的规模优势不再，如果不寻求变革，未来不仅难以发展，连生存都成为问题。

经过一番探索，苏宁电器决定开始自建零售终端，进行零售模式的探索。

1996 年 3 月 28 日，苏宁电器第一家全资子公司——扬州苏宁家电公司成立，苏宁电器由此开始发展零售业务，先后在北京、上海、安徽、浙江、江西、陕西等主要地区，建立了 50 多家直营连锁分店，分销网络遍及 24 个省市，形成拥有 1 500 多家紧密型经销商的销售网络，并拥有数千家常年合作客户。到 1998 年，经过 3 年的建设，苏宁电器顺利地实现了转型，由批发销售向批零兼营的业务模式转换，并以 28 亿元的销售业绩，第 6 次蝉联中国最大空调经销商桂冠，“苏宁”商标一跃成为江苏唯一的服务类著名商标。

由于空调经营的单一性和季节性因素对企业发展有着诸多制约，1999 年年底，苏宁决定由专营空调转变为综合经营，并在 1999 年 12 月 26 日在南京商业中心新街口淮海路成功建立国内最大的综合家电销售店——苏宁电器的旗舰店，这标志着苏宁由批发业务向零售业务模式转型的成功。由此，苏宁进入了一个新的发展平台。

（四）快速扩张期

2000—2005 年是苏宁的快速扩张期。早在成功开办苏宁南京淮海路电器零售店之前，张近东就敏锐地发现，中国的商业即将进入“网络为王”的时代，而组建这个网络的最佳方式就是连锁（为此苏宁曾进行过一定规模的连锁实践）。于是，在苏宁南京淮海路旗舰店成功开设后不到三个月，苏宁便开始着手制定和实施全国连锁经营战略。

刚刚从单一的空调批发转向综合家电零售，现在又要转向连锁经营，不要说社会上的许多人对此议论纷纷，就是苏宁内部也有许多人不理解，甚至表示怀疑。

对此，张近东在一次苏宁电器中高层干部会议上一言九鼎：搞连锁的事就这么定了，谁要是再和我讨论连锁计划的必要性，我就先“杀掉”谁！由此，苏宁拉开了连锁经营的序幕。

为了使苏宁的连锁经营建立在科学化、规范化的基础上，实现高起点的运作，2000 年 5 月，苏宁引入战略合作伙伴南京东方智业管理顾问公司为其设计全国连锁经营管理体系。

在咨询公司的帮助下，苏宁以连锁战略为导向，进行了以全国连锁经营体系为中心的管理体系的系统化再造，再造工程主要围绕以下方面展开：

（1）组织与流程体系。为有效支持大规模连锁扩张，适应多元化、大规模、多职能管理，苏宁电器以专业化服务、标准化作业、模块化架构、集中化管理为连锁经营管理体系的构建原则，建立了一个点、线、面相结合，以集团总部为主体的专业分工、垂直管理体制的网络组织架构。该架构有效地保持了全国范围的统一管理，并且在管理信息化方面走在同行业的前列。

这样一种组织体系的建立，有效地克服了大企业在高速发展中失去控制与陷入混乱的危险，它使苏宁连锁经营的扩张自始至终保持稳健的步伐，而苏宁电器本身也在这种动态平衡中不断发展壮大。

为适应终端大规模连锁作业的要求，苏宁电器在内部实行专业分工体制，其中总部12大管理中心是指营销、市场、结算、连锁店、物流配送、售后服务、客户服务、连锁发展、人力资源、财务、行政后勤、信息系统；12个地区管理中心代表着总部对辖区内终端子公司行使管理权。这样就形成了“总部—大区—子公司”的三级管理体制。

值得一提的是，各个下属地区管理中心和子公司均对应建立相应的部门，地区管理中心和每个子公司之间形成的纵向12条业务渠道保证了苏宁全国连锁服务经营的统一性。同时，为了实现业务体系的顺畅运作，苏宁对各个运作模块中的业务流程进行了系统的梳理和优化，运用信息化手段加以固定化，形成了标准的流程规范，确保了流程运作的科学规范性。

（2）人力资源体系。在人力资源体系提升上，为有效支撑连锁扩展，苏宁建立了一套与企业发展规模、速度相适应的专业、系统、科学的人力资源支持系统。根据组织结构形成自上而下的三级人事管理体系，各级人事管理机构或岗位都有明确的责任，使人事管理计划、决策、执行和监督都有相应的责任中心。同时建立激励与约束相协调的人事管理政策、人事控制系统、管理流程和规范，为企业规模迅速扩张提供保证，确保了招聘、录用、培训、考核、激励、职业发展等人力资源管理活动高效有序。

（3）信息系统。为了配合苏宁电器集团全国性的分销体系、物流体系、售后体系的建立，支持其高效运作，苏宁构建了包括作业支持与控制、管理和决策支持、交易支持的信息系统，并成立了苏宁电器集团信息中心，利用公用信息网络（以及卫星）组建起全国性的企业信息流通网络，来解决企业内部横向的各业务层次和纵向的职能体系之间的信息沟通问题，最终构成了企业内部的信息交流的平台。

2000年下半年，耗资3 000万元的ERP管理系统成功上线，使苏宁的物流、资金流、信息流实现了大规模的集成，建立了高效、严密、有效的互控机制与互动机制。

以信息流为第一动力源泉，资金流、物流高速运动，产生了“光速”经济，大大增强了苏宁的内在活力，各种数据在现代化网络上实时传递、分析、处理，为采购决策和大规模订制提供了及时、准确、权威的决策依据，把供应厂商、连锁企业、分销商直至终端用户联成一个整体，建立了功能强大的网链结构，使彼此之间的紧密协作变为现实，从而产生巨大的产业合力。

二、竞争战略与策略

（一）战略目标与策略目标

根据全国连锁战略，苏宁制定了长远发展的战略目标和策略目标：① 战略目标是打造中国最优秀的连锁网络服务品牌；② 两大策略目标是企业盈利能力和用户的满意度。

确定了目标之后，就要有自己的定位，苏宁将自己的核心竞争能力定位在服务上。

做空调起步的苏宁，在多年的零售经营中，不仅把服务作为保障销售和培育品牌的手段，还把众多已售商品的社会维修、保养作为苏宁获取利润的第二来源，并提出苏宁不仅有必要做好服务，更有必要做大服务，要大力抓好服务能力建设，练好内功才能赢得未来。

为了增强企业的盈利能力和实现持续发展，苏宁采取了规模经营实现企业价值的经营策略，并提出多元化、连锁化、信息化三个具体经营手段，以切实保证企业的规模化发展和盈利能力。

（二）人力资源策略

在十余年的经营管理中，苏宁树立了鲜明独特的人才观：人品优先、能力适度、敬业为本、团队第一。苏宁认为：只有能够为企业创造价值的员工才是人才，而判断人才的标准是员工为企业贡献的大小，不是什么学历、资历或文凭。与此同时，敬业与团队合作精神是苏宁对员工的基本要求。苏宁电器坚持“自主培养、内部提拔”的原则，即从外部吸收基本素质良好的人员，通过内部有计划的发掘、培养、提拔，塑造成符合岗位要求的人才，形成梯次搭配的人才队伍。

苏宁经常在全国范围内实施内部员工的统一调动和任用，以实现系统内人力资源共享。常用的做法是：让总部优秀的中基层员工到各地公司担任管理职责；让制定制度的人员亲自去执行制度；将各地公司有潜质的人员上调公司总部，进行培养、锻炼后再回到地方工作。此外，在组建新公司、调整落后公司的管理队伍时，各公司之间人员也会相互轮调，而这无疑给公司内部有潜质的人才提供了施展才华的机会。

在人才培养上，苏宁在2004年提出了“1200工程”计划，这是苏宁电器落实自主人才培养的战略性举措。该计划投入3 000万，在全国范围内招聘1 200名本科以上毕业生，通过系统、全面的培养，使他们在两年之内成长为集团中层管理团队的核心骨干。同时推出的“梯队人才工程”，吸纳了大量的社会成熟人才。“1200工程”“梯队人才工程”已经成为苏宁人才战略实施的重要保障。

为进一步提高培训质量与规模，苏宁还计划建立专门的培训基地，培训基地由总部一个管理培训学院和全国8个针对作业岗位人员的职业技术培训中心组成，这为苏宁人才的素质提高与流水式输出提供坚实的后盾。

（三）服务策略

苏宁信奉：服务，是苏宁电器的唯一产品。为了确保服务质量，苏宁采取专业自营的服务模式。苏宁电器认为，只有专业，才能做到高水准；只有自营，才能有高度责任感。

如今，专业自营服务不仅成为苏宁服务质量的重要保证、实行差异化定位与满足个性化需求的重要手段，还成为苏宁长期发展的重要利润来源。

在长期的经营中，苏宁还坚持认为：“服务是可以创造客户、创造市场、创造需求的。”苏宁的服务承诺是：“一个电话解决一切。”即顾客在需要时只要拨打一次电话，问题就可全部解决。

通常，客户在购买商品之后，苏宁的ERP系统会立刻反映其购买信息，通过ERP的分区系统可快速划分单位小区，同时针对同一时间同一区域的客户进行整合，做到及时送货上门、专业快速安装。到了后期，苏宁会通过定期回访向顾客了解商品的使用状况，并对客户的投诉和反馈意见进行及时的收集与处理。通过这种反馈机制，促使服务达到更高的水准，这也是苏宁长期以来坚持的竞争观——“创新标准，超越竞争”，这也是企业优势能够长久保持的主要原因之一。

为了确保服务体系的高效运作，苏宁建成市中、市郊、县镇三级纵向售后服务网络；在服务能力和技术力量方面，从单一的空调维修转向空调、冰箱、洗衣机、小家电产品以及手机、计算机的安装维修任务。

同时，苏宁还积极进行售后梯队人才队伍的建设。至2003年下半年，苏宁启动了“千名维修蓝领工程”，并在未来5年时间里每年培养500~1 000名成熟的安维技术人员，以便为售后服务提供强有力的人员技术保障。

（四）市场拓展策略

苏宁认为，最终决定商业企业命运的只有两个因素：一是网络，二是服务。围绕网络建设，苏宁采取了“横向扩张、纵向渗透、对已经成熟的二三级市场搞特许加盟”的连锁扩张策略，并通过完善自身的管理机制、渠道系统、经营支持系统确保连锁经营的稳健推进。

在拓展上，苏宁竞争策略主要体现为：一方面集中资源先占地区中心城市，形成品牌效应，然后向周边地区扩张；另一方面，在连锁发展中，以规模促进质量的提升，以质量推动标准化的建设，反过来促进规模的不断扩大，二者在实施中形成一个相互促进的闭环。例如，在对北京、上海等大规模市场的开拓方面，苏宁集团高层人员表示，苏宁在上海、北京这样的大城市打造大型、特大型专卖店是既定战略。苏宁遍布在全国市场的经营实体都具有很强的市场运作和管理能力，不但可以在各自的“地盘”上同步实施总部的经营战略，而且可以通过完善的物流、信息系统来整合全国各地的资源，在某个时段形成合力，“炸”开重点市场。换句话说，苏宁可以用全国的规模整合上海市场，集中全国的实力打拼北京市场。此外，苏宁信息战略的实施，不断地对信息系统进行升级换代，以使企业的管理能够不断适应地域广阔、门店分散的现状，避免了信息孤岛的形成，确保了内部的信息畅通。

（五）物流与供应链策略

在物流与供应链的运作上，和其他竞争对手不同的是，苏宁没有把物流业务外包给专业的物流公司，而是采取自建自营的方式。苏宁创建了自己的物流中心和物流管理队伍，通过组建全国性的物资流通网络来配合苏宁电器集团全国性的分销体系的建立。同时拓展了在全国的基于ERP系统的物流网络。由于拥有了设计良好的物流体系和强大的物流网络，苏宁实现了运输、储存、配送、装卸、保管、信息等的实时监控和运作，从而降低了成本、优化了库存结构、减少了资金占用。

也正是因为有了物流系统强有力的支持，苏宁对客户的反应能力实现了更高、更快的目标，从而能为顾客提供更方便、快捷的服务。这样，通过科学的管理，苏宁的物流体系实现了高效畅通的运作，进而满足了连锁业务拓展的需求。

三、文化体系

依靠有效的竞争策略和营运体系，苏宁获得了商业上的巨大成功。但一个企业能够实现持续快速成长，必然有其内在的企业文化基因。在苏宁商业成功的背后，其独创的苏宁文化体系发挥了巨大的支撑性作用，并且这将成为苏宁成就百年老店的基础与保障。

（一）苏宁基本法

“以市场为导向，持续增强企业盈利能力，多元化、连锁化、信息化、追求更高的企业价值；以顾客为导向，持续增强企业控制能力，重目标、重执行、重结果、追求更高的顾客满意。矢志不移，持之以恒，打造中国最优秀的连锁网络服务品牌。”这就是苏宁基本法的核心内容。

基本法体现了苏宁的战略愿景：打造中国最优秀的连锁网络服务品牌。在企业不断发展的过程中，苏宁的核心竞争力将始终体现和最终落实在服务上。同时，基本法也揭示了苏宁将获取利润作为企业的经营目标。

苏宁认为，任何一家企业都要或多或少地占用社会的人力、物力和资金等资源，在市场经济条件下，企业不能无偿地占用社会资源。盈利是企业生存和发展的前提条件，是企业投资者、企业员工的必然要求，是企业的价值所在。

（二）企业精神

苏宁的企业精神是“执着拼搏，永不言败”。

苏宁的企业精神是苏宁的创建者张近东亲自提出来的。它体现了苏宁一贯的作风和精神。在这种优良传统的熏陶下，无论是从工作强度还是工作时间上苏宁的员工都在不断地自加压力，从而不断地为企业创造出领先于对手的优势。苏宁从创业到现在经历了太多的坎坷和不平，面对困难和挫折，苏宁表现一直很坚强，一次又一次地战胜困难，才取得今天的成就。从 2004 年开始，苏宁连锁扩张的步伐再次提速，企业的领导人提出，面对未来，波折和困难不可避免，但只要能够坚定信心，众志成城，始终保持强不骄、弱不馁的态度，肯定能排除万难，扩大优势，铸就苏宁的连锁伟业。

（三）经营理念

苏宁的经营理念是“整合社会资源，合作共赢；满足顾客需要，至真至诚”。

苏宁定位在流通服务行业，这决定了苏宁必须和供货商、顾客建立良好的关系。对于供货商来说，苏宁为其提供展示商品的平台、销售商品的通路，是厂家与顾客联系的桥梁。

“满足顾客需要，至真至诚”，是苏宁对顾客的承诺。至真至诚，不等于不要赚钱，而是要给顾客提供物超所值的商品和服务。

（四）管理理念

“制度重于权力，同事重于亲朋”是苏宁的管理理念。

苏宁认为，作为一个社会化的企业，苏宁的经营管理绝不是依赖哪一个人，但企业又是由人组成的，企业必须依赖每一个人的努力。制度约束与情感纽带相结合，成为苏宁管理的个性和特色。

苏宁是一个原生性的民营企业，在创业发展过程中创业者的所思所想、所作所为直接代表企业的利益和企业未来的发展远景。苏宁规模小的时候，事无巨细，企业创业者都是个人亲力亲为，企业创业者完全可以凭借个人的灵活操作来体现公司的管理。十几年来，今天的苏宁已经是拥有数万名员工、产业多元化、事业连锁化的大集团，企业创业者已不可能再亲自了解每一个员工的真实表现，靠企业创业者个人来决定苏宁的各项具体政策，决定对每一个苏宁员工的奖惩是不切实际的。

今天的苏宁已经用一种组织结构、制度体系来统领企业，从而进一步做大、做强。

（五）价值观

“做百年苏宁，国家企业员工，利益共享；树家庭氛围，沟通指导协助，责任共当”是苏宁的核心价值观。

董事长张近东认为，企业做大了，就不再是他个人的企业，苏宁是所有苏宁人的企业，也是社会和国家的企业。苏宁通过纳税、吸收就业人口、馈赠物资给社会机构等方式来维护国家和社会利益；同时政府也给苏宁各种优惠政策，扶持苏宁的发展。每一个苏宁人是依托苏宁的品牌、体系，通过经营运作创造企业价值，最终企业价值转化为个人价值。

苏宁提出专业化分工，但讲究部门的相互配合与支持。在生活上和人际关系上苏宁提倡家庭式氛围，但苏宁内部讲究上下级的关系，对工作必须严格要求。任何级别的员工都要把工作放在第一位，下级必须服从上级。

但相对应的，上级对下级给予帮助和指导，领导就是提供服务，要和员工一起共同把工作做好。

（六）竞争观

苏宁确立的竞争观是“创新标准，超越竞争”。

面对竞争，苏宁的态度是希望有强大的对手与其展开竞争，只有通过竞争才能使自己走向强大。在竞争的过程中，苏宁不会简单地和对手拼价格，而是通过完善的销售服务体系为消费者提供服务，从而逐步树立苏宁品牌、苏宁服务在消费者心目中的地位。

苏宁在发展的过程中，不断提高服务的标准，对已有资源、能力的竞争优势不断加强，防止由于竞争对手的复制、模仿而使自身优势减弱，保持既有的竞争地位；同时创造全新的资源优势、培育新的能力优势，不断更新竞争力资产，从而提高行业准入门槛，使苏宁经常成为竞争对手模仿的对象，保持行业领先地位。

（七）服务观

“至真至诚，苏宁服务；服务是苏宁的唯一产品；顾客满意是苏宁的终极目标”是苏宁的服务理念的完整表述。

在打造优秀服务品牌的过程中，苏宁认为，尽管做服务的商家各有各的口号，但归根结底是要让顾客满意，从而达到提升企业知名度、最终实现利润最大化的目的。

苏宁从做空调起家，售后服务是苏宁的强势产品，正是因为有了过硬的服务，苏宁才赢得了消费者的信赖，得以从激烈的市场竞争中脱颖而出，从单一经营空调的“小作坊”成长为综合电器巨头。

随着企业的发展，苏宁服务的内涵和外延在不断地延伸，包括丰富的商品选择、良好的购物环境，服务的概念不再局限于售后，还包括售前、售中。可以说，苏宁电器集团的每一位员工都是本着至真至诚的原则，直接或间接地在为顾客提供服务。

思考题：

1. 孙子曰：“凡战者，以正合，以奇胜。”请你根据苏宁的案例谈谈正合奇胜的道理。

2. 企业成长无非两个阶段。第一阶段是“无中生有”，即从一个概念、一个市场机会开始，专心致志地经营，把业务做强；第二阶段还是“无中生有”，即从第一阶段的经营中所得出的核心能力（如技术、经营模式、经营方法等），沿着区域市场进行多区域发展，或沿产业链纵向发展，或沿不同产业多元化经营，以追求规模经济和范围经济。从第一阶段的“无中生有”到第二阶段的“无中生有”，最重要的是企业经营者要领悟其中的经营道理，形成核心能力，即“有中生无”。请你根据苏宁成长的案例，分析企业成长的内在道理。即苏宁是如何进行第一阶段的“无中生有”的？苏宁又如何去进行第二阶段的“无中生有”的？

综合案例二

风雨德隆[①]

作为庄股时代最成功的典范，德隆曾经带领三大强庄演绎了中国股市的诸多神话。在德隆身上，神奇地汇聚着中国社会改革开放的缩影：从20世纪80年代中期，唐万里、唐万新等7名大学生用仅有的4 000元人民币创办新疆乌鲁木齐的第一家彩扩社“朋友彩扩社”起家，经历了信息产业高速发展的“卖方市场”阶段，90年代初房地产业的第一次泡沫，到“撕张纸都能卖钱”的中国早期股市……中国改革开放以来几乎所有的赚钱机会都被德隆赶上了。到2004年止，在不到20年的时间内，德隆集团的净资产扩张到222亿元人民币。德隆创造了中国民营企业发展史上的壮观一幕：在德隆强盛期，旗下有177个子公司、孙公司，运作着上千亿的巨额资金，横跨农业、水泥业、制造业、金融业、航天运输、物流、文化和旅游等众多产业。然而就在一片非议声中轰然前行之时，2004年，德隆——这个曾经集合了中国民营企业界最昂贵和最前沿的职业经理人队伍的庞大组织，却由于“资金链吃紧”而导致多症并发，从而宣告了“与庄共舞”时代的终结。

一、德隆经营战略发展简介

1992年，“新疆德隆实业公司”正式成立，注册资本为800万元人民币，德隆的前身正式诞生了。据唐万新解释：“德隆”便是“以德兴隆”的意思。新疆德隆（集团）有限责任公司（原为新疆德隆国际实业总公司）于1996年在乌鲁木齐市注册成立，注册资金为2亿元人民币。德隆的发展大致可以分为以下六个阶段：

（一）创业探索期（1986—1991年）

1986年，唐万里、唐万新等7名大学生用仅有的4 000元人民币创办了新疆乌鲁木齐第一家彩扩社“朋友彩扩社”，他们从“朋友彩扩社”掘得高达100万元的第一桶金起，相继成立并经营魔芋挂面厂、自行车锁厂、玉石云子厂、小化肥厂、服装自选店、新产品

① 改编自：李建立. 战略德隆. 北京：中国发展出版社，2003；傅文阁，陆善勇. 德隆败局. 北京：朝华出版社，2004。

新技术开发部等，广泛寻求获取财富的各种途径。

（二）股市投机期（1991—1993 年）

唐万新等人进入股票市场，通过一系列投机赢利数以亿计，初步尝到了资本市场的甜头，为其日后的发展奠定了资本基础。

（三）产业探索期（1993—1997 年）

德隆积极探索产业投资方向，相继投资房地产、迪斯科广场、农业等领域，并收购新疆屯河打造“红色产业”。

（四）资本运作并购期（1997—2000 年）

1997 年，德隆召开“达园会议”，这是德隆十年发展历程中具有转折意义的务虚会。会议进一步明确了投资实业、整合产业的战略思路；在此基础上，于 1999 年提出了要成为“中国的 GE”这一战略目标。2000 年 8 月更名为德隆国际战略投资有限公司。德隆如此来表述自己的战略雄心：“以资本运作为纽带，以产业整合为核心，谋求成为中国传统产业新价值的发现者和创造者，推动民族传统产业的复兴。”在此阶段，德隆以新疆屯河（600737）、湘火炬 A（000549）和合金投资（000633）为资本运作平台，通过托管、相互担保、质押等方式获取贷款，大规模展开企业并购和资产重组，企业规模迅速膨胀。

（五）金融扩张期（2000—2003 年）

2000 年起，由于德隆控股的上市公司再没有从资本市场获得增发和配股，德隆资金链吃紧。为了实现德隆的战略理想，德隆又提出“综合金融服务商”和“金融控股公司”的概念，由德隆控股的公司全面进入金融机构，以获取资金继续支撑整合并改造传统产业；高息私人资本大规模进入德隆产业体系。

（六）危机爆发期（2004 年）

由于金融监管力度的加强，以及长期的高成本运营，德隆资金链出现雪崩，德隆系崩盘，德隆不得不采取分拆出售资产的方式以获取缓解资金压力的现金流，现有产业体系纷纷面临瓦解。

二、德隆的战略投资结构

图 1 是德隆强盛期的战略投资结构：

在德隆强盛期，旗下有 177 个子公司、孙公司，运作着上千亿的巨额资金，公司发展成为跨所有制、跨行业、跨国经营的基础产业和新兴产业并举的企业集团，横跨农业、水泥业、制造业、金融业、航天运输、物流、文化旅游等众多产业。德隆主要投资的行业：一是通过子公司新疆屯河集团有限责任公司相对控股的新疆屯河股份有限公司为核心的食品加工及科研企业群，依托新疆特色农业资源的综合开发，从事食品加工业。公司利用新

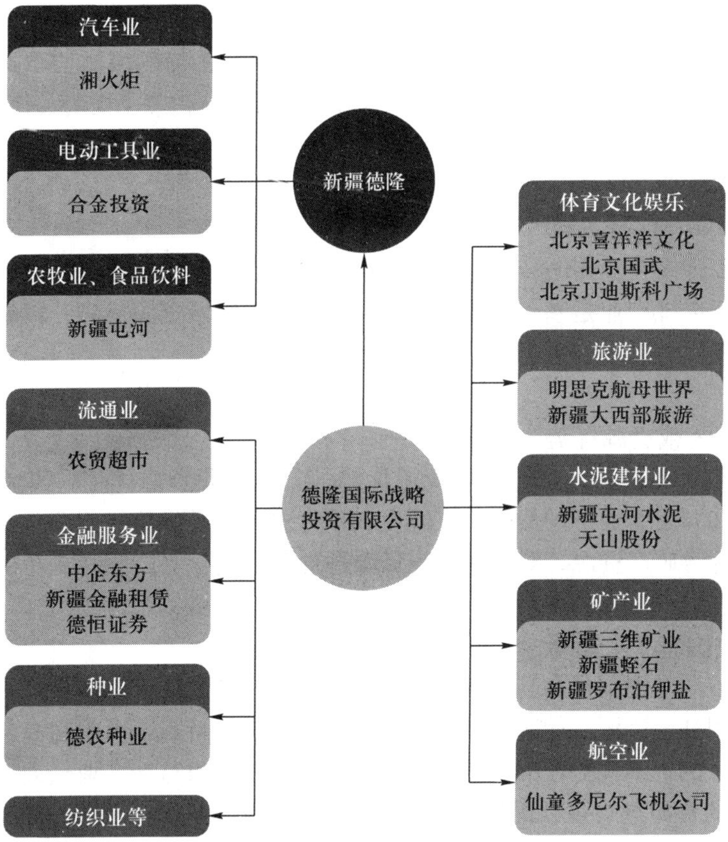

图 1　德隆的战略投资结构

疆水土光热资源优势，发展以番茄、红花、胡萝卜、枸杞及其他特色果蔬资源的加工为核心的红色产业。公司通过新建、扩建及资产重组等方式对同类企业进行全面整合，最后形成在国际市场上具有举足轻重地位的民族产业。

二是通过以相对控股的沈阳合金投资股份有限公司及湘火炬汽车零部件股份有限公司为核心的制造业企业群，从事包括合金材料、电动工具及汽车零配件等产品的生产。

三是通过以全资公司德隆种业投资有限公司为核心的企业群，从事种子的研究、培育、销售及相关配套农村技术服务网络建设的工作。公司通过有效的行业和市场整合，广泛地与国内优秀的种子企业联合，与杰出的科研机构及专家合作，形成优势互补的强大合力，为中国的民族种业发展及维护农民的利益尽力。

四是通过相对控股子公司新疆屯河股份有限公司及新疆三维矿业股份有限公司从事水泥与矿业开发。

五是特色旅游业。德隆集团投资建设了与旅游产业相关的一些基础设施，如星级酒店及特色景点的建设等。国家实施西部大开发战略后，公司把特色旅游资源开发作为又一经济增长点。

除此之外，公司还在新疆水资源开发、高科技石油机械制造、纸业、纺织业等领域做了大量工作。

上述产业或是既有生产经营规模又有广阔市场需求的产业，或是拥有资源优势和低成本优势的加工产业；或是有高新技术支持的特色资源高附加值的深加工产业。

上述产业选择，使新疆德隆通过产业整合和资源开发，占领了极为关键的市场制高点。

三、传统产业

德隆的投资理念在于传统产业也即成熟产业，如农业、制造业等，很少投资高科技产业。德隆投资于传统产业是基于如下的战略判断：依托区域资源优势、转化释放国有企业存量、利用比较优势进入制造业。

（一）依托区域资源优势

新疆的特色资源优势，一是农业资源优势，二是矿业资源优势。德隆集团根据国家产业结构调整和开发大西部的战略，在开发利用大农业资源优势、营造“红色产业”的同时，依托新疆优势矿产资源，对优势矿产资源进行上规模、上档次的开发利用。

（二）释放国有企业存量

德隆的决策层对中国社会转型所造就的机会有着深刻的认识，抓住经济转轨所带来的机会，充分利用社会资源。德隆办实业有一个非常突出的特点，就是在高起点上进入一个产业，利用自己的资本优势、人才优势和技术优势，首先对这个产业全面地或局部地进行整合，对产业的资源进行重新配置。产业整合的结果不仅是大大提高了资源的利用效率，而且消除了企业间的无序竞争和恶性竞争以及市场中的各种不规范行为，增强了产业的整体实力和市场竞争力。

由于国家制定的各种政策带有引导性、强制性及地区、产业优惠差别性，所以政策往往能转化成社会资本。研究德隆的发展之路不难发现，它的发展思路是与国家和地方经济发展战略紧密结合的。

德隆集团抓住国家经济结构调整政策和国企改革机遇，积极入主国有上市公司，通过产权、产品、产业、市场结构调整，使国有企业焕发生机，国有资产明显增值，使传统产业提升为具有活力的优势产业。

（三）利用比较优势进入制造业

如果说德隆选定传统产业，“依托区域资源优势”是对新疆相对优势认知的结果，“释放国有企业存量”是对中国社会转型所造就的机会有深刻的认识的话，“利用比较优势进入制造业”则是对世界产业规律的把握。他们认为，制造业的接力棒正在向我国内地传递，而且中国的传统产业已经有了较高的技术水平，另外，劳动力成本低将是中国经济一个长期的最大的比较优势。基于此，德隆有了进入制造业进行行业整合的行动。

四、资本整合

依托区域资源优势、转化释放国有企业存量、利用比较优势进入制造业从三个层面使德隆把投资目标锁定在“传统产业”。投资理念定位固然重要，但更重要的是传统产业的运作方式。德隆的做法是：通过资本运作整合传统产业。即：以资本运作为纽带，通过企业并购，整合传统产业，为传统产业引进新技术、新产品，增强其核心竞争能力；同时在全球范围内整合传统产业市场与销售渠道，积极寻求战略合作，提高中国传统产业产品的市场占有率和市场份额，以此重新配置资源，从而成为中国传统产业新价值的发现者和创造者，推动民族传统产业的复兴。图 2 是德隆的战略体系示意图。

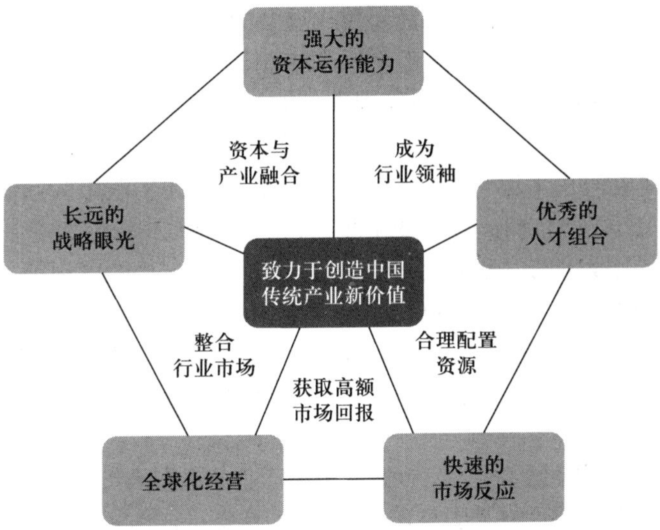

图 2 德隆的战略体系

采用几乎相同的运作模式，德隆先后入主新疆屯河（600737）、合金股份（000633）、湘火炬 A（000549）等多家国有老企业。即第一步通过入主上市公司，改变上市公司股权结构；第二步通过注入优质资产调整上市公司产品结构，使上市公司的主业发生变化；第三步通过并购、托管、委托加工等形式，对上市公司所属产业进行整合，优化产业结构；第四步通过对销售网络和销售市场进行整合，扩大上市公司的市场占有率，最终形成规模、垄断性经营，实现新价值。收购法人股权，相继入主新疆屯河、沈阳合金和湘火炬，是德隆转向实业投资、将资本运营与实业相结合的三大战役。

（一）新疆屯河与“红色产业”的整合

在德隆的历史上，对新疆屯河的大规模重组整合可以被视为德隆运作资本的经典代表作。作为新疆首家生产型股份制企业，新疆屯河股份有限公司于 1996 年 7 月 31 日在上海证券交易所上市。就在新疆屯河进入资本市场的同一时段，德隆也已经完成本地产业项目的投资和试验，正在为已有资本运作能力和既有传统产业的结合寻找切入点，新疆屯河就这样进入德隆的视野。1996 年 10 月 23 日新疆德隆国际实业总公司以每股 2.51 元的价格受让了昌吉回族自治州屯河建材工贸总公司持有的 450 万股和新疆八一钢铁总厂持有的 263 万股新疆屯河法人股，合计占总股本的 10.185%，成为新疆屯河第四大股东。

德隆入主新疆屯河之初，仍然主要立足于企业的原有主业求发展，对内积极通过投资技术改革、扩大产量来提高新疆屯河的竞争能力，对外则充分利用新疆屯河上市后在1996年到2000年期间两次配股所募集的资金，对周围一些小水泥厂进行兼并重组以壮大新疆屯河集团的生产规模。

德隆的野心不是仅仅将新疆屯河集团打造成新疆水泥业的老大，它真正的理想是通过产业整合来消除新疆诸多小企业恶性竞争、分散竞争的局面。为此，德隆开始积极推动新疆屯河集团的产业整合和转型。1998年新疆屯河集团动用了800万元左右的资金，不但聘请了国内的专家进行论证，同时还聘请了4家国际知名咨询公司，对国外市场作详细的分析调查。最后通过投资委员会、投资部和执委会的层层把关，1998年12月，新疆屯河集团确定了由水泥生产为主的"灰色产业"向番茄酱及果蔬深加工这一"红色产业"转变的战略决策。从1999年起，新疆屯河集团在扩大水泥生产能力的同时，逐步涉足番茄酱的生产和销售。

1999年，新疆屯河在水泥行业的老对手——新疆水泥厂改组为新疆天山水泥股份有限公司，并在深圳证交所上市。德隆通过旗下新疆金融租赁有限公司持有天山股份1.16%的法人股，成为天山股份的发起人之一。2003年3月，在德隆的引线搭桥下，天山股份和新疆屯河合资注册成立了"新疆屯河水泥有限责任公司"，其中天山股份占51%股权，新疆屯河则以年产100万吨水泥的生产设备占新公司49%的股权。这样新疆屯河一方面在自己经营多年的水泥行业中仍然享有稳定的投资收益，另一方面则可逐渐实现从水泥行业的淡出。

随着新疆屯河从水泥业的淡出，新疆屯河主营业务也在"红色产业"的既有基础上顺利转型。2000年，德隆开始与美国亨氏（Heinz）等公司合作，使新疆屯河成为世界第二大番茄酱供商。

在资金使用上，新疆屯河大规模利用配股资金，从资本市场中募集资金，并把银行贷款和企业经营积累作为补充资金。以2002年为例，新疆屯河进行了10∶3的配股，每股配股价是12.5元，共获得配股资金2.3亿元。这些资金都被投入新疆大小番茄生产企业的重组、兼并、收购上。2002年，新疆屯河主营业务收入是19.43亿元，较5年前增长1 398%；净利润是1.2亿元，较5年前增长300%；总资产是63.2亿元，较5年前增长1 131%；其主导产业番茄酱的产量已经占到了国内市场的85%、全球市场的10%，成为世界第二大番茄酱生产厂商。

通过将"红色农业"概念注入新疆屯河，德隆早期在农业上的投入终于找到了合适的载体；利用"红色农业"概念，新疆屯河股价大幅飙升，在股市上的再融资能力大大增强，为德隆进行资本扩张创造了良好的条件。

德隆结合新疆资源优势致力于发展的"红色产业"，不但做好做大了，而且成了新疆继"黑色产业"、"灰色产业"之后又一强势产业，堪称企业发展战略提升为地区发展战略的典型。

（二）合金投资与电动工具行业的整合

1996年11月12日，沈阳合金股份有限公司在深圳证券交易所挂牌上市。当时合金股份主要产品镍合金的市场占有率达80%，业务比较稳定，是中国最大的镍合金材料生产企业。

但是合金股份所面临的市场风险也令人担忧，镍合金的市场规模太小，全国的总需求每年不过1亿多元。如果没有新的增长点，合金股份便注定是个长不大的企业。为了解决企业改造所面临的融资问题，沈阳市政府开始在市场上寻找有能力、有实力改造沈阳合金的大投资者。这时，德隆也在经历着自己企业生涯中的一次重要转变：1997年5月，德隆“达园会议”召开，确定要由投资于项目向投资于行业转型，由“做企业”转向“做产业”。1997年6月，在出让合金法人股权的招标会上，德隆以每股3.11元的价格受让了合金股份1 500万法人股（占总股本的29.02%），以第一大股东的身份入主合金股份。1999年12月30日，沈阳合金股份有限公司更名为沈阳合金投资股份有限公司，正式转型为以投资控股为主的投资管理集团。

对于德隆“新贵”沈阳合金来说，介入一个什么样的具体产业，才符合德隆的投资理念呢？德隆入主合金投资后，经过大半年的市场调研，电动工具这一镍合金的下游产业进入了合金投资的视野。1998年，合金股份开始把从资本市场募集来的资金几乎全部投入一系列的并购活动中，首当其冲的是国内直流电动工具中的老大——上海星特浩企业有限公司。1998年9月，合金股份出资9 000万元，受让星特浩发展有限公司持有的上海星特浩企业有限公司的75%股权，声势浩大地进军电动工具业。此后以上海星特浩出面开始了一系列收购产业链上下游企业的活动：如参股组建陕西宝鸡星宝机电有限公司，占55%股份；收购苏州太湖电动工具集团公司，占90%股份；收购苏州黑猫集团，占80%股份；收购山西园林机械公司，占55%股份等。

德隆通过一系列的资本并购，将合金投资带进电动工具行业，并占领了国内电动工具市场60%的份额，使合金股份由过去单一的镍合金生产企业发展成为中国最大的电动工具制造商和出口商。

通过一系列的资本运作和企业重组，合金投资基本实现了对国内电动工具行业的整合，但它的雄心显然不止于此，合金股份真正惦记的是国际上的同行业巨头。继2000年下半年与美国电动工具行业地位显赫的毛瑞公司（Murray）结成战略伙伴关系之后，合金股份于2003年6月出资8 000万美元并购了毛瑞公司，使合金股份迅速成为世界上份额最大的同类公司。这样，合金以主导者的姿态出现在国际电动工具市场，而这堪称中国制造业历史上划时代的事件。

（三）湘火炬与大汽配产业的整合

20世纪90年代中期以来，国际大型汽车企业和汽车零部件企业纷纷抢滩中国，意图利用中国廉价劳动力和剩余生产能力赚取高额利润，并在此基础上占领中国未来巨大的市场。

这对中国汽配企业而言既是机遇又是挑战。德隆要抓住机遇，利用自己的优势抢先整合国内相对剩余的生产能力，取得优势竞争地位。在此背景下，德隆努力寻求投资机会，这样湘火炬就进入德隆的视野。

湘火炬投资股份有限公司的前身是有30多年历史的株洲火花塞厂，1993年改组为株洲火炬火花塞股份有限公司，同年12月20日以湖南省首批上市公司的身份在深交所挂牌。

几年以前，湘火炬还只是一家生产火花塞等寥寥几样“小东西”的内陆工厂，1996

年，全公司仅实现利润总额 201 万元、净利润 164.5 万元，每股税后利润只有 1 分 7 厘。“火炬”面临着熄灭的危险。

1997 年 11 月，株洲市国有资产管理局将其持有的 2 500 万湘火炬股权，以每股 2.8 元的价格转让给新疆德隆国际实业总公司，转让后为法人股，占总股本的 25.71%。德隆成为湘火炬第一大股东。

德隆入主湘火炬以后前两年，湘火炬开发的新品仅火花塞一项就比原 20 年开发的一半还多。根据“大汽配”战略，这几年陆续投产了刹车部件、汽车内饰件、整体式车灯、车镜等一系列产品，而且大都销往北美市场，拥有较高份额的长期稳定的国际市场，是国内最大的刹车系统出口基地之一。湘火炬基本形成了包括汽车刹车系统、点火系统、内饰系统、车灯车镜系列的“大汽配”雏形，并积极向汽车零部件、环保科技、大宗机电出口产品和整车领域发展。

德隆的入主使湘火炬开始了开拓国际市场的历程。1999 年 10 月，德隆出资 3 300 万美元，受让美国最大的刹车系统进口商 MAT 公司（包括其在美国的两家公司和在中国的 9 家合资企业）75% 的股权，使湘火炬一跃成为全球最大的刹车系统供应商。此次并购 MAT 不仅为湘火炬带来了大量资金和海外市场份额，也带来了先进的生产技术和管理经验。

特别是在资金管理方面，据湘火炬第二任董事长聂新勇介绍，湘火炬原来的流动资金有 1 个多亿，每年的财务费用 1 000 多万。引入 MAT 的机制后，实现 1 个亿的销售额只需流动资金 2 000 万左右，资金周转速度和利用率提高了几倍，财务成本大大降低。

在“2003 年中国企业 500 强”排名中，湘火炬名列第 347 位，在“中国机械 500 强”排名中名列第 32 位。从 1997 年到 2003 年，湘火炬成功实现由单一火花塞到重型汽车零部件的生产，再到汽车整车制造的跨越，主营业务收入由 1 亿元人民币到 2003 年的 100 亿元人民币的跨越，年出口额由 100 万美元到 3 亿美元的跨越。

五、德隆的危机与崩溃

德隆用于产业整合的资金主要来自资本市场，银行借贷是德隆资金的一个重要来源。德隆的融资模式可以分为两种：① 循环融资模式：有价证券托管—资产抵押—银行贷款—投资—再抵押—再投资；② 连锁模式：资产担保—融资—投资—再担保—再融资—再投资。如此反复循环，德隆就拥有了庞大的现金流和资本流，也就拥有了不断扩张并购的基础。但是德隆的这种操作模式背后潜伏着极大的财务危机。

德隆危机起源于 2003 年第四季度。当时消沉了近三年的中国股市大见起色，沪深两市一路攀升。然而在市场看好的行情下，除合金投资保持横盘之态外，2003 年 11 月 17 日，“三驾马车”中的新疆屯河和湘火炬第一次开始较大幅度的下跌。此后，“三驾马车”开始绵绵阴跌。2004 年 4 月 5 日，沪深股市在盘中再创新高，而德隆系的股票再度大幅跳水：其中跌幅最大的为湘火炬，股价与 2003 年年底相比下跌了 32.61%，流通市值蒸发 31.37 亿元；新疆屯河与 2003 年年底相比下跌了 17.99%，流通市值蒸发了 10.69 亿元；合金投资从 2003 年就已经连续下跌，2004 年股价下跌 13.02%，流通市值蒸发 6.31 亿元。也就是说德隆系的“三驾马车”此时总共跌去了 48 亿元以上的流通市值。

此时，德隆系的各家上市公司基本情况也不平静。2004 年 4 月 12 日，德隆系“三驾马车”之一的新疆屯河公告称，公司第四大股东新疆德隆有限责任公司将其持有的公司全部法人股，质押给中国银行新疆维吾尔自治区分行，质押期限为两年。根据公开的信息统计，这已经是近期德隆第四次质押德隆系股权了。第一次是 2003 年 12 月 16 日，湘火炬发布公告称，因提供借款质押担保，新疆德隆将其持有的湘火炬法人股 10 020 万股质押给招商银行上海分行。湘火炬 2004 年 3 月 5 日再次发布公告，德隆质押湘火炬法人股 3 733 万股给中信实业银行济南解放路支行。第三次是 2004 年 3 月 31 日，德隆再次质押湘火炬法人股 4 341 万股给中国工商银行乌鲁木齐市明德路支行。至此，德隆质押德隆系股票总计达 24 018 万股。至 2004 年 5 月中旬，德隆旗下几乎所有的上市公司法人股都已被德隆质押殆尽。

除了股票质押外，德隆系的“三驾马车”中，担保资金数额也非常巨大。

2003 年 12 月 9 日，湘火炬公告称，公司累计提供担保总额人民币 21.334 4 亿元，公司累计提供担保总额占 2002 年经审计净资产的 202.92%。2003 年 12 月 19 日，新疆屯河的对外担保也累计达到 2.670 7 亿元。2004 年 3 月 19 日，合金投资实际发生担保数额累计为 6.380 5 亿元，占公司净资产的 135.15%。湘火炬与合金投资两家公司的担保额已经超过了中国证监会上市公司对外担保总额不得超过最近一个会计年度合并会计报表净资产的 50% 的规定，其中蕴涵的金融风险可见一斑。

在种种负面传闻的影响下，德隆的资金链被质疑也就成为理所当然的事情，这推动着外部环境的迅速恶化。从股价下跌到资金链全面断裂，最终迎来的是：2004 年 4 月 14 日，号称中国“第一庄”的德隆系股票崩盘。据来自德隆的人士透露，德隆的这场危机首先来自于国家银根紧缩政策与疏而不漏的银行监管。

但更重要的是，银行资金停止供血引发了社会资本的恐慌，这方面的失血更将德隆深深地推进了危境。他说：“是货币链条断了。”

危机发生后，德隆主要采取了两个层面的对策。第一，继续争取各方面的理解与支持，主要是争取政府信用担保和通过公关缓和银行挤兑的压力。2004 年 4 月 17 日，德隆召开高层执委会会议，部署采取“自救”行动：一是成立媒体危机处理小组，改善德隆的公众形象；二是派出绝大部分高层人员与客户沟通，重树市场信心；三是与监管部门坦诚交流，以期获得企业自我调整的时间与空间。

2004 年 4 月 19 日，德隆召开董事会，会议认为，德隆遇到的困境有外部环境变化的原因，也有德隆自身对宏观政策把握和控制企业扩张速度等方面的不足。

唐万里承认，在面对众多机遇的时候，德隆有点贪多求快，导致对宏观环境的变化预计不足，如银行收紧贷款，这给德隆的资金调度造成了很大的压力。

第二，继续操控德隆旗下的企业。通过收购资产等方式为其提供现金流，后来又改为出售资产持续套现，即唐万里于 2004 年 4 月 23 日所表示的：目前德隆的资金缺口共有数十亿元，德隆将“壮士断臂”——收缩战线，变卖资产，引进战略投资者，处置约占德隆总资产 25% 的与主业无关的产业，以应对危机。2004 年 5 月，德隆整理出了一个清晰的资产重组脉络，重组方案分为零碎出售和整体重组。由于德隆的债券债务关系极其复杂，产权关系不清晰，零碎出售这一计划并不被看好。

而且由于各地方政府都存在地方保护主义的倾向，会冻结德隆当地资产以追堵债务，这使得德隆无法控制其区域资产的去向，使整体重组的难度加大。

德隆承认，无论如何，这两套方案都需要监管层的支持或默许，同时还需要债权人和社会层面的信心。

为何德隆在应对危机的过程中出现如此多的艰难险阻？让我们重新来审视这条脚踏实业、金融“两只船”的资本“大鳄”在几年的运作中所制造出的巨大的资金“黑洞”。

就看德隆三家主要控股公司的情况：新疆屯河 2.9 亿元大额存单被质押，对外担保约 8.58 亿元，9.96 亿元资产被抵押；湘火炬被德隆集团及其关联企业间接占用资金共计 3.04 亿元，实际对外提供担保总额为 25.3 亿元；合金投资被占用资金 1.8 亿元，未披露的担保 4.82 亿元，控股子公司 1.44 亿元国债被德隆控制的德恒证券挪用。

德隆最重要的融资平台是上市公司和各类金融机构。上市公司除了从证券市场融资之外，更多的是利用上市公司的信誉以贷款、担保、抵押等形式从银行获取资金；而德隆控制的租赁公司、证券公司、信托公司、城市商业银行等各类金融机构更是将融资功能发挥到了极致，成为德隆得心应手的“提款机”。巨额融资堆起了德隆，巨额投资也消耗着德隆。

从德隆入主后，新疆屯河、合金投资、湘火炬的股价便一路飙升，曾有市场相关人士给德隆算过账：德隆为支撑股价而被这“三驾马车”至少套牢了 45 亿的资金；而德隆在并购上花费的资金也颇为巨大。

据一家财经杂志报道，巨资投入并没有让产业链产生足够的现金流。比如，经过五年的发展，老三股的主营业务业绩不见明显增长，反而是总的对外担保额超过净资产 100%。

农业、食品业、水泥、电动工具、汽车零配件、重型卡车、机床业、流通业……德隆的产业链过于庞杂，在收购企业时泥沙俱下，以致产生了对资金的极度渴求。德隆首任总裁唐万里也承认，德隆相当一部分产业的投入与产出并不成正比。一位不愿透露姓名的发改委官员说：“德隆这些产业进入门槛都不高，从管理到技术到产品并无独特之处。德隆的模式，最独特的不过是德隆一直在大规模、高成本地融资，以钱开路。这种模式必然是成也是钱，败也是钱。”资金“黑洞”便是在这一过程中积重难返。

任何庞大的帝国都会有画上句号的一天，只是德隆危机的发生在很大程度上令人为之扼腕叹息。对于心中尚存悬念和疑问的世人来说，最重要的不是德隆最终去向何方，而是德隆为何轰然崩溃。

思考题：

1. 德隆曾经是庄股时代最成功的典范，那么它发展战略的成功之处表现在哪些方面？

2. 德隆是怎么进行行业整合的？

3. 德隆危机的根源是什么？